山东省高等学校
教师培训教材

高等教育心理学

Gaodengjiaoyu Xinlixue

张文新　主编

山东大学出版社

图书在版编目(CIP)数据

高等教育心理学/张文新主编．一济南：山东大学出版社，2008.7
(2017.1 重印)
山东省高等学校教师培训教材
ISBN 978-7-5607-3603-7

Ⅰ．高...
Ⅱ．张...
Ⅲ．高等教育心理学-师资培训-教材
Ⅳ．G640

中国版本图书馆 CIP 数据核字(2008)第 103589 号

山东大学出版社出版发行
(山东省济南市山大南路 27 号　邮政编码：250100)
山东省新华书店经销
山东省莫华印刷厂印刷
720×1000 毫米　1/16　21 印张　386 千字
2008 年 7 月第 1 版　2017 年 1 月第 5 次印刷
定价：37.80 元

前　言

山东省高等学校教师岗前培训教材《高等教育心理学》自2004年问世以来，已经连续使用了数年。期间教育心理学本身已有了新的发展，涌现出了一批新的研究成果。与此同时，我国当前在高等教育领域实施的教育改革也涉及到了一些新问题，需要心理学理论上的支持。另外本教材在使用的过程中，不少培训教师和参训学员也提出了一些很好的建议。为了及时反映教育心理学领域的新发展、新趋势，使本教材更好地服务当前高等教育领域改革实践的需要，并把来自各方面的有益建议尽快吸收到其中，在山东省教育厅有关部门的统一安排下，我们对本教材进行了修订。

从2007年9月底接受了省教育厅下达的教材修订任务以来，编写组全体成员紧密配合，团结协作，顺利完成了全书的修订工作。在整个修订过程中，我们本着基础性与前沿性相结合、普遍性与特殊性相结合、科学性与实用性相结合的修订原则，根据编写组成员这几年高校教师岗前培训工作的教学实践和学科发展状况，对2004版的《高等教育心理学》在体系上作了如下调整：

(1)将第一版教材第二章《心理发展》中的第四节《大学生的心理差异》单独列为一章，以增强高校教师对大学生的个体差异性的重视，便于在未来教学中因材施教。

(2)鉴于第一版教材原第四章《大学生学习心理概述》与第六章《大学生的学习迁移及其教学促进》的内容同属于学习的一般理论问题范畴，此次修订我们将这两章合并为一章，统称为《大学生学习概述》。

(3)鉴于各界对大学生知识掌握问题的日益关注，加上近些年来研究中所取得的重要突破，我们这次修订将第一版教材中的第七章《大学生的知识掌握》扩展为两章:《知识的学习与教学(上)》,主要阐述目前对陈述性知识的心理规律的理解及其在高校教学中的应用问题;《知识的学习与教学(下)》则主要说明了现代心理学对程序性知识与策略性知识的认识及其在高等教育中的教学价值。

(4)鉴于目前国内外对大学生心理问题的普遍关注,越来越多的学者强调在高校教育工作中应大力加强心理问题的预防教育及干预工作。在第一版教材的第十二章《大学生心理健康与咨询》一章的修订过程中,编写组成员采纳了当前以心理教育代替心理健康教育的主流认识,强调了高校有关人员应更多地从积极角度来看待、实施心理教育工作。

另外,对于保留的其他章节,我们也尽量充实、更新了近些年来的研究成果以及高校教育教学实际中所出现的新问题,较好地体现了学科发展的现状。例如我们在《高等学校教师心理》一章中就增加了关于教师职业压力及应对问题的内容。

根据山东省教育厅的意见,本次《高等教育心理学》的修订工作在上一版编写人员张文新教授(山东师范大学)、韩仁生教授(曲阜师范大学)、王惠萍教授(鲁东大学)和司继伟副教授(山东师范大学)之外,新增加了赵富才教授(聊城大学)和尤娜副教授(青岛大学)。修订版仍由张文新教授担任主编。修订工作分工如下:张文新教授(第一、二章);韩仁生教授(第五、六章);赵富才教授(第三、九章);王惠萍教授(第十一、十二章);司继伟副教授(第七、八章);尤娜副教授(第四、十章)。

在本次修订中,山东省高等学校师资培训中心给予了大力支持和帮助,为书稿的顺利完成提供了切实保障,在此表示深深的谢意。尽管我们尽了努力,力求达到修订改版的初衷,但能力所限,定有不少纰漏之处,诚望各位同行及读者朋友提出宝贵意见。

张文新
2008 年 4 月

目录

第一章

绪 论

教育是心理学的一个重要应用领域。教育心理学的任务是研究学校情景中教与学的心理学规律。高等教育心理学是教育心理学的一个重要分支，它旨在探讨高等教育情景中教与学的规律。教师的教育与教学能力主要体现在两个方面：一是关于所教学科的本体性知识，二是关于教育教学的条件性知识，主要包括心理学和教育学知识。因此，对于高等学校的教师来说，掌握一些心理学知识，特别是高等教育心理学知识，是十分必要和有益的。本章简要介绍有关高等教育心理学的基础知识。

第一节 心理学概述

心理学是一门研究人与动物的心理与行为的科学。它既是一门理论性很强的基础学科，又具有重要的应用价值，已广泛应用于人类社会的各个领域和部门。人类对自身心理的关注有着长久的历史，可以追溯到古希腊时期；但心理学作为一门独立的现代科学，历史只有百余年。在不太长的发展历程中，心理学的研究对象、研究方法与理论观点发生了多次重大的变迁。历经百余年的冲突与整合，当代心理学在指导思想、研究对象和研究方法方面已渐趋成熟，其研究手段日益多样化和现代化，研究领域不断扩大，同时为人类社会服务的能力也开始得到愈来愈多的关注和承认。本节将简要介绍心理学的一些最基本的问题，包括研究对象、发展历史、研究领域、研究目的与研究方法等，以便读者获得对心理学最基本的了解。

一、心理学的对象

心理学是研究心理和行为的一门科学。作为心理学研究对象的心理和行为，既包括人的心理和行为，也包括动物的心理和行为，但以人的心理和行为为主。人类的心理与行为现象是十分丰富和多样化的。

(一)个体心理

就个体水平而言，人的心理现象一般可以分为心理过程和心理特性两个方面。

1. 心理过程

心理过程泛指心理操作的加工程序，包括心理事件的相互作用和相互转化的加工进程。在心理学中，心理过程和心理活动一般是可以通用的。个体的心理过程包括认识(认知)过程、情绪过程和意志活动三个方面。认识(认知)过程是指个体获取知识和运用知识的过程，它包括感觉、知觉、记忆、思维、想象和言语等。情绪与情感过程是个体对所认识的事物、所从事的活动以及对他人和自己的态度的体验。人不仅能够认识事物，对事物产生某种情绪体验，而且能够在自己的活动中有目的、有计划地改造世界。个体自觉地确立行动目标、并为实现目标而有目的、有计划地支配和调节自己行为的心理过程叫作意志。

2. 心理特性

众所周知，人与人之间在心理上存在一些稳定的、经常出现的差异，如：有人比较温和，有人比较急躁；有人记忆力好，有人记忆力差；有人性格内向，有人性格外倾；有人长于数理，有人长于文学艺术等。这些差异既与个体先天的遗传因素有关，也与后天的生活环境和社会化经验有关。人与人心理的差异主要表现在性格、气质、能力三个方面，这三个方面称作个性心理特征。

(二)个体心理与行为

行为，即行动，它是有机体适应环境的方式。一般而言，心理学研究的主题是人类和其他动物的可观察的行为，如微笑、哭泣、交谈、攻击、学习等等。心理学家致力于探讨这些行为模式的机能与发生机制。行为不同于心理，但却与心理有着密切的联系。一方面，引起行为的刺激常常是通过心理中介而起作用的。心理的复杂性引起行为的多样性，同一刺激往往会引起人们不同的反应。另一方面，人的心理又常常通过行为表现出来。心理现象是一种主观的精神现象，而行为具有外显性，是可以客观测量的。因此，心理学家可以通过观察和分析人的行为来研究心理活动。在此意义上，心理学也可以称作研究行为的科学。

(三)意识与无意识

人类的心理活动与动物的不同之处在于它具有意识的特点。人类意识的主要特征是个体可以用词的形式巩固头脑中的知识体系,这种知识体系与各种情绪、情感结合在一起,构成了人类丰富多彩的主观世界。人类意识的另一特征是人的活动具有明确的目的性,能够预先计划达到目的的方法和手段。此外,人还具有自我意识,能够区分"自我"和"非我"、主体和客体。除意识之外,人的心理活动还包括无意识,即人们在正常情况下觉察不到,同时也不能够自觉调节和控制的心理现象。例如,梦境中的心理现象大多是在无意识的情况下出现的。人的某些动作起初可能受到意识的调节,但在成为习惯后就可能转化为无意识现象。

(四)社会心理

人是一种社会存在物,总是生活在一定的群体之中,并与他人结成各种各样的关系,如亲属关系、师生关系、民族关系、国家关系等。团体的存在使得团体心理或社会心理现象得以产生,如时尚、风俗、舆论、流言、偏见、民族和国家的心理特点等。它们也是心理学重要的研究对象。

二、心理学的主要理论流派和观点

诚如早期实验心理学家艾宾浩斯(H. Ebbinghous)所言:"心理学有着漫长的过去,但只有短暂的历史。"早在两千年前,古希腊先哲亚里士多德就已经在其著作《论灵魂》中对诸多心理问题做出了理论上的探讨。然而,科学的界定是以科学方法的使用为基石的。因此,尽管人类的心理学思想源远流长,但心理学却一直处在哲学的母体之中。1879 年德国心理学家冯特(W. Wundt)在莱比锡大学建立世界上第一个心理学实验室,正式从事系统的心理物理学的实验工作,这是科学心理学诞生的标志,他也因此被人们誉为"心理学之父"。

在科学心理学建立之初,人们在心理学的研究对象和理论体系等问题上众说纷纭、各执己见。争辩数十载的结果是学派林立,分歧尖锐。不过这种局面并没有持续很长时间。大约从 20 世纪 30 年代以后,各学派间开始出现了取长补短、互相融合的现象,并由此产生了许多新的思潮和观点。下面就心理学发展史中的几种主要的流派、思潮和观点做一简要的介绍。

(一) 构造主义心理学

构造主义(structuralism)又称"结构主义",主张心理学应以意识结构为研究对象,认为所有的人类精神经验都可以分解成基本的心理元素。研究者使用元素分析的方法,试图通过分析感觉的构成因素以及其他组成个体精神生活的体验,来揭示人类心理的潜在结构。

构造主义的奠基人是冯特,最著名的代表人物是冯特的弟子铁钦纳(E. B. Titchener)。作为第一个学派,构造主义使心理学摆脱了哲学思辨的羁绊而走上了实验研究的道路。但由于它一直囿于纯内省、纯科学的分析，又不免将自身的发展引上了死胡同。

（二）行为主义心理学

1913 年，美国心理学家华生（J. Watson）发表了一篇题为《一个行为主义者眼中的心理学》的论文，宣告了行为主义（behaviorism）的诞生。华生主张把心理看做一个黑箱，不管黑箱里装了什么，只要对受刺激影响的反应行为做出观察就可以。因此，心理学应以行为作为研究对象。其研究路线可以用“刺激—反应”（S－R）公式来表示。这是早期的行为主义，也被称为“古典行为主义”。后期的主要代表人物是美国心理学家斯金纳（B. F. Skinner），由于他不否认人内部心理活动的存在，发展了行为主义，所以其理论被称为“新行为主义”。

行为主义者都强调心理学应采取科学的方法对行为进行精确的观察和度量，这对心理学走上科学化道路起到了积极作用。但他们排斥研究心理的内部结构和过程，否定意识研究的重要性，这无疑又限制了心理学的发展。

（三）格式塔心理学

格式塔心理学（Gestalt psychology）又称“完形心理学”，始于 1912 年的德国，由韦特海默（M. Wertherimer）、考夫卡（K. Koffka）和苛勒（W. Kohler）提出。“格式塔”是德文 Gestalt 的译音，其含义是整体，或称“完形”。与构造主义不同，格式塔学派认为心理学的研究对象应是意识的组织。该学派反对把意识分析为元素，强调心理作为一个整体、一种组织的意义，认为“整体大于部分之和”，整体不能还原为各个部分和元素的总和；部分相加不等于整体；整体先于部分而存在，并且制约着部分的性质和意义。格式塔学派研究的结果在当时产生了一定的影响，并为后来认知心理学的发展奠定了基础。至今有关知觉的实验中仍应用了很多格式塔心理学发现的规律。

（四）精神分析心理学

精神分析学说（psychoanalysis）是由奥地利精神病医生弗洛伊德（S. Freud）于 19 世纪末 20 世纪初创立的。精神分析学派非常注重对人类异常行为的分析和动机、无意识现象的研究。

弗洛伊德的理论主要来源于治疗精神病的临床经验，他通过梦的解析、自由联想和日常生活分析等手段，揭示人们思想和行为的潜在动机，特别是性欲的冲动。基于意识、前意识和潜意识理论，他还提出了由本我（Id）、自我（Ego）和超我（Superego）组成的人格结构模型。20 世纪 30 年代以后，一批精神分析学家又在新的社会条件下对弗洛伊德的古典精神分析理论和方法进行了修正和扩充，其研究重心有的由伊底转向自我，形成了精神分析的自我心理学派，有的则从社会和文化方面拓展了弗洛伊德的理论，形成了精神分析的社会文化学派。

(五) 认知心理学

广义的认知心理学(cognitive psychology),包括结构主义认知心理学(如皮亚杰的发生认识论)、心理主义认知心理学(如行为主义逐渐衰落期间主张研究心理、意识等内部过程的理论)和信息加工心理学(information-processing psychology)三种。狭义的认知心理学,则特别指信息加工心理学,即用信息加工观点来解释心理活动的历程。①

认知心理学出现在 20 世纪初,早期以瑞士心理学家皮亚杰(J. Piaget)为著名代表人物。20 世纪 50 年代,信息论、控制论和系统论都曾对它产生过深远影响。1967 年,奈塞尔(U. Neisser)《认知心理学》一书的出版是现代认知心理学诞生的标志。认知心理学的研究对象是复杂的心理过程,包括知觉、注意、学习、记忆、问题解决、决策以及言语等。该领域的心理学家发展了一套自己特有的研究方法,如反应时记录法、口语报告法、计算机模拟法等。近年来,认知心理学与神经科学结合产生了认知神经科学(cognitive neuroscience),它主要致力于研究认知功能的脑机制、认知与神经系统活动的关系、脑发育与认知功能的发展等。有人预言,在 21 世纪,认知神经科学的研究有望成为心理学发展的主流。②

(六) 人本主义心理学

20 世纪 50 年代末和 60 年代初在美国兴起的人本主义心理学(humanistic psychology),是由马斯洛(A. H. Maslow)、罗杰斯(C. R. Rogers)等人创立的。它主张研究人的本性、潜能、经验、价值、生命意义、创造力和自我实现,反对心理学中的"第一势力"——行为主义的机械决定论和"第二势力"——精神分析的生物还原论,因而被称为"第三势力"。人本主义注重人的独特性,对人性持乐观看法,认为人类本性是善的,而且人类本性中蕴藏着无限的潜力。因此,它的研究不只了解人性,还探讨了自我成长的需要,并主张改善环境以促进人性的充分发展,以达到自我实现(self-actualization)的目的。

人本主义心理学强调人的社会性,给人的心理本质做出了新的描绘,为教育心理学、发展心理学、心理咨询和治疗等领域孕育了一条创新的人本主义路线。但其理论主要由思辨得出,难以通过实验予以证明,且使用的术语缺乏明确的界定,因此仍有一定的局限性。

(七) 进化心理学

进化心理学(evolutionary psychology)也称人类心理生物学,它在很大程度上受到达尔文关于自然选择进化论的影响,认为心理能力和生理能力一样,经过

---

① 参见车文博《二十世纪西方心理学发展的轨迹及未来的走向》,载《社会科学战线》1995 年第 5 期。

② 参见彭聃龄《普通心理学》,北京师范大学出版社 2001 年版,第 31 页。

了几百万年的演化而形成了对环境特定的适应性。该理论关注遗传倾向和生理特性对人们行为的影响,以及在进化过程中面对环境压力时人类怎样改变自己生存所需要的行为。由于它以漫长的进化过程作为理论探讨的中心,所以常因无法通过实验证明自己的观点而受到置疑。进化心理学虽然具有一定的合理性,但大多数心理学家仍然相信,人的社会行为更多地受文化和环境因素影响,纯粹的生物因素并不能完全决定个体的心理。

三、现代心理学的研究主题与重要分支学科

(一)现代心理学的研究主题

心理学经过百余年的快速发展,研究领域已拓展到人类生活的各个方面,但是从内容上分析,现代心理学主要包括8个大的研究主题。[①]

1. 心理与行为的生物基础

现代心理学家普遍认为,先天遗传决定个体身心特征的基础结构,后天环境充实、修改结构的内容。一切行为反应与心理活动,无不与生理组织中神经系统或腺体组织有着密切的关系。遗传学与生理学属于生物学的范围,因此要探讨心理与行为的发生、发展变化的特点及其规律,研究其赖以发生的生物学基础是必不可少的。该领域的研究主要包括神经系统、内分泌系统、个体生命的起源与基础机制的问题。

2. 感觉、知觉与意识

感觉和知觉是意识的基础。感觉是人脑对事物的个别属性的认识,它是以生理变化为基础的。知觉是对感觉刺激的过滤、解释、组织、再认和理解。意识是一种觉醒的心理状态,在这种状态下,个体不仅通过感知觉获得环境中的信息,而且也能了解自己的学习、记忆、思维以及其他的心理或行为活动,它是个体进行有目的、有计划的活动的基础,在人们的日常生活中起着非常重要的作用。关于感知觉和意识的研究旨在探讨个体如何通过感官来获得信息,进而了解和认识周围环境。

3. 学习、记忆与思维

学习、记忆与思维是意识的具体运作过程,它们紧密地联系在一起。通过感官获得的信息经过记忆过程存储在大脑中,而头脑中存储的信息经过思维过程,才能使个体真正获得智慧而非呆板的内容,因而有“学而不思则罔”之说。这些方面的研究旨在探讨个体如何对外在的信息进行学习、记忆、思维,以及如何获得智慧,解决问题等等。

---

① 参见张春兴《心理学原理》,华东书局2003年版,第31~32页。

4. 生命全程的心理发展

现代心理学对毕生身心发展的研究的目的在于考察个体的身心变化与年龄增长之间的关系，即人在整个生命历程中身心发展变化的规律。发展心理学研究的核心问题包括个体心理发展变化的原因或机制、发展过程的性质——即发展阶段性与连续性问题以及发展的个体差异问题。毕生发展心理学认为，个体的一生是一个发展的过程，发展是个体随年龄的增长在生理、心理和社会方面具有一定顺序性的变化。心理的发展不仅表现为个体新的心理机能的出现和已有心理机能的成熟，也包括已有心理机能的衰弱和丧失。

5. 动机和情绪

人类的一切活动都是在某种内部动机的推动下进行的。动机是推动人的活动并使活动朝向某一目标的内部动力。动机的基础是人类的各种需要。人有生理需要和社会需要，前者如衣食住行等，后者如学习、交往、成就和自尊等。动机具有不同的性质和强度，动机不同，人们对待事物的态度和相应的行为方式也不一样。心理学关于人类动机的研究旨在揭示行为发生的原因，探讨个体行为的自主性与选择性问题。动机和需要与情绪、情感有着密切的联系，动机得到满足时，人产生积极的情绪，反之则容易产生消极的情绪。

6. 个别差异

个体的心理发展变化存在着共同的规律，而不同的个体在某些心理特点上又会表现出稳定的差异。关于个别差异的研究主要涉及能力和人格的差异以及差异产生的原因等方面。这些差异及其成因一直是心理学家研究的重要问题之一。对个别心理差异的研究既有利于丰富心理学的基本规律，又有助于为教育的因材施教和社会上的量才而用提供理论依据。

7. 社会心理

社会心理的研究主要涉及两方面的问题：一是探讨团体中个体间的交互影响，即别人如何影响个体，个体如何影响别人；二是探讨团体与个体间的交互影响，即团体如何影响个人，个人如何影响团体。研究的目的在于了解人际间的互动关系，从而建立起系统的社会心理学理论。同时，其研究有助于预防违法行为，加强生产管理，建立劳动的科学组织以及解决婚姻家庭中的问题。

8. 心理异常与心理治疗

心理异常和心理治疗的主要研究目的是探讨心理异常的症状与原因，进而实施心理治疗，维持心理健康。随着社会的发展，心理异常与治疗引起心理学研究者越来越多的关注，而且人们对于心理异常原因的探讨逐渐趋于成熟。近年来，研究者提出生物－心理－社会模型，认为疾病并不单纯是生物因素导致的，它取决于生物、心理和社会过程三个方面的相互作用。在对心理异常原因进行探讨的基础上，研究者在心理治疗方法上也不断地推陈出新。

(二)分支学科

心理学经过百余年的快速发展，已形成了内容相当丰富的知识体系，并分化出众多的分支学科。根据各分支学科的性质与任务，大致可以把心理学划分为两个领域：基础理论领域和应用(或职业)领域。基础理论领域的分支学科的主要任务是，研究心理科学与各分支心理学有关的基础理论、方法学问题和心理发生发展的基本规律。它主要包括生理心理学、实验心理学、发展心理学等。主要的应用分支包括教育心理学、学校心理学、工业心理学、过程心理学等。我国台湾心理学专家张春兴教授以图表的形式列举了现代心理学的主要理论和应用分支学科(见表 1-1)。[①]

表 1-1　　心理学领域内基础理论学科与应用学科举例

理论心理学类		应用心理学类	
学科名称	研究目的	学科名称	研究目的
生理心理学 Physiological psychology	探讨心身关系的基本规律和法则	教育心理学 Educational psychology	如何达成教育预定目的之心理学研究
实验心理学 Experimental psychology	对行为与心理历程的科学验证研究	学校心理学 School psychology	研究如何配合学生心理提升教育效果
发展心理学 Developmental psychology	探讨一生中随年龄增长的身心变化	工业心理学 Industrial psychology	了解人与工作的关系，借以提升工作效率
人格心理学 Personality psychology	研究人格的形成、发展与个别差异	工程心理学 Engineering psychology	研究人与机器的关系，达成人机合一理想状态
社会心理学 Social psychology	探讨人与人及人与团体间的互动关系	管理心理学 Management psychology	了解工作意愿，振奋工作士气，提升生产绩效
学习心理学 Psychology of learning	探讨通过经验获得知识与行为的历程	咨询心理学 Counseling psychology	研究心理适应困难者并协助其解决问题

① 参见张春兴《心理学原理》，华东书局 2003 年版，第 32 页。

续表

认知心理学 Cognitive psychology	探讨知识获得与理解运用的历程	临床心理学 Clinical psychology	对心理异常者的诊断、治疗及预防等研究
差异心理学 Differential psychology	研究个别或团体差异的现象及原因	运动心理学 Sport psychology	培养运动精神，增进全民健康的心理学研究
变态心理学 Abnormal psychology	探讨心理与行为异常的现象及成因	消费心理学 Consumer psychology	研究消费者的生活习惯及购买心理
比较心理学 Comparative psychology	比较研究各种不同动物行为的异同	心理测量学 Psychometrics	个别或团体心理差异评鉴的理论与方法

四、心理学的任务

概括地说，心理学研究的任务在于对心理和行为做出科学的描述、解释、预测和控制，并借此服务于社会，提高人类的生活质量。

(一)描述

心理学的首要任务是对研究对象的心理和行为特点做出客观准确的描述，即心理与行为"是什么"。描述通常是进行更深入研究的必要前提。为了描述研究对象的心理与行为特点，心理学家需要收集有关的事实或数据。对事实进行描述时必须遵循客观性原则，即在描述研究对象的心理和行为时，我们必须尽可能地防止诸如研究者的期待效应等主观因素的影响，并按照心理和行为现象的本来面目去收集和呈现事实。为此，在对心理与行为进行观察时，研究者必须通过一些特定的方法、程序和规则，以保证数据收集和行为描述的客观性和准确性。

(二)解释

该任务的功能是回答"为什么"的问题，即某种心理与行为事件为什么发生，其发生的原因或机制是什么。一般认为，影响人类行为的因素大致可以分为两类：一类是个体内部因素，如基因构成、动机、智力水平或自尊，在心理学中叫作机体变量；另一些因素是外部因素，在心理学中称为环境变量或情境变量。在通常情况下，人们的行为不会单纯由内部因素或情境因素决定。当代心理学家日益认识到人类行为产生的原因是复杂的，他们试图通过探明促使人类特定行为产生的机体变量或者情境变量以及内外部因素间的作用和作用方式，对人类心理和行为的奥秘做出科学的解释。

(三)预测

心理学中的预测是对一个特定的行为将要发生的可能性和一种特定条件将被发现的可能性的陈述，即根据已有的理论对某种心理和行为事件在任何条件或情况下发生的理论推测。对心理与行为事件的预测在一定意义上以对该事件及关系的解释为基础。只有对行为背后的原因做出精确解释，才有可能对未来行为做出准确的预测。因此，科学理论是预测的基础和根据。例如，根据强化理论我们可以预测，如果学生在做出了某种合作行为之后得到了一个积极的结果，那么该行为在以后发生的可能性会更大。

(四)控制

大多数心理学家把对人类心理与行为的控制作为心理学的最高目标。控制意味着通过一定手段或方法使心理与行为事件发生或者不发生，即引发那些希望发生的事件，控制那些不希望发生的事件。心理学家希望通过对心理与行为的控制，来帮助人们提高心理生活的质量，维持身心的良好状态，从而为人类社会的发展服务。

第二节　教育心理学与高等教育心理学

教育是人类社会延续和发展不可缺少的实践活动。教育的概念有广义和狭义之分。凡是一切增进人们知识、技能、身体健康以及形成和改变人们思想和行动的过程，都可统称为广义的教育，它通常包括家庭教育、学校教育和社会教育。狭义的教育专指学校教育，它是根据受教育者身心发展的特征和规律，按照社会的要求，在一定的期限内，对他们进行有目的、有计划的系统引导和培养的一种学校活动。本书中所提到的教育均指狭义的学校教育。教育过程中存在着种种心理现象及规律，研究这些现象和规律的学科，就是教育心理学。高等教育是建立在普通教育基础上的专业性教育，其教育过程中同样存在着许多心理现象和规律，并且有其独特性，而高等教育心理学就是研究高等教育过程中的心理现象和规律的学科。本节我们首先对教育心理学做一简要概述，之后介绍高等教育心理学的基本内容，以使读者对高等教育心理学这门学科有一个初步的了解和认识。

一、教育心理学概述

(一)教育与心理学

学校教育是一种有目的、有计划、有组织的培养人的工作,它可以有效地帮助个体在更短的时间内成长。在学校里,教育者根据社会的要求,采取一定的措施去影响受教育者;受教育者作为一个有思想、有情感的人,也要通过自己的积极活动,主动地获得知识与技能,形成社会所要求的、全面发展的个性品质和道德行为。教育的过程是教育者和受教育者双向互动的过程。在这个过程中,教育活动只有符合受教育者的生理、心理发展规律,才有可能取得良好的效果。教育过程是一个多维的复杂过程,主要由以下几个阶段组成。

1. 确定教学目标

这是教学过程的首要环节。教学目标的确定主要受教学内容和学生的学习基础两大因素影响。教学内容是指本节课、本单元乃至本学科所需要教的内容。在确定教学目标时,教师必须了解该内容的知识结构、内容的难度及复杂度。学生的学习基础主要包括认知基础和个性、情感基础。教师需要在考虑这两方面因素的基础上确定每学科、每单元乃至每节课的教学目标,并借助心理学的方法将它们转化为行为目标。

2. 分析教学任务

根据教学目标,分析学生达到这些目标所需要的从属概念、基本技能和主要策略。为完成此任务,教师要运用心理学知识将要完成该教学目标所需参与的心理成分加以分解并显示出来,以保证教学目标的实现。

3. 选择教学方法

在确定了目标——"学什么"的问题之后,应结合学生的特点来考虑如何教的问题,即选择合适的教学方法。影响教师教学方法的因素除教学目标和学生的学习过程外,还有教学原理、教师的特点和课堂环境。仅就教师特点而言,与学生一样,教师在教学风格、个性、适应性以及对学生的期望等方面也存在着很大的差异。

4. 执行教学过程

教学过程是一个师生双向交互活动的过程。在这一过程中教师需要在已确定的目标和学习过程特点的基础上对学生因材施教。

5. 评价和反思教学

评价和反思的过程用于衡量教与学的效果,它贯穿于整个教育过程的始终。心理学可以为此提供各种测量工具和常模,以保证评定的信度和效度。值得特别指出的是,教学反思过程实际上是教师元认知能力在教学中的体现。专家教师之所以不同于新教师，常常是因为他们在反思方面有独到的措施。而要加快从新手到专家的成长过程，反思也是一条捷径。

从整个教学微观过程可以看出，教育与心理学是紧密地联系在一起的，心理学对教育过程的各个阶段都具有重要的指导作用，并提供了方法上的支持。教师将自己的教育教学工作建立在心理学的基础上，将有利于提高教育教学工作的科学性和效果。

(二)教育心理学的性质

教育心理学是教育与心理学相结合的产物，是心理学的一个分支学科。自教育心理学创建以来，关于教育心理学的学科性质一直存在争议。任何一门学科的性质都是与其研究对象密不可分的，研究对象规定了学科的体系并决定着该学科的性质特点。教育心理学的研究对象是学校教育过程中学生学与教师教的基本心理规律。由于在教与学的矛盾中，矛盾的主要方面是学生的学，教师的教服务于学生的学，教育教学的过程要围绕学习过程进行，因此学生学习的心理学规律是研究的主要方面。当然，这里所说的学不仅指知识技能的学习，也指思想品德和个性的形成、发展以及学生其他素质的形成和发展。而这里所说的教，也不仅仅限于教授学科知识，而是指对上述各项学习活动的教学与指导。可见，教育心理学是一门基础研究与应用研究并重的学科。教育心理学作为心理学的分支学科具有较强的理论性，作为指导教育实践活动的学科又具有极为鲜明的实践性和应用性。

(三)我国教育心理学的发展

中国教育心理学思想源远流长。两千多年前，我国古代伟大的教育家和思想家，如孔子、孟子、荀子等在论述教育问题时，其中就包含了大量的教育心理学思想。之后也有不少著名学者如韩愈、朱熹、王阳明等阐述过丰富的有关教育心理学的观点。但这些观点都是零散的，没有形成系统。直到近代，教育心理学才作为一门学科发展起来。

我国教育心理学的发展可分为三个阶段：

第一阶段从 20 世纪初至 1949 年新中国成立之前。这是我国教育心理学研究的萌芽和起步阶段。这一时期老一辈心理学家为教育心理学的发展做了不少工作。他们不仅传播了教育心理学的知识，同时也开展了一些有关教育心理学问题的研究，取得了一定的成绩。据有关史料记载，我国第一本教育心理学著作是 1908 年光绪年间由房宗岳翻译的日本小原的《教育实用心理学》。其后廖世承于 1924 年出版了《教育心理学》，这是我国第一本自编的教育心理学教材。此后，潘菽(1935 年)、陈选善(1938 年)、肖孝嵘(1940 年)等都编著过教育心理学的教科书，并在学科心理、教育与心理测验等方面开展了一些研究工作，取得了一定的成绩。但这一时期的著作很多是翻译、介绍性的，较少有所创新。

第二阶段从新中国成立到“文化大革命”开始。1949 年建国后，我国的心理学工作者主要学习和介绍苏联的教育心理学研究成果，并试图以马克思主义原理与方法对旧教育心理学进行改造，以确立我国教育心理学的发展方向。同时，结合教育改革，对入学年龄问题、学科教育改革问题、学前儿童教育的心理学问题进行了一定的研究。1963 年我国出版了潘菽主编的《教育心理学》讨论稿。与此同时，全国各师范院校相继开设了《教育心理学》课程，我国教育心理学出现了初步繁荣的局面。不幸的是，从 1966 年到 1976 年出现了所谓的“文化大革命”，整整十年的时间，我国教育心理学的研究处于了中断阶段。

第三阶段即“文化大革命”后至今。20 世纪 70 年代后期，教育心理学开始复苏，并进入了一个快速发展的新阶段。我国教育心理学工作者不仅翻译了一批国外教育心理学书籍，介绍了国外影响较大的理论观点与研究成果，而且自编的教育心理学教科书也越来越多。教育心理学的研究课题也逐渐广泛和深入，如教育心理学的基本理论问题、学习心理问题、教育与发展问题、品德心理问题、数学与语文教学心理学的问题等。另外，研究者对阅读心理、教师心理、教育和心理测量、教育社会心理等也进行了不少的研究和探讨，同时，观点也逐渐体现出创新性，人们开始关注建构有中国特色的教育心理学体系。我国的教育心理学发展出现了空前的繁荣局面。

二、高等教育心理学

高等教育心理学是教育心理学的一个分支学科，它与教育心理学既具有共性，同时，又具有其独特性，下面主要从高等教育的特点、高等教育心理学的研究内容两个方面对高等教育心理学的基本内容加以介绍。

(一)高等教育

在我国，“高等教育指在完成高级中等教育基础上实施的教育”[①]，它在整个教育体系中处于最高层次，包括专科教育、本科教育、研究生教育三个层次的教育。与普通教育相比，高等教育具有以下几个特征：

1. 在教育任务上

与普通教育以传授普通科学文化知识和读、写、算等基本技能(即所谓的“双基”)为主要任务不同，高等教育是建立在普通教育基础上的专业教育，其任务是培养具有创新精神和实践能力的高级专门人才，发展科学文化技术，促进社会主

① 《中华人民共和国高等教育法》，1998 年 8 月 29 日第九届全国人民代表大会常务委员会第四次会议通过。

义现代化建设。它所培养的各种高级专门人才将直接进入社会各个领域从事专门的工作。

2. 在培养对象上

高等教育的培养对象一般是18岁以上青少年。与中小学生不同,他们的身心发展已趋于成熟。他们已受过普通教育的基本训练,并有一定的社会经验,喜欢对一些理论或实际问题进行独立思考,发表个人独特的观点。

3. 在社会职能上

高等教育有三个社会职能:一是培养高级专门人才;二是发展科学技术,开展科学研究;三是直接为社会服务。而普通教育不具备这些社会职能。

4. 在地位作用上

高等教育体制改革的目标是逐步使高等学校建立能主动适应国民经济和社会发展需要的有效机制。高等教育在经济发展战略中居于首要位置,是社会主义精神文明建设的重要阵地,是发展高科技的重要力量。而普通教育与经济建设和社会发展的联系则不是非常紧密。

5. 在培养方式上

高等教育需要在传授前人已有的知识经验的基础上,将科学研究引进教学过程,引导学生学会学习。由于高等教育要为大学生就业后的独立工作做好准备,因而即便是简单的、初步的、不完全独立的科学研究,对于培养有创造能力的专门人才也具有重要的意义。另外,理论联系实际是各级各类学校教育都应遵循的原则。高等教育作为专业性教育,它不但要求大学生参加一般的社会实践,还应有计划地组织他们参加专业性的调查、参观、实习等,以使专业知识与专业实践紧密联系,培养专门的技能与能力。

(二)高等教育心理学研究的对象和内容

根据教育心理学的定义和高等教育的特点,我们可以将高等教育心理学定义为:研究高等教育过程中学生的学与教师的教的心理现象和规律的学科。

高等教育是建立在普通教育基础之上的高等专业性教育,它具有"高"和"专"的特点。高等教育心理学的研究必须反映这些特点,并为高等教育服务。

"高"是指"高等"和"高级",它规定了学校的层次和所培养人才的标准,意味着大学生入学要求高,大学生学习的知识高深,脑力劳动难度大、强度高,所要求掌握的技能相对于一般从业者和非大学生同龄人也更复杂、更高级。同时大学生对精神生活的追求、生活方式的选择和人格的完善等方面的要求也相对较高。高等教育心理学必须认真、深入地研究这些不同于普通教育心理学的问题。例如,对大学生的教学不能仅限于传授科学上已有定论的知识,而应多向他们提出有争议的或尚待探索的问题。因此,高等教育心理学应研究如何让大学生学会抓住教师讲授的思路，培养学生独立获得知识的能力；研究如何捕捉学习的疑点，提高发现和研究未知领域的能力。"专"是指专业化和专门化。大学教育是要培养某一学科或专业的专门人才，它强调运用专业知识解决专门化的实际问题，特别重视培养大学生在专业范围内发现问题、分析问题和解决问题的能力，因而培养大学生的问题解决能力和创造力是高等教育心理学研究的一个重要课题。

在学与教的矛盾中，学生的学始终是矛盾的主要方面，高等教育也不例外，因此高等教育心理学应以大学生的学习活动及其心理发展变化规律作为研究的主体。同时，教育教学活动是师生的双边活动，没有教师的教育引导，学生也无法有效地学习。大学生的学有其特定的心理规律，高校教师的教也同样有其自身的心理特征，为了使学生有效地学，高校教师有效的教是一个必要的前提。结合上述高等教育的特点，我们把本书的内容结构分为三个部分：

1. 高等教育的心理学基础

高等教育心理学为高等教育提供心理学的依据，使高等教育的开展建立在心理学的基础之上，从而提高高等教育的科学性和效果性。这一部分包括四章，第一章阐述了教育与心理学及教育心理学的关系、高等教育心理学的研究内容和学科性质以及高校教师学习高等教育心理学的意义；第二章分析了大学生的心理发展特点，包括认知的发展、人格和社会性的发展以及大学生的心理差异；第三章阐述了大学生的心理差异问题，包括人格差异、能力差异、学习风格差异和性别差异等；第四章从教师的社会角色、职业能力与人格特点以及大学教师的专业成长方面论述了高等学校教师的心理特点。

2. 高等学校学习心理

大学生的学习心理是高等教育心理学重点关注和研究的内容。本部分用六章的篇幅从不同方面论述了大学生学习心理的基本特点及其培养问题。第五章从学习的基本特点、过程及学习理论出发，论述了大学生学习的主要特点；第六章到第十章分别介绍了大学生的学习动机及其激发、陈述性知识的学习与教学、程序性知识的学习与教学、问题解决与创造性、品德及其培养，从学习的各个方面详细地阐述大学生的学习心理。其目的在于使广大高校教师明确任何教育措施都要建立在大学生的学习规律的基础之上，从而增强高校教师对教育的科学性的认识。

3. 高等学校心理教育

大学生在学校中学习知识、掌握技能、发展能力，需要有健康的身体和心理作保障。随着社会的发展，人与人之间的竞争也越来越激烈，而激烈的竞争对人们的心理素质提出了较高的要求。近年来，高等学校中频频出现大学生因适应不良而导致的自杀事件和一些恶性犯罪案件，如何促进大学生的心理健康已成为高等教育心理学不可回避的一个问题。第十一章具体论述了大学生人际交往的基本特点及人际关系的建立和调适问题；第十二章介绍了大学生的心理健康与咨询，其中包括大学生常见的心理问题及教育对策、高校心理咨询的主要形式与常用技术。

(三)高等教育心理学的研究方法

学习高等教育心理学，不仅要了解它的基础理论知识，同时还要了解它的研究方法。从数据收集方式上看，高等教育心理学的研究方法与心理学是一致的，心理学的研究方法主要包括观察法、调查法、测验法、实验法等。

1. 观察法

观察法是学科研究的基本方法，也是高等教育心理学研究的重要方法。观察法是指在自然情景下，研究者通过观察和记录研究对象的活动，对某一行为或现象做出详实的描述的一种研究方法。随着心理学中实验室实验和测量法的兴起，观察法曾一度受到冷落，但近年来，由于实验室实验固有的缺陷日益明显，加之习性学理论影响的不断扩大，观察法又重新受到人们的重视，并被大量的采用。用观察法进行研究时，根据观察者与被观察者的关系，可以把观察法分为参与性观察和非参与性观察。前者是指观察者在不暴露身份的情况下，通过参与被观察者的活动，观察他们的行为。如教师通过跟学生一起打球，来观察他们的合作行为。非参与性观察是一种更常用的观察方法。它是指在不干扰被观察者的原则下，观察者从纯客观的角度记录被观察者的行为活动。

2. 调查法

调查法是通过被调查者对预先拟定问题的自由反应，了解研究对象对某个问题的态度或意见的一种方法。访谈法、问卷法都属于调查法。

访谈法是根据事先确定的研究目的，通过与研究对象就一些事先拟订好的问题进行面对面的交谈来收集某种心理或行为现象的数据资料的一种方法。与一般意义上的谈话不同，访谈法有特定的研究目的和一整套事先设计好的原则和程序。根据访谈内容和过程有无统一的设计要求和结构，通常把访谈法分为结构性访谈法和开放性访谈法。

问卷法是研究者用统一、严格设计的问卷来收集研究对象有关心理特征和行为数据资料的一种研究方法。目前，问卷法在研究中的应用越来越广泛，它对揭示人的心理活动规律发挥了重要的作用。一份结构完整的问卷应包括标题、前言、指导语、问题和结束语等几部分。它的编制要遵循目的性、简明性和计划性原则。

问卷法实施简便，适合于大面积施测，较为省时、省力。其答案可以统一形式,便于整理分析。但它也存在明显不足:首先,由于问题和答案往往是已规定好的,被调查者可选择的余地较小,因而会丢失许多信息,不利于问题的深入分析和研究;其次,数据收集过程中难以严格控制无关因素的干扰,因而问卷的有效性常常受到多种因素的制约。所以研究者们常将问卷法用作对某一问题进行初步了解和探索的方法,若要全面深入的研究则要配合使用其他的方法。

3. 测验法

测验法是通过一套预先标准化的问题(量表)施测于某一个体或群体来收集研究资料的一种方法。使用测验法的重要目的是对个体的心理差异做出测量或诊断。人们在能力、知识、技能、兴趣、态度及人格特征等方面各不相同,这构成了人与人之间的个别差异。心理测验可以按不同的标准进行分类。如:按照测验的功能可以分为能力测验、智力测验、人格测验;按照测验的目的可以分为描述性测验、诊断性测验、预示性测验;按照测验的方式可以分为个别测验和团体测验。心理测验要注意两个基本要求:测验的信度和效度。信度是指测验的可靠性程度。如果一个测验的可靠性高,那么同一个人多次接受这个测验的成绩或结果就应该大致相同。效度是指一个测验在多大程度上有效地测量了它所要测量的心理品质或属性。测验的效度是相对于其测验目的而言的。如果一个测验较好地达到了其目的,那么它就应具有较高的效度。

4. 实验法

实验法是通过对实验条件的控制来考察自变量和因变量之间的因果关系的一种方法。长期以来,实验法是心理学中最重要的方法,它包括实验室实验和自然实验两种类型。

实验室实验是借助专门的仪器设备,在严格控制实验条件的情况下进行的。因此,它能考察变量间的因果关系,具有较高的内部效度和科学性,并能保证实验结果的可验证性。实验室实验的主要缺点是,实验情景具有较大的人为性,实验室实验中得到的研究结果在日常生活中的应用是有条件的。

自然实验也叫现场实验,是在社会生活环境中(如家庭、托儿所、学校等)进行的实验。在一定意义上,可以说自然实验是实验控制与研究的生态效度要求之间的折中产物,它在某种程度上克服了实验室实验的缺点。在现场实验中,研究者可以对自变量进行操纵,尽可能地控制无关变量,它是在人们正常学习和工作的情景中进行的。例如,在教学条件下,教师向两组学生传授相同的材料。其中甲组学生在学习以后完全休息,而乙组学生继续进行另外的工作。一小时后,再比较他们的回忆成绩。

第三节 高校教师学习高等教育心理学的意义

各种形式的教育活动都是以一定的教育内容、教育手段为中介的师生互动过程。在这个过程中,有三种信息对教育者来说是必需的,即关于受教育者(学生)的信息、关于教育内容和教育技术的信息及关于教育者(教师)的信息。[①] 对高校教师而言,他们必须具备对学生、教育影响过程和自身行为这三方面信息的处理、调控与改造能力。通过学习高等教育心理学,不仅有助于高校教师提高这三个方面的能力,而且有助于其掌握必要的心理保健知识,促进大学生的心理健康。

一、有助于了解大学生的心理特点,提高教育的针对性

"心理发展的水平与特点是教育的起点和依据,是教育的前提。"[②]教育工作者只有符合受教育者的心理发展特点和规律,才有可能取得良好的效果。作为一名高校教师,学习和掌握高等教育心理学的相关知识,有助于加深对大学生心理发展特点的了解,从而有针对性地进行教育教学。具体可从以下三个方面来理解:

第一,学习高等教育心理学有助于高校教师加深对大学生认知特点的理解。大学时期是个体智力发展走向成熟的一个时期。大学生思维的辩证性成分增多,创造性程度提高,能够更好地调节和控制自己的思维活动。这些都是教师在传授知识、培养学生技能、发展他们的能力时必须考虑的重要因素,从而针对这些特点确定自己的教学目标、教学方式和教学内容等。如针对大学生创造性思维发展的特点,教师可以赋予学生更大的自主空间,鼓励他们提出自己的独创性观点,灵活地采取多种授课形式;教师还可以根据个体元认知的不同构成因素以及大学生的元认知发展特点,有意识地训练大学生的自我反省、自我监控能力。但国内的一些调查研究表明,我国大学课堂教学中,教师授课约占上课时间的75%,学生活动很少,并且教师很少对学生"如何学习"做出指导。这实际上滞后于大学生认知发展所达到的高度。究其原因,固然与中国传统的"传道、授业、解惑"的教学观念有关,但也与一些高校教师不了解大学生的心理发展特点有一定的关系。因此,通过学习和了解大学生的认知发展特点,高校教师就可以有针对

---

① 参见[日]菊池章夫《教育行为研究去向》,载《教育心理学参考资料选辑》,山东教育出版社1982年版,第524页。

② 莫雷主编:《教育心理学》,广东教育出版社2002年版,第21页。

性地、科学地、合理地进行教育教学,提高教育教学的质量和效率。

第二,学习高等教育心理学有助于高校教师加深对大学生人格和社会性特点的理解。在大学阶段,个体主动关注自我,处于自我的探索和确立阶段,人生观和价值观尚未稳定,容易受外在因素的影响。通过学习高等教育心理学,高校教师可以把握大学生的人格和社会性发展特点,采取有针对性的教育,塑造其健全的人格,培养其良好的社会技能。尤其是当代中国正处于社会转型期,市场经济竞争观和效益观的普遍确立、各种文化思潮的碰撞、择业和竞争的巨大压力、现代生活节奏的加快、网络虚拟空间的冲击等对大学生的人格和社会性发展产生了很大影响,高校教师了解当代大学生的人格和社会性特点尤为必要。就集体主义价值观的变化来说,当代大学生更强调个性、自主和权利,而相对忽视集体、纪律和义务;他们在找工作时更看重个人的待遇,对学习、交际和恋爱等普遍采取宽松的态度。① 这样,教师在进行价值观教育时,就必须采取灵活的方式,引导学生在考虑个人需要的同时也要认识到集体的需要,而不要生硬地灌输集体主义价值观,这样才能取得良好的教育效果。

第三,学习高等教育心理学有助于高校教师加深对个体心理差异的理解。大学生的认知、人格和社会性发展是存在个体差异的。就认知来说,有的大学生分析思维占优势,他们倾向于进行严密的逻辑推理以解决问题;有的则对事物有着较强的直觉能力,直觉思维发达,能迅速地理解新的问题并做出判断。就气质来说,有多血质、胆汁质、粘液质和抑郁质之分,不同气质类型的大学生在反应速度、内心体验、感受性等方面存在不同;在性格上,我国大学生比较克己、忍耐、谨慎、稳健等,而独立性、灵活性较差。并且,许多研究表明,不同性别、不同学科的大学生表现出不同的心理发展特点。对高校教师来说,了解大学生的心理差异特点,可以更有针对性地进行教育教学。如针对工科大学生的理解判断能力强、医科大学生短时记忆能力强,女生言语能力高,男生空间知觉能力高,文科和理科大学生胆汁质型多于医科,理科抑郁质人数多于文科和医科等特点,采取不同的教育教学方式,更好地提高教育教学质量。

二、有助于把握教学规律,提高教育教学能力

教学是一个系统的过程,从宏观上而言,这个过程主要包括教学内容、学生特点、教师特点和教学环境四种主要的变量,学习过程、教学过程和评价/反思过程交织在一起。② 在一定程度上而言,一个教师的教育教学能力取决于对这些

---

① 参见杜可风《当代大学生心理透视》,载《安徽农业技术师范学院学报》1997 年第 1 期。

② 参见陈琦、刘儒德主编《当代教育心理学》,北京师范大学出版社 1997 年版,第 4 页。

变量和过程的操纵和控制能力。高等教育心理学，是旨在揭示高等教育过程中学与教的心理规律的科学，有助于高校教师把握教学规律，提高教育教学能力。

高等教育心理学有助于高校教师了解大学生的学习心理。大学生由于抽象逻辑思维能力的成熟，特别是辩证思维能力的发展以及自主意识的增强，在学习方面也表现出与高中阶段不同的特点，如学习方式的多样性、学习过程的阶段性、学习内容的特殊性、学习组织的主体性等。这就需要高校教师通过高等教育心理学的学习，正确把握大学生的学习规律，从而提高其教育教学能力，增强教学的有效性。

高等教育心理学有助于高校教师把握教学过程的规律，提高有效教学的能力。教学过程，指教师运用教育内容和采取多种教育手段对学生施加影响的过程，它直接决定着教育教学的有效性。通过高等教育心理学的学习，有助于高校教师根据教学目标的设置、评价程序的确定、教学形式的选择、教学环境的设置等步骤，确定合适的教学设计；有助于高校教师根据自己的个性特征和学科特点，选择合适的教学形式，形成独特的教学风格；有助于高校教师加强课堂的控制和管理，创设良好的学习环境。

高等教育心理学有助于高校教师提高其评价/反思能力。自我评价和反思能力，指的是对学习和教学效果进行测量、评定和反思，以求进一步改进的能力。它有助于教育者考察预期目标与教育行为效果的关系，寻找二者之间的差异，并通过反思/评价探求其中的原因，从而校正预期目标，调整教育行为，达到最佳的教育效果。通过高等教育心理学的学习，不仅有助于高校教师认识教学过程中评价/反思能力的重要性，而且有助于其掌握和实践一些具体的方法和程序来提高评价/反思能力。如有的研究者将教学反思分为具体经验－观察分析－抽象的重新概括－积极的验证四个环节，并发现通过反思日记、详细描述、实际讨论和行动研究(action research)等方法，可提高教师的反思能力。

三、有助于把握教师角色，增强角色胜任能力

学习高等教育心理学有助于高校教师正确把握教师角色，增强其角色意识。高校教师是高校教育教学活动的主要实施者和组织者，在整个教育过程中占据着主导地位。他们不仅承担着“传道、授业、解惑”的教学和文化传递任务，还担负着大学生人际关系的协调者、心理问题的咨询工作者以及人格的塑造者等角色。对高校教师而言，能否正确认识其角色及其重要性以及能否胜任各种角色，直接关系到教师权威的建立、师生关系的改善以及教学质量的提高。特别是在当代社会，由于社会文化信息渠道的多元性，大学生在一定程度上摆脱了在学习上对教师的依赖关系，高校教师的角色受到挑战，这就需要他们重新把握其角

色，增强自己的角色意识。另外，教师角色的转换和重新把握也是现代教育理念和现代教育意识对高校教师提出的要求。随着创新教育理念的确立，新形势下高等教育价值观、功能观、质量观、人才观和教学观的确立，传统的高校教师的角色形象必然不能适应新的教育要求，而必然要代之以新的角色形象。高等教育心理学的学习，有助于高校教师对这一问题的解决。

学习高等教育心理学还有助于高校教师获得各种能力，增加其对不同角色的胜任能力。例如，了解教学过程的规律，有助于高校教师提高其教育教学能力；掌握必要的心理保健知识和一定的心理治疗手段，有助于其提高大学生的心理健康水平；了解大学生的人格发展特点，有助于高校教师塑造大学生的健全人格并帮助其树立正确的价值观；掌握大学师生关系的特点，有助于高校教师改善师生关系，树立教师权威。

四、有助于掌握必要的心理保健知识，促进大学生心理健康

随着现代社会节奏的加快、竞争的加剧，当代大学生群体往往面临着更多的压力，也随之产生了一系列的心理障碍或心理疾病。最近的调查研究表明，近年来在校大学生中出现心理障碍倾向的人数约占总体的20%～30%，有较严重心理障碍的约占10%，有严重心理异常者约占1%，而且心理不健康的人数比例有逐年上升的趋势。[①] 而大学校园中的一些极端事件，也为大学生的心理健康教育敲响了警钟。因此，如何预防大学生心理问题，促进其心理健康就显得尤为重要。高校教师，作为大学生人际互动的主要对象之一，不仅要承担“传道、授业、解惑”的教育教学任务，更要承担促进学生心理卫生、预防学生心理问题的重任。通过高等教育心理学的学习，通晓一定的心理学知识，掌握必要的心理健康方面的常识，促进大学生心理健康发展，已是高校教师的重要任务。

学习高等教育心理学有助于高校教师正确认识大学生的心理问题。大学阶段是一个人人格发展和世界观、人生观形成的关键时期。大学生往往面临着一系列重大的人生发展课题，如大学生活的适应、专业知识的学习、交友恋爱、择业就职等，可谓是一个“多事之秋”。他们常常体验着理想与现实的矛盾与冲突。但由于身心发展尚未完全成熟，自我调节和自我控制能力不强，复杂的自身和社会问题，往往容易导致大学生强烈的心理冲突，从而产生较大的心理压力，甚至会产生心理障碍或心理疾病。[②] 通过高等教育心理学的学习，有助于高校教师

---

① 参见樊富珉著《大学生心理健康教育研究》，清华大学出版社2003年版，第53～55页。

② 参见车文博、张林、黄冬梅、张旭东《大学生心理压力感基本特点的调查研究》，载《应用心理学》2003年第3期。

对当代大学生的心理问题形成正确的认识，既不要视之为洪水猛兽，谈虎色变，也不要漠然置之，麻木不仁。

学习高等教育心理学有助于高校教师正确认识心理健康问题。第一，心理健康具有相对性。心理与行为的健康与不健康的划分只是相对的，在健康与不健康之间没有绝对的分界线。第二，心理健康具有动态性。健康是人的理想追求，是人心理的最佳状态，健康没有止境，它永远是人们努力追求的方向。这样，在对大学生的心理健康进行诊断时，高校教师才会小心谨慎，不妄下结论。同样，也有助于高校教师认识到：心理问题出现后，通过一定的调适方法，可以使心理重新达到一种健康状态。

学习高等教育心理学有助于高校教师掌握一定的心理保健和治疗手段。高校教师不仅要正确认识大学生的心理健康问题，还应该掌握一定的心理问题应对措施，如情绪宣泄法、自我暗示法、升华法等。只有这样，才能在面对学生的心理问题时，沉着应对，有的放矢，对症下药，促进大学生的心理健康。

复习思考题

一、名词解释

1. 心理过程
2. 高等教育心理学

二、简答题

1. 现代心理学的研究主题是什么？
2. 心理学在教育过程中有什么作用？

三、论述题

论述高校教师学习高等教育心理学的意义。

第二章

大学生的心理发展

了解学生的心理特点是有效进行教育的必要前提之一。和同龄人相比，大学生的文化层次较高，他们的心理发展既有同龄人的一般特征，又有其自身的独特性。同时了解和掌握大学生的心理发展特点，高校教师可以有针对性地进行教育教学，从而提高教育质量，促进大学生的全面发展。本章将在分析心理发展基本内容的基础上，对大学生的认知发展、个性和社会性发展以及大学生的心理差异进行简要介绍。

第一节　心理发展概述

人的生命是从受精卵开始的。从受精卵开始直到老死的过程中，人的心理与行为处于不断的发展变化中。心理发展（mental development）是发展心理学的研究内容之一。作为心理学的分支学科之一，发展心理学关注人的心理与行为的各个方面的发展变化，旨在对其做出描述并揭示变化的规律。本节将首先介绍心理发展的含义、内容以及有关心理发展的基本问题和理论观点，然后描述个体一生各阶段心理发展的主要特点。

一、心理发展的含义与内容

（一）心理发展的含义

在心理学中，发展是个体随年龄增长而发生的具有顺序性的系统变化。所谓系统变化是指发展所包含的变化不是随机、混乱、无组织的，而是系统、有组织的。随年龄增长而出现的顺序性变化是指发展所包含的变化是前后连贯的，在后面的时间出现的变化受早些时候的发展变化的影响。如:在儿童早期表现出较多攻击行为的个体在进入青少年期甚至成年期表现出攻击或反社会行为的比例高于在儿童期很少表现出攻击行为的个体;在儿童早期与父母建立起安全型依恋关系的个体以后更容易与同伴建立良好的同伴关系及亲密异性关系、家庭婚姻关系等。

心理发展不但包括新的心理与行为特点和能力的出现、已有心理与行为机能的增强,还包括已有特点与能力的衰退或消失。如人的记忆力从出现直到二十五六岁都是随年龄的增长而不断增强的。但在二十五六岁以后,机械记忆能力逐渐下降,到老年期,记不得事情或记混事情的情况更是经常发生。所有这些变化,不管是记忆力的增强还是记忆力的下降,都属于发展。

(二)心理发展的内容

心理发展的内容主要包括认知过程发展(cognitive development)与社会性发展(social development)两个方面。认知发展是指个体在知觉、记忆、想象、学习和思维(判断、推理和问题解决)等方面的发展。其中,思维的发展是个体认知发展的最主要的一个方面,特别是在婴幼儿期之后的发展中。

社会性发展,从过程角度讲,是指个体逐渐掌握社会规则、适应社会角色要求并做出恰当的社会行为的过程,这一过程也称为"社会化"(socialization);从内容角度讲,是指个体在与他人关系中表现出来的行为模式、情感、态度和观念及这些方面随年龄而发生的变化。概括地讲,凡与自己、他人及社会有关的心理现象,包括认知的、情绪情感的和行为的,都属于社会性发展的内容。社会性发展主要包括依恋与亲子关系、同伴关系、道德与价值观、亲社会与攻击行为、社会认知、性别差异与性别角色以及自我等方面的内容。

二、心理发展的基本问题与理论观点

(一)心理发展的基本问题

有关心理发展的研究旨在回答如下两个主要问题:

第一,个体心理与行为随年龄而表现的发展变化的特点是什么? 即:个体心理发展的年龄特征是什么? 它与个体发展的年龄阶段相联系。

第二,造成这些发展变化的原因或机制是什么? 这是心理发展研究的另一个重要课题。它构成了发展心理学的基本理论问题,多年来一直存在遗传与环境或天性与教养之争。最初,诸如卢梭、高尔顿、霍尔、格塞尔等人属于极端遗传决定论者,而华生、斯金纳等行为主义者属于极端的环境决定论者。他们认为,要么是遗传,要么是环境,决定心理发展。20 世纪 50 年代出现了辐合论,以斯腾为代表,关心遗传和环境在心理发展中各起多大的作用;之后,出现了交互作用理论，认为心理发展是遗传和环境共同作用的结果，两者在心理发展中共同作用并且彼此相互影响。

(二)心理发展的理论观点

1882年德国生理学家和实验心理学家普莱尔出版了《儿童心理》一书，标志着科学发展心理学的诞生。在其后一百多年的时间里，诸多理论家和研究者试图回答上述有关心理发展的基本问题，提出了他们关于心理发展的理论观点，其中主要包括精神分析学派、认知发展学派、社会文化历史学派以及人类发展生态学派。

1. 精神分析学派

精神分析学派的创始人是弗洛伊德(S. Frued)。精神分析理论是从心理发展的动力来分析心理的发展规律的，它主要关注人格的发展。精神分析理论家把人格的结构分为伊底(id)、自我(ego)和超我(superego)。伊底是人格结构中最原始的部分，由先天的本能和欲望构成，是心理或人格发展的动力。伊底是无意识、非道德的，受快乐原则支配，以追求快乐和满足本能需要、满足欲望为目的。自我介于伊底和超我之间，受现实原则支配，它既要满足伊底的本能需要，又要控制、压抑不被超我接受的本能冲动。超我代表着社会的伦理道德，按照至善原则行事。

在人格的三个成分中，弗洛伊德更关注伊底，并强调早期经验在个体发展中的作用，认为成人的人格源于生命的头5年。他根据在不同的发展阶段伊底投放部位的不同，将个体心理发展划分为5个阶段，提出了心理性欲发展的阶段理论。这5个阶段是：口唇期(0～1岁)、肛门期(1～3岁)、性器期(3～5岁)、潜伏期(5～12岁)和生殖早期(11～20岁)。

埃里克森(E. Erikson)是新精神分析学派的代表人物。与弗洛伊德不同，埃里克森关注人格中的自我方面，他重视社会经验在个体发展中的作用，认为人格发展不是由早期经验决定的，而是持续一生的过程。埃里克森提出了心理社会发展理论。在其理论中，埃里克森将个体一生的发展划分为8个阶段，并认为每一阶段都面临着一个独特的发展任务(见表2-1)。

表 2-1

发展阶段	新生儿期	婴儿期	儿童早期	儿童中晚期	青少年期	成人早期	成人中期	成人晚期
年龄	0～1岁	1～2岁	3～5岁	6～12岁	13～18岁	20～30岁	40～50岁	60岁后
发展任务	信任对不信任	自主对羞怯怀疑	主动对内疚	勤奋对自卑	同一性对同一性混乱	亲密对孤独	生殖对停滞	整合对绝望

2. 认知发展学派

认知发展学派以皮亚杰(J. Piaget)为代表。皮亚杰认为心理发展的实质是主体对客体的适应。主体通过动作对客体的适应是心理发展的真正原因。构成发展的基本过程是同化、顺应和平衡。同化是指个体将新的信息整合进已有的知识系统或认知图式中去;顺应是个体调整已有的认知图式以适应新的信息。个体的发展就是通过同化、顺应过程不断地从低级、不完善的平衡发展到高级、完善的平衡的过程。平衡既包括同化和顺应过程的平衡,也包括主体内部组织与外部环境间相互作用的平衡。成熟、物理经验和数理经验、社会经验以及平衡构成了影响心理发展的四个基本因素。皮亚杰将个体的认知发展划分为四个阶段:感知运动阶段、前运算阶段、具体运算阶段和形式运算阶段。(详见本章第二节)

3. 社会文化历史学派

社会文化历史学派的心理发展理论主要以维果斯基(L. Vygotsky)的观点为代表。维果斯基区分了两种心理机能:一是低级心理机能,包括感觉、知觉、不随意注意等,它是种系发展的产物,受生物学的规律支配;二是高级心理机能,包括逻辑思维、随意注意、高级情感等,它以人类社会所特有的语言和符号为中介,受社会历史发展规律的制约。维果斯基认为所谓心理发展就是个体的心理在环境和教育的影响下,在低级心理技能的基础上,逐渐向高级心理机能转换的过程。

个体心理的发展遵循着两条规律。第一条规律是:人所特有的以语言和符号为中介的心理机能不是从内部产生的,它们只能产生于人们的协同活动和人与人的交往之中。第二条规律是:人所特有的心理过程结构最初在人的外部活动中形成,随后才可能转移到内部,成为人的内部心理过程的结构。这种从外部心理过程向内部心理过程的转化,实际上就是内化过程。

社会文化因素对个体的内化过程起着决定性作用。维果斯基认为,个体的发展是在社会中完成的。社会中的一切诸如风俗习惯、社会制度、行为规范等,构成人类生活的文化世界。社会文化既直接影响正在成长中的儿童的行为,也影响成人的行为,进而通过成人来间接影响儿童的行为。文化所产生的直接和间接影响使得个体的认知由外化逐渐内化,个体由初生时的自然人逐渐变为一个符合社会文化要求的社会成员。个体在文化中的认知发展是通过与社会关系的相互作用而完成的。儿童在与他人的相互作用中,内化学习的内容,或者说进行个体的心理加工。关于环境与个体发展的关系,维果斯基提出了著名的"最近发展区"的概念进行说明。他特别强调教育对发展的作用,强调社会文化因素在发展中的作用，这是维果斯基的理论不同于皮亚杰认知发展理论之处。

3. 人类发展生态学派

布朗芬布伦纳(U. Bronferbrenner)在1979年最初提出了人类发展的生态学模型。该理论模型强调研究个体在实际生活环境中心理发展变化的规律，即强调“发展的生态学”意义。生态是指有机体正在经历着的或者与机体有着直接或间接联系的环境。布朗芬布伦纳提出了影响个体发展的五个环境系统：微系统、中间系统、外系统、宏系统和历史年代系统。微系统是个体直接生活于其中的环境，包括家庭、同伴群体、学校和社区。中间系统是个体直接参与的微系统间的联系与相互影响，如大学生在家庭中与父母的关系可能会影响其在学校里与同学、朋友的关系。外系统是个体未直接参与但却对个体发展产生影响的环境，如父母的工作——因工作经常要出差的父母与其子女的互动会减少，因而影响个体的发展。宏系统是个体所处的社会文化或亚文化中的社会机构组织或意识形式，如集体主义或个人主义文化。历史年代系统是个体在生命过程中经历的环境事件的顺序模式以及社会历史环境，如现代女性比二三十年前的女性更多地在外面工作，这也会对今天的儿童和青少年的发展产生不同于以前的影响。

最近，布朗芬布伦纳在其模型中添加了生物因素，并将其发展模型称为生物生态理论模型。但总体上，这一理论模型仍强调生态背景在发展中的作用。布朗芬布伦纳认为，个体在经历生态环境的变化或生态过渡时，如个体由幼儿园进入小学、由小学进入中学、由中学进入大学以及大学毕业进入成人社会，因面临挑战，必须学会新的适应，由此发展得以产生，因而，生态过渡在发展中具有特别重要的意义。

三、个体毕生发展概述

描述心理与行为在个体生命全程中的发展变化特点，即年龄特征，是心理发展研究的首要任务。根据不同年龄个体的生物、认知及社会性发展的水平与状况，可以把人一生的发展历程划分为五个时期：胎儿期、婴儿期、儿童期、青少年期和成年期。

(一)胎儿期

胎儿期(prenatal period)是从受孕到出生这段时间。这是个体快速成长的一个时期。在这一时期，发展主要表现为生物发育和成长。在9个月左右的时间里，个体从一个受精卵发展成为一个拥有大脑和行为潜能的完整有机体。

(二)婴儿期

婴儿期(infancy)是从出生到二三岁这段时间。这一阶段是个体心理与行为的发生和初步发展期，心理发展的成就主要表现为感知动作发展、语言获得与发展、思维的萌芽以及依恋关系的建立与最初的同伴互动的发展等方面。具体来讲，儿童从完全没有随意运动逐步发展到能主动用手操纵物体，1岁后获得独立行走能力；在1岁后，婴儿开始能够听懂别人讲的话并开始与他人进行口语交流，2～3岁儿童的口语快速发展，是口语发展的关键期；在感知能力、记忆力、语言发展的基础上，直观动作思维开始发展起来。这一时期也是社会性发展的开始阶段，这表现为6个月后，儿童与照看他/她的重要他人开始建立起依恋关系并逐渐稳定，与同伴间的互动开始出现并迅速发展。

(三)儿童期

儿童期(childhood)是指从二三岁到十一二岁这段时间。这一时期包括儿童早期与儿童中晚期。

儿童早期(early childhood)是婴儿期结束到6岁这段时间，是儿童正式进入学校前的一段时期，因而又称为学前期或幼儿期。在儿童早期，游戏成为儿童的主导活动，并在促进个体发展中起着重要的作用，它为儿童提供了认识世界、获得与积累知识的机会，也提供了社会互动与交往的机会。这一时期，儿童开始获得符号思维能力或象征能力，能凭借内化事物的表象对经验范围内的事物进行思考。但其思维还处于前运算阶段，表现为只能从一个方面或维度来看待事物，在物理认知上存在中心化的倾向，而在社会认知领域表现为自我中心主义，即不能认识或采择他人的观点。同时，在儿童早期，口语的发展比较迅速，三四岁后，儿童不仅能够听懂别人讲的话，而且开始能进行连贯的言语表达。在心理社会性发展方面，幼儿与同伴的社会性互动增多，自尊感开始发展等。

儿童中晚期(middle and late childhood)是六七岁到十一二岁这段时间，是儿童正式进入学校学习的时期，因而又称为小学阶段或学龄初期。这一时期，学习开始成为儿童的主要任务。通过学校教育，儿童获得一些初步的读写和算术技能，书面语言发展起来。儿童的认知，包括注意、记忆等能力都得到了很大发展。其中，思维能力快速发展，其思维形式逐步由具体形象思维过渡为抽象逻辑思维，但在初期，仍带有明显的具体形象性。在社会性发展方面，儿童与同伴的互动增多，他们与同伴在一起相处的时间比学前期多一倍，开始形成同伴团体，建立起较持久的友谊关系，产生了较为稳定的自尊感。

(四)青少年期

青少年期(adolescence)是由儿童成长为成人、由不成熟到成熟的时期。青少年期的年龄界限存在许多分歧，这是因为青少年期的年龄界限的划分有着多个不同的标准，包括生物的、社会的、法律的、时序的、教育的等等，而这些标准间的不一致在青少年期表现得特别突出。我国发展心理学界一般把青少年期界定为十一二岁到十七八岁这段时间，将大学阶段作为成人早期或青年期的开始。

而西方大多数发展心理学家认为青少年期是从十一二岁到二十一二岁这段时间，大学阶段仍属于青少年阶段。从青少年期的含义来看，它指的是从儿童到成人、从不成熟到成熟的时期。大学阶段的个体仍处于求学、探索个性及自我发展的时期，尚未完全进入社会，未获得经济等方面的完全独立，因而与西方发展心理学界的观点相一致，我国也有学者认为大学阶段属于青少年期。[①]

整个青少年期又可分为：①青少年早期（十一二岁至十四五岁），大致相当于初中阶段；②青少年中期（十四五岁至十七八岁），相当于高中阶段；③青少年晚期（十七八岁至二十一二岁），相当于大学阶段。

青少年早期又称青春期。这一时期，个体的身体和生理机能发生着急剧的变化，表现为身高、体重等外形的变化，体内系统特别是神经系统的逐渐成熟以及第二性征的出现。青春期的生理变化对心理发展产生了重要影响，如：外形和外貌的变化会使这一时期个体的自我概念发生改变，成人意识增强；神经系统的成熟使得高级认知能力的发展成为可能；在认知发展上，初中生的抽象逻辑思维能力发展起来，能够运用假设进行推理。在社会性发展方面，随着自我意识的高涨和成人感的出现，初中阶段个体与父母的关系不像儿童期那么亲密，而是有较多的冲突与矛盾；在社会认知上出现了新的"自我中心"，表现为认为周围的人总会评价自己，并认为自己是独特的，常夸大自己的感受。

青少年中期相当于高中阶段。这一时期个体思维的假设性、预见性和内省性都充分发展起来，形式运算思维处于主导地位，辩证思维迅速发展。在社会性发展方面，高中生的自我意识继续发展，并且他们寻求自己的独立性要求与周围环境之间的协调，对成人的反抗有所减少；开始形成自己的价值观念；关注社会与政治问题，并常对社会现实表现出不满，表现出较强的政治理想主义色彩。

青少年晚期相当于大学阶段。这一阶段的个体面临着许多发展任务，包括学业任务、个性成熟任务以及为以后工作或职业发展做准备的任务，影响个体发展的环境与事件也与青少年早期和中期有明显的不同。此时，辩证的、相对的和实用性的思维形式成为主导的思维方式。在自我发展方面，这一时期的个体关注自己的内部世界，重视自我修养；确立了较为稳定的价值观；并开始思考今后的职业发展。在各方面发展的基础上，个体认识到自己相对于他人的独特性及个体特点的连贯性，自我同一性开始确立。同时，这一时期也是个体寻求建立亲密的异性关系的时期。

（五）成人期

成人期可分为三个阶段：成人早期、成人中期和成人晚期。

---

① 参见张文新主编《青少年发展心理学》，山东人民出版社2002年版，第7页。

成人早期即青年期，一般自20岁左右开始到35岁。这一时期是个体获得经济和个人独立的时期。职业发展成为该时期的主要任务。在个人事务方面，这一时期的个体要选择配偶，建立家庭，开始家庭生活并承担家庭义务。

成人中期大致指35岁到55岁左右的时间。这一时期的个体一般事业稳定，在工作中承担着较多任务；在个人生活中，一般已为人父母，承担着抚育、教养子女的任务，同时，也要照料自己的父母。这一时期个体的心理有如下的特点：第一，重视向下一代传递价值观；第二，开始关注自己的身体；第三，对生命的意义有较多反省。

成人晚期即老年期，是从五六十岁直到生命终结这段时间。这是个体一生中的一个重要适应和调整期。个体要适应健康状况的下降、退休在家、收入减少等变化。

第二节 大学生的认知发展

和中小学生相比，大学生的认知无论在内容上还是在形式上都有了质的飞跃，其思维方式达到或接近思维的最高水平。了解大学生认知发展的特点是有效进行高校教学的重要前提，是达到高等教育目标——科学知识的学习和掌握的重要保障。本节将就认知发展的基本理论、大学生认知发展的一般特点做出简要阐述，然后重点介绍大学生思维（认知的核心成分）发展的一般特点。

一、认知发展的基本理论

关于个体的认知发展问题，许多研究者从不同的角度进行了系统的理论探索和实证研究。皮亚杰从认识发生的角度探讨了认知发展的一般性特征和深层机制，斯滕伯格（R. J. Sternberg）的三元智力理论采用信息加工的方法对认知的本质和发展做出了全新的阐释，美国心理学家佩里（W. Perry）则提出了针对大学生这一特殊群体的认知发展阶段论。

（一）皮亚杰的认知发展阶段理论

1. 认知发展的阶段

皮亚杰认为个体的认知发展可分为以下四个阶段：

(1)感知运动阶段（0～2岁）。该阶段是认知的发生时期。儿童通过感知运动图式与外界环境相互作用，认知发展依靠动作来完成，逐渐从反射活动向信号性或象征性功能过渡。

(2)前运算阶段（2～6岁）。这一阶段的儿童能够通过言语表象和其他符号形式来表征自己的内心世界和外部世界，但他们的认知仍是直觉性的，不符合逻辑，具有不可逆性和自我中心性。

(3)具体运算阶段(6～11 岁)。此阶段是儿童开始真正运算思维的第一个阶段。他们能够根据具体事物进行形象的逻辑思维，但仅限于眼前的具体情境或他们所熟悉的经验。虽然在 10 岁之后，他们的思维具有了一定程度的抽象概括性，但是具体形象性仍占主导地位。

(4)形式运算阶段(11 岁以上)。形式运算是对命题之间的意义联系进行思考的运算。处于形式运算阶段的个体能够脱离感知和表象的支持，通过逻辑的、假设的和系统的推理来寻求问题的解决。他们还能够监控和反省自己的思维活动，出现“对操作的操作”，如“‘我在思考我的未来’；然后，我开始思考‘我为什么要思考我的未来’；再然后，我又思考‘我为什么思考我为什么要思考我的未来’”。

2. 对形式运算阶段的扩展

皮亚杰认为，在达到形式运算阶段之后，个体的认知就达到了成熟，在此之后的发展仅仅是经验和知识的增加，思维的方式不再有质的变化。一些研究者对此提出了批评。他们认为仅用形式运算来解释成熟的青少年后期或成人期的认知水平是不够的，尤其是对那些受过高等教育的大学生来说。对此，瑞吉尔(K. Riegel)提出了“辩证思维”，以此来解释 15 岁之后个体认知发展所表现出来的越来越明显的辩证特征。

瑞吉尔认为，辩证思维是认知发展的一个独立的分支。个体可以从皮亚杰的四个认知发展阶段中的任一阶段直接发展为与之相应的辩证运算模式，达到辩证思维阶段。不同的是各阶段的辨证过程的复杂程度不同。如年幼的儿童会辩证地认识到“姐姐比自己要大，但同时她比汤姆小”这个问题，而达到形式辩证阶段的个体则能够辩证地认识和解决抽象的矛盾。

(二)斯滕伯格的三元智力理论

斯滕伯格对认知的成分进行了较深入的分析，从认知的背景、经验和信息加工要素三方面来考查个体的认知，提出了三元智力理论。该理论由以下三部分组成：

1. 情境亚理论

情境亚理论说明了智力发生的社会文化情境。个体在日常生活中表现出对环境的适应功能：当环境与个体的价值取向、能力或兴趣不相符时，个体可以尝试改造环境以达到人与环境的和谐。当改造失败时，个体可能会选择一个新的环境，从而使人与环境达到更好的和谐。情境亚理论包括实践性智力和社会智力两种。

2. 经验亚理论

经验亚理论表明同样的行为在不同的任务下或环境中产生的“智慧”是不相等的。我们不能简单地判定一个任务的完成是否需要智力。完成该任务在多大程度上需要智力取决于个体具有多少关于该任务的经验。当遇到一个全新的问题时,个体没有任何经验而不知所措,表现出较低水平的智力;当遇到一个比较熟悉的问题时,个体会表现出较多的智慧;当遇到一个非常熟悉或自己专业领域内的问题时,个体会表现出自动化加工和专家级水平的智力。

3. 成分亚理论

成分亚理论阐述了构成智力行为的心理结构和机制。斯滕伯格认为,认知结构由元成分、操作成分和知识获得成分组成。元成分的作用是制订计划、选择策略及监控具体的加工过程;操作成分执行元成分建构的行动计划;知识获得成分进行选择性编码,联结和比较新旧信息以学习新信息。个体的认知发展正是这三种成分反复相互激活的结果,而非认知结构本身的性质突变所致。儿童、青少年和成人在解决问题时,都要用到认知结构中的三种成分,只不过他们在各成分上所花费的时间及对各成分进行整合的速度不同。

上述三种智力之间是相互联系的。情境亚理论将智力与个体的外部世界相联系,提出“哪些行为对个体而言是智慧的表现,这些行为在何处才显示出智慧”的问题。经验亚理论将智力与个体的内、外部世界联系起来,回答了“行为何时是智慧”的问题,表明在某项任务情境中智力与经验多少之间的联系。成分亚理论将智力与个体的内部世界联系起来,它回答了“智力行为是如何产生”的问题。

(三)佩里认知发展的三段论

哈佛大学心理学家佩里对大学生的认知发展进行了跟踪研究。他将大学生的思维发展划分为以下三个阶段。

第一阶段:二元论(dualism)阶段。处于这一阶段的大学生以对与错两种形式来进行推理,对问题及事物的看法是非此即彼的。他们将知识视为固定不变的真理,所追求的是“什么是正确的答案”,而不考虑这个答案是否合理。他们更重视过去已经发生的事件而不是未来的可能性。大多数刚入学的运用具体形式推理的大学生,就处于这一阶段。

第二阶段:相对性(relativism)阶段。此阶段的个体认识到事物的复杂性和多样性,能够接受对同一事物的不同解释,接受各种不同的观点;他们会根据不同的、变化着的情境对问题作出判断;他们不再将知识视为固定不变的真理,而是通过权衡,对不同的观点和理论进行比较,进而找到解释现实的有效理论。在这个阶段,个体思维过程的抽象性及理论性已达到很高水平,但仍处于“权威者要我怎么去思考……”的思想束缚之下。

第三阶段:约定性(commitment)阶段。在约定性阶段,个体不仅能够进行抽象逻辑思维，而且在分析事物时具有自己的立场和观点，即能够确定"这对于我是正确的"。并且他们对自己立场的坚持并不是盲目的，能够根据不同的情况作出选择，以更适当的方法来处理新信息和新问题。

上述三个阶段的具体内容反映了大学生的思维从以形式逻辑思维为主向以辩证逻辑思维为主的过渡。

二、大学生认知发展的一般特点

关于智力发展速度和高峰年龄期的研究表明，大学生智力发展的速度低于儿童，个体智力发展的高峰期在22～25岁左右，大学生的智商具有相对的稳定性，但在良好的环境、教育和主观努力下，可以得到改变。可见，虽然大学生的智力发展速度低于中小学生，但从总体上看，大学时期是个体智力发展走向成熟的一个时期，通过良好的教育和自身的努力，大学生的认知发展可以得到进一步促进。下面我们从认知结构诸要素的变化来分析大学生的认知发展特点。

(一)观察力

大学生的观察力具有主动性、持久性和多维性的特点。大学生具有强烈的求知欲和探索精神，能够积极主动地对自己感兴趣的事物或现象进行观察；在观察过程中，他们不会轻易停止观察，始终坚持追踪观察的目标，具有相当的持久性；在观察时既能深入细致地观察对象或现象的某一方面，又能把握观察对象的全貌。并且在实际观察中，他们能够从一定的目的出发，对事物进行细致的观察，观察的精确性和概括性明显提高。

(二)记忆力

心理学研究表明，个体的逻辑记忆能力在20～25岁期间达到最高峰。在大学阶段，繁多的课程门类、抽象深奥的教材内容和较高的学习标准，促使大学生的逻辑记忆能力高度发展起来。他们不再像中学生一样对各种知识"死记硬背"，而是在充分理解所学材料的意义和实质的基础上进行记忆；他们能够深入分析所学内容，并选择最有价值的、未知的新知识进行记忆；他们还能够将新知识纳入已有的知识体系之中，按照一定的逻辑结构系统地、完整地储存新知识。

此外，大学生的各种记忆品质都得到了全面发展，能够快速、准确地记忆大量内容，记忆的容量增大，敏捷性、精确性和准备性全面增强。并且，大学生通过亲身实践，学习和掌握了一些实用而有效的记忆方法，如联想法、纲要法、序列法等，从而能够进行更好的记忆。

因此可以说，大学时期是个体记忆力发展到成熟的时期。

(三)想象力

大学生的想象克服了中小学生想象的幼稚性和虚幻性，想象中的科学性、创造性成分日益增多。有研究者以“描述一件最危险的事情”为题，对大学生进行创造想象力测验。结果如下：想象典型者占全体被试者的72%以上，这说明大多数大学生的创造想象力都比较丰富。并且，大学生在对事物想象时会考虑其实现的可能性，想象中的科学合理的成分增多，而不再仅仅是单纯的幻想。

三、大学生的思维发展

思维是以已有知识为中介，对客观事物的概括的、间接的反映，它是认知（智力）的核心因素。大学生的思维在各个方面都有了很大的发展。从思维的特性来看，其独立性、合理性和灵活性明显增强。大学生一般不满足于书本或教师提供的现成答案，喜欢独立思考，能对自己的思考进行检查和评价，并且思维的灵活性超过其他同龄人。同时，大学生思维的广阔性和深刻性也有了很大发展，他们喜欢在不同的知识和实践领域进行思考，探究事物或现象的本质及原因。大学生思维结构的变化最能体现他们的思维发展特点，具体如下：

（一）在形式逻辑思维发展的同时，辩证逻辑思维逐渐趋向成熟和完善

形式逻辑思维是指在感性认识的基础上对事物本质联系的抽象统一的反映。它所反映的是事物的相对静止性和不同事物之间的区别。在形式逻辑思维活动中，个体对客观事物的抽象认识是孤立的、静止的和片面的。所谓辩证逻辑思维，则是对客观现实的本质联系的对立统一的反映。它不仅反映事物之间的相互区别，而且反映它们之间的相互联系；不仅反映事物的相对静止，而且反映它们的绝对运动。它并不否认事物自身的统一性，但认为这种统一只存在于差异和对立之中。可见，形式逻辑思维和辩证逻辑思维有着明显的不同。

在青少年时期，个体虽然已经掌握了某些辩证思维的方式，但形式逻辑思维仍占居优势地位。我国学者朱智贤领导的全国青少年心理研究协作组的研究表明，形式逻辑思维从初一开始占优势，到高二时几乎趋于基本成熟。青少年的辩证思维发展也是相当迅速的，但辩证推理的发展远远落后于辩证概念和辩证判断的发展。因此，研究者认为，“中学阶段只是辩证思维出现、形成和迅速发展并逐渐趋于占优势的阶段，而不是其成熟阶段”①，“辩证逻辑思维能力的更完善的发展要到大学阶段才能出现”②。美国心理学家佩里和布朗的研究也表明，进入成年期后，个体思维的辩证成分逐渐增多，他们逐渐意识到对同一个问题可能有多种不同的答案，问题的解决可以通过多种方法来实现。

---

① 全国青少年心理研究协作组：《国内二十三省市在校青少年思维发展的研究》，载《心理学报》1985年第3期。

② 转引自刘兆吉主编《高等学校教育心理学》，北京师范大学出版社1995年版，第132页。

大学生辩证逻辑思维的迅速发展与高等学校的教学密切相关。大学生的学习,不仅要掌握科学知识,而且要掌握科学理论、科学研究方法和科学的发展历程,并要了解所学知识在实践中的应用过程。高等学校的课程内容也是中学课程所无法比拟的。如,中学数学课程只是"常数的数学",而高等数学则涉及"变数的数学",前者是形式逻辑在数学中的应用,后者则是辩证法在数学上的应用。

此外,大学生的生活、活动和他们所接触到的人际关系,也需要他们产生新的思维形式和思想方法,需要他们用对立统一的观点、全面发展的观点去观察、分析和解决问题,即需要他们发展辩证思维。同时,大学生自身神经系统功能的完善和知识经验的积累,也为大学生辩证逻辑思维的迅速发展提供了必要的主观条件。

需要指出的是,大学生形式逻辑思维的发展与辩证逻辑思维的发展是相辅相成的。前者为后者的发展提供了可能性;后者的发展可以促进前者的进一步发展。就大学阶段的思维发展任务来说,应着重发展大学生的辩证逻辑思维,同时也要注意培养他们的形式逻辑思维。

(二)在常规性思维发展的同时,创造性思维也在迅速发展

根据思维所要解决问题的性质不同,可以把思维活动分为常规性思维和创造性思维。常规性思维要解决的问题是人类认识已经解决、但对解决者来说是新颖的问题。创造性思维所要解决的问题,是人类认识尚未解决并且具有巨大的社会价值的问题。大学生学习的主要任务是继承人类已有的知识经验,其思维活动总体上属于常规性思维。但同时,大学生的学习又有别于中小学生,对他们来说,更重要的是学会自己寻找知识和创造知识,培养创造性思维和开拓能力。这既是时代发展的需要,也是个体创造力发展的必然要求。

首先,大学生创造性思维的发展是时代发展的需要。在当今社会,科学知识急剧增长,知识的更新速度越来越快。任何一个学生都不可能掌握他将来工作所需的全部知识。这就要求大学生不能仅仅掌握"死"的书本知识,而是要学会开拓和创新,一方面要创造新知识,另一方面要将书本知识创造性地应用于实践之中。

其次,大学阶段是创造性思维发展的最佳阶段。我国学者王极盛对许多科学家和创造发明家的研究表明,创造性思维的最佳年龄在25～45岁之间(即从大学毕业后开始)。美国学者戴尼斯(W. Dennis)以艺术家、科学家和人文学家为对象,研究了他们全部的创造性成果及其产生时间,该研究发现,无论在科学领域,还是在艺术、人文科学领域,都存在着一个共同之处,即20岁前后的个体尚未进入创造性思维的高峰期。综合上述研究可知,大学生尚未进入创造的最佳年龄区,但却处于这一时期的准备阶段。在大学阶段进行创造性思维和创造

力的培养和训练，对其创造性思维的继续发展、完善和呈现具有重要作用。事实也表明，许多杰出人才的创造活动，在大学阶段就初露端倪，有了良好的开端。大学阶段对个体创造思维的发展具有特殊意义。

此外，高等学校也为大学生创造性思维的发展提供了有利的条件。高等学校不仅拥有从事科学研究的先进的仪器设备、丰富的图书资料，而且拥有学术造诣较深的师资队伍和良好的学习环境，这些十分有利于对大学生进行创造性思维的培养和训练。

我国学者对大学生的创造性思维的发展特点进行了研究。[①] 研究发现，大学生的发散思维（创造性思维的主要形式）已有一定程度的发展，但表现出较大的个体差异；发散思维品质的发展水平也有差异，被试者在图形、符号和语义测验上的分数都是流畅性高，变通性次之，独创性最低。因此，在大学阶段，可以在流畅性的基础上，将创造性思维培养的重点放在培养思维的变通性和独特性上。

（三）在思维能力高度发展的同时，形成了对思维的元认知

元认知（metacognition）是对认知的认知，是“以各种认知活动的某一方面作为其对象或对其加以调节的知识或认知活动”[②]。元认知不仅包含个体对认知的认知，而且包含个体怎样支配自己的认知，即元认知由元认知知识和元认知监控组成。元认知知识指主体从客观世界中获取的与认知有关的知识，由关于认知主体的知识、认知任务的知识和认知策略的知识组成；元认知监控是指主体在从事认知活动的过程中，把自己正在进行的认知活动作为意识对象，不断对其计划、监控的过程。元认知监控有时也包括元认知的体验，它是指与认知任务相关的认知或情感的体验。

大学生对思维的元认知，表现在以下三个方面：①他们能直接思考自己的认识活动，能够清楚地意识到自己的认知过程及其活动方式。例如，大学生能意识到自己在思考问题时所采用的思维方式和方法，能意识到所用方法的有效性和结果的正确程度。②大学生对自己的认知和情绪活动都充满兴趣，能进行较深刻的反思。他们能够意识到自己的思维与他人思维的不同，对自己思维的认识更加客观。③大学生不仅懂得规则的内容及意义，而且能够认识到规则的规则，能够在头脑中比较在现实中无法比较的规则，对运算进行运算，由法则推导出法则。这样，有关思维的元认知的发展，使大学生能够更好地调节和控制自己的思维活动，提高学习的效率。

---

① 参见潘洁等《上海地区大学生发散性思维的测验研究》，载《心理科学通讯》1983年第4期。

② ［美］弗拉威尔(J. H. Flavell)著，邓赐平、刘明译：《认真发展》，华东师范大学出版社2002年版，第235页。

有研究者考察了大一学生(年龄在18～20岁之间)对问题解决策略的理解。[①] 研究发现,大学生在解决问题时,使用的类推策略最多,自由产生策略最少。他们普遍认为自由产生、类推、逐步分析、形象化重构和整合这五种策略最适宜于用在学习情景中,在人际交往中的作用不大。该结果没有显著的性别差异。另外,大学生认为几乎每一种策略都需要综合、分析、判断和推理四种思维能力,其中自由产生策略需要用到更多的能力,包括创造能力。

还有的研究者考查了大学生的元认知成分与学习动机、坚持性、学习方法等非智力因素之间的关系。[②] 结果发现,大学生对元认知知识的掌握最好,而元认知监控能力较差。在元认知知识方面,学生能够比较清楚地意识到自己已有的兴趣、爱好、记忆与思维特点、与他人相比的优势与短处等,但关于实践任务、认知策略等方面的知识明显欠缺,他们不知道如何根据学习材料的不同性质、结构和长度提出不同的学习要求,不了解知识应用的具体条件与情境。在元认知监控方面,学生普遍能制订合理可行的中、短期学习计划并不断检查其实施情况,并能有意识地控制、调整认知过程,但他们对学习中的漏洞、薄弱环节、作业与考试中的错误等却缺乏补救意识,很少反省自己的问题并有针对性的进行补缺和补差,从而使问题越积越多。很多学生也不会及时检查自己的学习进度与认知目标间的差距等,对认知的监控不够。该研究还发现,元认知各维度与非智力因素各方面均存在着高度正相关,其中坚持性与元认知监控的关系最为紧密,这说明良好的非智力因素对个体元认知水平有重要作用。

第三节 大学生的人格和社会性发展

随着大学生的生理成熟和认知的发展,他们的人格也表现出不同的特征,社会角色和社会地位也随之发生变化。日益增长的成人感导致青少年同伴关系发生了一定的变化,使他们产生了新的人际责任。这些新的活动和机会都能够促使个体的自我评价发生改变,更多追求独立、自由和自主。同时,他们更深入地思索道德问题,并逐步形成稳定的价值观和人生观。

---

① 参见梁宁建等《问题解决策略的元认知研究》,载《心理科学》2001年第3期。

② 参见胡志海等《大学生认知特点与非智力因素关系研究》,载《心理科学》2002年第4期。

一、大学生的人格发展

(一)人格概念与特性

"人格"(personality)一词源于古希腊语,原意是指希腊戏剧中演员戴的面具,体现的是不同角色的特点和各种人物的性格。心理学沿用其义,转意为人格。因心理学家各自采取的角度不同,对于人格的界定众说不一。国内学者综合各家之见,对人格界定出一个简明易懂的概念:"人格是个体在遗传素质的基础上,通过与后天环境的相互作用而形成的相对稳定的和独特的心理行为模式。"①

人格是一个具有丰富内涵的概念,它具有如下特征:

1. 独特性

这是指每个人的人格都是独特的,表现为个体独特的心理或行为特征。如,有人内向,有人外向。这种独特性还表现为人格各种特征组合成不同的风格,使人与人之间相互区别开来。例如,在娇生惯养、过度溺爱的环境中,"固执"带有"撒娇"的意思;而在冷淡疏离、艰难困苦的环境中,"固执"又带有"反抗"的意思。

2. 稳定性

稳定性是指一个人的人格在时间上具有前后一贯性,在空间上具有一定的普遍性。比如,一位性格外向的大学生,在各种不同的场合都会表现出活泼开朗的特点。这种特点在他大学时是这样,大学毕业后也是这样。这就是人格的稳定性。俗话说,"江山易改,秉性难移",这里的"秉性"就是人格。然而,人格的稳定性并不是说人格是一成不变的,随着生理的成熟和环境的改变,人格也具有一定的可变性和可塑性。

3. 统合性

人格是由许多成分和特性组成的,但并不是几种要素的简单总和,这些成分和特性错综复杂地相互联系,相互制约。当一个人人格结构的各方面彼此和谐一致时,就会出现健康的人格特征;否则,就会使人发生心理冲突,产生各种生活适应困难,甚至出现"人格分裂"。

4. 社会性

人格的社会性是指社会化把人这样的动物变成社会的成员,人格是社会的人所特有的。社会化的内容也像人类社会本身那样复杂多样。社会化与个人所处的文化传统、社会制度、种族、民族、家庭有密切关系。通过社会化,个人获得了服饰习惯、价值观和自我观念等人格特征。人格既是社会化的对象,也是社会

---

① 参见郑雪主编《人格心理学》,暨南大学出版社 2001 年版,第 6 页。

化的结果。

(二)人格的结构

人格是由不同成分构成的一个结构系统,不同成分从不同侧面反映了人格的差异。人格结构系统包括认知方式、动机、气质、性格、自我调控等成分。其中,气质体现高级神经活动类型的差异,性格体现社会道德评价方面的差异。下面我们主要分析一下气质和性格这两种人格的构成成分。

1. 气质

气质是个人生来就具有的心理活动的动力特征,表现出心理活动的强度、速度、灵活性和指向性等方面,即我们平常所说的脾气秉性。如,“娇”黛玉、“莽”李逵、“灵”燕青、“稳”林冲,这些心理差异就是气质差异。人的气质差异是先天形成的,受神经系统活动过程的特性制约。刚出生的婴儿就表现出明显的气质差异,如有的喜吵闹、好动,不认生;有的比较平稳、安静,害怕生人。

气质说最先源于古希腊医生希波克里特的体液说,他认为人体内有四种液体,即黏液、黄疸汁、黑胆汁、血液。希波克里特根据四种体液的配合从心态上将人分为四种类型。约五百年之后,罗马医生盖伦进一步确定了气质类型,提出人的四种气质类型是胆汁质、多血质、黏液质、抑郁质。

2. 性格

性格是人格的一个重要组成部分,是个人有关社会规范、伦理道德方面的各种习性的总称。性格中包含许多社会道德含义,是一种与社会相关最为密切的人格特征。一个人的性格表现在他的行为举止中,主要体现在对自己、对别人、对事物的态度上和采取的言行上。

性格和气质不同,气质具有天赋性,没有好坏之分;而性格是后天在社会环境中逐渐形成的,是个体最核心的人格构成,受个体的价值观、人生观、世界观的影响。所以性格具有好坏之分,体现了一定的社会性与道德性。如,在遇到歹徒抢劫时,有人不惜牺牲生命与之斗争,有人则退缩自保,而有人甚至趁火打劫。这些具有道德评价含义的人格差异,我们称之为性格差异。这将在下一节具体介绍。

(三)大学生人格发展的特点

大学生群体与社会的其他青年群体相比,他们的知识、智力和教育环境等方面有所不同,因此他们表现出不同的团体人格特征。

1984 年,中国学者曾用修订过的“加里弗尼亚心理测验表”对中国大学生进行调查。[①] 结果表明,中国大学生在谦让、克己、忍耐、谨慎、负责等性格特征方

---

① 参见邱鸿钟主编《大学生心理卫生》,广东高等教育出版社 2000 年版,第 138~139 页。

面较为突出，说明他们的心理健康程度较高，与现实社会有良好的适应能力。在处理社会、他人和自我的关系时，能够首先考虑社会，反对以自我为中心。在处理人际关系时，他们先考虑社会和他人，这并不意味着他们追求社会的赞许，而是表现出敢于面对现实、尊重事实的特点，并不过分掩饰自己。在支配与冲动特点方面，大学生表现不突出，在社交方面倾向于积极进取；他们具有稳健、从众的性格特点，具有良好的社会化程度。他们在聪慧、敏感等与智力有关的性格特征方面较好，但是在“独立成就”和灵活性的得分均较低。另外，不同学科、不同性别的大学生在性格特征上也有各自的独特性（详见本节第三章）。

二、大学生自我同一性的确立

埃里克森认为，青少年自我的发展就是同一性的发展。进入大学以后，个体继续整合同一性结构和自我系统，寻找有意义的方式以及为社会认可的方式。这个时期是个体同一性巩固的时期，心理社会任务包括：寻找职业道路；发展与伴侣的亲密关系；形成与家庭联系的新方式；发展一系列有意义的价值观以带到成年期的生活中。

（一）自我同一性概念

埃里克森提出了自我发展的八阶段生命周期理论，认为个体在每个阶段都面临着一个独特的心理社会发展任务，埃里克森将其称为“心理社会危机”。如果个体能够成功地完成每个阶段的发展任务，解决了危机，个体就会产生积极的、健康的心理状态。教育的作用就在于发展积极的心理品质，避免消极的心理品质。

埃里克森认为，青少年期的发展课题是自我同一性的确立、建立统一感和防止同一性扩散。所谓同一性是一种发展的结构，有时指一个人对其身份的自觉意识，有时指他对个体性格连续统一体的无意识追求。青少年期的个体处于自我的发现与再整合的时期。他们在各个方面摇摆不定，他们已意识到应该承担很多的社会责任和义务，但又自觉没有能力持久地承担各种义务，因此在做决断的时候往往要进入一种“暂停”的时期，一种避免同一性提前完成的状态。在这个延缓的时期，青年期学习并实践各种角色，掌握各种本领，为以后承担责任和义务做准备。在确立自我同一性之前的一段时间，青年期可以暂时合法地延缓所必须承担的社会责任和义务，因此，青年期又被称为“心理的延缓偿付期”。这个“心理的延缓偿付期”是指，尽管个体在身体、性、心理发展方面都表现出独立性倾向，但还是暂缓让他们履行成人的义务和责任。个体可以在这个“延缓偿付期”接触各种人生观、思想、价值观，尝试着从中选取一些，经过亲身体验，再检验是否符合自己。经过多次反复循环，他们最终决定自己的人生观、价值观，制订自己对将来职业的计划，从而最终确立自我同一性。

在现代社会，大学生应该正处于“延缓偿付期”。因为在初中和高中阶段，学生的时间被紧张的学习和考试占满，他们没有时间充分思考自己的问题，探索自我。进入大学以后，在心理和时间上都有余暇，这个时候才是进行真正自我探索和自我确立的时期。

(二)中国大学生同一性的发展

青年同一性发展的方向和水平，影响着个体的人生观和价值观的形成和稳固。许多研究表明，青少年的同一性状态与其心理发展的其他方面密切相关。同一性形成者比其他的个体在心理上更加健康，他们在成就动机、道德推理、同伴亲密性以及事业成熟性上的得分最高。同一性延缓的个体在焦虑测量上的得分最高，在自主问题上表现出了最高的冲突水平，表现出较低的决断性。同一性早期完成的个体表现出了最高程度的决断和偏见，对于社会赞许有着最为强烈的需要，具有最低的自主水平以及与父母的高水平的亲密性。同一性扩散的个体表现出最高水平的心理和人际问题，他们的社会退缩非常强烈，并且表现出与同伴最低水平的亲密性。因而可以说，自我同一性的发展和确立，是大学生的重要发展任务。

三、大学生同伴关系的发展

在从儿童向成人的过渡时期，个体的社会关系呈现出全新的人际交往模式。他们发展最迅猛的社会性需要是受人尊重的需要、友谊的需要和交往的需要，他们开始疏远成人，而热衷于与同伴交往，对同伴倾注了越来越多的感情，同时萌生了与异性交往的强烈欲望。相对于前期的生命历程来说，青少年期同伴的影响作用明显增强，同伴关系对其发展具有无以取代的独特作用和重大的适应价值。

(一)大学生友谊的发展

1. 大学生友谊关系的意义

相对于童年期友谊的发展，青年期的友谊带有更多的感情色彩，意味着更加忠诚、坦率。友谊关系在儿童和青年期心理健康发展中具有十分重要的作用。心理学家沙利文(H. S. Sullivan)曾指出，作为社会性个体的人有一系列基本的社会需要，包括安全依恋、游戏陪伴、社会接纳、亲密以及异性联系等。在青年期，朋友逐渐成为满足上述需要的重要来源。青年愿意与亲密的朋友分享个人的秘密，拥有值得信赖的亲密朋友，可能增强他们与同伴之间的信任感、接纳感和相互理解感。同时他们也可以向他人提供支持和帮助，体验自我价值。因此，若青年期个体没有建立起亲密的、具有支持性的友谊关系，他们会感到孤独，自我价值感可能减会低。

许多研究证实了沙利文的观点，青少年比儿童更多地从朋友处寻求支持陪伴，更多地依靠他们获得肯定价值和亲密感。歌德曼总结了青少年这一特定的时期友谊关系的六大发展功能。

(1)陪伴。青少年朋友间有很多的相似之处，他们有更多的共处时间，愿意协作活动。

(2)放松。青少年与朋友度过快乐的时刻。

(3)工具性支持。青少年从朋友处获知大量的信息、资源和援助等。

(4)自我意向的支持。来自朋友的鼓励、慰藉和反馈有助于青少年保持积极的自我意象，获得自我同一性。

(5)社会比较。青少年通过朋友的比较可以确定自己在同伴中的地位，明确行为的适当性。

(6)亲密。友谊关系是一种充满深情的、彼此信赖的友好关系，友谊双方可以自由表露自我，彼此分享秘密。

2. 大学生的择友心理

大学生交友择友都有一定的条件，他们按照自己的条件认真选择知心朋友。他们选择知心朋友的标准是多方面的。中央教育行政学院心理教研室曾以“你选择知心朋友的标准是什么”向大学生进行问卷调查。结果表明，多数学生都把“诚实坦率”和“品德高尚”作为选择朋友的首要标准。其次是“聪明有才华和富于创造精神”。再次是性格方面的特点，如“尊重别人”“重友谊”“兴趣广泛”“助人为乐”“风趣幽默”等。① 总体来说，大学生选择知心朋友的标准大体有两个方面：一类是有关相互关系方面的要求；另一类是对朋友的品质方面的要求。从内容方面来看，在事业上，大学生要求知心朋友有理想、有抱负、有事业心，彼此志同道合，有共同的奋斗目标；在品德方面，朋友必须正派、善良、诚实、忠实；在学识上，朋友必须知识面广，有能力，有才华，爱思考。同时大学生也把兴趣爱好相近、脾气性格相通作为选择朋友的标准。

同时，大学生在交友方式上也非常慎重。黄希庭等对北京大学、华东师范大学等 11 所高校的 1702 名学生交友方式的调查表明②，绝大多数学生都认为通过相识，在深入了解甚至经过考验的基础上建立知己关系是最佳的交友方式。这种方式建立的友谊巩固而且亲密。而且，朋友间谈论的内容也是友谊亲密的重要表现。黄希庭对大学生和中学生的调查表明，大学生的友谊比中学生的友谊在心灵共鸣层次上更深入。中学生朋友间经常谈论的中心是学习问题；而大

---

① 参见张景莹主编《大学心理学》，清华大学出版社 1986 年版，第 48 页。

② 参见黄希庭、徐凤姝主编《大学生心理学》，上海人民出版社 1988 年版，第 418 页。

学生朋友间经常谈论的是人生价值和前途问题。大学生把友谊看做是心心相通的桥梁,朋友之间无话不谈,毫无保留。

(二)大学生恋爱关系的发展

在青少年期,个体社会关系网络中包括各种形式的异性关系,青少年与异性的接触显著增多。这种异性交往最初发生在大范围的群体背景下,然后发展到友伴群体内部。随着男女关系的逐渐密切,然后发展到一对一的朋友,最终出现男女之间的恋爱关系。

恋爱是一种高级的情感交流,是大学生生理和心理发展的自然结果。黄希庭等曾对当代大学生爱情的特点进行过广泛的调查研究。结果表明,我国当代大学生爱情的特点主要表现在以下几个方面。[①]

首先,表现在对待爱情和事业的关系上。结果表明,大多数学生赞同爱情应当服从事业,爱情不是人生的唯一目的;有 33.7%的大学生赞同没有体验过爱情的幸福就不知道生活的价值;有 13.5%的大学生赞同把爱情放在生命和事业之上。而且,超过半数的男生和女生赞同热恋时多付出些时间是不可避免的。

其次,表现在择偶的态度上。调查表明,男大学生择偶的标准依次为:性格爱好,道德品质,才能,身材容貌,经济条件;女大学生择偶的条件依次为:性格爱好,才能,道德品质,身材容貌,经济条件。同时,大学生在评价爱情与择偶条件时既考虑到现实,也能顾及未来。大多数人赞同爱情要建立在真正的相互了解的基础上;部分学生认为在短暂的时间内建立起来的爱情同样能够有美满的结局。总的说来,大学生择偶的态度是现实而慎重的,把对方的性格爱好、道德品质及才能作为择偶的主要条件。

再次,表现在对待爱情道德的态度上。调查表明,多数大学生主张对待爱情应当严肃负责,忠贞专一;认为朝三暮四或同时与几个人恋爱是极不严肃的、极不负责任的行为;认为在恋爱中越轨发生性行为是极不道德的行为。但随着西方文化的进入,有 30%的大学生认为,只要双方愿意,婚前发生性行为也不是什么不道德的事情。有关大学生婚恋心理的最近研究表明,大学生对“三角恋爱”或频繁更换恋爱对象的认识模糊。他们在此方面缺乏认真的思考和认识,不少大学生为了排解生活中的寂寞而寻找异性朋友,有一定数量的大学生在选择异性朋友的时候以貌取人、以利取人、朝秦暮楚。其结果往往是给别人带来了痛苦,也给自己带来了很大的心理困扰。在性心理的发展过程中,大学生也存在着很大的矛盾冲突。许多大学生在面对性的问题时往往徘徊于传统与开放观念的矛盾之中,不知该如何选择来摆脱自己身心发展过程中存在着的不安和压抑。

---

① 参见黄希庭、徐凤姝主编《大学生心理学》,上海人民出版社 1988 年版,第 426 页。

四、大学生价值观的发展

价值观是一种外显或内隐的、有关"什么是值得的"的看法，它是个人或群体的特征，可能会影响人们对行为方式、手段及其结果的选择。一般认为价值观是人们对特定行为、事物、状态或目标的一种持久性偏好。价值观并不是与生俱有的，它的形成是通过社会化过程得以实现的。人在社会化的过程中，学习并掌握基本的行为方式和价值准则。青少年期正是个体人生观、价值观开始形成并逐步稳定的时期，这个过程受社会文化的影响，具有很大的社会文化依从性。随着改革开放的深入、市场经济体制的建立等，我国的社会经济和文化环境发生了很大的变化，青少年的价值观也会发生一些变化。下面主要从两个维度来介绍我国大学生的价值观的特点：个人－集体关系，人生价值观。

(一)大学生的个人－集体主义价值取向

王重鸣等曾对个人主义－集体主义取向的价值观进行了研究。结果表明，在总体上，青少年的价值观是偏向集体的，但同时也表现出在愿意归属集体的前提下仍想保持自己的个性的特点。在大学时期，这种特点越来越明显。而且，随着年龄的增长，青少年的集体——个人价值观越来越趋向于个人主义，乡村青少年比城市青少年更趋向于集体。与美国青少年相比，我国青少年在诸如国家安全、尊敬长者等集体倾向上的得分较高，表明我国青少年比美国青少年更倾向于集体。①

公私观念是关于如何看待和处理公与私的关系的认识，涉及到个人主义与集体主义的价值取向。张进辅对青少年学生的公私观念进行了考察。结果表明：第一，从总体上看，青少年学生关于公私关系的基本观点按顺序依次为：公私两利－先公后私－大公无私－先私后公－自私自利。赞同"大公无私"和"先公后私"的人数超过50%，这表明半数以上的青少年在观念层次上倾向于强调集体和国家利益。这是我国文化价值观念对青少年影响的结果。赞同"公私两利"的比例相当高，父母对青少年的评定也显示了这个特点，表明近年来青少年公私观念的变化。第二，初中、高中与大学之间的差异极其明显，表现为初中、高中到大学集体主义取向逐渐减少。这可能与青少年自我意识的逐步发展、所接受的社会信息增多有关。②

(二)青少年的人生价值观

人生价值观是一种信念，表现为个体的人生目标是什么，选择什么样的生活

---

① 参见王重鸣、陆兴海《不同年龄城乡青少年价值取向的多方法复合式分析》，载《心理科学》1997年第3期。

② 参见张进辅《我国青少年学生公私观特点的研究》，载《心理发展与研究》1993年第1期。

道路和方式。其中,价值目标是个体人生价值观的核心。人生价值观对青少年的生活道路与生活方式的选择起指导作用。

黄希庭等人对我国两千余名13～22岁的青少年学生的价值观进行了调查。[①] 其结果表明:中国青少年学生的价值观总体上来看是相当一致的,有所作为、真正的友谊、自尊、国家安全被列为最重要的价值观,内心平静、舒适的生活、兴奋的生活、拯救灵魂被列为最不重要的价值观;有抱负、有能力、胸怀宽广所得的评价最高,整洁、自我控制和服从的评价最低。随着年龄的增长,青少年对"自由""成熟的爱""社会承认""钟情""独立"等价值观的重要性的评价逐渐增高,对"世界和平""富于想象力"的评价逐渐降低。而且,在某些具体的价值观上存在着性别差异,表现为男性青少年更看重勇敢等,而女性青少年更看重自尊。中国青少年的价值观与西方文化下青少年的价值观存在明显的差异,表现出对社会文化价值观的内化。

张进辅采用自编词汇选择问卷对639名大学生的人生价值观进行调查。结果发现,大学生最为重视的人生价值观目标依次为事业成功、国家强盛、纯真爱情、身体健康、知识渊博、心情舒畅、真诚友谊、家庭和睦、美满婚姻、世界和平,而奉献社会、光宗耀祖等排序靠后;他们最愿意采用的价值手段为拼搏进取、诚实守信、深谋远虑、勇于竞争、量力而行、百折不挠、自我控制、洁身自好、随机应变、埋头苦干,而甘为人梯、循规蹈矩、委曲求全等排序靠后。总体上,男女大学生在人生价值目标及手段上存在较大的一致性。[②]

总之,我国大学生的价值取向与人生价值观总体上表现出我国文化背景下特有的特点,如看重国家与集体利益,倾向于集体主义,与西方文化背景下的青少年的价值观有明显不同,并且表现出这一年龄阶段的发展特点,如倾向于平等主义,在人生目标上看重有所作为、事业成功、自由、爱情、友谊等。这些价值取向的形成是个体在成长过程中内化社会价值取向的结果。同时,社会经济的发展变化对大学生的价值观念存在影响,他们在总体上倾向于集体主义的同时,也要求保持自我与个性,城市大学生比乡村大学生更多地表现出个人主义。

复习思考题

一、名词解释

1. 心理发展

---

① 参见黄希庭、张进辅、张蜀林《我国五城市青少年学生价值观的调查》,载《心理学报》1989年第3期。

② 参见张进辅《我国大学生人生价值观的调查研究》,载《心理发展与教育》1998年第2期。

2. 辩证逻辑思维

二、简答题

1. 简述佩里关于大学生认知发展的理论。

2. 简述友谊的六大发展功能。

三、论述题

1. 试析大学生思维发展的特点。

2. 试析我国大学生价值观的发展现状。

第三章

大学生的心理差异与教育

心理差异是指心理的个别差异或个体心理的差别性，即一个人在其先天素质的基础上，通过后天的实践逐渐形成的、不同于他人的、相对稳定的个体心理特点。所谓"人心不同，各如其面"，说的就是心理差异问题。

心理差异代表了一个人的独特个性。所有的人类个体成员都有其共同的心理本质，又存在着个别差异，所谓"千人千脾气，万人万模样"就是这个道理。学校教育不仅要适应学生的个性，而且要发展学生的个性。适应和发展学生的个性，首先要全面了解学生的心理差异，弄清学生心理差异的性质和表现，分析影响个性发展的条件。承认差异、了解差异、尊重差异，这是全球化、多元化时代对学校教育的客观要求。本章从人格、能力、学习风格、性别等方面介绍了大学生的心理差异。

第一节　大学生的人格差异与教育

"人格"(personality)也称作"个性"，此词源于拉丁文 persona——面具。戏剧中演员戴的不同面具表现了剧中人物的角色和身份。用面具来表示人格，实际上说明人既有表现于外的给人以某种印象的特点，也有某些外部未显露的东西。这些稳定而又异于他人的特质模式，使人的行为带有一定的倾向，表现了一个由里及表、包括身心在内的与他人有差异的个体——人格。换句话说，人格是个体内在心理在行为上的倾向性，它表现了一个人在不断变化中的全体和综合，是具有动力一致性和连续性的自我，是个人在社会化过程中给人以特色感的身心组织。因此，各种心理学著作都把人格看成是一个人与另一个人区别开来的独特的心理特性。在哲学、法学等领域也运用人格这个概念，它们各有其特定的内涵。

人格是在先天素质的基础上，在后天经验影响下逐渐形成和发展起来的。它是以气质为生物基础，以性格为外在表现的。下面分别从气质和性格角度来论述大学生的人格差异以及学校所应采取的教育措施。

一、气质差异与教育

(一)气质的特点

人与人相处时，有的人能言善变，乐于交际；有的人沉默寡言，老成持重；有的人活泼可爱，聪明伶俐；有的人孤僻古怪，谨小慎微。这种差别是因为不同的人有不同的气质，不同的气质让人有不同的表现。

什么是气质？心理学上说的气质不同于人们通常说的风格或气度，而是指人的“脾气”“秉性”或“性情”，它是个性心理特征的成分之一，指个体内在的、不依活动的目的和内容而转移的、稳定持久的心理活动的动力特征，它使全部心理活动染上个人独特的色彩。从这个概念中可以看出气质有如下特点：(1)气质是心理活动的动力特征；(2)气质是一种天赋的个性心理特征；(3)气质具有独特性和稳定性。目前，心理科学尚未能编拟出构成气质类型全部特征的完整方案。但是，胆汁质、多血质、黏液质、抑郁质这四种气质类型的划分是当前人们普遍能够接受的观点。现将这四种气质类型的最主要的心理特征分述如下(见表3-1)：

1. 胆汁质

具有胆汁质型气质的人精力旺盛，热情直率，意志坚强；脾气躁，不稳重，好挑衅；勇敢，乐于助人；思维敏捷，但准确性差。他们的心理活动的明显特点是兴奋性高，不均衡，带有迅速而突发的色彩。

2. 多血质

这种人的行动有很高的反应性，他们容易适应新环境，结交新朋友，具有高度可塑性。他们给人以活泼热情、充满朝气、善于合作的印象。但他们的注意力容易转移，兴趣容易变换，很难适应要求耐心细致的平凡而持久的工作。这种人属于敏捷好动的类型。

3. 黏液质

属于黏液质的人缄默而沉静，由于神经过程平静而灵活性低，反应会比较缓慢。这种人常常严格恪守既定的生活秩序和工作制度，注意稳定且难转移。给人的外表感觉为态度持重，沉着稳健，不爱作空泛的清谈。这种气质类型的不足之处是有些固执冷淡，不够灵活，因而显得因循守旧，不易合作。那些要求持久、有条理、冷静的工作，对于黏液质的人最为合适。

4. 抑郁质

这种人具有较高的感受性和较低的敏捷性。他们反应缓慢，动作迟钝，缺乏生气，不爱交际。他们的主动性差，在困难面前常常优柔寡断，面对危险常常恐惧畏缩。这种人很少在外表上表现自己的情感，而内心体验则相当强烈。具有这种气质类型的人往往富于想象，善于体察他人情绪，对力所能及的工作任务具有较强的责任心和完成任务的坚韧精神。

表 3-1 气质类型和心理特性

心理特性 \ 气质类型	多血质	胆汁质	黏液质	抑郁质
感受性	低	低	低	高
耐受性	较高	较高	高	低
速度与灵活性	快 灵活	快 不灵活	慢 不灵活	慢 不灵活
可塑与稳定性	有可塑性	可塑性小	稳定	刻板性
不随意反应性	强	强	弱	弱
内向与外向	外向	外向	内向	内向
情绪兴奋性	高	高	低	体验深
情绪和行为特征	愉快、机敏、不稳定	容易激怒	冷漠	悲观

以上四种气质类型的典型特点是有明显差别的，但现实生活中，并不是每个人都能归入某一气质类型，实际上除极少数人外，大多数人往往较多地具有某一气质类型的特点，同时又具有其他类型的一些特点，整体上属于中间型或混合型。

怎样科学地解释气质这种心理特性呢？按照巴甫洛夫的高级神经活动学说，大脑皮层的神经过程有三种基本特性：强度、平衡性和灵活性。强度是指神经细胞经受强烈刺激或持久工作的能力；平衡性是指兴奋过程与抑制过程的力量是否均衡，这两种过程可能是平衡的，也可能是不平衡的，即一种过程比另一种过程强（或兴奋占优势，或抑制占优势）。灵活性是指对刺激的反应速度和兴奋过程与抑制过程相互转化的速度。

根据神经过程的这三种特性可以组合成四种基本的神经系统类型。

(1)强而不平衡型：兴奋过程强而抑制过程较弱。这种类型易兴奋、易怒，激动起来难于控制，亦称"不可遏止型"。

(2)强、平衡而灵活的类型：爱动，行动迅速，一旦缺乏刺激，很快地由兴奋转入抑制，又称“活泼型”。

(3)强、平衡而不灵活的类型：条件反射容易形成，但难于改造，行动迟缓而有惰性，又称“安静型”。

(4)弱型：兴奋过程与抑制过程都弱，神经过程的灵活性低。

这四种神经系统类型与上述四种气质类型相适应，比较正确地从高级神经活动的角度说明了气质的各种不同表现。气质是高级神经活动类型在人的行为和活动中的表现，而神经系统类型的特性影响人的行为和活动的动力特点。这些动力特点一是表现在感受性(即感受外界刺激的能力)上，是神经系统强度特性在心理上的表现。我们可以根据外界影响的最小强度来判断这种特性。二是表现在对外界刺激强度的耐受性上。三是表现在反应的敏捷性上，如说话的速度、记忆的速度、思考的速度、动作的速度等，是神经系统灵活性的表现。四是表现在对外界事物变化适应的可塑性上。当外界事物变化时，必须随情况的变化而改变自己的行为，有的人顺应快，有的人情绪上有困难；有的人果断，有的人犹豫不决，因而有灵活性与刻板性(惰性)的区别。五是表现在气质的社会制约性上。人的神经活动的动力特点是受社会制约的。气质的各种外部表现，如情绪与活动的强度、速度、灵活性等都受到社会要求与教育的制约。一个胆汁质者可能勇敢、顽强、正义感强，也可能粗暴、任性、不顾纪律要求。气质不是不变的，神经系统的可塑性就表明神经系统的先天特性和类型都是受后天环境的影响而改变的，或受后天环境影响而被掩蔽起来。学生的气质可能有许多混合型，但基本类型只是四种，有的已经在后天环境和实践活动中，经过教育而发生了改变，有的则被性格掩蔽起来。

(二)大学生气质差异与教育

1. 大学生的气质差异

国内有研究发现，我国大学生气质类型分布的特点是：(1)属于多种气质混合型的最多，其次是兼有多血质和胆汁质特征的多血一胆汁质以及兼有胆汁质和抑郁质特征的胆汁一抑郁质。这三种气质类型的大学生占总人数的80%左右。(2)属于多血质、胆汁质和多血一胆汁质等外向气质类型的大学生大大超过属于黏液质、抑郁质和黏液一抑郁质等内向气质类型的大学生，但大多数大学生还是属于内外向平衡气质。(3)属于胆汁质、抑郁质和胆汁一抑郁质等情绪不稳定气质类型的大学生大大超过属于多血质、黏液质和多血一黏液质等情绪稳定气质类型的大学生，但大多数大学生属于情绪平衡型的混合气质类型。①

气质类型还存在专业差异和性别差异。在专业差异方面，上述研究者对文

① 参见李山川主编《大学教育心理学》，中国科学技术大学出版社1991年版，第167页。

科、理科和医科大学生进行测量发现:文科和理科大学生中属于胆汁质气质的人数明显多于医科大学生;文科和医科大学生中属于多种气质混合型的人数明显多于理科大学生;理科大学生中属于抑郁质的人数明显多于文科和医科大学生。在性别差异方面,男大学生中属于多种气质混合型和胆汁－抑郁质的人数要明显多于女生,而属于多血－胆汁质和多血质的人数要明显少于女生。

2. 大学生的气质教育

大学生的气质教育包含两个方面:一是高校的教育工作者应注意掌握气质的理论及大学生气质发展的特点,因材施教;二是大学生应了解自身的气质特点,加强自我塑造。

(1)教育学生认识和控制自己的气质

气质类型本身没有好坏之分,每一种气质类型都有积极的方面,也都有消极的方面。任何一种气质类型都有形成良好个性和发展良好个性的可能。有人对俄国的四个大文豪进行了气质类型鉴定,结果诗人普希金是胆汁质,评论家赫尔岑是多血质,寓言大师克雷洛夫是黏液质,小说家果戈里是抑郁质。因此,每一种气质类型的大学生都可能成为有理想、讲道德、守纪律、刻苦学习的先进学生,也可能成为不思进取、不守纪律、懒惰的后进学生;既可能成为创造力高度发展、对社会做出重要贡献的人,也可能成为智力平庸、一事无成的人。教师要在了解学生气质类型的基础上,帮助学生分析和认识自己气质特征中的长处和短处,使他们学会有意识地控制自己气质的消极品质,发扬积极品质,从而形成良好的个性品质。相反,如果学生不能控制和掌握自己气质的特点,让气质支配自己的行为,那么任何一种气质类型都有发展成不良个性的可能。因此,教师应该教育学生善于分析和认识自己气质的优缺点,做自己气质的主人。

(2)根据不同的气质类型,因势利导,采取适当的教育方法

任何一种气质类型的学生,在同样的学习任务中通过努力都能取得好成绩,这是不容置疑的。因此,在教育工作中,教师的任务在于通过对学生学习、生活的指导,使学生能够保持、发扬气质的积极方面,控制气质的消极方面,从而培养良好的气质特征。

偏于多血质的学生,要防止其粗心大意、虎头蛇尾、兴趣多移的弱点。要求他们学习时认真细致,刻苦努力,在激起他们多种兴趣的同时要培养中心兴趣;在具体活动中,要求他们增强组织纪律性,培养其朝气蓬勃,满腔热情,善于思维等个性品质。对于他们的缺点错误,批评时要有一定的强度,但又要耐心细致,尤其要做好转化后的巩固工作,防止反复。

偏于黏液质的学生,往往在集体中"默默无闻",容易被忽视。教师对这类学生要以满腔热情吸引他们参加集体活动,激发他们的积极情绪,引导他们生动活

泼、机敏地完成活动任务。具有这一气质类型特征的学生，比较安静勤勉，且不妨碍别人，但要注意培养他们高度的积极性、灵活性等品质，防止墨守成规、执拗等不良品质，杜绝可能发生的淡漠和萎靡不振。

偏于胆汁质的学生，要防止和克服粗暴、任性、高傲等个性特点，着重发展其热情、豪放、爽朗、勇敢、进取和主动的个性品质。要求他们善于控制自己，能沉着地、深思熟虑地回答问题，发表意见，活动中保持镇静而从容不迫。同时也要注意培养他们扎实的工作作风，达观自制的待人态度。对这类学生的教育不可急躁粗暴，而应实实在在、干脆利落地讲清道理，努力抑制他们的激动状态。

偏于抑郁质的学生，平时给人以呆板而羞涩的印象，这类学生最易出现伤感、沮丧、忧郁、孤僻等行为倾向。但在集体的友爱和教师的关怀下，又能充分表现出细致、委婉、坚定、富于同情心等优良品质。对这类学生，教师应（同时也应该要求班干部）给予更多的关怀和具体的帮助。要着重发展他们机智、认真细致、有自尊心和自信心的优良个性品质，防止怯懦、多疑、孤僻等消极心理的产生；要引导他们多参加集体活动，在评价过程中给予称赞、嘉许、奖励等，批评时"点到为止"；要创造条件，安排他们从事有一定困难、需要与他人交往和配合的工作，以鼓励、锻炼他们的勇气。

(3)气质与职业指导

气质特征是职业选择的依据之一，某些气质特征为一个人从事某种工作提供了有利条件。

在一项实验中，经过挑选的强型和弱型两组共47名被试。要求他们先后完成两项任务。第一项任务是根据指令尽快无误地划掉随机排列的字母表上的字母。第二项任务是每隔3秒钟向被试发出随机呈现的不同声音信号（音调分别为200HZ、400HZ、800HZ和2000 HZ），要求被试记录相应声音信号。成绩如表3-2。

表3-2　强型组和弱型组的大学生完成两种活动的成绩差异

被试	单位时间正确划掉字母的数量	记录声音信号出现错误次数与呈现信号总数的比率
强型组	0.98	0.130
弱型组	1.62	0.241
T	2.05	2.38
P	$P<0.05$	$P<0.05$

实验结果表明强型组和弱型组在完成不同活动中各有所长，强型组的被试在记录不同频率声音信号活动时成绩较好，弱型组的被试在划掉字母符号活动时成绩较好，两项差异均有统计意义。这就是说，在比较复杂的操作活动中，不同气质的人能够胜任其不同的方面。

一般来说,胆汁质型的人,较适合于反应迅速、动作费力、应激性强、危险大的工作。如要他们从事耐心细致的工作,那么就必然付出较大的耐力而且效果还不会很好。多血质型的人,较适合做反应敏捷、动作多变、富有表情的社交性或文艺工作。而要他们从事单调而持久的工作,即使付出很大的主观努力,其效果也不会很好。黏液质型的人,较适合于做按部就班、耐心细致、刻板性强的工作。如果让他们从事激烈多变、灵活敏捷的工作,将是难以完成的。抑郁质型的人,较适合于从事烦琐细致、应变缓慢的工作,否则效果不佳。

当然,以上只是说明各种气质类型在某方面工作才能较为有利,而要从事其他方面性质不同的工作,需要付出比别人更多的努力。

如何运用气质理论的研究成果,指导大学生的职业选择和专业定向,是一个值得深入探讨的课题。

(4)根据临床研究,两种不平衡类型往往是精神疾病的主要发生者

就强而不平衡型来看,强烈的愿望、过度的紧张与劳累常常使胆汁质的人抑制过程更加减弱,于是容易出现精神衰弱或时而暴躁、时而忧闷的躁郁性精神病。对弱型人来说,困难的任务、社会的冲突、个人的不幸遭遇就会使其脆弱的神经过程无法忍受,皮层转入慢性抑制状态,容易出现易受暗示、情绪异常的歇斯底里,或发展成精神分裂症。为了保护青年的身心健康,应更好地关怀和了解这两类学生的情况与问题,及时采取措施,做好疏导工作,使他们的身心得到健康的发展。

二、性格差异与教育

(一)性格的含义

性格是指一个人对待现实的态度和行为方式上经常表现出来的比较稳定的心理特征。例如,热爱集体、学习认真、关怀同学、有崇高的理想、自信心强,这些涉及到社会意义的特征经常地、一贯地从一个人对待现实的态度和行为方式上表现出来,而不是偶然地表现在一时或一事上,就成为这个人的性格特征。

从行为的整体表现看,人的性格不仅表现在做什么、追求什么、拒绝什么的活动动机和目的上,而且也表现在怎样做、怎样实现自己所追求的目的、怎样实现自己的愿望或理想的活动方式上。不论在什么情况下,不论处于顺境还是逆境,不论挫折与阻力有多大,这种对待现实的态度和行为方式都会表现出来。因此,当对一个人的性格有明确的了解时,我们就能够预测这个人在一定的情境中做什么和怎样做。

性格与其他个性品质是不同的,它是由性格中具有核心意义的部分形成的反映个性本质属性的稳定的心理特征。这种具有核心意义的特征是受一个人的思想、信念、道德品质的调控形成的。在人的性格中也包含一些次要的、从属的

品质，如严肃与诙谐、拘谨与大方、急躁与耐心等。这些品质在性格特征的统一体中与核心品质结合起来，表现在人的行为和态度上。

（二）大学生的性格特征

个体性格特征主要由四个部分组成：态度特征、意志特征、情绪特征和理智特征。大学生的性格特征可以从这四个方面加以分析。

1. 性格的态度特征

对现实所持有的一贯态度及与之相适应的稳定的行为方式，是大学生性格的主导方面。它突出地体现着大学生个性的本质。

(1)对社会、集体和他人的态度。大学生主要表现出热爱祖国、关心集体、守纪律、合群、富于同情心、助人为乐、正直诚实、有礼貌等良好的性格特征；也有少数人对祖国缺乏感情，具有个人本位、自由散漫、冷酷无情、虚伪等不良的性格特征。

(2)对学习、工作、劳动的态度。多数大学生表现出勤奋、认真、细致、首创和节俭等良好的性格特征；少数人则表现出懒惰、粗心、保守、浮华、浪费等不良的性格特征。

(3)对自己的态度。多数大学生表现出严于律己、谦虚、自信、自尊、大方等良好的性格特征；少数人则具有自负、自傲、自卑、羞怯等不良的性格特征。

2. 性格的情绪特征

大学生在情绪活动的强度、稳定性、持久性和主导心境等方面经常表现出来的特征是性格的情绪特征。当代大学生多在顺境中成长，又具有比其他青年群体优越的学习和生活条件，因而多数人富有热情，具有乐观向上、积极进取的良好性格。也有少数人由于遭受挫折和其他因素的影响，长期处于情绪低落、烦躁、抑郁的不良心境之中，从而厌倦学习，情绪消沉，牢骚满腹，不思进取，形成了不利于身心健康和发展的悲观性格。

3. 性格的意志特征

当代大学生的行为大多数具有明确的目的性、自觉性，自制力较强，因而能够完成繁重的学习任务。在处理学习问题时，表现出果断、镇定、坚韧不拔等优良的性格特征。然而由于他们涉世未深，缺乏生活经验和承受挫折、克服困难的心理准备，在许多方面又表现地缺乏自觉性和自制力，因而在困难面前，意志不够坚强，怯懦、退缩，缺乏持之以恒的精神，有的则表现为散漫、颓废，不愿承担繁重的学习任务。

4. 性格的理智特征

大学生在认知态度和活动方式上经常表现出的特征是性格的理智特征。在感知、记忆、思维等活动中，有的大学生属于主动观察型，有的则是被动感知型；有的大学生具有思维的批判性，有的则因循守旧；有的属于创造想象型，有的则属再造想象型。由于大学生还没有完全掌握辩证思维的方法，常常表现出认识问题简单、肤浅、片面、脱离实际等特征。

(三)大学生的性格差异

1. 大学生的性格类型差异

(1)外倾型性格明显多于内倾型性格

吴小玲①的研究结果表明，我国大学生中属于外倾型的人明显地多于内倾型的，前者为58.7%，后者为41.63%。外倾型的大学生感情表露于外，自由奔放，当机立断，不拘小节，独立性强，有较强的组织能力，善于交际，但比较轻率。而内倾型的大学生以自我为出发点，做事谨慎、深思熟虑、缺乏实际行动，顾虑多，易困惑，适应环境困难，交际面狭窄。大学生中外倾型性格的人占多数，符合青年人身心发展的基本倾向。

(2)独立型多于顺从型

我国大学生中独立型的要比顺从型的多。李锋②对306名大学生的性格测试结果表明，独立型大学生的比例是顺从型的1.7倍。独立型的大学生有坚定的个人信念，善于独立思考，在困难或紧急情况下能沉着镇静，独立发挥自己的力量，甚至喜欢将自己的意志强加于人；而顺从型的大学生易受暗示，往往屈从于权势，按照别人的意见办事，在困难或紧急情况下表现得惊惶失措。大学生中独立型性格占多数，这与青年人独立意向增强的基本特点吻合，也与大学生群体成功的拼搏经历有关。

(3)在各种社会价值类型中，经济型对大学生有较大的吸引力

西南师范大学张进辅、张蜀林③对6所院校的788名大学生进行了调查，结果发现，理论型(具有强烈的求知欲和钻研精神，勇于探索真理)居于首位(占33.2%)，体现了大学生群体的角色特征；经济型(追求实惠、注重效率和经济收入)居第二位，与国内类似的研究(赵子祥等，1983)④相比，由当时的2.3%上升到26.1%，发生了极显著的变化，反映了社会变革对大学生的影响；审美型(珍视美的享受和美的创造，喜欢艺术活动)和社会型(重视对他人的爱，乐于助人，尽力增加社会福利)占第三位(22.7%)和第四位(15.4%)；而权力型(喜欢支配他人，对权力很感兴趣)和宗教型(信奉宗教，重视宗教活动)比例最低(分别为1.8%和0.8%)。男女大学生性格类型的差异主要表现在，男生属经济型的比

---

① 转引自陈连森、赵富才主编《青少年应用心理学》，中国商业出版社1991年版，第150～168页。

② 转引自陈连森、赵富才主编《青少年应用心理学》，中国商业出版社1991年版，第150～168页。

③ 转引自陈连森、赵富才主编《青少年应用心理学》，中国商业出版社1991年版，第150～168页。

④ 转引自陈连森、赵富才主编《青少年应用心理学》，中国商业出版社1991年版，第150～168页。

例(31.9%)明显高于女生(16.7%),而女生属审美型的比例(33.8%)明显高于男生(16%);各年级之间(除二年级与三年级外)都存在显著差异,其中最显著的是理论型(从一年级的 39.7%降到四年级的 20.6%)和经济型(从一年级的 13.4%上升到四年级的 39.7%)。

王惠萍、张积家①让初二、高二、大二的学生分别选取符合他们特点的价值类型。调查的结果表明,他们选取的价值类型表现出不同的年级特点:初二学生选择的前三位的价值类型依次是审美的(31.19%)、权力的(22.17%)和理论的(20.79%);高二学生选取的前三位的价值类型依次是权力的(31.3%)、经济的(24.2%)和理论的(24.02%);大二学生选取的前三位的价值类型依次是审美的(40%)、经济的(21.5%)和权力的(20%)。其发展趋势是选择理论型的大学生的人数明显地少于中学生,而从高中开始经济型对青年学生有了较大的吸引力。

(4)在双向性格因素中,中间型大学生占绝大多数

阮承发、许智权②在全国 5 所高校分层选取了 371 名大学生被试,用修订过的卡特尔 16 种人格因素量表进行了测试。

研究结果表明:我国大学生在 16 种人格因素中,乐群性、聪慧性、恃强性、有恒性、敏感性、怀疑性、幻想性、世故性、忧虑性、实验性十项较好。大学生 16 种人格因素发展的总趋势是:开朗乐观、聪慧、情绪偏于激动、冲动、积极、严肃、有恒、负责、稍显羞怯、理智而重实际、信任他人、合乎成规、精明能干、有创新精神、依赖随群、不大能克制自己、比较紧张困扰。

绝大多数大学生在双向性格因素中属于中间型,单一类型的人数很少。详细结果见表 3-3。

表 3-3　　371 名大学生双向性格因素类型比较

类型 项目	适应-焦虑型			内向-外向型			感情用事-安详机警型			果断-怯懦型		
	适应	中间	焦虑	内向	中间	外向	感情用事	中间	安详机警	果断	中间	怯懦
人数	28	299	44	29	290	52	38	265	68	40	308	23
%	7.55	80.59	11.86	8.09	77.89	14.02	10.24	71.43	18.33	10.78	83.02	6.02
P *	＞0.1			＜0.05			＜0.01			＞0.1		

(P * 值为每一大类型中相反的两种类型人数的 t 检验)

① 参见王惠萍、张积家《青少年人性观发展的研究》,载《烟台师范学院学报》1992 年第 2 期。

② 转引自陈连森、赵富才主编《青少年应用心理学》,中国商业出版社 1991 年版,第 150～168 页。

从表中可以看出，大学生中焦虑型稍多于适应型，外向型明显多于内向型（$P<0.05$），安详机警型明显地多于感情用事型（$P<0.01$），果断型稍多于怯懦型。

2. 不同专业、不同性别大学生的性格差异

我国学者的研究表明，不同性别、不同专业的大学生的性格是不同的。[①] 在性别差异方面，我国大学生在责任感、社会化、自制力、支配性、进取性、社交风度和自承性七项性格特征上，男女大学生的差异均达到显著水平。在谦让、克己、忍耐和谨慎等性格特征方面，女生强于男生；而在支配、冲动、自信和外向等性格特征方面，男生强于女生：这说明男女大学生均有各自的行为方式与兴趣。就不同的学科来说，不同专业的大学生在性格特征及其性别差异上，均有自己的独特性。(1)文科大学生中男女生的性格特征为综合型，无论在支配性、冲动、自信、外向等方面，还是在谦让、克己、忍耐、谨慎等方面均兼而有之。(2)理科大学生中男生与文科男生相似，但女生在谦让、克己、忍耐、谨慎、内向方面较突出。男女生在独立性、聪慧、敏锐等性格特征方面无显著差异。(3)工科大学生中，男生在支配、冲动、自信、外向等性格特征方面表现突出，女生则在谦让、克己、忍让、谨慎、内向等方面占优势。(4)医科大学生中男女生的性格特征基本一致，同其他类型大学的大学生相比，他们在支配、冲动、自信、外向等方面相对稍强，在其他方面相对较弱。(5)农科大学生中男生的性格特征在中庸、从众等方面较突出，在支配、冲动、自信、外向等方面比女生强，女生则在谦让、克己等方面较突出，而在聪慧、敏锐方面较弱。(6)师范大学生中男女生的性格特征显得比较消极，各方面均低于全国平均水平，且男生比女生稍低。(7)金融、法律、体育等其他学科的男大学生在支配、冲动、自信等方面比较突出，女生较低；在谦让、克己等方面女生较突出，男生较低。在独立性上均有不足。

(四)大学生性格的培养与教育

在教育过程中对学生性格进行诊断和鉴定是一项复杂的工作。了解性格的方法一般采用调查研究、自然实验、传记分析、个案追踪、总结经验等。比如了解学生的家庭史、个人生活史，建立学生活动和性格记录，进行观察、实验、分析研究，做出诊断措施与教育方案。

1. 在教学活动中根据学生的性格差异，因人施教

根据有关性格的研究，在开展性格教育时应针对学生性格类型的不同，因人施教。例如，对于独立性强、喜欢独立思考的学生就不宜让他们经常参加讨论，

---

① 参见李德伟《中国大学生的性格特征研究》，载《北京师范学院学报》1986 年第 2 期。

而应给他们独立作业的机会;对于情绪激动、易冲动的学生,给他们讲解时应细致,并注意培养他们镇静、谨慎的品质。为了适应学生的人格差异,可以采取根据学生的能力、兴趣和性格分组的方式,把能力、兴趣和性格特征相近的学生结合在一起。这种分组比较灵活,可以根据实际情况随时调整小组成员。这样便于教师指导,也有利于学生共同学习、讨论。

2. 注重独生子女的特殊性,健全他们的性格

随着我国计划生育政策的贯彻和实施,高校大学生中独生子女越来越多。独生子女的教育问题已经受到社会各界的广泛关注。由于独生子女成长在一个特殊的家庭环境中,他们的性格存在一定程度的特殊性。有研究表明,独生子女的自我中心和学习动力比非独生子女强烈,而独立性和合作精神却比非独生子女差。一般认为,独生子女自尊、自信、焦虑少、活泼开朗、热情、思维和智力水平较高、求知欲强,但是任性、不懂礼貌、不爱惜财物、缺乏恒心、经不起困难和挫折、依赖性较强、独立性差。这些性格特征的形成既有其客观环境方面的原因,也有家长的主观原因。相对于非独生子女来说,独生子女拥有更加优越的生活和教育条件,家长有更多的时间和精力对子女进行教育,在生活上尽量满足他们的需要,从而使他们从小就有安全感、焦虑少,但家长易对孩子过度溺爱,造成孩子不能吃苦,自立能力、意志力差。因此,教育独生子女应有针对性,充分利用独子女家庭环境和教育的有利条件,发扬独生子女进取心强、热情、活泼等优良人格特征,同时要注意克服不利因素,防止他们产生任性、高傲、缺乏恒心、独立性差、不合作等消极性格特征,以使他们形成健全的性格。

3. 开展各种活动,在活动中培养学生的性格

学生在教育、教学中习得的行为方式并不一定能真正内化为个人稳定的性格结构的一部分。如理想、价值观、意志力、合作性等性格品质不是仅仅通过说教就能够培养起来的,它是通过人的实践活动,在与生活环境相互作用的过程中形成的。因此,应引导学生在实际行动中锻炼性格,要求学生按照学生守则、道德标准、行为准则和纪律严格控制自己的行为,在学习过程、集体生活、公益活动中提出要求,锻炼性格和意志。

4. 通过榜样的作用培养性格

如开展学习先进人物、英雄的活动,通过同学、教师的榜样作用,通过文艺创作中描写的人物形象,影响性格的形成。

5. 对性格有缺陷的学生的教育措施

(1)教师的教育态度要端正

性格有缺陷的学生常常会存在学校适应不良的问题,对于这些学生,教师一

定要注意教育态度。如果教师对他们采取专制的态度,批评他们,训斥他们,就可能强化他们已形成的孤僻、自卑、粗暴、冷漠等性格,使他们的情绪更加紧张、言行不一,缺乏主动精神。而教师采取民主的态度,关心、尊重他们,就可使他们的情绪稳定、主动性强,增强克服困难的信心。

(2)运用期待效应激发学生的自信心

教师对学生的期待,对学生的性格与适应性有明显的影响。学校适应不良、有性格缺陷的学生往往更敏感,消极的体验使他们更加远离教师,而教师也容易主观地认为这些学生没有发展前途,对他们的期望值过低,这无疑会进一步强化他们的自卑感,使他们各方面越来越差。所以,应该相信每个学生都有良好的发展前景,对他们寄予厚望,使学生从教师那里得到更多的关怀、指导和帮助。

(3)教师对学生的评价要公正、客观

教师的评价对有性格缺陷的学生影响非常大。凡是得到教师肯定的学生,往往更加积极乐观,对生活充满信心和希望;而遭到教师否定的学生,则会更加冷漠、敌对、自卑。

(4)提高学生的自我教育和自我塑造能力

人非完人,差不多每个人都会有某种性格上的缺点;但人又是有主观能动性的,每个人都可以通过自我修养塑造自己良好的性格。通过自我修养来塑造自己良好性格的主要途径是:一要树立正确的人生目标。正确的人生目标和崇高的理想是性格自我修养的航标。根据这个航标,个人才能通过自我分析、自我激励、自我导正、自我监控等措施来完成自我修养的计划。二要不断地强化自我修养的决心。形成良好性格和克服不良性格都非一朝一夕之事,只有坚持不懈、持之以恒,方能奏效。三要在困难中磨炼自己。自我教育不会一帆风顺,要改造自己已经形成的不良性格会遇到许多困难,而最大的困难是自己的惰性。因此应时时在意,处处留心,在每一件小事上一点一滴地约束言行,逐步改造不良的性格。

培养学生的性格,要使教育与自我教育构成一个完整的统一体,使外因通过内因而起作用。

第二节　大学生的能力差异与教育

一、大学生应具备的能力

心理学中所说的能力,是指个体顺利完成某项活动的个性心理特征。个体的能力由智力、知识与技能、实践三个要素构成。其中智力是个体能力形成和发展的前提条件，知识与技能是人们实践经验的结晶。实践是指个体运用自己的智力接受知识和技能的过程，通过实践才能形成自己的能力。人们在一个要素上的差异，就会形成各自的独特的能力。能力分为一般能力和特殊能力两种。一般能力是指完成某些活动应该具有的基本能力，包括认知能力（智力）和实践能力。特殊能力是个人完成特殊活动所需要具备的能力。

大学生的主要任务不仅是获得知识，同时还要培养获取知识和运用知识的能力。不同学科和专业对学生的能力要求是不一样的。一般说来，大学生应该具有以下能力：

自学能力：是指大学生依靠自己的知识、智力和经验，独立获得新知识、新信息的能力。它是影响大学生学习效率和质量的必要条件，是适合各专业学习活动的综合能力，也是学生进一步发展研究能力的必要基础。自学能力的发展分为阅读、综合和提升几个阶段，最终表现是能抓住科学体系中的内核和知识结构，并能够运用。

表达能力：包括口头、文字、图表以及数理计算等方面的表情达意的能力。大学生的表达能力必将影响其未来的社会实践水平及其效果。

操作能力：是指完成学习活动、文体活动、专业训练和生产活动的实践动手能力，其主要特征是动手。

适应能力：是指随外界环境条件的改变和时代的变迁，改变自己的个性心理特征以及改变生活方式、思维方式、行为方式、交往方式的能力。它包括适应自然环境和社会环境的能力。

创造能力：是指大学生运用自己积累的知识，在头脑中独立地形成新形象，提出新见解，以及产生新事物的能力。它包括敏锐地发现和提出问题，创造性地分析和解决问题，发明新技术，创造新产品等内容。大学生尚处于创造能力的开发阶段，教师应重视启发他们的创造性思维，为发展其创造能力提供良好的条件。

二、智力的结构与测量

（一）智力结构分析

几十年来，国内外心理学家对智力进行了大量的研究，对智力的概念提出了不同的看法。综合心理学家作出的各种定义，我们认为，智力是一种以脑的神经活动为基础的偏重于认知方面的潜在的能力，其核心是抽象思维能力。

智力结构是指智力包含的因素以及各因素之间是怎样结合起来的。研究智力结构，有利于我们认清和把握能力的实质，合理设计能力测量工具，科学地拟订培养学生能力的具体措施。关于智力结构问题，心理学家提出了各自不同的理论观点。

1. 二因素理论

英国心理学家斯皮尔曼(C. Spearman)在 20 世纪 30 年代用因素分析的方法，提出了能力的二因素理论。他认为能力是由一般因素(G 因素)和特殊因素(S 因素)构成的。人们完成任何一项活动都是由 G 和 S 两种因素决定的。如算术作业由 G 十 S1 决定，言语测验由 G 十 S2 决定。同一个人，在完成这些活动中 G 因素是共同的，所以，各项活动结果往往出现正相关，而 S1、S2 因素不同，所以各项活动结果又会出现不完全相关(见图 3-1)。由此可见，G 因素是普遍参与各种活动的因素，S 因素只参与某一特定作业或活动。斯皮尔曼还认为 G 因素是人的基本心理潜能，它是决定一个人智力高低的主要因素，各种智力测验就是通过广泛取样来求出 G 因素的。

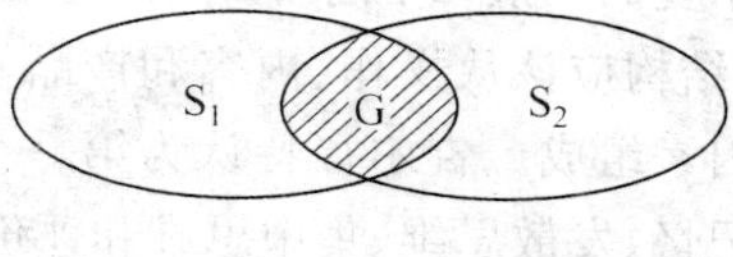

图 3-1 斯皮尔曼的二因素理论图

斯皮尔曼的二因素理论，一方面受到学术界的关注，另一方面又引起了学术界的长期争论和批评。争论的焦点是 G 因素的具体含义，争论的结果促进了斯皮尔曼对自己理论的进一步修正。

2. 群因素理论

美国心理学家塞斯顿(L. L. Thurstone)反对斯皮尔曼过分强调一般因素的作用。他根据自己创建的多因素分析法，提出了基本能力(primary ability)学说。他认为能力是由七种原始能力构成的，主要包括：(1)言语能力，即理解词汇意义的能力；(2)词汇流畅能力，即迅速选择同义词或近义词的能力；(3)数字能力，即迅速而正确地处理数字的能力；(4)推理能力，即从特殊事例中发现抽象规则的能力；(5)空间能力，即透视空间关系、正确判断位置和方向的能力；(6)知觉能力，即迅速而正确地抓住细节并分辨异同的能力；(7)记忆能力，即迅速而正确地记住所有材料的能力。最初，塞斯顿认为这七种能力在功能上是相对独立的，但后来他通过对每种因素的测验，发现它们彼此之间有正相关关系存在，具体如表 3-4。

表 3-4　　六种基本心理能力的相关

	数字	词汇	言语	空间	记忆	推理
数字						
词汇	.41					
言语	.40	.54				
空间	.28	.17	.16			
记忆	.31	.36	.35	0.13		
推理	.53	.48	.59	0.29	0.39	

塞斯顿根据自己的研究结果认为，可能存在一种总的能力，但他同时认为分析特殊能力比分析总的能力更为有用。

3. 智力三维结构理论

美国心理学家吉尔福特(J. P. Guilford)在 20 世纪 60 年代提出了智力三维结构理论。他否认斯皮尔曼的一般 G 因素的存在，也否认塞斯顿的七种基本能力学说。在他看来，智力结构应该从操作、内容和产品三个维度去考虑，而每一个维度又由一些有关的因素组成。吉尔福特认为第一个维度是操作，即智力活动的过程，它包括认知、记忆、发散思维、集中思维和评价五项因素。第二个维度是内容，即智力活动内容，它包括图形、符号、语义和行为四个因素。第三个维度是产品，即智力活动的结果，它包括单元、类别、关系、系统、转换、蕴涵六个因素。

在智力的三维结构理论中，对于各维度由哪些因素组成的问题，吉尔福特不断地进行研究，1967 年提出智力由 120(5×4×6)个独立因素组成(见图 3-2a)。1971 年他进一步发展了他的理论，在内容维度中将图形分为视觉和听觉两项，智力结构理论由五项内容、五项操作和六项产品共 150(5×5×6)个独立因素组成(见图 3-2b)。在 1988 年他又一次对其理论进行了修正，在操作维度上将记忆划分为短时记忆和长时记忆两项，从而使整个智力结构理论由五项内容、六项操作和六项产品共 180(5×6×6)个独立的因素组成。

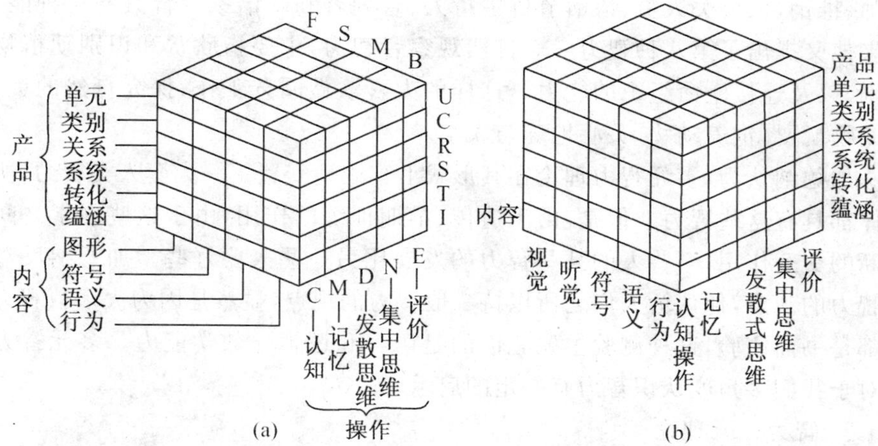

图 3-2 智力三维结构模型

吉尔福特认为任何一种智力活动都有三个方面，都能从三维智力加工模式中找到其相应的位置，例如“言语领会”，内容是语义，操作是认知，产品是单元。每一项内容都可以运用不同的操作而产生不同的结果。

根据吉尔福特的设想，智力因素有 180 种，其中近百种智力因素已被发现，而其余因素的存在还没有得到证实。人们在实际工作中，在此理论的指导下，设计出了不少适用于教育的测验，特别是适用于培养创造力方面的测验。吉尔福特的智力三维结构理论，是当前西方比较流行的一种理论。它对我们认识智力结构的复杂性，把握各种智力要素之间的关系，具有积极的意义。

4. 多元智力结构

美国哈佛大学的心理学教授加德纳(H. Gardner)于 1983 年提出了多元智力结构理论。他认为没有单一的智力，智力至少可分为七类：(1)语言智力，即人对音韵、句法、语义、实效等语言要素的掌握。(2)音乐智力，即人对音高、节奏、音色的掌握。他认为在个体可能具有的所有天赋当中，音乐天赋出现最早。(3)逻辑－数学智力，它起源于人与外部世界的相互接触之中，即对客观对象的安排与重新安排的能力。(4)空间智力，即表现为准确地知觉到视觉世界的能力。(5)身体－动觉智力，它是指一个人对身体运动的控制能力和熟练操作对象的能力。(6)自知－自省智力。主要是指认识、洞察和反省自身的能力，表现为能够正确地意识和评价自身的情绪、动机、欲望、个性、意志，并在正确的自我意识和自我评价的基础上形成自尊、自律和自制的能力。例如哲学家、小说家、律师等皆具备这种能力。(7)交往－交流智力。主要是指与人相处和交往的能力。表现为觉察、体验他人情绪、情感和意图并据此做出适宜反应的能力。例如教师、律师、推销员、公关人员、谈话节目主持人、管理者和政治家等皆具备这种能力。后来他又提出了第八种智力——自然观察者智力，主要指欣赏和识别动植物的类别，以及连接生命组织的能力。这样的人喜欢做园艺工作，探究自然的奥秘，与宠物玩耍，饲养动物，关心地球与太空。

加德纳认为，多元智力理论在其形式上牢固地安置了一大套人类智力，所有个体都具有这些智力。但是，由于遗传、早期训练的作用，由于这些因素之间的不断的交互作用，一些人的某些智力的发展比另一些人要好些。加德纳反对一般智力的观点，他认为人们之所以持一般智力的观点，显然是因为大多数智力测验都是书面测验，这种测验主要凭借的是语言和逻辑－数学能力。多元智力理论对于我们多角度认识智力有一定的启示。

5. 智力三元理论

当代美国心理学家斯滕伯格（R. Stemberg）从信息加工心理学的角度，于1986年提出了人类智力的三元理论。这个理论主要包括智力的三个亚理论，它们分别是情境亚理论、经验亚理论和成分亚理论。智力的情境亚理论（contextual subtheory）阐述智力与环境的关系，表明主体所处的社会文化环境决定智力行为的内涵，即周围环境对个体智力具有制约作用。智力的经验亚理论（exprimental subtheory）讨论个体对任务或情境的经验水平与他们的智力行为之间的关系，表明一个人在完成新颖的任务、处理新的情况和自动对信息进行加工时，行为表现不同，则智力高低不同。智力的成分亚理论（componential subtheory）是该理论最重要的部分，它揭示了智力活动的内部成分结构。智力理论的基本分析单元就是智力成分，它是一种基本的信息加工过程。斯滕伯格把智力成分分为元成分、执行成分和知识获得成分。元成分（meta-component）是高级管理成分，完成任务时体现为对计划、监控和决策方面的较高程序性的加工；执行成分（performance component）指执行元成分的指令，进行各种认知加工操作，如编码、推断、提取、应用、存贮、反馈等；知识获得成分（knowledge-acquisition component）指学习新的信息加工，学会如何解决新问题，如何选择解决问题的策略等（见图3-3）。

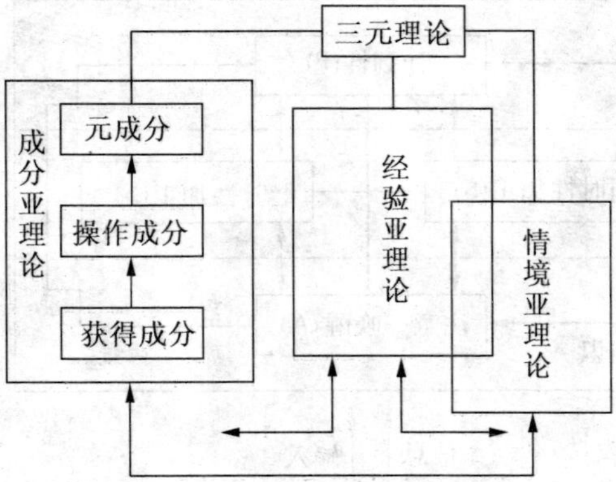

图 3-3 斯滕伯格的智力三元论

智力的三元理论从信息加工的角度，深入探讨智力行为后面的心理过程，同时它与认知心理学相结合，使智力理论的研究不再局限于传统的因素分析方法，为今后的研究开辟了新的思路。

6. PASS 智力模型

美国心理学家戴斯(J. P. Das)等人以认知心理学和神经心理学为基础，于1990年提出了“PASS 智力模型”，即“计划－注意－同时－继时加工模型”(planning－attention－simultaneous－successive processing model)。该理论认为智力活动由三个相互联系的认知功能系统组成，它们分别是注意－唤醒系统、同时－继时编码系统、最高层次的计划系统。这三个系统的功能又分别与鲁利亚提出的大脑皮层的三个功能联合区的功能相对应。注意－唤醒系统在智力活动中起激活和唤醒作用，维护了编码系统和计划系统的活动。同时－继时编码加工系统负责对外界信息接收、解释、转换、再编码和存贮。其中编码有时表现为对各种信息同时加工，有时表现为顺序加工，这是智力活动中主要的信息操作系统。最高层次计划系统负责认知过程的计划性工作，在智力活动中确定目标、制定和选择策略，对操作过程进行监控和调节，是整个认知功能系统的核心。三个功能系统相互影响，共同作用，同时又都是在一定的知识背景下执行各自的功能(见图 3-4)。PASS 理论是迄今为止影响较大的新的智力理论之一。

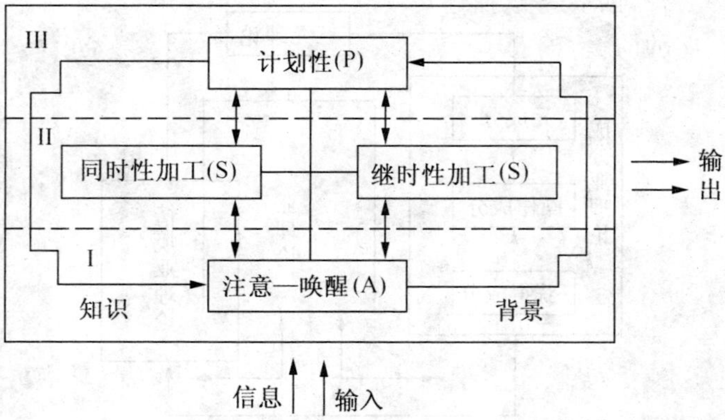

注：I II III分别代表Lurla学说中相应的大脑一级、二级、三级功能区。

图 3-4 戴斯的 PASS 智力模型

综上所述，可以说智力结构的研究主要存在两大体系：一是以英国心理学家斯皮尔曼为代表的强调能力的一般因素的体系；一是以美国心理学家塞斯顿为代表的强调能力的特殊因素的体系。这种理论上的分歧，直接影响了两国心理学家们所编制的智力测验，即一般能力的测验在英国占优势，能力差异测验在美国占优势。

(二)智力的测量

现代西方心理学中常用智商(IQ)表示智力的高低。美国心理学家推孟(L. M. Terman)首次引进智商概念。其含义是被测验者所获得的智龄分数与他的实际年龄之比，用公式表示：IQ＝智力年龄(MA)/实际年龄(CA)×100。用比率智商衡量人的智力发展水平，是假定智力年龄随实际年龄一起增长，但实际情况并非完全如此，儿童大约在15岁就出现了智力年龄不再随年龄增长的现象。为此，韦克斯勒(D. Wechsler)提出了离差智商，采用年龄组的平均分和标准差来确定智商值，其计算公式为：IQ＝100＋15(X－X)/s。

三、能力的差异与教育

(一)大学生的能力差异

由于个体在成长环境过程中受到遗传与环境的交互作用，因此每个人的能力是各不相同的，即能力存在个体差异。大学生能力的差异主要表现在能力的类型和能力的发展水平上。

1. 能力的类型差异

根据不同的标准，可以将能力划分为不同的类型，一般有以下几种分类：

(1)模仿能力与创造能力的划分。模仿能力指个体通过观察外部行为活动而做出相同反应的能力。如儿童学习电影明星的动作、表情，大猩猩学习人类的动作等。创造能力指个体产生出以前不曾有过的新事物、新思想的能力。如科学家发明新的产品、提出新的理论模型等。模仿能力和创造能力是两种不同的能力，在大学生中有明显的个体差异。有人擅于模仿而不擅于创造，有人既擅于模仿又擅于创造。如：一位美术系的大学生模仿大师的油画作品非常逼真，但就是创作不出自己有特色的作品；而另一位大学生却能融合各家之长，在自己的作品中有所突破。

(2)认知能力、操作能力和社交能力的划分。认知能力指人脑对信息进行加工、存储和提取的能力，如观察力、记忆力、思维能力等。操作能力指人们运用自己的身体来完成各种活动的能力。如体操运动在运动场上的表现就包含操作能力。社交能力指人们在社会交往中所需要的能力，如组织能力、决策能力、临场应变能力等。有的大学生在认知能力方面占优势，而有的大学生在其他能力上占优势。如：有的大学生文化课成绩非常优秀，但打篮球、跳绳等需要操作能力的运动却力不从心；而有的大学生文化课成绩不是太好，但操作能力与社交能力却非常强。

(3)一般能力和特殊能力的划分。一般能力指顺利完成各种活动都必须具备的能力，如感知能力、记忆能力、思维能力、想象能力等。我们平常所说的智力就是针对一般能力而言的。特殊能力指顺利完成某种专业活动所必须具备的能力。例如，音乐家具备的曲调感、节奏感及音乐表象能力都属于特殊能力。一般能力与特殊能力的关系非常密切，一般能力是特殊能力的重要组成部分，特殊能力的发展有助于一般能力的发展。

2. 能力的水平差异

能力水平有高低之分。在学习活动中，大学生能力水平的差异主要体现在智力方面，智力水平的高低可用智商表示。就大学生的总体智商水平而言，明显高于全国同龄人的智商水平，IQ 大都在 100 以上。下面主要分析大学生智力水平的学科差异和性别差异。

(1)大学生智力水平的学科差异。这种学科差异不是体现在一般智力上，而是体现在特殊智力方面，即不同专业的大学生在智力发展的整体水平上不存在显著差异，但在智力的各要素方面却存在差异。

国内学者吴福元采用韦克斯勒成人智力量表对 86 名文理科大学生进行了测试。结果表明，在常识、心算和词汇三个分测验中，文理科大学生有显著差异。文科大学生在常识和词汇分测验中得分显著高于理科大学生，说明文科大学生在语言领域的发展水平要高于理科大学生；理科大学生在心算分量表中的得分明显高于文科大学生，说明理科大学生的心算推理水平要高于文科大学生。对于工科和医科的大学生智力优势的比较研究发现，医科大学生的机械记忆能力和短时记忆能力占优势，而工科大学生的理解判断能力和社会适应能力占优势。[①]

(2)大学生智力水平的性别差异。从19世纪末开始，人们就开始关注智力水平的性别差异。与学科差异一样，从智力发展的整体水平看，男女大学生不存在显著差异，但从智力各要素看，却存在性别差异。

个体在认知方面的性别差异主要表现在数学能力、空间能力和言语能力三方面。数学能力方面，有研究发现，女生的计算能力和问题解决能力在中、小学阶段具有优势，但在高中及大学阶段则不如男生；言语能力方面，一般认为，女性往往比男性有更好的表现；在空间能力方面，男性往往优于女性。吴福元的研究发现，男大学生在常识、心算、相似性、填图和积木图案等智力分测验中的得分明显高于女大学生，而在背数、译码等智力分测验中却低于女大学生。

(二)大学生的能力差异的教育含义

1. 针对大学生的能力类型差异，全面培养大学生的能力

人的能力是在先天素质的基础上，在生活环境和教育的影响下，在生活实践中逐渐形成和发展起来的。教师培养大学生能力的主要途径和方法，可归纳为以下几个方面：

教育是掌握知识和技能的具体途径和方法。它对能力的发展起着主导作用。教育还能通过知识和技能的传授，促进学生心理能力的发展。为了培养大学生的能力，教师在教学思想上，应该把传授知识和培养能力并重，在教学方法上应多用启发式，减少注入式，在考试考查中，可采用笔试、口试、操作、讨论等多种形式进行，想方设法为学生能力的发展打好知识基础。

实践对能力特别是特殊能力的发展起着重要作用。不同的实践向人们提出不同的要求，人们在实践中不断克服自己的薄弱环节，从而使自己的能力得以相应的发展和提高。对于大学生应该重视和加强实验室教学，组织好社会实践和军训，防止和克服重才轻德或“高分低能”的现象。

勤奋是提高能力的必由之路，是大学生能力发展的内因。古今中外取得成就的人都有一个共同点，就是“书山有路勤为径，学海无涯苦作舟”，他们凭借着奋发图强的事业心和百折不挠的意志力，把自己的一般能力培养成为才能，以至于使自己成为天才人物。所以，大学生能力的培养，重点依靠的是他们自己的勤奋努力。

---

① 参见吴福元《大学生的智力发展与智力结构》，载《教育研究》1983年第4期。

在培养大学生能力的过程中，教师还应注意善于从每个学生身上，发现他们潜在的能力，做到知其所长，引发其长。教师应在选拔和使用学生干部以及组织社会活动中，给具有相应特长和潜能的学生以用武之地和展才之机。

总之，在大学生能力培养上，要把不同层次的能力同不同形式的培养方式结合起来，使处于不同状态下具有不同能力的学生，都能得到认真培养和能力开发。

2. 针对大学生的能力水平差异，在教学方法上要因人施教

在传统的课堂教学中，教师往往只注意中等程度的学生。其结果，智力水平高、成绩优秀的学生由于不能以更高的速度前进，求知欲得不到满足；智力水平低、成绩差的学生往往因跟不上进度，达不到教学要求，且屡遭失败而失去学习的信心。为了解决上述矛盾，心理学家设计了许多新的适应学生智力差异的教学方式。如掌握学习、个别指示教学和个人化教学系统、计算机辅助教学等。

(1)掌握学习

掌握学习既是一种教育观，又是一种教学方式。作为一种教学理论，掌握学习概念是布卢姆(B. S. Bloom)提出的。这一理论认为，除了处于智力分布两个极端的少数学生外，其余绝大多数学生的智力差异不过是学习速度的差异。如果按规律有条不紊地进行教学，几乎所有学生都能达到教学目标水平，即达到完全掌握学习内容的程度。布卢姆设计了一种掌握学习的程序。这种程序将精选的、结构化的教学目标分解成许多小目标，根据这些小目标设计成一系列相互联系的学习单元。学生在学完一个单元后，教师就进行诊断性测验，测验成绩符合要求者才能进入下一个单元学习，否则应当重新学习这一单元，并根据学生具体情况提供"矫正学习"或"深入学习"的程序。经"矫正学习"，学生全部达到要求后转入下一单元教学。如此循环往复，直至学完全部教材。

采用掌握学习程序后，由于学生在每一单元知识掌握程度上的差距缩小了，最终绝大多数学生在这门课上的成绩都能得 A 或 B，从而可以使大面积"丰收"得到保证。

(2)个别指示教学

个别指示教学(IPI)是由美国匹兹堡大学学习研究开发中心提出的，是当前很受欢迎的教学方式之一。IPI 的特点是根据学习者的能力、需要和学习情况准备教材及教学媒体，详细诊断学生的学习情况，根据其学习结果设计个别指导的内容和程度，保证每一个学生都获得最优的学习效果。IPI 已在美国和其他一些国家的成百万学生中使用，深受学生和教师的欢迎。

(3)个人化教学系统

个人化教学系统(PSI)是由凯勒(F. S. Keller)于 1968 年提出的，目的是避

免一些单一的演讲式教学和呆板的时间安排，允许学生按自己的速度前进，同时保证对教材的掌握水准。PSI要求教师将课程分为许多独立的单元，然后为每一单元准备相应的书面材料和学习指导书。学生从第一单元开始学习，当他学完这一单元后，就可参加诊断测验，只有当测验成绩表明其已达到教学目标后，才允许进入第二单元学习，否则必须重新学习有关材料，直至通过测验。所以各个学生的学习速度往往各不相同。

为了增强学生间的相互影响，PSI还设置学生辅导员。学生辅导员往往由学过这一课程且成绩优秀的学生担任，他们主要负责给学生个别辅导，帮助解决疑难问题，测验评分和向教师提供反馈信息等。学生辅导员不仅减轻了教师的工作量，扩大了辅导范围，有效地促进了教学个别化；而且，他们在辅导他人的同时，使自己的知识更系统、更扎实，学习方法更完善，能力、责任感和自信心也得到增强。PSI课程一般以学生一个学期或一个季度完成多少单元来决定学习等级，这一做法调动了学生的积极性。PSI一般较适合于年级较高、独立性较强的学生，小学生和依赖性较强的学生实行起来比较困难。

(4)计算机辅助教学

随着现代科学技术和教育改革的发展，各种先进的科学技术设备不断进入教学过程，为教学更好地适应个体差异提供了新的手段。

现代技术设备应用于教学，促使教学组织形式、教材形式、教学方式和师生关系等发生重大变化，尤其为解决多年来一直无法解决的因材施教问题提供了新的可能。运用录音、录像等手段，学生很容易重视教学内容。学习跟不上进度的学生可以借助这些手段，反复播放教材中的重点和难点，及时补上知识缺陷，赶上全班进度。学有余力的学生也可以借助这些手段更有效地进行超前学习或选修其他课程。

计算机辅助教学(CAI)系统在功能上具有一般教学机器无法媲美的优点，有巨大的发展潜力。利用CAI系统，不仅可以进行个别指导、组织讨论、测验及评价等，还可以用于系统的学科教学。该系统根据程序教学原理，将教材的全部内容按由易到难的原则编成教学程序，输入计算机内贮存。学生可以按自己的能力和需要自定进度，在计算机终端上进行学习。教学开始，学生通过键盘向中央主机提出请求，中央主机接受信息后，向学生提供所需信息，通过电视屏幕或电传打字机等方式传出。学生通过键盘或光笔对计算机提出的问题作出反应，计算机对学生的反应立即作出正确与否的反馈，同时根据学生的反应提供进一步的信息。学生可根据自己的学习速度一步一步完成学习目标。

CAI系统比其他现代教学手段更完善、更灵活，更能适应教学的各种要求，满足不同学生的特殊需要，有助于提高教学质量和教学效率。另外，大型的CAI

系统可以连接上千个学习终端，同时可开设几百门课程，这些优点为将来 CAI 的普及创造了条件。

第三节 大学生的学习风格差异与教育

1954 年，美国学者哈伯特·塞伦(Herbert Thelen)首次提出了学习风格(1earning style)的概念。此后半个世纪以来，学习风格逐渐进入了心理学研究者的视野，并成为教育心理学、学习理论和教学论等学科共同关注和探讨的重要课题，被誉为“现代教学的真正基础”。

一、学习风格概述

(一)学习风格的界定

对于学习风格，长期以来没有形成一个统一的界定。西方许多学者从各自的角度阐释着学习风格的内涵(见表 3-5)。

表 3-5 西方学者对学习风格的界定

学者	学习风格的定义
Keefe (1979 年)	学习风格是学生对学习方法的定向或偏爱，它表明某特定学生在教学过程中通常喜欢采纳的学习方式
Tallmadge &shearer (1969 年)	学习风格是个体与教学刺激相互作用的方式及其特征，这一方式导致作为刺激函数的各不相同的学习成就
Claxton&Ralston (1979 年)	学习风格是学生在学习情境中对刺激作出反应并运用刺激的一贯的方式
Keefe (1979 年)	学习风格即学习者特有的认识、情感和生理行为，是学习者知觉与学习环境相互作用并对它作出反应的相对稳定的指标
Marlin Languis (1981 年)	学习风格是个体用来处理教育信息的稳定的行为表现方式，在家庭、学校和社会文化等制约下发展的各种变量的影响下形成并贮存在个体神经组织个性的深层次结构之中
Rita Dunn Kenneth Dunn (1986 年)	学习风格是中学生集中并试图掌握和记住新的或困难的知识技能时所表现出的方式，这种方式受周围环境、自身情感特征、社会性需要、生理特征以及心理倾向的影响

续表

Paul Malcom (1987 年)	学习风格是学生用来解决教育活动中所遇到的各种问题的方法——利用自己已得到的内部和外部信息对环境刺激作出反应，解决问题
Kinsella (1995 年)	学习风格是指学习者个体在接受信息和信息加工过程中所采用的自然习惯的偏爱方式，这些偏爱方式具有一定的持久性，每个人都有其独特的学习风格，就像各自的签名一样与众不同，它既反映出个体独特的生理特征，又反应出个体受环境影响的痕迹

在我国，比较公认的是谭顶良先生对学习风格所下的定义：学习风格是学习者持续一贯的带有个性特征的学习方式，是学习策略和学习倾向的总和。学习策略是指学习者为完成学习任务或实现学习目标而采取的一系列步骤，其中某一特定步骤成为学习方法。学习倾向是每一个体在学习过程中表现出的不同偏好，包括学习情绪、态度、动机、坚持性以及对学习环境、学习内容等方面的偏爱。有些学习策略和学习倾向可随学习环境、学习内容的变化而变化，而有些则表现出持续一贯性。那些持续一贯地表现出来的学习策略和学习倾向就构成了学习者通常所采用的学习方式，即学习风格。

学习风格具有以下几个明显的特点：

第一，学习风格具有独特性。学习风格是在学习者个体神经组织结构及其机能基础上，受特定的家庭、教育和社会文化的影响，通过个体自身长期的学习活动而形成的，具有鲜明的个性特征。

第二，学习风格具有稳定性。学习风格是个体在长期的学习过程中逐渐形成的，一经形成，即具有持久稳定性，很少随学习内容、学习环境的变化而变化。但是，学习风格的稳定性并不表明它是不可以改变的，它仍然具有可塑性。

第三，学习风格兼有活动和个性两种功能。人的个性，诸如能力、气质和性格等对学习者的影响和作用往往是间接的。而学习风格是学习者惯常使用的、有所偏爱的学习策略和学习方式，它直接参与学习过程。它一方面使学习过程得以顺利进行，另一方面使学习过程和学习结果受个性的影响。

（二）学习风格的构成要素

关于学习风格的构成，不同的研究者提出了不同的标准。比如国外有学者将学习风格分为四大类别，主要是环境类要素、情绪类要素、社会性要素和生理性要素，而在每一类别下又有不同的分要素。在我国，往往倾向于从生理、心理和社会三个层面对学习风格进行划分。

学习风格的生理要素是指学习者对学习环境中某些要素的偏爱。学习者在接受外界刺激时会采取不同的知觉反应方式，倾向于使用不同的感官，也就是形成了"偏爱"，如视觉偏爱、听觉偏爱、动觉偏爱等。同样，个体对环境因素的不同反应也会导致不同的生物节律，譬如：有些人在清晨头脑清醒，学习效率高；相反，有的人则乐于在夜深人静时学习；有的人喜欢在安静、光线明亮的环境中学习；另一些人则喜欢在比较热闹的环境中以"争论"（与人讨论）、"动手"（操作）的方式接受信息、获得知识。

学习风格的社会因素体现在学习者的学习活动形式上（如独自学习与结伴学习、竞争与合作等）。在不同环境（家庭、社会）中成长的学生在处事方式上也会表现出不同的社会特征。个体对环境的要求、对外界干扰的容忍度以及动机强度、反应倾向等都有所差别。有些人对外界干扰非常敏感，因而学习时喜欢独自钻研而不愿意同他人结伴学习。相反，有些人则喜欢参与，乐于与同伴合作，以期相互促进、共同提高。显然，了解学习风格的构成要素有利于我们理解学生在学习方式上的个体差异，从而有意识地调整教学方式，以适应不同学习群体的学习偏爱，更好地发挥学生的学习优势及主观能动性。

学习风格的心理要素包括认知、情感和意动三个方面。认知要素具体表现在认知过程中归类的宽窄、信息的继时性加工与同时性加工、场依存性与场独立性、分析与综合、沉思与冲动等方面。情感要素具体表现在理性水平的高低、学习兴趣或好奇心的高低、成就动机水平的差异、内控与外控以及焦虑性质与水平的差异等方面。意动要素则表现为学习坚持性的高低、言语表达力的差异、冒险与谨慎，等等。

下面着重探讨学习风格的心理要素。

1. 学习风格的认知要素

学习风格的认知要素是一个人的认知风格在学习中的体现。认知风格（cognitive style），又称"认知方式"、"认知模式"，是指个人在认知过程中所经常采用的、习惯化的方式。具体说，是在感知、记忆、思维和问题解决等信息加工过程中个体所偏爱的、习惯化了的倾向和方式。例如，有些学生喜爱听老师讲课，有些学生喜欢自己看书，有些人喜欢与别人讨论，有些人则偏爱自己独立学习。

认知风格的分类很多，迈希克（Messick）曾经区分出19种认知风格，而瑞丁（R. Riding）等人则认为认知风格类型有30多种，如场依存－场独立、沉思－冲动、跳跃－渐近、发散－辐合、言语－形象、复杂认知－简约认知、具体认知－抽象认知、冒险－谨慎、整体式－分析式、宽容－非宽容等等。而学习者的认知风格包括知觉风格、记忆风格、思维风格、解决问题的风格，这构成了学习风格心理因素的主要组成部分。表3-6说明了具有不同认知风格的学生的特点。[①]

---

① 参见杨红《谈学习风格构成的心理要素》，载《教育探索》2002年第7期。

表 3-6　　不同认知风格的学生的特点

			含　义	特点或优势
认知风格	知觉风格	场独立型	往往倾向于以内在参照物而不是外在参照物去知觉事物，即能以自己独立的标准觉察、判断事物	偏爱自然科学，数学成绩较好，学习的内在动机高，学习自觉性高，喜欢个人独立学习，接受知识时善于分析，同时在学习情境中，他们更倾向于冲动、冒险，凡事以个人意志来决定
		场依存型	较多地依赖外在参照物去知觉事物，或者难以摆脱环境因素的影响，不能从复杂情境中区分事物的基本要素或组成部分	偏爱社会性学科，其学习更多地依赖外在反馈，对人比对物更感兴趣，学习欠主动，易受暗示，喜欢讨论问题或进行合作学习，接受知识时偏爱笼统的或整体的知觉方式，同时在学习情境中，他们往往较为谨慎，不愿冒险
	思维风格	分析与综合	分析就是学习者在头脑中把认识的概念、观念或问题分解为若干部分、特征或方面；综合是指学习者面对一个事物，首先把它作为一个整体笼统地加以把握	偏爱分析的学习者在学校里成绩较好；喜欢综合的学习者虽然思维的深刻性和准确性较低，但直觉性、模糊性较高，走上工作岗位后，可能表现出较强的工作能力和较好的工作成绩
		发散与集中	发散是从多角度、各方面进行思维的方式；集中是指根据已经掌握的信息，朝着一个方向思维，以求得单一的、确定的答案	发散思维者更具冲动性、广阔性，热情、兴趣广，可靠性差，想象力丰富，喜欢选择人文科学尤其是文学、现代语言作为自己的专业或职业；集中思维者倾向于谨慎，情绪冷静，兴趣不广，可靠性强，想象力不够丰富，喜欢选择自然科学尤其是物理作为自己的专业或职业
	解决问题风格	沉思	充分考虑、审视问题，权衡各种解决方案，然后，从中选择一个最佳方案	沉思型学习者往往更容易自发地或在外界要求下，对自己的答案及理由作出解释
		冲动	根据问题的部分信息或未对问题作透彻分析，就仓促作出决定，反应速度较快，但容易发生错误	冲动型学习者不易自发地对其反应作出解释，即使在外界要求下必须作出解释时，往往也是不周全、不合逻辑的

2. 学习风格的情感、意动要素

学习风格的情感、意动要素内容很多，我们在这里仅论述与学习动机有关的内控性与外控性、正常焦虑与过敏性焦虑以及学习的坚持性。

(1)内控性和外控性

内控性和外控性涉及控制源的概念。控制源指人们对影响自己生命与命运的那些力量的看法。根据学习者在控制源上的差异，其一般分为两种类型：内部控制与外部控制。具有内部控制特征的学习者相信自己从事的活动及其结果是由自己的内部因素决定的，自己的能力和所作的努力能控制事态发展。具有外部控制特征的学习者则认为自己受命运、运气、机遇和他人的摆布，这些外部复杂且难以预料的力量主宰自己的行为。当然，极端的外控者和内控者只是少数，大多数处于这两个极端之间。

学习者持有的不同控制源主要通过影响学生的成就动机、学生投入任务的精力、学生对待任务的态度和行为方式、学生对奖励的敏感性以及惩罚或分数对他们的意义、学生的责任心和对待教师的态度等一系列变量，从而影响学生的学习。其中，学习归因和成就动机与控制源有密切的关系。

学习归因是学习者对于自己学习的成败原因的认识。有的学生倾向于把学业的成败归结为个人的主观内部原因，如个人的努力、勤奋程度等；有的则倾向于寻找外部原因，如运气、教师水平等。前者称为内归因，后者称为外归因。学习归因的差异，影响着学生的学习兴趣、学习目标和学习责任心等。我们将内归因学习者和外归因学习者的学习特征概括如下(见表3-7)。

表3-7 内归因学习者和外归因学习者的学习特征

内归因学习者	外归因学习者
把学习成败归为个体内部因素	把学习成败归为个体外部因素
学习兴趣高	学习兴趣低
学习自信心高、责任心强	学习自信心低、责任心差
学习勤奋努力	学习马虎随便
学习目标适中、富有挑战性	学习目标过低或过高
学习成绩提高快	学习成绩提高慢

成就动机是一个人力求获得成就的倾向，每个学习者的成就动机使他们的学习行为表现出不同的动力特点。奥苏伯尔等人通过研究，将成就动机分为三个方面：认知内驱力、自我提高内驱力和附属内驱力。

以认知内驱力为优势成就动机的学生，他们的学习行为受其学习兴趣和对知识的好奇心的驱使，以获取知识、解决问题为目标。圆满完成学习任务，通过学习获得实际的知识，可以为这种动机提供奖励。

以自我提高为优势成就动机的学生，学习的最终目的是为了在群体中获得一定的地位和声誉。因此，他们的学习功利色彩较浓，只把完成学习任务、取得学习成就当作最终目的。他们在学习过程中有可能出现这样的情况：只求在表面上取得好分数、好结果，而不求理解知识的实际意义；一旦其功利性的目的达到，就可能不再对这些知识进行深入探讨，从而难以对以后的学习产生较大的积极影响。

以附属内驱力为优势成就动机的学生，学习目的是为了得到老师、家长的赞许和表扬，学习效果更多地受制于外在强化；因此，一旦外在强化撤除，附属内驱力就减弱，甚至消失。

(2)正常焦虑与过敏性焦虑

焦虑是个体在一定压力情境中所产生的包含担忧、紧张、恐惧等成分的复合型情绪。在学习过程中，学习者对学习任务和学习意义的理解以及学习能力、心理承受力、人格特征存在差异，所处的外部环境因素也有所不同，因而在学习过程中产生了不同水平的焦虑，这构成了他们学习风格的情绪特征。

通常按照焦虑水平，把学习者分为高焦虑者、中度焦虑者和低焦虑者。高焦虑者学习动机过强，对学习成功的期望值过高，对学习过程中的人际因素和环境因素过于敏感，学习的责任心强，但学习情绪不稳定或容易急躁；中度焦虑者能理性地把握学习环境中的主客观因素，正确地认识和处理学习理想、学习能力和学习条件之间的相互关系，把自己的学习动机和抱负水平调整到恰当的位置，学习情绪稳定，学习成效高；低焦虑者学习动机弱，目标不明确，学习责任心不强，学习过程中反映的理性水平也较低，因而其学习行为容易跟着感觉走，受外部诱因和偶发因素影响较为明显。因此，中等水平的焦虑有利于学习效率的提高。

过敏性焦虑不是因客观情境对自尊心构成威胁而引起的，而是由遭到严重伤害的自尊心本身引起的。自尊心受伤害程度越高，过敏性焦虑水平越高。

实际上，焦虑对学习究竟会产生何种影响，主要还是取决于学生已有的能力水平的高低。一般来说，随着学生能力水平的逐步提高，焦虑对学习成绩的影响会日益失去其消极作用。此外，就学习情境压力与焦虑的关系来看，一般是低焦虑者在压力大的学习情境下学习效果较好，而高焦虑者则适合压力较低的学习情境。

(3)高坚持性与低坚持性

学习坚持性指学习者为完成学习任务而持续地克服困难的能力，通常以学习者每次学习活动所持续的时间长短为标志，这是学生学习风格的意志特征。

学习坚持性受学习情境、学习任务、学习兴趣、学习态度、成就动机以及学习者的年龄、性格、意志发展水平等因素的影响。高坚持性的学习者，在学习行为上表现为自觉性强，学习有耐心，有探索精神，喜欢富有挑战性的学习，尤其是面对学习困难和学习挫折，能够不气馁，坚持不懈，直至完成学习任务。低坚持性的学习者，在学习中则表现出明显的虎头蛇尾现象，其学习兴趣易变，学习自觉性不高，不能承受学习挫折，他们的学习行为需要更多的外部督导和与他人的合作。

学习者坚持性的高低受到学习情境、学习任务的吸引程度、学习者的态度、动机水平以及成人榜样等多种因素的影响。

二、学习风格与认知风格的区别与联系

由于认知风格可以用来很好地解释学生在学习活动中，尤其是在认知方面的学习活动中所表现的习惯性个别差异，所以人们很容易把认知风格与学习风格等同起来。其实，学习风格与认知风格的内涵是不尽相同的，他们既相互联系又相互区别。

学习风格和认知风格的相互联系主要表现在以下几个方面：

第一，认知风格是学习风格的组成部分。学习过程就是信息加工的过程，但这个过程也会受到学习者个体生理的、心理的（除认知外，还有情感的和意动的方面）和社会因素（包括学习情绪、态度、动机、坚持性以及学习环境等方面）的影响。认知风格和学习风格都研究个体学习过程的风格问题。前者主要是从信息加工的角度深入探讨学习过程中个体对外界刺激信息的感知、注意、思维、记忆和解决问题等方面认知方式的偏好。后者除了探讨学习过程中认知方式的偏好以外，还涉及了学习者个体生理的、社会的以及情感、意动方面的偏好。因此，从两者的研究视角和内容可以看出，学习风格包含认知风格。

第二，学习风格与认知风格都具有个体差异性和相对稳定性。个体差异性主要表现在学习风格和认知风格的个性化特点上。学习风格和认知风格都是个体在长期的学习过程中逐渐形成的，具有鲜明的个性特征，因人而异。稳定性表现在两个方面：首先，学习风格和认知风格的浸透弥散性使个体在不同的学习活动中的认知行为表现出一致性。其次，学习风格与认知风格是个体在学习过程中逐步形成的。一经形成，便具有较强的稳定性。

第三，学习风格与认知风格都是在环境的影响下通过交互作用发展起来的。尽管认知风格相对来说具有更多的先天性，但是，和学习风格一样，他们都明显受到外界环境的影响，包括家庭环境、学校教育和文化等。个体这种一贯的组

织、加工信息的方式一旦运用在学习中，就会或多或少地对个体的学习方式产生影响，进而形成其独特的学习风格。另一方面，个体所偏爱的学习风格也会或多或少地影响并改变着个体已有的认知风格。

当然，学习风格与认知风格也是相互区别的：

第一，认知风格具有更多的先天成分，学习风格主要是后天形成的。学习风格是个体在一定的生理特性的基础上，受社会环境和教育的影响，在长期的学习活动中逐步形成的。然而，关于认知风格的发展问题，至今存有争议。争议的焦点集中在认知风格是先天遗传的还是后天养成的问题上。Riding、Rayner 等人对家庭背景与认知风格之间的关系进行了考察，结果表明，学生的家庭背景与其所形成的认知风格之间没有明显的关系。他们认为，认知风格具有先天性，有先天遗传的基础。萨拉克通过纵向研究发现，在个体发展的幼儿时期，3～5 岁的儿童在玩耍活动中就已经表现出依存－独立的分化。[①] Ferrair 和 Sternberg 通过研究认为，尽管认知偏好受遗传的影响，但类型的倾向性明显是在与环境的交互作用中发展的。

第二，认知风格和学习风格与智力的关系不同。认知风格独立于智力。智力直接影响学业成绩的高低，而认知方式对学业成绩的影响则取决于学习材料的性质。有研究表明，认知方式维度某一端的个体认为困难的作业，对处于该维度另一端的个体来说却比较容易；反之亦然。智力与认知方式之间没有相关或者相关不显著。但是，学习风格的形成受智力水平的直接影响。有研究发观，在完成作业的方式上，能力低的学生比能力高的学生更易受学科本身惯用形式的限制。

三、学习风格差异与教学

学习风格的研究，在西方国家最早是针对个别化教学和促进每一个学生的全面发展而展开的。近些年来，随着我国素质教育的深化，对学习者学习风格的研究与了解越来越成为教育者制定有效教学策略、因材施教的重要依据。

(一)适应学习风格差异的教学含义

布鲁纳(Brunner)曾预言：任何学科均可以理智诚实的方式教给任何儿童。对于这个至今仍无法给予经验验证的论断，其科学性到底有多大，我们不得而知。但是，它给我们的启示却是明显的：教不同的学生要用不同的教学策略。

一般认为，教学是以课程内容为中介的师生双方教和学的共同活动。它包

① Saracho, O. N. "A Factor Analysis of Pre-school Children's Play Strategies and Cognitive Style", *Educational Psychology*, 1999, 19, p. 165.

括教师的“教”和学生的“学”两个方面。只有“教”与“学”相互适应，才能达到良好的教学效果。

然而在教学实践中，很多教师由于缺乏对于学生个体差异、学习活动及其规律的研究，导致很多情况下教师的“教”并没有真正以学生的学习风格为基础。他们一味强调“学”对“教”的适应，而忽视了“教”对“学”的适应。于是，那些能够利用自己学习风格长处来适应教师教学的学生，往往受到教师的重视，成为教师心目中的“好学生”；而那些由于自身学习风格不能适应教师教学的学生，则受到老师较少的关注，进而挫伤其学习的信心和兴趣，而且也不利于他们健康、全面的发展。虽然，我们不否认学生学习风格对教师教学风格的适应是有必要的，但是忽视了学生学习风格的教学也是不可取的。

学生作为独立个体，所形成的学习风格以学生自身为载体直接参与教学过程，成为影响教学效果的一个非常重要的因素。因此，教师在进行课堂教学时，应充分考虑学习风格的差异。

适应学习风格的教学首先必须全面分析学生的特点，了解不同学生的学习风格，这是进行适应学生学习风格教学的前提。然后，教师要尊重学生学习风格的差异，对学习风格不同的学生要一视同仁。最后，教师要根据学习风格的类型和要素设计相应的教学策略，具体表现在以下两个方面：

一是扬长策略，即采用与学习风格中的长处和学习者偏爱的方式相一致的匹配策略。它能使学生学得更快、更多，但是却无法弥补学习方式或机能上的欠缺。

二是补短策略，即针对学习风格中的短处或劣势采取有意识的失配策略加以弥补。这种策略虽然在开始实施时学生会表现出学习速度慢、学得少，难以理解所学内容等现象，但它的特殊作用在于它能弥补学生学习方式或机能上的欠缺或不足。

(二)根据学习风格类型设计教学策略

在以班级为主要组织形式的教学中，学生的个性结构和风格类型是不同的。了解学生学习风格的类型并揭示其学习特征，为我们设计相应的教学策略提供了依据。

学习风格的分类有不同的标准。柯勃从感知和信息处理差异的角度将学习风格分成想象型风格、分析型风格、普通型风格、活动型风格(见表 3-8)。瑞德从感知的角度将学习风格分为视觉型、听觉型、触觉型、小组型、个人型和动觉型。奥克斯福特则将学习风格分为五大类十二小类：与感官偏爱有关的学习风格，包括听觉型、视觉型和触觉型或操作型；与人格特质有关的学习风格，包括外向型和内向型；与信息加工方式有关的学习风格，包括直觉型和序列型；与信息接受方式有关的学习风格，包括封闭型和开放型；与思维方式有关的学习风格，包括分析型和整体型。

表 3-8　四种典型学习风格的长处与短处(柯勒)

活动型	想象型
长处：付诸于行动 善于领导 敢于冒险 短处： 微不足道的改进和无意义的活动太多 不按时完成任务 计划不切实际 偏离目标	长处：想象力丰富 善于了解人 认清问题 思想活跃 短处：在几种选择面前无法抉择 难以作出决定 难以把握机会
普通型	**分析型**
长处：快速解决问题和作出决定 擅长演绎推理，善于认识问题 短处：解决问题时容易出错 作决定仓促 思想零乱 对有关思想是否正确不作检验	长处：善于制订计划 构建理论模型 善于分析问题 短处：空中楼阁 缺乏实践应用 缺乏良好的工作基础 缺乏系统的工作方法

就研究而言，学习风格类型剖析得越深入细微越好，但是在实际指导应用的时候，上述的分类就显得过于烦琐了。因此，在实际应用时，我国学者谭顶良以个性结构中最突出的两个维度——外向－内向、感觉－直觉，将学习风格划分为外向感觉型(ES)、外向直觉型(EN)、内向感觉型(IS)和内向直觉型(IN)四大类型。根据这四大类型分别设计的匹配和有意失配教学策略见表 3-9[①]。

① 参见谭顶良《学习风格论》，江苏教育出版社 1995 年版，第 334 页。

表 3-9 基于四大学习风格类型的匹配和有意失配教学策略

风格类型 \ 教学策略	匹配策略	有意失配策略
外向感觉型（ES）	分析性教学，集体教学，小组竞赛，教师监控学习过程，演示、实习、实验、角色扮演、模仿等操作型教学，动手操作测验	整体性教学，鼓励独立学习，小组合作，调动学生学习的主动性，讲授法，播音、放映、视听刺激，纸笔测验
外向直觉型（EN）	整体性教学，集体教学，讨论法，听觉刺激，开放教学，纸笔测验	分析性教学，个别教学，独立教学，演示、实习、实验、角色扮演、模仿等操作性教学，动手操作测验
内向感觉型（IS）	分析性教学，个别教学，独立学习，演示、实习、实验、角色扮演、模仿等操作性教学，动手操作测验	整体性教学，个别教学，独立学习，讲授法，抽象演绎，纸笔测验
内向直觉型（IN）	整体型教学，个别教学，独立学习，讲授法，抽象演绎，纸笔测验	分析性教学，个别教学，独立教学，演示、实习、实验、角色扮演、模仿等操作性教学，动手操作测验

(三)根据学习风格要素选择教学对策

学习风格是由学习者的生理、心理、社会三方面要素组成的，这些要素为制定个性化教学策略提供了根本的依据。例如，对感觉通道要素有不同偏爱的学习者，在学习中会表现出不同的学习特点，教师根据这些特点就可以设计出相应的教学策略(见表 3-10)。

表 3-10 视、听、动三种类型的学习者的教学策略

类型 \ 特征与策略		视觉型	听觉型	动觉型
学习特征	长处	长于快速浏览，接受视觉批示效果良好，易看懂图表，书面测验得高分	长于语音分析，接受口头指导效果良好，口头表达能力强，日常表现优于考试结果	运动节律感、平衡感好，书写整洁，易操作装配事物
	短处	接受口头指导难，不易分辨听觉刺激	书面作业与抄录困难，流动技能差	通过视觉、听觉接受信息欠佳，书面测验分数欠佳
教学策略	匹配策略	阅读、幻灯、放映、实验演示、榜样示范、言语讲授时用视觉性词汇引导学生在脑中产生画面	讲授、讨论、谈话、播音	做笔记、实验、实习练习、角色扮演
	有意失配策略	做笔记、把学习内容录在磁带上反复播放	做笔记、阅读、幻灯放映	讲授、阅读、放映、播音

除了感觉通道要素以外，构成学习风格的要素还有很多。现仅以学习风格社会要素中独立学习、结伴学习为例，阐述与之对应的教学策略。

1. 独立学习

独立学习是指注重个人的而非集体的独立学习活动，在课堂教学时倾向于师生一对一关系的教和学。喜欢独立学习的人，对外界干扰容忍度低，非常敏感。与其他人在一起时往往难以集中注意或注意持续时间短，学习效率低。与独立学习相对应的教学策略与技术主要有以下两种。[①]

(1)学习包

学习包是为独立学习或个别教学组织教学内容的一种技术，也是教师根据学生的实际情况给学生制订的个别学习计划，它可以帮助学生组织自己的学习。一般认为，每一学习包中，大致包含以下内容：

①学习者的行为目标。学习者学习哪些内容，做哪些事，达到什么程度或水平等，均简明扼要地陈列出来。

---

① 参见谭顶良《学习风格论》，江苏教育出版社 1995 年版，第 335～339 页。

②前测试卷。在学习活动开始之前，测查学生对所要掌握的知识技能有多少了解。因此，前测试卷实际上是后测试卷的变化形式。

③主要内容。构成一系列学习任务的主要成分、概念、技能、学习步骤等。

④各种学习材料。印刷的或非印刷的文字、磁带、录音带、图标等各种学习材料，供学生选择用，这些材料应能反映各学习者的学习风格。

⑤各种学习活动。为达成该学习包规定的行为目标、掌握学习内容和有关技能而设计的各种学习活动。

⑥校正活动。在每一学习阶段结束后提供矫正活动，或巩固加深学习的活动。

⑦自测试卷。供学生学习后自我评定自己的学习进步和学习成就。

⑧教师评价。对学生的学习成就进行评价，包括后测试卷等其他可行的方法。

⑨参考文献目录。指导学生有选择地阅读。

⑩评价表。供学生对每一学习包的有效性进行评价时使用。

上述这些内容随着所学内容的变化可作适当改动，所有这些内容装入纸袋或纸包，由教师分给学生，是学生独立学习的主要材料。

（2）教育合同

教育合同是教育机构与公民、法人、其他社会组织之间为实现一定的教育目的而签订的有关实施教育教学行为或提供教育协作行为的协议。[①] 虽然教育合同在教育领域已有很长的历史，但一直以来在教学当中却很少使用。

在教学中，教师与学生以教育合同的形式共同签订一项协议，使学生对自己的学习承担更多的责任，教师或学校主要通过合同的签订和验收对学生进行监督和管理，具体的教学过程逐渐淡化。教学中教师与学生签订教育合同的根本目的是使学生在教师的监控下，自己对自己的学习行为和结果负责或负主要责任。因此，对于倾向于独立学习的学生来说，这是一种较为理想的教学策略。

教育合同通常有三种类型：

①由教师制订且由教师决定执行的合同。这是个别化教学计划中采用的标准方法。在这一合同中，学生学习的内容、学习过程和步骤、完成合同任务所需的时间等各项，均完全由教师决定。

②由教师制订，由学生决定执行的合同。在该合同中，教师给学生确定学习内容的范围，学生根据这一范围选择自己的学习内容，并自己安排学习时间。

③由学生制订且由学生决定执行的合同。学生或者根据自己的学习基础和学习特点，或者根据自己在某一领域的特别兴趣，或者根据进一步学习某种学习

---

① 参见余能斌《论教育合同》，载《武汉大学学报》（哲学社会科学版）1996年第6期。

材料的需要，与教师签订合同，并由学生自己决定合同的执行。这种合同较适合于学习较好或学习自觉性较高的学习者，也较适合于偏爱动手操作的学习者。

对倾向于独立学习的学生来说，除了以上两种主要的教学策略和技术以外，还有其他的教学策略，如个别规定教学、导听教学、程序教学等等。

2. 结伴学习

喜欢结伴学习的人，乐于与他人一起学习，在集体的环境中相互合作，相互激励，相互督促，增进学习效率，导致“社会促进作用”中的“结伴效应”。因此，小组教学策略对于喜欢结伴学习的学生来说是一种良好的教学策略。

常见的小组教学策略根据使用的情况不同可以分为以下几类①：

第一类：进行新知识学习的小组教学策略。

这类教学策略主要是以学习任务为定向组织学习小组，目的是将小组成员集中起来完成特定的学习任务或计划。其实施步骤为：①教师向每一小组成员陈述所需完成的任务，以便得到小组成员的理解和认可；②为每组成员分派不同的角色和特定的任务；③提供必要的参考资料目录及获取方法；④组织督促每个学生按质按量完成学习任务；⑤小组每个成员为完成教师的要求提供口头的或书面的报告或有关视听材料。

第二类：进行复习指导的小组教学策略。这类策略主要有两种形式：

(1)教导式学习小组。目的是传授和澄清抽象的材料、考试前进行复习或让学生就某一问题展开讨论。其实施的步骤为：①根据教师和学生的需要确定小组；②教师讲授或组织复习。

(2)个别指导式学习小组。目的是对学生学习进行矫正和指导。具体操作步骤为：①选择对矫正学习有效的教学材料，使各学习者均能受益；②轮流对各学习者提供个别指导、矫正和评价；③组成学习小组，给组内各成员均配上一个助手(同伴)，使他们相互帮助。

第三类：专题讨论的小组教学策略。这类策略主要有三种形式：

(1)苏格拉底式学习小组。教师确定讨论主题，并参与小组讨论。具体程序为：①第一阶段：教师提问，小组内讨论并陈述观点，参与辩论；教师旁听。②第二阶段：教师参与讨论，并作为讨论的领导者不断挖掘问题，引导、提示、刺激学生的思维，对学生的反问作出回答，最后作出总结概括。

(2)脑力激励式学习小组(Brainstorming group)。学生或者教师确定讨论主题，学生讨论。具体程序为：①将不同个体组织成讨论小组，人数以6～12人为宜；②选择大家熟悉、有讨论价值的课题；③学生充分发挥创造性参与讨论，提

---

① 参见谭顶良《学习风格论》，江苏教育出版社1995年版，第334～350页。

出新的想法和意见；④对小组成员的观点进行总结；⑤将讨论过程和讨论结果以书面的形式交给老师。

第四节 大学生的性别差异与教育

一、性别差异

人的心理发展不仅在年龄方面有特征和差异，而且还有性别方面的特征和差异。男女生心理发展的特征和差异是明显的，心理发展的速度不同，水平也不完全一致。

研究表明：在智力上，男女的智商存在着差异，但不明显。但在许多特殊能力面前，性别差异较为明显。在数学、理解、抽象等方面男性占优势，而在言语、形象方面，则女性占优势。在个性和行为方面，男女差异较大。男性的支配感较强，女性较顺从，易受别人的影响；男性的攻击行为比女性多；男性的自信心、自我评价较女性高；女性比男性更易恐惧、胆小、富于同情心，比男性更易移情。在成就动机、兴趣爱好方面，男性成就动机较强，而女性较弱，甚至达到一定水平后有回避成就的动机。在成就上，男性成就水平普遍高于女性。工程技术、科学研究是男性取得成就的传统领域。女性成就较多的是在艺术、教育等领域。另外，在社会关系、社会交往、情绪反应、性心理、家庭生活方面都存在着性别差异。

二、性别差异形成的原因

对于性别差异形成的原因，有人强调先天生理因素的影响，有人强调社会期望和后天经验的影响。一般认为，性别差异是先天和后天各种因素综合作用的结果，其中遗传生理因素为性别差异提供了潜在可能性，后天社会生活经验起决定作用。

(一)遗传生理因素的差别

男女遗传生理方面的不同主要体现在以下几方面：

(1)男女两性大脑的结构不同。据研究，大脑左半球为言语优势半球，擅长将任务分解成各个部分加以处理，右半球则主要处理非言语信息和空间知觉任务。女性的大脑左半球早期优势化且有所偏侧，随之发展的右半球则不占优势；相反，男性大脑右半球的优势比女性强。女性大脑平均重为1250克，男性大脑平均重为1400克。

(2)男女两性的生理机能不同。首先，男女进入青春发育期后会在体征上表现出基本的差异。如男性体格高大，肌肉发达，女性体格娇小，脂肪丰富，从而导致体能和身体素质的差异。其次,女性生理发育比男性早,速度也快,因而成熟较早。

(3)男女两性神经机能活动的特性不同。两性神经活动特性的不同,使男性反应慢些,但综合能力强;女性的反应快,具有对事物的细节迅速辨别的能力。

(二)社会生活经验的影响

一个人从降生就开始不断受到家庭、幼儿园、学校等社会化机构的影响。通过不断地观察、模仿、学习社会对各种行为的奖赏或惩罚,使每个降生时的"中性人"变成了更具男性特征或女性特征的人。表 3-11 列举了某些流行的被社会所公认的性别角色类型(模式)。这些模式引导着父母与孩子在家庭中的相互作用方式,引导着师生在学校里的相互作用方式,也引导着人们的性别行为,并作为一种常模标准评判人们的性别行为。

表 3-11[①] 性别角色模式

男性角色	女性角色
攻击性强	没有攻击性
独立性强	依赖性强
理智性强	情绪性强
感情很少外露	感情容易外露
主导性强	顺从性强
比较喜欢数理化	比较喜欢文学艺术
竞争性强	竞争性弱
感情不易受伤害	感情容易被伤害
冒险性强	缺乏冒险性
决择果断	决择不太果断
很少流泪	轻易流泪
自信心强	缺乏自信心
善于分离理智与情感	很难分离情感与理智
认为男人比女人强	认为女人比男人强
不注意别人的情感	对别人的情感敏感
不善表达	善于表达
不太需要安全感	非常需要安全感
很少表达柔弱情感	容易表达柔弱情感

① 本表摘自韩进之主编《教育心理学纲要》,人民教育出版社 1989 年版,第 264 页。

1. 家庭

在家庭里，孩子一出生，父母就按照社会上要求的性别角色行为模式去培养孩子的行为。小女孩身边堆满了布娃娃和彩球，小男孩身边摆着小汽车、小手枪和大刀。小女孩更多地在妈妈怀里抱着，在床上躺着，在安静的环境里成长；小男孩则常常被父母扔向天空掉在怀里，或在床上滚来爬去，在活动的刺激下发展。

2. 学校与社会

在学校环境里，儿童的行为也是在性别角色化的模式下发展的。在幼儿园男孩更多地参与体力方面的活动，像摆积木、爬高、骑小车；女孩则更多地喜欢画画、玩布娃娃、扮演妈妈或医生的角色。幼儿教师大多倾向于对男孩或女孩要求适合自己角色的玩具或角色行为给予强化或赞扬。

在社会环境里，社会对适当的性别角色的需求是通过广泛的各种信息渠道来传播的，像电影、文学作品和教科书等。20 世纪 70 年代初期，德克劳(K. Decrow)分析了十本不同的教科书内容。他发现这十本书所描述的在外工作的子女都是护士或教师，这些被描述的女子都是些未婚“小姐”。在这些教科书里，父亲的角色是开车、修配家具和计划旅行，母亲的角色是做饭和照看孩子。男人大多数是医生，女人大多数是护士；男孩表现出主动性、创造性和作出决择的能力，女孩总是表现出胆小怕事和较强的依赖性。

对另外一套教科书的分析研究表明，当教科书的某些内容涉及到一些需要创造性、勤奋性和勇敢性的活动时，男性充当组织者和主力军的人数达 1004 次，女性仅达到 343 次。当教科书的内容涉及到具有被动性、依赖性和不需要较强活动能力的活动时，男性充当主要角色的只有 182 次，女性达到 435 次。对文学作品的统计分析进一步指出，大多数长短篇小说里，男子都是主导者，他们表现为善于解决问题，发挥最大的体力潜能，从事家庭外的各种活动，而女性的行为总是受到别人的指导或外界的影响，表现出顺从性，更多地把自己束缚在家庭里。这种情况不仅反映在美国的文学作品和教科书中，也反映在英国的文学作品和教科书中。在我国的有关书籍中，也普遍反映着这种性别角色行为的影响。传统的社会文化，对男女两性的看法、期望和要求也有很大差异，形成性别刻板印象。在身体特征上，通常认为男性刚强、自立、粗犷，女性温柔、依赖、细心；在角色行为上，通常认为男性适于社会工作，女性适于家务等。社会生活诸因素的影响为男女儿童所理解、模仿、接受，内化到自己的行为中，从而承担了具有性别差异的男性或女性角色。

三、大学生心理的性别差异与教育

(一)性别心理差异的表现

在生理上,从生殖系统到内脏器官,从外部形态到生理机能,男女两性的差异是非常明显的;在心理上,男女两性的智力、情感、人格以及整个社会行为,也都存在或多或少的差异。

1. 智力因素的性别差异

综合国内外的研究,可把智力因素的性别差异归纳为三个普遍特点:第一,男女两性的平均智力不存在显著差异。第二,男女两性在智力发展上存在年龄差异。从学龄初期开始,即在小学阶段,女性智力明显优于男性,这种趋势到了青春发育期开始下降,一直维持到女性青春期发育的高峰期。男性到了青春发育高峰期,其智力开始优于女性,并且随年龄的增长逐步明显。这种优势一直维持到整个青春发育期结束才减弱继续扩大的趋势。第三,男女两性在智力分布上存在差异。男性智力分布的范围较广,即在智力两极(偏高和偏低)部分的人数多于女性,而女性的智力分布多集中在中间部分(智力中等)。但具体到智力的构成要素方面,各有所长。

(1)感知能力。一般来说,女性在感知方面优于男性。女孩子从小比男孩子更善于辨认颜色;触觉方面,女性比男性更为敏锐;听觉方面,女性亦高于男性;女性的嗅觉识别能力亦比男性强。但是男孩在辨别方向上略高一筹。

(2)注意力。男女两性注意力的差异主要表现在注意的品质上。男性的视觉注意广度略优于女性,但女性的听觉注意广度却高于男性;在注意的稳定性上,女性比男性明显占优势;在注意的分配上,女性比男性略占优势;男性注意的转移比女性更加快速和容易。

(3)记忆能力。从记忆类型上看,女性比较擅长形象记忆、情绪记忆和运动记忆,但女性的逻辑记忆不如男性。从记忆的基本过程上看,青春期以前,女性的无意识记和有意识记的能力都比男性强;到了青春期,女性的无意识记仍优于男性,但有意识记上的优势逐渐被男性取代。另外,无论是青春期前还是青春期后,女性的机械识记能力均优于男性,而意义识记能力弱于男性。

(4)思维能力。从思维类型方面看,女性的思维更多地偏向于形象思维,她们习惯和倾向于用形象思维去解决问题;而男性的思维则更多偏向于抽象思维,他们习惯和倾向于用抽象思维去解决问题。从思维创造性上看,在图形、空间关系的创造性测验中,就图形的变通、图形的独创性来看,男性的成绩优于女性;而在图形的流畅和精确性上,则是女性占据优势。

(5)想象能力。男女两性想象力的差异主要表现在有意想象上,无意想象并不存在明显的性别差异。在再造想象中，女性更习惯和倾向于根据形象性的描述或示意，在第一信号系统和具体形象思维的调节下再造出新的形象，而男性则更习惯和倾向于借助抽象性的描述和示意，在第二信号系统和抽象逻辑思维的调节下再造新的形象；在创造想象中，男性较偏向于自然科学领域的创造想象，而女性则偏向于文学艺术方面的创造想象。

2. 非智力因素的性别差异

非智力因素的性别差异主要表现在情感、兴趣和性格等方面。

(1)情感。国内外的实验研究证明了男女两性情感上的显著差异。首先，女性感情丰富，敏感多情。其次，女性的感情比男性更深刻、细腻、隐含，男性则相对比较肤浅、外露。女孩子不管遇到高兴、痛苦还是愤恨的事情，尽管内心的情感体验是很深刻的，但她们不流露在脸上；而男性表面上情绪激昂，但内心的体验却可能是不深刻的，他们受一点点委屈就会立刻板起面孔，瞪大眼睛。再次，女性的情感比男性更为稳固和持久，她们产生某一种情绪或情感以后往往会保持很长的时间而不消失。最后，女性比男性更富有同情心。在婴儿时期，女婴对录音机里的婴儿的哭声以哭声回报的时间比男婴更长。在中学和大学里，女生在同情心测验上的得分比男生高。

(2)兴趣。根据调查，男大学生喜欢从事体力性游戏，女大学生则更喜欢从事安静文明的游戏。男女的兴趣差异还表现在兴趣的稳定性上，男性的兴趣容易变化，而女性一旦对某个事件、某项工作产生了浓厚的兴趣，常常能保持很长时间。另外，在职业兴趣方面，男大学生喜欢从事科技、经济、政法、军人等职业，女大学生喜欢从事医务、艺术、教师等职业。

(3)性格。男女两性的性格差异主要表现在性格类型上。首先，男性的性格多偏向于理智型和意志型，而女性多偏向于情绪型；其次，男性的性格多偏向于独立型，而女性则倾向于顺从型；再次，男性倾向于外倾型，女性倾向于内倾型。另外，从对成败的归因倾向可以看出，男性往往把成功归因于自己的能力，把失败归因于运气不好，而女性则往往把成功归因于运气好，把失败归因于自己的能力差。这也间接地说明了男女两性在自信心和自卑感上存在着差异。

(二)针对性别差异的教育

对大学生的性别差异，既要根据男女各自的特点，发挥各自的优势，因“性”施教，又要使男女间相互补充，取长补短。

(1)改变学生的不良性格，培养正当的兴趣，合理调节情绪情感，提高学生的各种能力。男女生的性格，各有所长，各有所短，要教育他(她)们以人之长补己之短，发扬优点，改正缺点。对那些粗暴好斗的男生，应教育他们谦虚谨慎，举止文明；对那些怯懦自卑的女生，应教育她们胸怀宽广，积极进取。要创造一些条件，改造男女学生各自不良的性格特征，并使他(她)们在实践中形成积极的性格特征。

男女学生的兴趣可以有差别，但都必须正当。首先，要激发他们的学习兴趣，课内外的兴趣都要有。引导他们德、智、体诸方面全面发展。其次，要丰富学生的精神生活，抵制低级兴趣，特别教育学生不要过分讲究吃穿打扮，增强反腐蚀能力。

向学生传授情绪情感的发生原理、调节方法等心理知识，引导学生适度、合理地宣泄自己的情绪。尤其要关注女生的情绪情感变化，由于女性的感情比男性更深刻、细腻、隐含，因此教师要特别予以关注，防止不良的情绪影响学生的心理健康。

男女的能力差异是相对的，也是可以变化的。应注意培养女生思维的独立性、创造性和概括性，加强意义识记，养成独立分析问题和解决问题的良好习惯。教学中应特别注意对一般概念、原理、法则的理解和运用，利用差异中的有利因素，扬长补短、造就人才，使男女生的智力都得到充分发展。

(2)改变传统观念，对男女学生一视同仁，要彻底改变男尊女卑的封建思想。应对男生和女生一视同仁。对女生的进步要注意表扬，增强其自信心和自尊心，对女生学习上的失败不要过多地归咎为其本身的原因，应热心指导，帮助她们与男生并驾齐驱。

复习思考题

一、名词解释

1. 气质
2. 性格
3. 能力
4. 掌握学习
5. 学习风格
6. 认知风格

二、简答题

1. 大学生的气质差异与教育是什么？
2. 大学生的性格差异与教育是什么？
3. 多元智力结构理论是什么？
4. 学习风格的构成要素有哪些？
5. 性别差异形成的原因有哪些？

三、论述题

1. 简述大学生能力的差异与教育。
2. 简述学习风格差异与教学。

第四章

高等学校教师心理

高校的办学质量首先取决于师资的质量。高校教师是学校各项教育活动的直接组织者与管理者，是影响和决定学生人格发展的主要因素之一。因此，研究高等教育心理学，必然要重视对高校教师心理的研究。从 20 世纪 60 年代开始，西方发达国家的教育心理学发展的一个重要趋势即是加强了对教师行为活动问题的研究。进入 20 世纪 80 年代中期以来，特别是《卡内基报告》与《荷姆斯报告》问世以来，国际上又掀起了一场研究如何为 21 世纪做准备，提高教师素质的新高潮。在教育心理学范畴，对教师心理学的研究主要涉及三个方面的内容：(1)分析社会环境中影响教师职业行为的因素，研究、设计教师的社会角色期望；(2)研究、总结教师的人格特性与能力要求，发现成功教师的特点；(3)分析教师教学工作行为，认识及评价能够产生良好的教学效能的关系。探讨高校教师心理，有助于高校教师在教育实践中自觉培养良好的心理素质。本章着重讲述教师的职业心理与职业角色的特点、教师的心理素质以及教师的专业成长和发展等问题。

第一节　教师的职业角色

教师是人类社会的一种古老职业。早在原始社会的末期，即自从出现学校萌芽之后，就开始有了专职的教师。从此以后，教师职业就与人类社会历史的进程永相伴随，成为人类文明史中永恒的职业之一。目前全世界共有在职教师 5700 多万，我国则有 1100 多万。在行业竞争异常激烈的现代社会里，教师作为一种古老而又常新的职业，同其他职业分工活动一样，有着自身的行业性质和特点。从事教师工作的人需要形成与自己的职业活动相适应的职业心理素质和职业角色形象。

一、教师职业的特点

(一)教师职业的性质

教师的职责是根据一定社会的要求,把人类长期创造和积累起来的文明成果包括知识经验、技能技术和社会行为规范,传授给年轻一代,使他们成为社会所需要的合格人才。这就决定了教师劳动的对象、过程、内容、性质以及特点。教师的劳动对象是学生,教育是一种需要师生相互作用、多边活动的长期工作过程。教师的劳动内容在于传道、授业和解惑。因此,教师的劳动性质属于以脑力劳动为主的社会公益型服务。教师的职业劳动一般说来具有示范性、复杂性、长期性、艰苦性和创造性等特点。

(二)教师职业的角色形象与社会地位

教师的社会地位和角色形象,是伴随着人类社会历史进程的演变而不断地变化的。不同的历史阶段随着社会发展需要的不同,对教师职业的社会要求与角色形象的定位也有着一定的差别。

1. 崇高者形象

在古代农业自然经济社会里,教师职业在社会上的地位及教师形象一直比较受人尊崇。教师职业队伍的主体属于上流社会的一部分,因而对从事教师职业人员的要求普遍比较高。我国秦代奉行"以吏为师"的文教政策,西汉以后则对教师"一律计资定品,领取官俸"。"天地君亲师"、"师道尊严"典型地反映了教师在古代中国人心目中的位置。日本明治维新以前,教师"圣职论"异常盛行,教师与僧侣一样受到社会民众的尊敬。欧洲资产阶级工业革命以前,教师的社会地位及形象也很高,社会上普遍认为教师的职业是"天职",同牧师、传教士一样,是"人类灵魂的工程师"。教师也承担着塑造人灵魂的神圣职责,而太阳底下没有比教师的职业更崇高更优越的了。因此在古代东西方社会,几乎无一例外地对教师的道德品质提出了极高的要求。

2. 劳动者形象

教师职业神圣论的传统权威形象受到了近代工业革命潮流的冲击。在古代,尽管教师的社会地位及形象比较高,但维系教师职业的基础是道德本位主义和官本位主义,而且从业人员十分有限,受教育对象也多局限于少数特权阶级的子弟。这种情况远远不能适应市场经济社会教育平民化变革发展的需要。"唯利是图"的商业化社会使多数从事教师职业的人再也无法维持过去的"崇高者形象","师道不尊"成了近现代许多国家普遍存在的社会现象。为了唤起民众和当局对教师职业地位的尊重，思想家提出“教师也是劳动者”的新观点，认为“教师的劳动应该受到尊重，他们是从事国民教育的劳动者”，是特殊的劳动者。特别值得一提的是，国际工人运动对提高教师职业的社会地位所出的巨大贡献。20世纪三四十年代，国际工运组织发起成立了“教育工会”，提出“教师是工人阶级的一部分”，要求教师同工人一样具有改善自己生活待遇和工作条件的权利。教师也是“劳动者”的角色形象定位，在经济和政治意义上为教师职业的社会地位的改善和提高，奠定了重要的理论基础。

3. 专业工作者形象

20世纪50年代以后，国际上出现了教师职业专业化的发展趋势，要求师资管理政策和教师从业人员向专业化方向发展，认为改善或提高教师职业社会地位的唯一出路是“教师职业的专业化”。国际上最早提出教师职业专业化是1966年国际劳工组织、联合国教科文组织的《关于教员地位的建议》，其中提出：“教育工作应视为专门职业。这种职业要求教员具备经过严格而持续不断的研究才能获得的维持专业知识及专门技能的公共业务；它要求对所辖学生的教育和福利具有个人及共同的责任感。”1993年，《中华人民共和国教师法》指出：“教师是履行教育教学职责的专业人员。”首次提出“国家实行教师资格制度”，并实行“教师职务制度”和逐步实行“教师聘用制度”。这是我国从法律角度正式确认教师职业是一项专门职业，也是教育兴国、教育强国的必然选择。

有学者认为，教师职业的“专业化”不同于现在社会上流行的“专业”或一般“职业”。教师的“专业化”包括以下十个方面的内容：(1)能为社会提供不可缺少的服务；(2)具有专业服务的权利；(3)接受长时间的训练和任职培训；(4)具备一系列专门的“圈内知识”；(5)有专业自主权；(6)有对从事职业成员构成约束力的社团组织；(7)确立了一套专业守则；(8)获得社会和当事人的信任；(9)享有相当的社会地位和报酬；(10)不断接受在职培训和从事科研活动。也有的学者提出所谓“专业化”，指某一职业逐渐达到专业化水平的过程，对教师来讲，就是指“以学生的利益为前提、强调专业的知识技能、社会地位的提高与教学能力的提升这样四个方面的内容”。为了保证教师职业的专业工作者角色形象，西方许多国家从学历制度、专业资格证书制度、考核制度、进修制度、工资制度以及国家教育公务员制度等方面，严格规范教师的职业行为活动，比较成功地提高了教师职业的社会地位和从业人员的专业素质水平，也逐步扭转了“师道不尊”的社会风气，使教师成为社会上受人尊崇的热门职业之一。

二、教师的社会心理角色定位

社会心理角色是指由人们的社会地位所决定的、符合社会所期望的行为和态度模式。教师的社会角色心理就是教师在从事教育工作和职业活动时，表现出来的符合社会(包括学生及家长)期待的模式和规范。在学校教育中，社会对教师的角色期待是多方面的，家长和学生对教师的要求和期望也是多种多样的，这就决定了教师社会角色心理内容的丰富性、多样性和复杂性。如果教师能够有正确的角色意识与期待，就有可能更好地、更有效地帮助学生学习，同时也有助于教师本人的职业发展，使自己成为名副其实的“好教师”。一般而言，人们对教师角色的期待主要有：

(一)知识的传播者和指导者

教师的首要角色是知识技能的传授者和解决问题能力的培养者。作为知识传授者的教师不仅要有广博的基础知识、精深的专业知识以及相关领域的知识，还要善于运用心理学和教育学的知识和原理，以恰当的方式传授知识，使知识的传授成为一种双向的、相互推动的、充满乐趣的活动过程。

另外，从现代教育心理学的角度来看，大学生的专业性、独立性和社会性都相对较强，他们的学习是一个积极主动的过程，这就要求高等教育的教学方法应以教师指导、评定和启发学生的学习为主。大学教师对知识的传授，应着重体现在启发、帮助和指导学生的学习上，不仅要“授人以鱼”，更要“授人以渔”。

(二) 教学的组织管理者

教师也是课堂教学的组织者，因此一个合格的大学教师要具备一定的组织管理技能。为了使课堂教学顺利进行并收到预期的效果，教师还要充当良好的学习纪律管理者的角色。他要使每个学生都能遵守学校的规章制度，帮助学生逐步形成自觉地遵守课堂纪律、控制和约束自己行为的能力和习惯。

大学教师管理的对象是心理、生理发展日渐成熟，世界观也日渐形成的青年人，因此要给予学生更多的责任和自主权，创造一种和谐、民主、进取的集体环境，使学生能够自觉接受管理，加强自我管理，并积极参与管理。

(三) 学生的榜样和价值导向者

教师是教育人的人，其知识的传授和思想品德方面的教育，主要是通过言传和身教来实现的。因此，教师的榜样作用对学生的影响很大。孔子的“万世师表”就是对教师榜样作用的高度概括。教师在学生心目中是具有优良品质、渊博知识和丰富社会阅历的人，教师的思想意识、世界观、言行举止甚至气质特征等都会对学生产生潜移默化的影响。因此，一名教师应具有较高的道德品质和修养，从而对学生产生积极的影响。

同时，对大学教师来说，要更多地成为学生价值的导向者。在今天这个价值观念日趋多样化、动态化的时代，培养学生的使命感、事业心、科学的求实态度和良好的职业道德意识，帮助学生澄清各种价值观念的误区，解决他们成长过程中的各种困惑，注重培养学生的价值选择能力，也成为大学教师的重要任务。

(四) 家长的代理人

在教育过程中，教师时常要充当家长的代理人这一角色。一般来说，大学生独立生活的能力还不太强，尤其是初入学的新生，他们远离父母，来到相对自由、宽松的大学校园，要适应大学的新生活还需要一个过程。入学后，他们常将教师当作父母的化身，而大多数教师也愿意并且接受这一角色，对学生充满了热情、希望和关怀。不过，教师对学生产生的心理效应，与孩子从他们家长那里得到的效应并不完全相同。教师在教育过程中既要扮演父母温暖关怀的角色，又要充当教师严格要求的角色。有研究表明，大学阶段教师兼当父母的角色，比真正的父母更加理智，对学生产生的积极影响也更大。

(五)心理调节或心理治疗者

教师在教学中还担负着帮助学生身心健康的任务。由于现代社会运转节奏加快，就业竞争性增强，学业负担沉重，大学生的心理压力越来越大，这就要求教师同时还要扮演一个心理调节或心理治疗者的角色，帮助学生扫清各种心理障碍。因此，现代教师必须具备相应的心理健康知识与调节技能，要了解学生的内心世界和情感需要，创造一种理解和宽容的气氛，鼓励学生自我提高、自我约束和进行创造性的活动，使学生形成健康的人格，保持积极向上的健康情绪。

(六)科学研究人员

大学教师不仅是教育教学工作的承担者，往往也是某一学术领域的科学研究人员。这就要求大学教师不仅要有敏锐的目光，去搜寻、掌握与自己所授课程相关的学科知识，而且要注意跟踪最新的科学成就及相关动态，通过科研活动提高自身的学术水平，及时更新和调整教学内容。对自己专业学术领域的研究，必须要掌握一定的科学研究方法，并注重运用所掌握的方法解决自己在教育教学过程中所遇到的问题，从而使自己不仅成为一名教育实践者，还要成为一名优秀的科研人员。

三、教师职业角色的形成和培养

(一)教师角色的形成

在社会生活中，我们每个人都在自己特定的职业岗位上担当着特定的职业角色，并在实践中逐渐形成与这一角色高度适应的心理特征以及顺利完成这一角色任务的能力。教师职业角色的形成存在时间和程度上的差异，这些差异会影响一个教师的成熟和成长，以及教师的教育教学工作。教师角色的形成一般经历以下三个阶段[①]：

1. 角色认知阶段

角色认知指角色扮演者对角色的社会地位、作用及行为规范的实际认识和与社会其他角色的关系的认识。对教师来说，具有清晰的角色认知才能按照相应的身份在各种社会情境中恰当地行事，达到良好的社会适应。在这一阶段，教师初步了解教师角色所应承担的社会职责，能够将教师所充当的角色与社会上其他角色区别开来。

2. 角色认同阶段

角色认同指通过亲身体验接受教师角色所承担的社会职责，并用来控制和衡量自己的行为。对角色的认同不仅是在认识上了解教师角色的行为规范，而且在情感上也有所体验。对教师角色的认同，是在一个人正式充当这一角色，有了教育实践经验后才真正开始的。

3. 角色信念阶段

角色信念指教师角色中的社会期望与要求转化为个体的心理需要。此时教师坚信自己对教师职业的认识是正确的，并将其看做是自己行动的指南，形成了教师职业特有的自尊心和荣誉感。

(二)教师角色的培养

在社会生活中，教师扮演着多重的角色。教师不仅要和学生打交道，还要和同事相处，和学生家长及社会的许多方面接触。学生、家长及社会对教师有很高的期望，所以，当好一名教师绝非易事。要想成功地扮演教师角色，必须十分注意教师角色的培养，正确认识教师在群体中所处的地位，认识社会对教师的角色期待，积极投入到教师角色中，逐渐缩小理想教师与实际角色的差距。

1. 加强角色学习，全面认识教师职业

角色学习是个人了解和掌握角色的行为规范、权利和义务、态度和情感、必要的知识和技能的过程。[②] 教师角色是一个多重角色的统一体。因此，在正式从事教师职业之前，必须加强角色学习，全面正确地认识教师职业。对于未来的教师，可以通过请优秀教师作报告的形式，有意识地传授教师角色的知识。

2. 加强角色训练，熟练扮演各种角色

为了更好地培育教师的角色意识，可以通过设置不同的教育教学情境对教师进行角色训练。例如，学生生病时，教师要给予无微不至的关怀，担当父母的角色；学生学习上遇到困难时，教师要加以点拨，做一个知识的传授者等等。角

---

① 参见伍新春主编《高等教育心理学》(修订版)，高等教育出版社 1999 年版，第 48～49 页。

② 参见朱智贤主编《心理学大词典》，北京师范大学出版社 1989 年版，第 350 页。

色训练就是要帮助教师学会遵照不同场合的不同行为规范、准则来采取对策，调节自己的行为。训练能否成功，取决于教师对角色期望的把握程度和教师本人的社会化发展水平。

3. 通过榜样示范，掌握角色技巧

角色扮演是否成功，除了取决于个体对角色认知、角色期待的把握是否恰当外，还取决于角色技巧运用程度的高低。榜样教师一般具备优秀教师的能力特质和职业素养，能熟练并有效地运用各种角色技巧，包括认识技巧和运动技巧。一般说来，每所大学、每个科系都有许多在各方面值得青年教师学习的榜样，青年教师可以通过老教师的行为示范作用，熟练掌握各种角色技巧，注意观察学生的行为表现，根据不同对象、不同问题、不同情况采取不同的教育措施，创造性地解决问题。

4. 积极参与教育实践，强化教师角色信念

离开教师自身的教育实践，角色培养只能是一句空话。一个社会是否尊师重教，一个学校是否能人尽其才，是教师角色培养的客观因素，而教师的心理需要则是主观因素。因此，高校新教师必须积极参与教育实践活动，使自己的心理发生变化，努力使其对教师角色的认知转化为角色信念，并在实践过程中强化这种信念。实践证明，在教育实践活动中，随着知识、经验的增长，教师会把社会对教师的要求与自己的需要联系起来，从而将社会需要转化为心理需要。

第二节 教师职业心理素质

一、教师的职业素质和心理素质

教师职业素质，就广义上讲是指从事教育活动的特殊群体——教师，为完成教育任务所必须具备的内在条件。就其教育作用而言，良好的教师素质是有效教育的基础，是教育成功的保证，更是学生直接的学习内容、有效的教育工具和手段。就其内涵上讲，教师素质的结构应该包含自然素质和社会素质。自然素质是作为一名教师应该具有的健康的身体、充沛的精力和足以完成教育任务的活力；社会素质比较复杂，主要包括思想道德素质、心理素质以及知识能力素质。

心理素质指良好的心理品质和个性心理特征，即健康的身心素质。世界卫生组织(WHO)对人的健康下的定义是：健康不仅是没有疾病和虚弱，而且是一种身体上的、精神上的和社会适应上的完好状态。由于教师劳动具有时空上无限量性的特点，即在时间上具有连续性，空间上具有广延性，教师在教学中与众多的学生交往并处理各种复杂的事物，消耗大量的精力，在社会发展、竞争加剧

的时代背景下，更容易陷入紧张、焦虑、压抑、苦闷之中。所以教师是否具备一个良好健康的心理状况，是否能在种种压力之下调节自己，是关系到教师的教学工作能否顺利展开，教学目标是否能按预期实现，教学效果是否能达到最佳的关键性因素。

二、现代教育心理学对教师素质问题的研究

从 20 世纪初开始，心理学家就一直在努力从心理学的角度来全新地阐释、研究教师问题，试图以教师行为问题为中心，尽量地抛开传统的思辨模式，而依据心理学的假设，采用实证的研究方法，从不同侧面深入地了解教师教育教学的真正含义，了解教师工作的独特性，把教师研究纳入自然科学的范式，从而为全面正确地理解教师素质的含义获取必要的实证材料，使教师素质的研究更具科学性，使教师培训更具可操作性。就国外的研究看，这类工作大致上是从教师的人格特征、教师的知识、教师的观念以及教师的能力四个方面进行的。

对教师人格的研究普遍基于这样的假设：教师是天生的，而不是后天培养的。根据这个假设，在研究的早期，研究者把人格理论引入教师研究，以期发现教师的人格特质对学生的心理能力和学习成绩的影响，借以从人格特质上区分好教师与差教师。70 年代以后，有关教师特质的研究逐渐集中于教师自我概念的发展和其教学能力及学生发展之间的关系的研究。有关教师知识的研究主要集中于三个方面，即教师信息加工的研究、教师实践知识的研究和教师学科知识的研究。对教师信息加工的研究主要是研究教师在教学心理学上的加工运算，这种研究在早期大多依据心理学理论，采用决策树的方式来研究教师心理学，以确定教师在选择教学行为时采纳的观点与影响的因素。

我国的一些学者在总结前人研究的基础上，结合我国的实际情况，在这个问题上也作了大量的工作，并取得了一些成果，逐步形成了自己的教师素质观。他们认为，教师素质的研究应该能反映出教师的职业的特殊性，突出教学活动的独特本质，充分考虑到教师教育教学活动的本身。一些学者提出，教师素质，就是教师在教育教学活动中表现出来的、决定其教育教学效果、对学生身心发展有直接而显著影响的心理品质的总和。同时，通过大量的实验和相关研究，提出了教师素质结构的五成分说，即认为教师素质在结构上应包括：职业理想、知识水平、教育观念、教学监控能力以及教学行为与策略。

三、教师职业心理素质结构要素

(一)教师的知识水平

从事教师职业的人无疑首先需要具备一定的知识水平。这些知识水平主要

有:(1)关于客观世界的众多背景知识;(2)解决问题的一般策略性知识;(3)问题本身的专门知识;(4)把知识进行分析、选择、归纳、总结的一般方法的知识。知识包括产生式系统、框架、语义网络、面向对象的知识模型等。而要在分布智能中研究面向主体(Agent)的模型、面向本体的模型,从而能够在分布、开放、动态的知识环境中提高知识的共享程度和使用效率,就必须研究新型的知识模型。

也有学者提出教师需要具备"学科本体性知识、实践性知识和条件性知识"。学科知识是指教师所教的某一学科的内容。国外研究发现,教师的知识水平与教学效果只有很低的正相关。这说明教师的知识如果超过某一水平,则其教学效果就不再随着教师的知识水平的提高而上升,这时,实践知识成为影响教学效果的重要因素。

实践知识是指教师在面临实现有目的的行为中所具有的课堂情景知识以及与之相关的知识,即如何传授学科知识的知识。美国学者米勒等人提出,实践知识就是教师把他们已具有的学科知识与课堂的具体情景结合起来,形成一种与行为相关的知识。实践知识具有以下五个特点:(1)依赖内容和学生等具体情境;(2)经常以案例的形式记忆;(3)是一种跨学科的综合知识;(4)是一种熟练后得以自动化的知识;(5)有很多知识产生于教师个体的经验。①

条件性知识是指教师开展教育活动和研究诸方面所必需的教育学科知识和技能构成,包括哲理、科学、管理、技术与方法四大类型,如教育原理、心理学、教学论、学习论、班级管理、现代教育技术等。教师对这部分知识、技能的把握不能只停留在学科水平上,而要能综合运用。

(二)教师的一般教学能力

一般教学能力,是指在所有教学活动中体现出来的教学能力,主要表现在这样几个方面:

1. 教学组织能力

如果教师在组织学习活动和控制学习变量中能表现出较好的技能、想象力和敏感性的话,就会促进学生获得优良的学习结果。斯波尔丁 1963 年的报告说,教师的条理性与学生的阅读成绩呈正相关。利根 1958 年的报道也认为,教师安排学习活动有条理、有组织,学生的学习收获就大。

了解学生的发展、学习以及动机等影响学习诸变量的原理,有助于教师对教学做全面安排,并使教学适应学生的个别差异。费塔发现,善于诊断学生学习上的困难,并善于鉴别某种教材会获得某种学习结果的教师,更能成功地提高学生的成绩。最后,使思想的交流适合学生智慧的成熟水平,适合他们在学科方面所

① 参见辛涛等《教师心理研究的回顾与前瞻》,载《心理发展与教育》1996 年第 4 期。

达到的复杂程度,也是教师教学有效性的一个重要特征。

2. 教学认知能力

教学认知能力主要指教师对教学目标、教学任务、学生特点、教学方法和教学策略以及教学情境的分析判断能力。教师教学认知能力与教师的知识水平特别是知识结构有关。这种能力主要表现在四个方面:

(1)分析掌握教学大纲的能力

对教学大纲的分析掌握是教师首要的教学认知能力。美国心理学家布鲁纳曾经说过:轻而易举地掌握教材,甚至胜过教材本身,这是对优秀教师的起码要求。所以,教师要从教材的基本内容出发,分析掌握教材的理论框架、内容体系以及具体内容。

(2)分析处理教材的能力

教材是学生学习的主要材料,也是教师传授知识的主要依据,所以分析处理教材的能力是教师的基本技能之一。在教学准备阶段,教师需要对讲授内容进行全面分析,把握其中的重点和难点,并查阅相关资料,力求全面细致、重点突出地领会教材,以便取得良好的教学效果。

(3)教学设计能力

在教学的准备阶段,教师要合理地运用教育和教学理论,结合学生的心理特点和接受能力,并选择恰当的教学方法,合理地设计教学内容,从而可以促进学生更好地掌握知识。

(4)对学生的学习准备性与人格特点的判断能力

在准备教学时,教师不但要深入分析教材内容,恰当选择教学方法,而且要充分了解学生的学习准备情况及其人格特点。这样才能有的放矢,因材施教。

总之,在整个教学能力结构中,教学认知能力是基础,它直接影响教师教学的准备水平,影响教案设计的质量。

3. 教学操作能力

教学操作能力主要指教师在实现教学目标的过程中,解决教学问题的能力。主要包括:

(1)语言操作能力

语言操作能力主要指教师在实现教学目标过程中借助语言、文字等表达教学内容和思想情感的语言活动能力。它包括两方面内容,一是语言表达能力,如语言表达的准确性、条理性和连贯性等;二是非语言表达能力,如语言的感染力、表情和手势等。

(2)选择和运用教学媒体的能力

在教学中能否恰当地选择和运用现代化教学媒体,如计算机辅助教学、多媒体教学、网络教学等先进教学技术,也成为新世纪教师教学能力的一个组成部分。

4. 教学监控能力

教学监控能力,是指教师为了保证教学的成功,达到预期的教学目标,而使教学过程能够有序进行的能力。这种能力可分为三大方面:一是教师对自己教学活动的事先计划和安排;二是对自己实际教学活动进行有意识的监察、评价和反馈;三是对自己的教学活动进行调节、校正和有意识的自我控制。

教师可以通过培训来具备教学监控能力。对教师教学监控能力的培训工作分为四个阶段:

(1)澄清阶段。在此阶段,要向被培训教师说明我们培训的目的、根据和所要达到的具体目标,特别是向被培训教师提供培训所必需的知识背景和理论依据。

(2) 模拟阶段。这一阶段是由指导教师按照设计好的程序,向被培训教师具体模拟采用认知的自我指导的方法提高教学监控能力的过程。

(3) 练习阶段。由被培训教师练习认知的自我指导技术,使之达到熟练化的程度。

(4) 提示阶段。在此阶段,通过指导教师监控,被培训教师巩固认知的自我指导,使之达到自动化的程度。这标志着教师教学监控能力的初步形成。

(三)教师的人格素质特征

教师的人格特质对学生的知识学习和人格发展具有重大影响。莱恩斯在《教师的个性》一书中强调:个人的人格品质因素对职业发展起决定作用。学校组织应当选择那些具有“教师人格品质”类型的人从事教师职业。只有加强教师的职业人格素质的培育和训练,才能稳定师资队伍,提高教育教学质量。

盖兹达等人在综合多方面研究的基础上指出,一个好教师应具有的人格品质的基本内核是“促进”。所谓“促进”,指的是一个人对别人的行为有所帮助。包括:提高别人的学习能力,增强自信心与自尊心,巩固积极待人的态度,缓和焦虑感。英国政府在其白皮书《教学质量》中,把“适宜的个性品质”列为鉴别合格教师的三条标准之首。美国心理学家罗森特提出良好教师的人格素质具有以下四个维度:

(1)成就取向——管理能力、忍耐力和职业责任感等特质;

(2)人际取向——影响力、非权力、非防御性和自我同一性;

(3)课堂行为——对课程的兴趣、表达能力;

(4)组织才能——能够有条理地、系统地组织教材和课堂活动。

国内学者总结认为,情绪稳定、有恒、负责、敢想、敢为、热情、外向、善于交际是有成就教师最突出的个性特征。[①]

新近的研究也证明，教师对学生观点的认可，对学生的学习有积极影响。有激励作用、生动活泼、富于想象并热心于自己学科的教师，他们的教学工作较为成功。在教师的激励下，学生的行为更富有建设性，因此教师能否引起学生理智上的兴奋感和内部的学习动机，对于取得教学工作的成功有重要影响。此外，教师对待教育事业积极的态度和认真负责的精神，也是影响学生和搞好教育、教学工作的重要人格品质。

(四)教师职业的积极情感

教师职业的积极情感主要包括教师的威信、教育信念、责任感和自我教学效能感等方面的内容。

如前所述，教师的能力、智力水平与学生的学业成就应该是正相关的关系。不断提高教师的能力水平是搞好教育工作的永恒主题。但是，国外学者早在20世纪30年代的研究中便发现，在教师的文凭、学历等硬性的能力指标已经解决的情境下，影响教师教学水平的核心变量是“教师的责任心、教师的专业精神、教学效能感、教育信念”等软能力指标。国外一些研究者认为，好老师的有效行为特征固然很多，但最为根本的一条是“责任心强”。责任心强的老师会不自觉地按照教育程序即教育规律来进行教育活动，进而提高自己的专业能力水平。而责任心不足的教师即使能力强，也难以有效地指导学生学习。有的研究甚至发现，不少能力强的教师由于经常比较自负而缺少对学生的热情，从而影响到了其能力的应有发挥。因此，近二十年来，西方教师素质研究非常重视对“教师的教学效能感、教育信念”等问题的探讨。

1. 教师的威信

教育目的的实现，教师角色的成功扮演，教师威信是一个重要条件。教师威信是指教师在履行社会交给自己的教育职责过程中所具有的一种使学生感到尊敬而信服的精神感召力量，是教师对学生在心理上和行动上所产生的一种崇高的影响力。影响教师威信的因素一般有思想品质、知识水平、教学能力、工作热情、工作态度等。

教师威信在具体教育实践中可以产生巨大的作用。它既是一种无声无形的教育力量，又是学生自觉自愿接受教育的前提。所以，教师威信的高低直接影响教育效果的好坏，教师威信越高，教育效果越好。教师的威信之所以能对学生起到这么大的影响作用，是因为它使得学生对来自教师方面的影响产生一种积极肯定的意向。

---

① 参见郭成等《中国近二十年来教师人格研究述评》，载《心理科学》2005年第4期。

2. 教师的信念和责任感

教师信念是指教师在教育教学活动中形成的一种内隐的热情、信心和态度模式倾向。教师的信念是一种图式,就像语义网络一样,在这个网络中可能包含了一些矛盾的信念,如早期形成的信念倾向、知识和信念、信念系统和教育信念等。教育信念也包括教学效能、知识的性质、自我知觉和情感的自我评价。也有的学者认为,教育信念模式由知识、信念和态度三个部分组成,热情、信心和态度模式可以转化到教学领域。

3. 教师职业的教学效能感

教学效能感这一概念来源于班杜拉的自我效能概念。所谓自我效能,是指个人对自己在特定情境中是否有能力去完成某种行为的主观推测和判断。它包含两种成分:结果预期和效能预期。结果预期是指个体对自己在特定情境中的行为将导致的可能结果的一种推测。效能预期是指个体对自己实施某种行为的能力的一种主观判断。

教师的自我教学效能感是指教师认为自己能够有效指导学生、相信自己具有教好学生的能力。教学效能感是影响教师专业成熟、解释教师教学动机的关键因素,它影响着教师对教育工作的积极性,并影响教师对教学工作的努力程度,以及遇到困难时的坚持程度。

教师的自我教学效能常常可以分为一般教学效能感和特殊教学效能感两种。优秀教师和专家型教师的特殊教学效能感比较高,而普通教师和新手教师多是一般教学效能感高。从事教师职业的人应该有一种比较高的自我效能感,并以此为中介机制,不断地在自己所从事的特殊教学行为中寻找到胜任感和有力感。

一般教学效能感反映了教师对教与学的关系、对教育在学生发展中的作用等问题的一般看法和判断。那种“我的学生一定会进步、会成才”的观念就是一般教学效能感的较典型的例子。

特殊教学效能感主要是指教师能够精细化地处理解决专业教学领域内问题的主观成就感。专家型教师不仅在专业领域内积累自己的能力成果,而且能够逐渐积淀起对自己所从事的特殊专业的乐观积极的兴趣、感情和信念,甚至主观幸福感。如果在教学中找不到乐趣,能力再强的教师可能也难以保证其能力的有效发挥。

四、教师的职业压力及应对策略

(一)教师面临的职业压力状况

目前我国正处在一种深刻的社会转型时期,在这个社会发生结构性变迁的大背景下，为适应整个社会经济发展的需要，高校的管理体制也在进行着改革。昔日安于清贫、潜心教学和科研的高校教师，现在不得不面对各种新的挑战和考验。许多教师都面临经济的压力、教学以及科研的压力、人际关系的压力、社会责任的压力等。研究表明，在我国，很多教师的心理压力已经到了"很大，需要宣泄"，甚至"难以承受"的程度。对全国 72 所高校教师的一项调查显示：有 94.6%的教师感到有心理压力，其中 35.6%的教师表示压力很大。还有研究显示高校教师中有 81.7%感到心身劳累不堪，45.4%的人有换工作、转岗位的想法。心理压力已对高校教师的健康产生了不良影响，有研究发现高校教师中约有 61.0%存在不同程度的心理障碍，而普通人群心理障碍发生率在 20%左右。教师正在成为心理疾病的高发人群。这不能不说是一种令人痛心的现象。

(二)职业压力带来的不良后果

近几年来，我国高校教师中屡屡出现"生命透支"和"英年早逝"的现象，引起了社会各界的强烈反响和关注。高校教师俨然已经成为了学术制度下的"弱势群体"。过高的职业压力带来的一系列不良后果有：

1. 生理和心理健康的影响

过高的压力对教师的健康会带来严重威胁。和普通人相比，教师更容易处于一种心理紧张和工作不满意状态的高危水平。很多教师处于亚健康状态。比如对周围事物缺乏兴趣、睡眠质量差、休息不好、记忆力减退、焦虑及注意力难以集中等。

2. 教师的流失

压力被认为是优秀教师不断流失的重要因素之一。在美国 1998 年的统计显示，有 1/5 的教师离开了学校去寻求其他的工作。教师的流失不但会影响高校科研的连续性，学生的学习也会受到影响。而降低教师压力是留住优秀教师的最好的办法。在我国，高校教师流失的现象还不是很严重，但我们似乎应该"未雨绸缪"，提早意识到这个问题的严重性。

3. 旷课和怠工

组织行为学研究认为过高的压力会影响到员工的工作绩效，以至于出现旷工、怠工的现象，在教师中也不例外。国外研究显示，由于过高的压力，每年教师缺课的天数以及提前退休的人数都在不断地上升。旷课只是工作绩效下降的一个极端，在高校教师队伍中，更多是因为过大的压力而形成一种消极的心理，上课缺乏激情，教学效果下降，甚至出现和学生关系紧张的现象，严重影响和制约了学校的发展，这已经成为一个不容忽视的问题。

(三)造成压力的主要原因

1. 社会角色冲突

社会角色冲突是引发高校教师心理压力的一个重要因素，主要表现在这几个方面：一是传统中，中国高校教师在人们心中一直是社会精英，具有极高的社会声誉，但在高等教育实行产业化改革后，高校教师正面临着“打工者”的角色。而学生作为服务的购买者，心态发生了明显的变化，有一种高高在上的心理，这对传统的师生关系是一场前所未有的颠覆。这种颠覆给高校教师带来了巨大的心理压力。二是科研和教学的冲突，作为高校教师，一方面要努力做好传道、授业、解惑的工作，而另一方面，更面临着沉重的科研负担，因为科研成果直接关系到个人的成就和职称晋升，与个人的经济利益也息息相关。而在目前学术规范的丧失非常严重的社会背景下，教师的压力是可想而知的。三是来自于“传统的知识分子良心”和“面对市场经济的物质诱惑”之间的冲突，这是社会转型期知识分子的难解之结。

2. 社会资本

研究者认为，在中国当前的社会背景和体制下，社会资本可能是影响高校教师心理压力的一个重要因素。社会资本是一个综合的概念，它有几个要素：

第一个要素是信任。社会资本的集中体现就是人们之间相互信任的程度。然而在当今高校中，大学教师对社会缺乏信任，对组织机构缺乏信任，对学术规范缺乏信任，甚至对同事和合作伙伴缺乏信任，这已经是一个比较普遍的现象。通常来说，对社会和他人缺乏信任，容易使个体产生消极厌世的心理，缺乏合作能力，从而影响到正常的人际交往能力，造成人际关系紧张，因此会对个体带来一定的心理压力。

第二个要素是规范。主要体现在行业规范、学术规范和制度规范几个方面。其中学术规范的丧失乃至腐败已成为学术界以至社会普遍关注的焦点问题。由此，部分高校教师把学术成果得不到发表或承认更多地归因于外部因素，不积极认识自己内在的不足，因此，逐渐就会形成一种失衡的心理，从而影响到心理健康。对高校制度规范的不认同也是形成心理压力的一个重要因素。研究表明，职称晋升制度已经是造成大学教师心理压力和困惑的最主要原因，因为这种晋升制度带来了一种学术上的急功近利，浮躁之风日益盛行。这使得大学教师必须放弃那些需要长期积累的研究计划，这给大学教师带来很大的心理压力与困惑。

第三个要素是社会网络。社会网络是社会资本研究的核心内容。林南认为，社会资本是从嵌入于社会网络的资源中获得的，它植根于社会网络和社会关系中。社会网络越丰富的个体从中获取的资源越多，因此，积累的社会资本就越高。社会网络形成的人际关系主要有两种：一种是强关系，如家人和朋友；另一种是弱关系，如工作上的联系。通常认为弱关系更可能带来异质性的信息，因此它的作用可能比强关系更有力。

从社会分工来看,行政和科研通常是不能兼顾的,因为不能体现优势。科研是多数高校教师的主要任务,体现高人力资本的价值,而行政的主要职责是管理,协调组织成员的关系,需要有比较好的关系,即社会资本。虽然在一定程度上,社会资本和人力资本是相互促进的,人力资本显然也能促进社会资本。受过良好教育与培训的个体往往能够进入资源丰富的社会圈子和团体中。但是对于个体来说,不断积累社会资本的同时,人力资本的积累就会受到限制。行政和科研被认为更多是排斥而不是互补的。

但是在我们的高校,行政和科研往往是紧密联系的,社会资本的大小已经成为高校教师心理压力的一个重要压力源。在高校中,社会网络测量的具体指标包括两个部分:一方面是个人拥有的社会网络,包括强关系和弱关系;另一方面是对社会网络的使用情况。另外,作为社会资本的其他组成要素,如个体和组织层面的互助和合作程度,以及对集体事物的参与程度,也可以在一定程度上影响到高校教师的心理压力。

总之,评价体系不合理、回报与认同不足、管理层要求过多、经费不足、繁重的非教学和科研任务、管理薄弱、体制改革的大背景等都是压力的重要来源。

(四)高校教师心理压力的应对策略

社会转型期的各种失范和变革给高校教师带来了巨大的压力,损耗着宝贵的人力资源,降低了教师的工作效率,因此要充分重视压力问题的处理。压力管理是处理压力问题的中心环节,有效的压力管理策略可以提高工作绩效,减少缺勤、差错和事故发生。明确人群在面对压力时所采取的应对策略,有利于制定压力管理方案。

根据现代压力理论,压力应对策略可以总结为两个层面,分别为思想层面和行动层面。这也适用于高校教师的心理压力应对策略。

1. 思想层面

思想层面通常是指个体的内部资源、主观观念。其一是积极的思想策略,如乐观、坚韧、高自我效能等良好的心理状态被证实有助于成功地处理压力事件,因为他们对压力事件的评估也更为积极。这些个体通常都会直接面对压力,迎难而上,着手解决困扰的问题。其二是消极的思想策略,指回避压力的一种表现,但有时会表现出愤世嫉俗的敌意。因为当这些个体面对压力的时候,可能会有一种悲观的心理,因而更多的是选择回避压力事件,但是这种心态往往不利于压力的缓解。思想消极的人还可能会产生敌意的心理,他们不去积极地解决压力,却把造成压力的原因都归因于外部因素,会出现怀疑、怨恨甚至报复等不良心理,而且这种心理往往是被隐藏的、受压抑的,对健康的威胁更大,而且很少能获得社会网络的支持。也有学者认为，在处理压力问题上，回避压力反而是一种明智的选择，因为，直接面对压力者会在短时间内更加焦虑。

2. 行动层面

在思想策略的指导下，要成功地应对压力，还必须要具有一定的技巧和行动。通常可以有这么几种方法。最常用的就是压力管理技术，主要分解为两个步骤，一是知觉到压力，要认识到压力事件（压力源），并形成一种信念——积极的心态和情感反应，这对处理压力是有效果的。第二步是明确干预的目标，不断努力去达到这个目标，在努力过程中，可以使用放松训练、认知行为技术等，并在达到阶段性目标的时候使用正强化来鼓励自己。时间管理、放松训练、体育锻炼以及认知行为技术等都是有效应对心理压力的方法。

目前大多数的压力管理方法都是针对个体的，这些压力管理方法只能解决一部分问题。研究者认为，在目前的社会转型期，高校教师最主要的压力还是来自于高校组织的变革、学术失范和制度失范。因此，高校教师压力的缓解关键还是在于制度的改革和构建，更多地需要在组织、在宏观的层面上考虑问题，认识压力的存在和根源。在高校体制改革中，内容方式要适当，进度要合理。如：从管理层面推进学术休假，实在地让教师们彻底脱离工作进行休整；也可以进行拓展训练以舒解和释放压力，等等。高校也应为教师开设心理咨询室，帮助教师们缓解或疏导压力。在美国，就有很多这种服务机构。另外，能够提供心理解压服务的人员资源不足，专业人员还很欠缺。还有众多复杂的因素。教师心理解压会是一个长期的摸索过程。

许燕认为，作为高层管理者要在管理中体现以人为本的和谐管理观。作为高校教师要确立科学、健康的工作理念，作好职业生涯规划，设计好自己的发展进程，不要做“浓缩自己生命”的工作狂；要确立积极、乐观的人生态度，敢于面对压力，迎接挑战。

第三节　教师专业化发展目标与教学专长的提高

教师需要多种专业素质，这些专业素质都是为教学效果服务的。如果教师能够重视自身专业素质的发展，并利用专业的模式进行工作，那么他就能更有效率和更有成果地完成教育工作。

但是教师的专业素质不是一蹴而就的，而是在不断发展的过程中培养起来的。一位刚走上讲台的青年教师，会遇到很多教育教学上的挑战性问题。很多中老年教师由于不断面临着教育教学工作上的新变化，也需要进一步提高自己的工作效能，否则，丰富的教学经验也可能会变成个人发展的包袱。为此，我国学者提出，要改变教师的教育角色，就必须促使他们从“经验型”教师向教师发展的较高层次即“专家型”教师转化，从传统意义上的“教书匠”向“全能型”教师转化。

一、教师专业成长的过程与成熟周期

教师从事教育工作需要不断地成长和发展，新教师要变成一名合格的教师，需要经过一个逐步发展和成熟的过程。有了一定工作实践经验的教师，如果不善于进一步提高自己的专业素质水平，不进一步提高自己的教学效能，也不会成为学生及同行心目中的好教师。近十年来，越来越多的学者认为，教师的专业素质成长问题是一个十分重要的教育理论和实践问题。

(一)教师专业成长的过程

一位新教师要成为合格教师，需要经过许多不同的发展阶段。一名合格教师要成长为优秀教师，则需要一个持续发展的周期，在这个过程中要不断关注和解决教学工作中所面临的各种不同性质的难题。

利思伍德在分析教师的专业发展时，把他们的事业发展分作五个阶段：

(1)事业开创期。

(2)事业稳定期。在这个阶段，教师开始发展出对工作的高度投入感，对工作环境感到从容自在，并愿意承担更大的责任。

(3)事业挑战期。教师关注新的事物，向多方面发展，并进一步承担更多的责任。

(4)事业停滞期。重新评价自己的工作，开始感觉到已到终点，不再努力向上或者停滞下来。

(5)准备退休期。

(二)新教师的成长历程

新教师主要是指参加工作一两年的教师，也有人将在校师范生视为新教师。教育心理学研究认为，新教师的成长过程可以分为三个发展阶段：

第一阶段是阈限期。在参加工作的头五六个月内，新教师普遍感到孤独，角色社会化转换尚未完成。他们最关心的是如何引起学生对自己的注意，怎样获得领导和同事的承认，而不太关注教学上的微观类问题。

第二阶段是过渡期。这是新教师的经验逐渐转变的时期，对教学上的微观类问题有了实践认识，也开始感受到学生和同事们的接纳。这一阶段一般人需要经过两三年的时间才能完成。

第三阶段为成长期。在这一时期教师感到自己适应了工作，因而工作上比较投入，也很关心如何教好每一堂课的内容，重视提高学生的学业成绩，其角色形象受到了各方面的认可。

新教师要成长为合格教师，必须经过四五年的艰苦努力和虚心学习，否则很多人会继续停留在过渡期内，难以出现较大的成长进步。

二、教师成长与发展的最高目标——专家型教师

(一)什么是专家型教师

当代教师职业的发展的一个重要趋势是促使经验型教师向专家型教师的转化。“专家型教师”是教师专业成长与发展的最高目标。

所谓专家型教师，即是在教育教学领域有专长的教师，也就是指那些在教学领域中具有丰富的和组织化了的专门知识，能高效率地解决教学中的各种问题，富有职业敏锐洞察力的教师。与非专家型教师相比较，专家型教师主要有以下三方面的特征：

1. 具有丰富而有效的专门知识

专家型教师不但具有丰富的知识经验，而且能够有效地运用这些知识经验。拥有更多的从实践中得来的专业知识，这是专家和新手的最基本差异。斯滕伯格认为专家型教师应具备的知识经验主要包括三个方面：一是内容知识，即有关教授学科内容的知识。二是教育学知识，即怎样进行教学的知识，如怎样提高学生动机等。三是有关特定内容的教育学知识，即怎样对所教的具体内容进行教学的知识，如怎样解释概念，怎样说明过程和方法等。[①]

舒尔曼(L. Shulman)认为专家型教师必须具备七种知识：所教学科的知识；教学方法和理论，适用于不同课程材料和不同教学对象的策略知识；课程材料，以及适用于不同学科和年级的程序知识；教授特定学科所需要的知识，教授某些学生和特定概念的特殊方式；了解不同学习者的性格特征和文化背景；学生学习的环境——同伴、小组、班级、学校以及社区；教学目标和目的。

2. 能够高效率地解决教学领域内的问题

研究表明，专家与新手相比，能在较短的时间内完成更多的工作，解决问题的效率比新手要高得多。专家型教师能够熟练掌握技能使其达到自动化的程度；善于利用认知资源，善于监控自己的认知执行过程；善于扩展自己的知识技能，并将认知资源投入到更高水平。

在解决问题时，新手和有经验的非专家型教师力图使问题适合于已有的方法，而专家型教师则更重视认知资源的再投资，不断寻找更多、更有效的解决办法。

---

① 参见[美]R. J. 斯滕伯格和 W. M. 威廉姆斯著，张厚粲等译《教育心理学》，中国轻工业出版社 2003 年版，第 6～7、11～14 页。

3. 创造性的洞察力

专家型教师善于创造性地解决教学领域内的主要问题，能够鉴别出有助于问题解决的信息，并有效地将这些信息联系起来，从综合信息中抽取新意义。此外，专家型教师能够将在其他情境中获得的知识应用于教学领域。他们在解决问题时善于观察和辨别。

(二)专家型教师成长模型

贝尔纳研究提出，教师的专业成长发展从时间上可以分为：新手教师(1～2)、熟练新手教师(3～4)、胜任型教师(5～6)、业务精干型教师(10)和专家型教师(超过10)，如图4-1。

专家化阶段（超过10年以上）		↑	↑	↑
骨干教师阶段（6~10年的投入时间）		↑	扩展发展需要	适应新需要和研究反思
适应与调整阶段（3~5年的经验）		再学习进修需要		
进入角色时期（1~2年时间）	掌握职业基本常识需要			

图4-1　专家型教师成长发展模型

专家型教师需要终身学习和提高的过程。上述模型对于教师队伍管理具有重要意义。对于学校组织来讲，建设一支高水平、高素质的专家型教师队伍，是一项长期的战略性发展任务，是需要几代人精心培育才会有的结果，即大学毕业之后要经过“十多年的磨炼”。知识经验丰富、职业专长充分发展、认知自动化、终生学习、终身投入、毕生发展，这是专家型教师应有的共同特点。

三、教师专业成熟与教学专长的发展

(一)教师专业成熟

教师个人的专业化发展过程是一个连续不断的动态发展过程，因为教师的专业成长需要不断适应教学情境和学生的变化，从而进一步促进教学情境的改善以及学生的健康成长。从这个意义上讲,教师不应该有、也不可能有最后的专业成熟阶段,而只可能有相对的专业成熟阶段。那么,怎样才算达到相对的成熟水平呢?见表4-1。

表4-1 教师与专业的关系测量问卷

顺序	专业成熟指标	较好	较差
1	熟知自己领域中的最佳实践方法		
2	自愿地归属于专业组织		
3	为自己的专业组织奉献时间及才能		
4	承担专业组织的义务		
5	为学校组织创造可行的民主途径		
6	自豪地讲出教育服务对社会的重要性		
7	熟知自己的专业及所处的世界		
8	尊重自己的职业		
9	鼓励能干及热情的人进入教师行业		
10	不向学校施加压力,以保障职位或利益		
11	拒绝在课本选择或其他用品购买上收取利益		
12	不为学生补习收取报酬		

美国学者瑞奇通过测量认为,教师个人专业成熟的指标应该从师生关系、教师之间的关系、教师与行政者的关系、教师与教育议会的关系、教师与公众的关系以及教师与专业的关系这样六个方面进行评估。

(二)教师的教学专长

国外学者对教学专长有三种理解:

(1)教学专长是一种反思性的实践倾向,即教学专长=实践+反思;

(2)教学专长是一系列可以观察到的经验特征;

(3)教学专长是一种以原型类目的相似性为基础的特征模型。

国内学者认为,教学专长就是指在教学领域中具有丰富的和组织化了的专门知识,能高效率地解决教学中的各种问题,同时富有敏锐的职业洞察力。不少学者认为,专家型教师的教学专长会贯穿在他的教学过程中。柏林纳(D. C. Berliner)把教学专长称为教学知识,认为可以把教学专长分为四类:关于所教学科内容知识的教材知识专长;支持有效教学和有效学习的课堂管理专长；关于教学策略和教学方法的教授专长；获得关于全部学生和个别学生知识的诊断专长。

可见教学专长是一个广义的概念，既可以把有某种学术、技能和特长的人视为专家型教师，也应该将善于管理学生的教师视为专家型教师。专家型教师在总体上具有多种类型，并不存在一种固定的刻板化模式。

复习思考题

一、简答题

1. 什么是教师角色？教师应具备哪些心理素质？

2. 教师需要具有什么样的人格特征？

4. 教师的专业成长过程由哪几个阶段组成？

5. 专家型教师与经验型教师有什么区别？

6. 你认为教学经验是否会促进教师教学水平的提高？

二、论述题

7. 作为一名高校教师，你如何应对职业压力？

第五章

大学生学习心理概述

学习心理一直是教育心理学研究的核心问题。从古至今，许多哲学家、教育家和心理学家进行了大量的研究和探讨。那么，什么是学习？学习有哪些类型和特点？学习的过程是什么？学习的规律是什么？心理学家是如何研究学习的？在这一章里，我们首先说明学习的性质，然后重点介绍两种基本的学习观和人本主义心理学的学习观以及建构的学习观，最后探讨学习过程的迁移。

第一节　人类学习概述

一、什么是学习

学习是人和动物普遍存在的一种现象。在心理学中，学习是一个含义极广的概念。到目前为止，还没有一个学者为学习下的定义是被公认的。对于学习这个概念，可以从广义和狭义两个角度给予理解。

(一)广义的学习

广义的学习包括人的学习和动物的学习。一般来说，广义的学习是指人和动物在生活中获得经验，并由经验引起行为的较持久的适应性变化。①

这个关于学习的定义，是被大多数人认可的。

广义的学习概念，应该从下面四个方面来理解：

第一，学习是人和动物所共有的心理现象。学习不仅是人类普遍具有的，动

---

① 参见韩进之主编《教育心理学纲要》，人民教育出版社 1989 年版，第 66 页。

物也存在学习现象。尽管人的学习是非常复杂的，与动物的学习有本质的区别，但是不能否认动物也有学习。即使是低等的无脊柱动物，也有简单的学习现象。

第二，学习不是本能行为，而是后天习得性行为。本能行为是通过遗传而获得的经验，是生来就有的、不学而会的，例如鸭凫水、鸡下蛋等。习得性行为是人和动物在后天与环境相互作用过程中获得的经验，如老鼠跑迷津，狮子滚绣球，人类游泳、驾车等。尽管由于动物的进化不同，学习水平差异很大，但是所有个体的学习都是后天由于经验或实践引起的，而不是由于成熟或损伤、药物等暂时状态引起的。

第三，任何水平的学习都能够引起适应性的行为变化。不仅有外显行为的变化（有时并不明显），也有内隐行为或内部过程的变化，即个体内部经验的组织和再组织的变化，比如人类思想、观念思维的变化，这种变化都不是短暂的，而是比较持久的。

第四，不能把个体的所有变化都看做学习。例如，由于药物、疲劳、生长、肌体损伤以及其他生理变化所产生的变化就不属于学习，只有通过实践活动所产生的变化才是学习。例如，运动员由于服用兴奋剂而提高了比赛成绩，学生学习疲劳后会降低效率等，尽管行为发生了变化，但是都不属于学习。

（二）狭义的学习

狭义的学习是指人类的学习。人的学习是在社会生活实践中，以语言为中介，通过思维活动而积累经验，进而产生行为、能力和心理倾向的相对持久变化的过程。①

人和动物的学习有许多相似的地方。例如，人在解决问题或遇到困难情境时，往往要通过尝试摸索，然后逐渐保留有效尝试，放弃无效尝试，最后才能找到解决问题的方法。有时也会灵机一动，在百思不解的过程中突然领悟，发现解决问题的关键，从而解决了问题。但是，人和动物的学习有本质的区别，人类的学习有一些显著的特点：

第一，从内容和形式上看，动物只有学习个体的直接经验。人类学习除了获得个体经验外，还要掌握几千年来积累的社会历史经验，即科学文化知识；方式是社会传递，通过语言来获得间接经验，而间接经验的学习对人类的意义更大。

第二，从功利和动力上看，动物学习只是为了适应环境，人类的学习还包括改造环境；动物学习是以满足生理需要为动力的，而人类的需要是多种多样的，除了满足生理需要外，更主要的是满足心理和社会方面的需要。

第三，从能动上看，动物的学习只是被动的消极适应过程，而人类的学习是

① 参见张承芬主编《教育心理学》，山东教育出版社2000年版，第37页。

一种有目的的、自觉的、积极主动的过程。

学生的学习，是人类学习的一种特殊形式，它通常是指学生在学校的学习。与人类一般学习相比，这种学习的特点是：

第一，学生的学习是在教师指导下，有目的、有计划、有组织地进行的，是以掌握系统的科学知识为主要任务的，与其他学习方式不同。学生学习的目的、科目内容、时间安排等都有明确的要求，而且是经过专门训练的专职教师按照其认知水平、年龄特征等有计划地组织进行的，因此，其最显著的特点是短时、高效、快速。

第二，学生的学习是一种特殊的认识活动，以掌握间接经验为主，它同科学家的发明创造是不同的。学生在学习过程中尽管可能有新的发现，但是主要是掌握系统的文化知识和技能，学生的学习没有必要、也不可能事事都要经过漫长的重复实践。

第三，学生的学习是为将来的工作做准备的，是为将来进一步认识和改造世界打好基础，并非当时直接需要。因此，学生的学习具有一定程度的被动性。

第四，学生的学习不仅要掌握知识和技能，而且还要发展智力，培养品德，促进健康人格的发展。

总之，学生的学习与人类的学习是特殊与一般的关系，既具有人类认识过程的典型特点，又有其特殊性。

二、学习的过程

学习是一个过程，对于人类的学习来说，是一个很复杂的过程。由于它的复杂性，人们曾经从多个方面进行研究和分析。许多人从不同的角度，采用不同的观点进行了探索。例如，我国古代的孔子把学习过程分为七个阶段：立志、博学、审问、慎思、明辨、时习、笃行。19世纪，德国心理学家和教育学家赫尔巴特把学习划分为连续进行的四个步骤：明了、联想、系统、方法。实际上，这就是学习的四个阶段(步骤)，这几个步骤后来被美国的赫尔巴特学派发展为五个步骤，即明了变成了准备和提示，联想变成了比较和抽象，系统变成了概括，方法变成了应用。这就是赫尔巴特的著名的学习过程(或教学过程)的五个步骤。我国教育心理学家在前人的基础上，认为学习可以划分为动机、感知、理解、巩固和应用五个阶段，这与前人的学习阶段论观点基本相同。下面，我们重点介绍美国著名的教育心理学家加涅(R. M. Gagne)的学习过程基本模式。

加涅根据信息加工的流程，把学习过程划分为八个有机联系的阶段，并且认为学习过程的阶段其相应的心理状态不是自发的，而是在教学环境影响下出现的。加涅认为，一个完整的学习活动是由下面八个阶段构成的：

(1)动机阶段。动机反映了学习者要控制和掌握他周围的环境来达到既定目标的自然倾向。学习需要动机,动机建立在对事物的期待上,不仅要讲明学习的作用,还要把学习兴趣和学习目的结合起来。

(2)领会阶段。学习的领会阶段包括学习者对刺激的注意和知觉。学生有了学习动机之后,会把与目标有关的刺激优先选择出来并加以安排。教师应该善于引起学生的注意,学生要善于与分心做斗争。

(3)获得阶段。指学习者对信息加工处理的过程,即编码并存储在大脑中。教师的指导作用主要表现在这个阶段。

(4)保持阶段。把编码的信息保存起来。这个阶段强调对经过编码存储的知识进行巩固、增强和保持。

(5)回忆阶段。把学习的东西恢复出来,用信息加工理论来说,就是检索过程。

(6)概括阶段。使学到的知识将来能够用得上,即迁移。

(7)动作(或作业)阶段。学生把所学的知识组织起来,做出行动,学生动作(作业)能够反映出学生学到多少知识。

(8)反馈阶段。即强化阶段。反馈是学习的最后阶段,它是通过强化过程发生的。

另外,前苏联的心理学家列昂节夫根据活动理论,提出了学习结构的"环状结构"理论,把学习过程分为三个环节:定向环节、执行环节、反馈环节。

三、学习的分类

学习是非常复杂的过程,不仅学习范围广,而且学习形式也是多种多样的。为了便于学习规律的研究,多数学者主张对学习进行分类。但是,由于学习本身比较复杂,加上研究者对学习分类的依据和标准不同,所以至今没有形成统一的学习分类。

(一)我国心理学家的学习分类

我国著名的教育心理学家潘菽从学校教育的实际出发,按照学习的内容和结果把学习划分为四种类型:(1)知识的学习,其中包括学习知识时的感知、理解等;(2)技能和熟练的学习,主要指运动的、动作的技能和熟练;(3)心智的、以思维为主的能力的学习;(4)道德品质和行为习惯的学习。

冯忠良教授把学习划分为三种类型:(1)知识的学习,主要指知识的理解、巩固、应用;(2)技能的学习。包括动作技能和智力技能的学习;(3)行为规范的学习。

我国的分类在日常教育中常常被采用,优点是比较符合教育工作的实际需要;缺点是不能简单地把知识这样分类,因为在学习过程中,这几类学习是密切联系的。

(二)加涅的学习分类

加涅在1965年出版了《学习的条件》一书,根据学习的情境、学习的水平,由简单到复杂把学习分为八种类型:(1)信号学习。指学习对某一符号做出某种反应,例如巴甫洛夫的经典条件反射。(2)刺激-反应学习。指学习使一定的刺激与一定的反应相结合,并得到强化,学会以某种反应获得某种结果,例如桑代克的刺激与反应联结和斯金纳的操作条件反射。(3)连锁学习。指学习形成两个或更多的刺激与反应联结,即形成一系列的刺激与反应联结。(4)言语学习。形成一系列的连续性的词语联结,同第三类学习一样,只不过它是语言单位的联结。(5)辨别学习。学会对不同的刺激做出不同的反应。(6)概念学习。学会对一类刺激做出相同的反应。(7)原理(或规则)学习。学习概念的联结,也就是形成两个以上的概念连锁。因为加涅认为原理是由概念连锁而成的。(8)解决问题的学习。即学会用原理去解决问题。

加涅的这种分类系统几乎概括了心理学家所研究过的所有学习类型。加涅把这八类学习按照从简单到复杂、从低级到高级的顺序排列成一个层次。每一后继学习类型都是前一学习类型更加复杂的表现。低级的学习是简单的和基础的,高级的学习是复杂的和抽象的。前者向后者发展,后者是前者的继续和提高。高低级学习彼此之间相互联系,构成了一个越来越复杂、抽象的积累学习模式。这就从根本上否定了历来用在特殊条件下得出的某一学习理论来解释所有学习现象的错误倾向。所以,加涅的学习分类改变了学习心理学家和教育心理学家对学习的性质及其条件的看法,为学习心理学的研究及其在教育中的应用指明了新的方向。到1971年,加涅又把学习由简单到复杂合并为六种类型:(1)连锁学习。(2)辨别学习。(3)具体概念的学习。(4)定义概念的学习。(5)规则的学习。(6)高级规则的学习(问题解决)。加涅的分类考虑到学习过程和学习情境,把几种学习相对区分开来,便于我们研究这些不同类型的学习特点和规律。但是,加涅的分类是以传统的联结学习理论作为其分类的理论基础的。

后来,加涅又提出根据学习结果对学习进行分类,认为学习结果是各种习得能力,即五种学习能力:(1)智力技能。指个体运用符号与环境相互作用,这在数学、语文等课程学习中体现得最明显、最典型。智力技能最典型的形式是规则,当学生获得一条规则后,他就会表现出用规则支配行为的倾向。(2)言语信息。指"能够陈述观念是一种习得能力,称为言语信息"。而言语信息的获得是以"当学习者能够按同样的呈现顺序用口头或书写重现词或词的序列,言语信息(陈述性知识)就可以被证实"。(3)认知策略。加涅认为,认知策略是内部组织起来的，学习者用来指导自己的注意、记忆、思维和解决问题的能力。在信息加工模式中，认知策略起到执行控制作用。智力技能朝向学习者的环境，使他能够处理“外在”的数字、词语和符号，而认知策略是控制自己应付环境的行为，在某种意义上是处理“内在的”种种因素。(4)动作技能。动作技能不难识别，其中虽然包括信息、智力技能和态度等多种其他能力，但是，动作技能的特征是肌肉运动的流畅性和精确性。如果看到这些特征，就可以证实动作技能的获得。(5)态度。加涅认为，态度是一种获得的内部状态。该内部状态影响一个人对某类事物、人或事件的选择。从学习的信息加工模式看，这种内部状态的影响是内部结构的控制过程。但是，它们并不控制行为，只是影响行为。这种影响有积极和消极之分。通过观察个体对自身行为的选择，就可以了解其态度的性质。加涅认为，这五类学习不存在等级关系，其顺序是随意排列的，它们只是一些不同的学习类型。

(三)布卢姆(B. S. Bloom)的教育目标分类

布卢姆的学习分类是比较著名的，他的分类应该说是对教育目标的分类。以布卢姆为首的一个委员会于 1956 年、1964 年和 1972 年先后公布认知领域、情感领域和动作领域的教育目标分类。这三类目标的每一类目标又排成由低到高的若干等级。认知目标包括知道、了解、应用、分析综合和评价；情感目标包括接受、反应、价值判断、组织、性格化；动作技能目标包括知觉、定向、机械动作、复杂的外显反应等。

(四)奥苏伯尔(D. P. Ausubel)对学习的分类

奥苏伯尔主要是研究学校学生的学习，他的学习分类非常引人注意和受到重视。首先，他根据学习进行的方式，把学习分为接受学习和发现学习。其次，他根据学习内容和学生已有知识经验之间的关系把学习分为机械学习和有意义学习。他的接受—发现和机械—有意义是划分学习的两个维度，它们之间是互不依赖、彼此独立的。不能把接受学习与机械学习或发现学习与有意义学习等同，这两个维度的每一个方面都不是绝对的，在它们之间还有过渡形式。

奥苏伯尔认为，学生的学习主要是有意义的言语学习。有意义学习有三种类型：(1)符号学习，即学习单个符号的意义；(2)概念学习，即掌握概念的关键特征，是通过概念形成和概念同化两种方式获得的；(3)命题学习，即学习由概念组成的句子。

奥苏伯尔对学习的分类比较符合教育实际，由于传统学习理论没有区分有意义学习和机械学习，倾向于用同一种理论模式解释不同类型的学习，而奥苏伯尔区分了有意义学习与机械学习、发现学习与接受学习，明确了它们之间的关系，对我们进一步深入研究学习很有启发意义。

四、大学生学习的特点

高等学校是培养各级各类高级专门人才的主要场所。中学生“挤过独木桥”后，踏进了大学校园，开始了新的、与中学生完全不同的学习生活。大学生的学习是人类学习的一种特殊形式，与人类学习之间的关系是特殊与一般的关系，它有一系列的、独特的特点。同时，与中学生的学习活动存在差异。正确地分析和掌握大学生的学习特点和规律，对于教师有效地授课、学生顺利地学习是至关重要的。因此，高校教师在教育教学过程中，在指导大学生学习的过程中，要考虑到大学生学习的特点。一般来说，大学生学习的主要特点有以下几个方面：

(一)学习方式的多样性

大学生的学习活动与中学生相比，发生了许多变化，首先表现在学习方式上。在中学，教学方式一般以灌输为主，教师日日上班，几乎天天辅导，学生的学习是在教师直接指导和组织下进行的，课堂教学是中学生获取知识的主要途径。当然，在大学里，课堂学习是大学生获取知识的一种重要途径，但是，教师授课仅仅是指导性的讲解和释疑，而且教师是上课时来，下课时走。因此，自学是大学生的重要学习方式，尤其到了高年级，自学就成了大学生的主要学习方式。

一般来说，大学的课堂里不是安排得满满的，教师授课的时间较少，信息量却很大，因而自习的时间很多，有三分之二甚至更多的时间用于自习，所以许多学习内容都是在自习中消化、吸收。在课堂教学过程中，教师也不可能讲授教材的所有内容，完成开章、明义、释疑、解惑后，布置各种参考书，引导学生自己完成教学任务。而且，大学生需要撰写毕业论文、参加科研活动等，这些都是在教师指导下，依靠自己的力量完成的。因此，大学生非常需要较强的自学能力，学会自己确定学习目标、制订学习计划、安排学习时间，学会自己查资料、做笔记、写摘要，学会独立地获取知识。

此外，大学生还要按照教学大纲要求参加各种集体活动、实践活动，协助教师从事科学研究，听取专家的学术报告和讲座，到图书馆或资料室查阅文献等，这些形式能够使大学生获取一些自己感兴趣的、重要的知识，同时也可以锻炼大学生独立工作和适应社会的多种能力。除了校内的多种学习途径外，大学生还不断地与校外联系，进行社会调查，开展各种咨询服务，参加志愿者活动，从社会实践中获得许多课本上学不到的知识。

总之，大学生既要重视课程表上有的学习活动，也要积极参与课程表上没有的课外活动、校外活动，以各种各样的形式进行学习，不断地丰富自己、发展自己。

(二)学习过程的阶段性

大学生的学习过程有比较明显的阶段性,在每个阶段都存在相应的学习内容和学习特点。大学生的学习过程大体上可以分为以下几个阶段:

1. 基础理论和专业基础课阶段

在这一阶段,大学生主要学习本学科、本专业的基础知识,同时还要学习相关学科、专业的基础知识和文理渗透的基础知识。例如,外语、计算机等方面的知识。学习的目的是获得系统而宽厚的基础知识,拓宽知识面和加深基础科学理论知识,从而提高自己的认识水平和智力水平。

这一阶段的学习,是学习专业知识的阶梯,既可以为专业知识学习打下良好的基础,又为增强适应能力创造了有利条件,基本上决定了大学生成材的方向。但是,由于没有涉及主要专业课的学习,往往使部分大学生感到学而无用,对这一阶段知识的学习没有给予足够的重视,给后续的专业课学习造成负面影响。

2. 专业课阶段

这一阶段主要学习本专业、本学科的主要专业课和实践课,掌握本专业的基本知识和基本技能,了解本学科和相关学科的最新科学成果。这一阶段,既是先前所学知识的综合运用,又是掌握专业知识、培养创造力的重要阶段。

3. 毕业设计或毕业(实习)论文阶段

这一阶段是对已学知识和技能的综合运用阶段,是走向工作岗位前的一次预备"演习",也是对自己大学学习结果的检验。大学生在指导教师的引导下,独立地进行科学研究和解决问题。大学生应该珍惜这个宝贵的学习与实践机会。

上述各阶段的划分是相对的,各阶段之间既有区别,又存在一定的交叉、渗透和相互联系,构成了一个有机的统一体。对大学生来说,每个阶段的学习都是非常重要的,也是自身健康、全面发展所必需的。

(三)学习内容的特殊性

大学生学习内容的特殊性,主要表现在学习内容的广泛性、专业性、争议性和高层次性上。

大学生要成为合格的专门人才,就必须具有合理的知识结构,即要掌握大量的、系统的科学知识,而不是零碎的、杂乱的知识,奠定宽厚的知识基础。当然,大学生应该围绕培养目标和专业方向来获取知识,而不是盲目地扩大知识面,也不是越宽越好。

大学生入学后就开始分专业,在某个专门领域内进行学习。因此,他们学习的专业化程度很高,职业定向也比较强,以便为毕业后参加工作做准备。在大学学习期间,大学生应该热爱自己的专业,形成对本专业的浓厚兴趣,学习好专业知识。只有这样,将来才能更好地服务社会。

大学生的学习内容中，往往包含着一些有争议的、尚没有定论的学术问题。教师在讲授某一方面知识时，也会有意识地向学生介绍一系列相对立的理论和观点。这些内容引入大学生的学习内容之中，不仅能够激发大学生的学习动机，引发他们的探究活动，而且可以开阔大学生的视野，启迪他们的思维，培养他们的科研兴趣。

大学生在专业学习过程中，不仅学习基础理论和基本知识，更重要的是了解本学科的最新研究成果和发展趋势。尤其到了高年级，大学生的学习内容往往起点高，许多内容处于本学科的发展前沿。

此外，大学生除了获取间接经验外，还要进行实验、实习、社会调查等活动。这样既获得了丰富的感性经验，又可以培养自己的实际操作能力。

(四)学习组织的主体性

大学生的学习活动是以学生的需要、年龄特征、已有的知识经验和个性差异为依据组织的，这些构成了大学生学习的基础。大学生在尊重老师，虚心向教师学习、向书本学习、向实际学习的前提下，必须树立强烈的主体意识，培养积极主动、自觉刻苦学习的精神，善于独立进行学习活动。

大学生在学习内容、学习方法等方面有相对的选择性。在学好必修课的基础上，大学生可以根据自己的兴趣、爱好，自主地选择选修课，选择各种参考书，选择感兴趣的活动，选择适合自己的学习方法，选择自己今后努力的方向，等等。因此，大学生应当独立地制订学习计划，安排学习时间，选择学习内容，探索学习方法，以便更好地完成学习任务。近年来，大学校园里的考研究生热、写科研论文热、学外语热等，就是大学生学习主体性的生动例证。

另外，大学生有着强烈的独立意识和自主精神，他们不再轻信教师所讲授的内容、书本上的结论，也不盲目地迷信专家的论述，而是相信通过自己独立地思考、探索所得出的结论。因此，他们总是以批判的态度对待学习。

总之，大学生的学习既有人类认识过程的一般特点，又有其特殊性。教师应该根据大学生学习的一般特点和规律组织教学，以便提高大学生的学习效果。

第二节 学习理论

学习是十分复杂的过程，它吸引了许多心理学家进行专门的实验研究和理论探索。由于各人所持的观点不同，对实验的解释不同，采用的研究对象不同，因此，对学习过程的认识也不同，形成了不同学派的各种学习理论。但是，总体上可分为两大理论体系：联结理论和认知理论。另外，20 世纪 60 年代兴起的人本主义心理学以及建构主义心理学也对学习进行了研究和探讨。

一、学习的联结理论

学习的联结理论与英国的联想主义一脉相承，它继承了英国联想主义心理学的系统理论，受洛克的经验论影响，重视环境和经验的作用，强调学习中的各种要素。这个学派尽管内部观点不一致，但是有以下共同特点：(1)把刺激一反应作为所有心理现象的最高解释原则，把一切心理现象或所有的学习都归结为刺激一反应联结的形成。(2)强调学习发生的原因在于外部的强化，主张研究学习就在于研究外部条件，而忽视对学习内部过程和内部条件的研究。

(一)桑代克的学习理论

桑代克(E. L. Thorndike)是联结理论的创始人，1896 年他在哈佛大学开始用小鸡做实验，被认为是动物心理学实验的创始人之一。不久转入哥伦比亚大学，继续利用猫和狗做实验。用猫学习解决疑难问题是他的经典实验。1898 年，桑代克将饥饿的猫关在迷笼内，猫可以用抓绳或按开关等不同的动作逃出笼外获得食物。饥饿的猫第一次被关在迷笼时，开始盲目地乱撞乱叫，东抓西咬，经过一段时间后，它可能做对了打开迷笼门的动作，逃出笼外。桑代克重新再将猫关进迷笼内，并记录每次从实验开始到猫打开笼门的正确动作所需要的时间。经过上述多次重复实验，桑代克得出猫的学习曲线。桑代克认为猫是在进行"尝试错误"的学习，经过多次的"尝试错误"，饥饿的猫学会了打开笼门的动作。因此，有人将桑代克的这种观点称为学习的"尝试错误说"，或简称"试误说"。桑代克认为，学习就是在情境与反应之间形成了一定的联结。其理论的基本观点是：

1. 学习的实质在于形成一定的联结

情境是引起反应的原因，而反应是情境引起的结果，二者的联系是直接的，不需要意识、观念为中介。桑代克认为，人类所有的思想、行为和活动都可以分解为基本的单位，即情境与反应的联结。

2. 学习是通过不断的"尝试错误"而实现的

桑代克用不同的动物进行实验，得出了基本相同的结论。即人和动物不断地进行尝试，正确反应逐渐增加，错误反应逐渐减少，最后在情境与反应之间形成联结。因此，学习是一种渐进的、盲目的"尝试错误"的过程。

3. 情境与反应之间的联结是按照一定的规律形成或建立起来的

桑代克提出，情境与反应的联结有三个定律，即准备律、练习律、效果律，其中练习律和效果律是两大主要定律。

(1)准备律。准备律的含义是：当某一情境与某一反应准备联结时，如果给予联结，就引起学习者的满意；反之，当某一情境与某一反应不准备联结时，要求联结，就引起学生的烦恼。

(2)练习律。包括应用律和失用律。早期的练习律注意到联结的频因效果，认为已经形成的某种情境与反应的联结，经常使用会使联结的力量加强，经常不用，会使联结的力量减弱。到20世纪30年代，桑代克修改了他提出的学习定律，首先放弃了频因因素，认为单纯的反复练习不能增强其联结，而只有将练习律与效果律相结合，才能发挥作用。

(3)效果律。早期的效果律注意到奖励和惩罚的作用，认为某种情境与某种反应联结伴随奖励时，联结力量增强；如果伴随惩罚，联结力量削弱。1930年以后，桑代克放弃了准备律并修改了效果律，认为奖励的效果比惩罚的效果更好，因此特别强调奖励的作用。桑代克首先注意到奖励的强化作用，为后来强化理论的深入研究开辟了途径。

如何看待和评价桑代克的学习理论？首先，我们应该看到，桑代克是西方第一位从事动物学习实验研究的心理学家。他的学习理论以实验研究为基础，系统地阐述了学习过程，并提出了一系列学习定律，成为西方最早、最系统的学习理论。这对后来学习联结理论的进一步发展产生了重要影响，并为教育心理学成为一门独立的学科起到了奠基的作用。

但是，我们也应该看到，桑代克的学习理论有许多缺点和观点上的错误。第一，桑代克忽视了学习的认知特性。他一味强调情境与反应的联结，把复杂的学习过程简单化和机械化。人的学习，主要是一种复杂的认知过程，桑代克的联结说只能解释简单的机械学习，而无法解释人类复杂的认知学习。第二，在桑代克的学习理论中忽视了学习的目的性和能动性，而把学习过程看成是盲目的、被动的过程。第三，把人类的学习同动物的学习完全等同起来，用解释动物简单学习的观点来解释人类复杂的学习，肯定不能说明人类学习的实质。

(二)斯金纳的操作条件反射学说

斯金纳(B. F. Skinner)从20世纪20年代就开始对动物学习进行实验研究，他的动物实验装置是斯金纳箱。早期的斯金纳箱比较简单。在一个木箱内装有一个操作用的杠杆，还有一个提供食物的盒子。动物(老鼠)一压杠杆，食物盒就出现一粒食物，对动物的操纵行为给予强化，从而使动物压杠杆的动作反应概率增加。斯金纳认为，这种先由动物做出一种操作反应，然后再受到强化，从而使受到强化的操作反应概率增加的现象是一种操作性的条件反射。这种反射与巴甫洛夫的经典条件反射不同，经典条件反射是由条件刺激物引起反应的过程，写成公式是S－R，而操作条件反射是首先做某种操作，然后得到强化的过程，写成公式是R－S。由此，斯金纳进一步提出，人和动物有两种习得性行为：一种是应答性行为，通过建立经典式条件反射的方式习得；另外一种是操作性行为，通过操作式条件反射获得。据此，斯金纳又进一步提出两种学习：一种是经典条件反射式学习，另一种是操作性条件反射式学习。两种学习形式同样重要，而操作式学习更能代表实际生活中人的学习情况。由此看来，斯金纳认为学习过程就是分别形成两种条件反射的过程。

斯金纳在后来的实验中，不断改进斯金纳箱的结构，使之能够通过电路控制编制强化程序，还能自动记录动物的操作反应次数。斯金纳用改进后的斯金纳箱进行了一系列强化程序的实验研究。斯金纳认为，强化是增强某个反应概率的手段，强化在塑造行为和保持行为中是不可缺少的。20 世纪 50 年代，斯金纳还以他的强化理论为依据，提倡程序教学，对当时各国的教学改革产生了重要影响。斯金纳根据他的强化学习理论观点，提出了程序教学思想，并在 20 世纪 50 年代大力提倡程序教学和机器教学。他程序教学的基本观点是：(1)把教材分成具有逻辑联系的"小步子"。(2)要求学生对所学内容做出积极的反应。(3)对学生的反应要有及时的强化。(4)学生在学习中可以根据自己的情况确定学习的速度和步骤，学习进度不要求一致。(5)使学生的错误率降低到最低程度。为了实现程序教学，就必须借助教学机器，为此，他还制造了一些教学机器。

斯金纳认为，使用程序教学的优点是：(1)对正确答案的强化是及时的。(2)消除了学生不应该有的恐惧心理状态。(3)每个学生可以按照自己的速度来进行学习。(4)由于可以了解每个行为刚刚做了什么，所以教师能够在最有利的时间，使用必要的补充强化。(5)因为机器可以记录学生错误的数量，教师可以不断地修改所编的程序教材。

程序教学目前还在发展，尤其是 20 世纪 70 年代以来，由于计算机和信息加工技术的发展，原来用于教学机器中的程序设计，已经在计算机辅助教学技术中广泛推广。对此，心理学家还在积极地研究，使它能够发挥积极作用，避免其消极作用。

斯金纳学习理论的主要错误是，他与桑代克、华生一样，坚持了机械主义的观点，完全放弃了对学习的认识过程的研究，同时也抹杀了学习的主观能动性。他简单地用操作条件反射来解释人类的学习，不可避免地有极大的片面性。

斯金纳的学习理论，尽管在思想观点上存在一些错误，但是，他的强化教学观点和方法、操作技能培养和训练的方法以及程序教学的设计等，对教学实践有一定参考价值，这需要我们在教学中合理地应用这些方法和措施。

(三)班杜拉的观察学习理论

班杜拉(A. Bandura)是当代美国著名心理学家。他所提出的观察学习理论无论在行为主义学习论领域，还是在学习心理学的范畴内都享有盛誉。在行为主义内部，他的观察学习模式同经典条件反射和操作条件反射一道被称为解释学习的三大工具。而在学习心理学内部，他的观察学习模式又同条件反射学习、认知学习一道被称为三大学习类型，由此可见这一理论的影响。

班杜拉的观察学习理论从总体上讲应属于行为主义学习理论的范畴。但是，由于班杜拉的观察学习理论吸收了认识心理学的研究成果，就使得他的理论明显不同于传统的行为主义。班杜拉是一个行为主义心理学家，他是在考察和研究行为是如何产生的基础上提出其学习理论的。班杜拉认为，行为的学习(或形成)可以通过反应的结果进行学习(直接学习)，也可以通过榜样的示范进行学习(间接学习)。班杜拉认为，如果我们人类仅仅通过自己行为的结果进行学习，那是非常缓慢的、非常吃力的，同时又要付出很大的代价。幸好，人们可以通过对榜样的观察学习，而且，人类的大部分行为是通过观察榜样的行为而习得的。因此，观察学习在人类学习中占有非常重要的地位，尤其在学生的学习中，观察学习的地位就更重要。

1. 观察学习的实质

观察学习又称替代学习，是指人们通过观察他人(榜样)的行为(这种行为对观察者来说是新行为)，获得示范行为的象征性表象，并引导学习者做出与之相对应的行为的过程。

2. 观察学习的心理过程

受信息加工认知心理学的影响，班杜拉在其观察学习理论中加入了心理过程的分析。在班杜拉看来，观察之所以产生学习，主要是通过榜样所产生的信息功能。学习者通过观察，获得了示范活动的符号表象。这些表象以形象的或语义的形式被编码，储存于记忆中，以后在一定条件下，就可以作为未来活动的指导。这一学习过程受四个子过程(constituent processes)的影响。图 5-1 社会学习分析中控制观察学习的组合过程概括了这四个子过程的基本成分：注意过程调节着观察者对示范者活动的探索和知觉；保持过程使得学习者把瞬间的经验转换成符号概念，形成示范活动的内部形象；再造过程是以内部形象为指导，把原有的行为成分组合成新的反应模式；动机过程则决定哪一种经由观察学习得的行为得以表现。

	注意过程							
示范事件 →	保持过程 显著性 情感诱发力 复杂性 流动性 实用价值 观察者的特征 知觉能力 知觉定势 认知能力 唤醒水平 习得的偏受	→	符号编码 认知组织 认知演习 行为演习 观察者的特征 认知技能 认知结构	→	认知组织 对再造行为的观察 反馈信息 概念匹配 观察者的特征 生理技能 行为成分	→	外部的诱因 感觉的 物质的 社会的 控制的 替代的诱因 自我的诱因 物质的 自我评价的	→ 匹配行为

图 5-1　观察学习的过程

3. 交互作用观

班杜拉认为，个体、环境和行为是相互影响、相互作用的。这三个因素影响力的大小取决于当时的环境和行为的性质，这三者是相互决定的。

在班杜拉的观察学习理论中，行为和环境都是可以改变的，但是，任何一种因素都不是行为的决定因素。

班杜拉在其观察学习的研究中，注重社会因素的影响，改变了传统学习理论重个体轻社会的思想倾向，把学习心理学的研究同社会心理学的研究结合在一起，对学习心理学的发展做出了独特的贡献。

但是，在班杜拉的观察学习理论与研究方法中也存在着明显的局限。班杜拉的观点忽视了发展变量的重要性，在攻击行为的观察学习研究中使用的一些方法也有缺陷。

二、学习的认知理论

学习的认知理论产生于德国格式塔学派的顿悟说（或完型说），受德国观念论的影响，其主要的代表人物有韦特海墨、考夫卡、苛勒，现代的主要代表人物是加涅、布鲁纳、奥苏伯尔等。认知派是与联结派相对立的一个学派。它们在学习理论上的对立主要表现在：(1)认知派否认刺激与反应之间的联结是直接的、机械的，认为学习是以意识为中介的。学习不是形成刺激与反应之间的联结，而是通过对情境的领悟或认知，以形成认知结构而实现的。(2)认知派强调学习的内在因素，注重对学习内部过程和内在条件的研究。这些观点与刺激一反应学习理论是对立的、针锋相对的。

认知的教育心理学受到格式塔理论和皮亚杰理论的认知传统的影响，其共同的特征是，主张学习是内部认知结构的变化，而不是外部行为本身的变化。下面我们主要介绍布鲁纳和奥苏伯尔的学习理论。

(一)布鲁纳的认知结构学习理论

布鲁纳(J. S. Bruner)是美国著名的教育心理学家和认知心理学家。他的思想和研究主要受到皮亚杰的认知发展心理学的影响，同时也受到詹姆士(W. James,)、杜威(J. Dewey)、格式塔心理学家拉施里(K. S. Lashley)、托尔曼(E. C. Tolman)以及各种社会人类学家的影响。布鲁纳注重研究教学中的学习心理学问题，他的学习理论是以学生的知识学习为研究对象的。其学习理论的主要观点是：

1. 学习是主动地形成认知结构的过程

布鲁纳的认知心理学的基本思想认为：人们通过认知过程把获得的信息和以前构成的心理框架联系起来，积极地构成他的知识框架。学习就是通过认知获得意义和表象，从而形成认知结构的过程，而不仅仅是形成一系列的反应。

2. 学习过程是一个复杂的认识过程

布鲁纳还研究了学生学习活动的具体过程。他认为，学习一门学科包含三个几乎同时发生的过程，即：(1)新知识的获得；(2)知识的转化；(3)评价。学习活动首先是新知识的获得。布鲁纳认为新知识可能是学生以前知识的精练或相反，例如，在讲循环系统的时候，学生可能已经模糊地知道了血液循环；在讲牛顿的运动定律时，会同学生已有的感性知识相违背。但不管新旧知识关系如何，都会使已有的知识进一步提高。获得了新知识以后，还要对他进行转化，使它们变成另外的形式，以适应新任务。转化的作用在于获得更多的知识。评价是对知识转化的一种检验，通过评价可以核对我们处理知识的方法是否适合新的任务，或者运用得是否正确。因此，评价通常包含对知识的合理性的判断。布鲁纳认为，学生不是被动的知识接受者，而是积极的信息加工者。

3. 教学应该促进学生对学科基本结构的学习

布鲁纳不仅研究学习问题，而且研究教学问题。他甚至情愿称他自己的理论为“一种教学理论而不是一种学习理论”。他认为学习理论是讲述描述性的东西而不是规定性的东西，它告诉我们实际情况怎样；教学理论则是约定俗成的东西，是一种规范化的理论，它阐明有关获得知识与技能的最有效方法的规则。简单地说，教学理论要论述如何使人们所想教的东西最好地被学会，它所关心的是改进学习的方法而不是描述学习的过程。布鲁纳正是在他的认知学习观的基础上提出了他的结构教学观，并以他的理论指导了美国五六十年代的中小学教育改革，在国际上产生了广泛的影响。

由于布鲁纳强调学习的主动性和认知结构的重要性，所以他主张教学的最终目标是促进对学科结构的一般了解。他要求无论我们选教什么学科，务必使学生理解该学科的基本结构。学科的基本结构是指学科的基本概念、基本原理及其内部规律。布鲁纳特别强调学科内部联系和内部规律，认为当学生掌握和理解了一门学科的结构时，他们就会把该学科看成是一个相互联系的整体。因此，布鲁纳把学科的基本结构放在设计课程和编写教材的中心地位，让普通的教师能够教给普通的学生，成为教学的中心。

为了让学生学习和掌握学科的基本结构，布鲁纳提出了四条教学原则：

(1)动机原则。布鲁纳认为几乎所有的学生都具有内在的学习愿望，内部动机是维持学习的基本动力。他的动机概念不包括强化。强化或外在奖赏仅对驱动一定的行动或保持重复性的行为起作用。可见，布鲁纳强调的是内在动机而不是外在动机。这一点与行为主义的观点是根本不同的。

(2)结构原则。为了使学习者容易理解知识，教师必须采取最佳的组织形式进行传授。正如布鲁纳所认为的：任何概念、问题或知识都可以用一种极其简单的形式来呈现，以便使任何一个学习者都可以用某种可认知的形式来理解它。

(3)序列原则。布鲁纳认为，教学就是引导学习者通过一系列有条不紊地陈述一个问题或大量知识，以提高他们对所学知识的掌握、转化和迁移的能力。换句话说，序列是学习者在某知识领域内所遇到的材料的程序，它影响着学习者在达到熟练掌握程度的过程中将会发生的困难的程度的大小。

(4)强化原则。为了提高学习效率，学习者还必须获得反馈，知道结果如何。因此教学规定适合的强化时间和步调是学习成功的重要一环。当然，布鲁纳也指出，教学是一种暂时状态，其目的是促进学生自我学习。所以学习者不能老是依赖教师的强化，必须逐渐形成自我矫正的能力。

4. 发现学习是最佳的学习方式

布鲁纳认为“发现是教育儿童的重要手段”，学生掌握学科的基本结构的最好方法是发现法。他主张“在提出一个学科的基本结构时，可以保留一些令人兴奋的部分，引导学生自己去发现它”。什么是发现法呢？布鲁纳说：“发现不只限于只是寻求人类尚未知晓的事物的行为，确切地说，它包括用自己的头脑亲自获得知识的一切形式。”因此，布鲁纳认为，学生的发现学习和科学家的发明创造的实质是一样的。

一般来说，发现学习是没有固定的模式的，要根据不同学科和不同学生的特点来进行。可以参考的步骤是：(1)提出和明确使学生感兴趣的问题；(2)使学生体验到问题的某种程度的不确定性；(3)提供解决问题的各种假设；(4)帮助学生搜集和组织可用于下结论的资料；(5)组织学生审查有关的资料，得出应有的结论；(6)引导学生运用分析思维去验证结论，最后使问题得到解决。总之，在整个问题解决的过程中，要求教师向学生提供资料，让学生亲自发现应得的结论或规律。

布鲁纳认为发现法的作用为：(1)有助于提高学生智慧；(2)有助于培养学生的内部动机；(3)有助于学生学会发现的技巧；(4)有助于学生保持记忆。

5. 强调基础学科的早期学习

布鲁纳认为，因为学校过分强调困难，推迟甚至忽视许多基础学科重要内容的教学，导致了年轻一代宝贵时间的浪费。儿童的能力倾向，特别是自然科学和数学的能力是能够较早地发现和培养的。任何学科的基本结构都具有普遍性和强有力的再生性，要通晓它们，自然要经历一定的过程。进行早期学习，使他们尽早、尽快学习许多重要学科的核心知识，这成为布鲁纳设想课程计划的一个指导思想。他提出，教材的形式和教法都应该适应儿童已有的认知发展水平，这是儿童学习的最好方法。

如何评价布鲁纳的学习理论呢？首先，我们应该看到，在教育心理学的发展史上，布鲁纳是一个举足轻重的人物。从他的理论开始，教育心理学领域内发生了许多重要的转变，例如，他推动了教育心理学从实验室动物实验走向课堂教学的实际，还推动了教育心理学从学习研究向教学研究的转变，他所提倡的发现学习，既是一种学习方法，也是一种教学方法。因此，无论在理论建设上还是在实践应用上，他都为教育心理学的发展做出了杰出的贡献。

尽管布鲁纳对教育心理学的发展做出了很大贡献，但我们也不能忽视他的理论本身也存在一些不足。布鲁纳的学习理论较为松散，概念使用也不统一，这给我们理解他的理论带来一定的困难。而且，布鲁纳的教学理论过于强调学科的基本结构，过于强调课程的现代化、理论化，致使课程内容过于抽象，混淆了课程之间的界限，使学生难以理解，无法学习。同时，由于过分偏重抽象理论，强调培养学生独立思考、直觉思维和创造的能力，而忽视应用知识和技能的训练，使教育质量大面积下降，最终导致他的教育改革失败。另外，布鲁纳的发现法把学生的学习发现混同于科学家的科学发现，没有看到二者的区别。

(二)奥苏伯尔的认知同化学习理论

奥苏伯尔是与布鲁纳同时代的一位美国教育心理学家，也是教育心理学的现代认知理论的主要代表人物。他坚决反对把动物学习规律和人在机械条件下的学习规律不加分析地推论到学生课堂里的有意义的学习中去，从而建立了有意义的言语学习理论，即认知一接受说(或认知一同化说)。

1. 有意义学习的过程是新旧意义的同化过程

奥苏伯尔认为，人类之所以能够进行有意义学习，是因为新知识和认知结构中的有关观念发生相互作用，使新旧知识发生了同化作用，并形成了新的认知结构。有意义学习是以获得心理意义为目的，以学习材料的逻辑意义和潜在意义为条件，通过学习者积极主动地将二者结合起来而实现的。

2. 学生的学习主要是接受学习而不是发现学习

奥苏伯尔认为，学生学习文化知识的过程是通过教师的传授而产生的。学生由于种种条件的限制，只能进行接受知识和技能的学习。教师是一个知识的宝库，是一部活的教科书，教师的特殊功能是把知识传输给学生。学生在学校的学习是以有意义地接受系统的文化知识为核心的，学习是认知结构的组织与再组织。在学习过程中，奥苏伯尔强调已有知识经验的作用，又强调学习材料本身的逻辑意义。新旧知识发生相互作用，使新材料在学生头脑中获得新的意义，这就是学习变化的实质。奥苏伯尔认为，接受学习是学生学习的核心，但是并不排除发现学习。然而发现学习很难成为首要的、有效的学习手段，接受学习更经济。奥苏伯尔认为，学习不在于方法本身，而在于使用。

3. 有意义学习的实质与条件

(1)有意义学习的实质

奥苏伯尔认为，有意义学习就是通过符号、文字使学习者在头脑中获得相应的认知内容的学习。

有意义学习的实质，就是符号、文字所代表的新知识与学习者认知结构中已有的适当观念建立实质性的和非人为性的联系。所谓实质性，是指表达的词虽然不同，但都是等值的。例如，等边三角形是“三条边相等的三角形”或“等边三角形有三条等边”。尽管用词不同，但是概念的关键特征不变。所谓非人为性，是指存在内在的联系，不是任意的联系，是符号所代表的新知识与原有知识的联系，例如，等边三角形与学生认知结构中已有的三角形知识形成的联系。这种联系不是人为的，是特殊与一般的联系，是知识本身的联系，不是人强加的。

(2)有意义学习的条件

有意义学习的产生既受材料本身的影响，也受学习者自身因素的影响，前者为客观条件，后者为主观条件。从客观条件来看，学习材料必须具有逻辑意义。这里所说的逻辑意义，是指材料本身能够与学习者的有关观念建立实质性和非人为性的联系，即在学习者的心理上是可以理解的，是在其学习能力范围之内的。从主观条件来看，首先，学习者必须具有有意义学习的心向。有意义学习的心向，是指积极主动地把符号所代表的新知识与学习者认知结构中原有的适当观念进行联系的倾向性。其次，学生认知结构中必须具有适当的知识，以便与新知识进行联系。如果学习材料本身具有逻辑意义，而学习者认知结构中又具有适当的知识基础，那么，这种学习材料对学习者来说就具有了潜在意义。最后，学习者必须使这种具有潜在意义的新材料与认知结构中有关的旧知识发生相互作用，结果旧知识得到改造，新知识就获得实际意义，即心理意义。

4. 认知同化理论

奥苏伯尔继承了发生认识论的观点，把学习看成是认知结构的组织或形成，把发生认识论的同化和顺应归结为新旧知识的相互作用。奥苏伯尔认为，有意义学习并不是新旧知识的简单组合，只有机械学习才是这样一种简单的组合。他认为，获得新知识本身已经改变了新获得的知识，也改变了与它组合的原有的认知结构。新旧知识相互作用的结果，导致了有潜在意义的观念转化为实际的心理意义，同时还使原有认知结构发生量变和质变。因此，同化论的核心是相互作用论。

奥苏伯尔的学习理论认为学生的学习主要是接受，而且他致力于研究学生课堂中的有意义学习。他的学习理论是用心理学的理论去解释课堂里学习的创建，也是推动学习理论发展和教育改革的一大动力。他的理论与其他理论相比更符合实际。

当然，奥苏伯尔的学习理论在研究学校学生的学习活动时，仅仅局限于知识的学习，而把技能特别是智力技能和品德的学习排斥在外，这是片面的。

三、学习的人本理论

人本主义的学习论是人本主义心理学的理论与方法在教育心理学的贯彻和应用。它对于教育事业的革新与进步具有不可忽视的作用。人本主义心理学的主要代表人物马斯洛和罗杰斯等人同时都是教育改革家，他们以及其他人本主义者对美国传统教育的抨击促进了人本主义心理学在教育心理学中的渗透与应用，为人本主义心理学的诞生奠定了一定的基础。人本主义心理学对教育产生了影响，并在教育心理学中得到应用。它的产生为教育心理学提供了一种新的观点。

1. 对教育目标的看法

人本主义学习论的教育目标指向学生个人的创造性、目的和意义，是培养积极愉快、适应时代变化的心理健康的人。人本主义教育心理学家主张教育应当以学习者为中心，充分发挥他们的潜在能力，使他们能够愉快地、创造性地学习和工作。

2. 对学习的看法

人本主义心理学家的学习理论是以人本主义心理学的基本理论为基础的。

他们强调人的尊严和价值，反对心理学中的机械化和人兽性化的倾向，主张心理学要研究对个人和社会进步有意义的问题。学习的基本原则应该是尊重学生，以学生为中心，重视学生的情感、意愿和观念，相信学生能够教育自己、发展自己。所谓学习就是个人潜能的充分发挥，是人格的健康发展。教师必须与学生建立良好的关系，只有这样，才能使学生处于一种轻松、愉快、无威胁的学习气氛中。

3. 以学习者为中心的教学

人本主义心理学强调以人为中心，突出学习者在教学过程中的中心地位。他们的具体观点是：(1)教师应信任学生能够发展自己的潜在能力，使学生在教学情景中感到自信与安全，这是实现以学习者为中心的教学的前提。(2)教师应与学生共同分担学习过程的责任。(3)教师提供给学生的学习资源来自他的为人、经济、书籍和其他材料，或者来自社团的经验。教师应鼓励学生把个人的知识纳入这种学习资源中。(4)让学生自己制定学习方案，或者单独制定，或者与别人协同制定。(5)创造一种真诚、关心、理解的促进学习的气氛。这种气氛由教师逐步扩大到学生之间。在这种促进学生成长的气氛中，学生的学习更加深入，进度更快，而且在学生的生活中产生普遍的影响。(6)教师的作用是“助产士”与“催化剂”，而不是权威。只有在这个时候，教师的角色才是最富有意义的，教师的作用才得到了最充分的发挥。(7)学生要成为学习的中心，首先应该知道“他是谁”。教师可以从动作、与别人的关系和内在的自我这三个方面帮助学生认识“我是谁”，帮助学生理解自己并发展自己。

4. 最有用的学习是学会如何学习

人本主义心理学家特别强调学习方法的学习，强调在学习过程中学会如何学习和学会如何适应变化。按照人本主义心理学的观点，许多有意义的知识经验不是从现成的知识中学到的，而是在做的过程中获得的。学生通过自我发现、自我评价和自我创造而获得的知识经验是最有用、最宝贵的经验。在学习过程中获得的不仅仅是知识经验，更重要的是获得如何进行学习的方法，而这些方法和经验可以运用到其他情境中去。

另外，人本主义心理学家还提出了一些教学模型，如以题目为中心的课堂讨论模型、开放课堂模型、自由学习模型等，为我国当前的教育教学改革的研究与实践提供了一些新的观点和途径。

人本主义学习理论的基本观点，不仅有力地冲击了行为主义与精神分析对学习理论与教育实践的消极影响，促进了当时的教育革新，而且消除了精神分析理论的悲观倾向，增强了教育目标的科学性。

但是，人本主义学习理论片面强调了学生潜能的作用，而忽视了人本性的社会性方面;过分强调以学生为中心,忽视了教师的作用:这必然导致教育质量的下降。

四、学习的建构理论

(一)建构主义的思想渊源与理论取向

1. 建构主义的思想渊源

行为主义心理学只是强调学习的刺激与反应之间的外部行为,反对对学习者内部机制进行研究。认知心理学则强调研究学习者的内部心理机制。认知同化论来源于格式塔心理学,他们强调心理活动的内部组织作用,认为学习是通过领悟来实现的,是发现了事物间的关系后产生的。托尔曼提出认知结构概念,把学习看成是形成符号——格式塔的过程,即形成认知结构或认知地图的过程,把人类的学习看成是指导行为的认知结构的变化。皮亚杰的认知发生论把生物学中的同化概念引入心理学,开始用认知同化理论来解释儿童智慧的发展,认为学习是个体对外界刺激的反应,反应的变化是通过个体的内部组织来实现对外界的适应,个体对外界的反应总是以个体已有的图式或认知结构为转移。因此,他认为:没有从零开始的行为,总是嫁接在以前的图式之上的。

最初的建构主义者受到皮亚杰思想的影响,把学习描绘成儿童自身进行探索、发现和建构的过程。皮亚杰的理论介绍到美国后,得到了广泛的响应与研究。在教育心理学领域内最有影响的就是奥苏伯尔的有意义学习理论和布鲁纳的发现学习理论。而布鲁纳的发现学习目前基本上被认为是属于建构主义的模式。20 世纪 70 年代以来,西方教育心理学受到前苏联心理学家维果斯基的强烈影响,强调知识的发展是通过建构而激起的。所有这些都对当今建构主义者有重要的影响,他们认为,世界是客观存在的,但是对世界的了解则是由每个人自己决定的。因此,他们更加关注如何根据已有的经验、心理结构和信念去建构知识,更加强调学习的主观性、社会性和情景性。

总之,建构主义是学习理论中从行为主义学习理论发展到认知主义学习理论以后的进一步发展。

2. 建构主义的理论取向

建构主义目前正处于发展过程中,尚未形成一致意见,存在不同的理论取向。主要有以下几种:

(1)激进建构主义。激进建构主义是在皮亚杰思想的基础上发展起来的,其基本原则有二:一是知识由认知主体主动建构,而不是通过感觉被个体接受,即是通过新旧经验相互作用来实现的;二是认识的机能不是去发现本体意义上的现实,而是适应自己的经验世界,帮助自己组织世界。激进建构主义者认为,世界的本来面目是无法知道的，我们所知道的只是我们的经验。他们深入地研究了概念的形成、组织和转变，关注个体与物理环境的相互作用，但是不重视学习的社会性。

(2)社会建构主义。主要代表人物有维果斯基、鲍尔斯费尔德、库伯。他们认为世界是客观存在的，知识是在人类社会范围内建构起来的，又在不断地被改造，以尽可能与客观世界保持一致，尽管这是不可能的。他们把学习看成是个体建构自己知识的过程，并且关系到建构这一过程的社会的一面。社会建构主义者在一定程度上对知识的确定性和客观性提出了怀疑，但是比激进建构主义者更为温和。

(3)社会文化取向建构主义。这种理论取向与社会建构主义比较相似，受到维果斯基的影响，把学习看成是建构的过程，关注学习的社会性方面。但是，这种理论取向认为心理活动与一定的文化背景联系在一起，知识与学习都存在于一定的社会文化背景中，不同的社会实践是知识的来源。

(4)信息加工建构主义。尽管信息加工理论认为认知是一个积极的心理加工过程，学习不是被动地形成刺激和反应的联结，但是，从严格意义上说，它不是建构主义。信息加工理论假定知识事先是以某种形式存在的，个体必须接受它们，才能进行认知加工。它仅仅强调原有知识经验在信息编码表征中的作用，而忽略了新经验对原有知识经验的影响。信息加工建构主义比信息加工理论前进了一步，完全接受了“知识由个体建构而成”的观点，强调外部信息与原有知识之间存在双向、反复的相互作用。但是它不接受“知识仅仅是对经验世界的适应”的原则。因此，信息加工建构主义也往往被称为“温和建构主义”。

(二)建构主义学习理论的基本观点

1. 建构主义的知识观

建构主义学习理论的代表人物威特罗克(M. C. Wittrock)总结了近几十年认知心理学在人类认知和发展、能力、学习与教学，特别是信息加工心理学等方面的有关研究，提出了人类学习的生成模式。

建构主义者认为，学习在于建构内部心理表征。这一点与认知心理学的观点相近。但是，建构主义者所说的内部心理表征与认知主义者所说的认知结构不同。建构主义心理学家主张，我们头脑中储存的知识并不是对客观世界的准确表征，它带有很强的主观性，是我们在自己经验背景的基础上建构起来的一种假设或解释。我们对外部世界的表征，不仅包括认知主义者所强调的结构性知识，也包括大量非结构性的经验背景。

威特罗克认为，学习过程是学习者利用已有经验与从环境中接受的感觉信息进行相互作用，主动建构信息意义的生成过程。无论是学生还是专家，在对学习的事物产生意义时,都有与以前的经验相结合的倾向。

2. 建构主义的学习观

(1)学习是一个主动的过程

威特罗克认为,生成学习模式的本质就是大脑不是被动地学习和记录信息,而是积极主动地建构它对信息的解释,从而作出推论。面临巨大的的信息量,我们不可能接受所有的信息,只能忽视某些信息而有选择地注意其他信息。他提出了学习的信息加工流程图(见图 5-2)。①

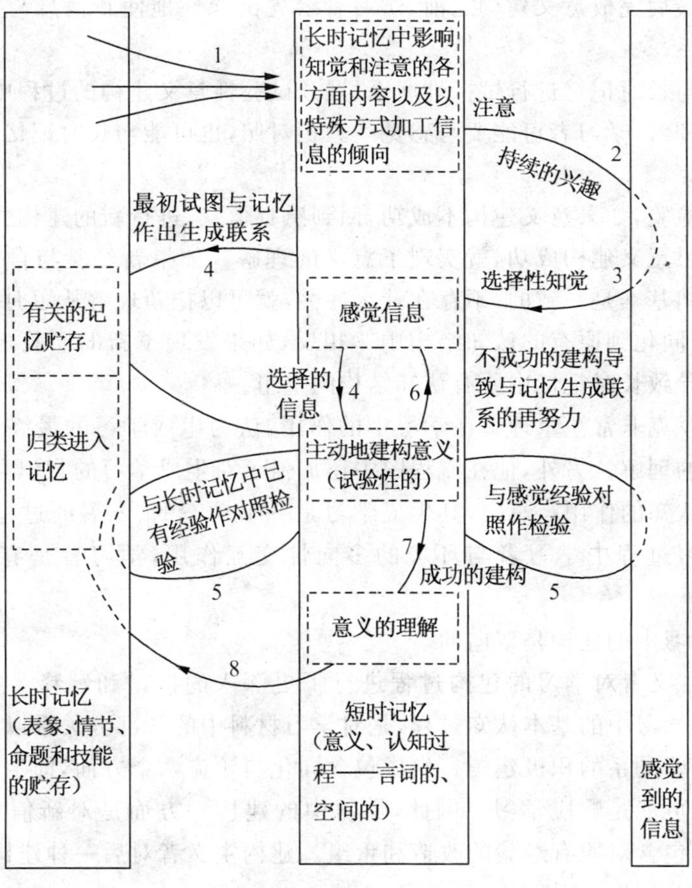

图 5-2 生成学习模式的流程图

① 参见张承芬主编《教育心理学》,山东教育出版社 2000 年版,第 518 页;陈琦、刘儒德《当代教育心理学》,北京师范大学出版社,1997 年版第 99 页。

①长时记忆中存在一些知识经验，它们会影响个体的知觉和注意倾向，以及个体以某种方式来加工新信息的倾向，学习者应先把这些内容提取出来，进入短时记忆（当前的工作记忆）。

②这些内容和倾向实际上构成了学习者的动机，影响着学习者的注意和选择性知觉。

③经过选择性知觉得到的信息，和长时记忆中存在的有关信息建立某种联系，从而主动地理解新信息的意义，这是意义建构的关键。

④在最后完成意义建构之前，学习者要先试探性地使新信息与原有相关知识发生联系。

⑤在与长时记忆进行试探性联系、展开试验性意义建构的过程中，为了检验所形成的理解，学习者可能要与感觉经验相对照，也可能与长时记忆中已有的经验作比较。

⑥经检验，如果意义建构不成功，回到感觉信息，进行新的建构尝试。

⑦如果意义建构成功，就实现了意义的理解。如果新经验与自己原来的经验结构之间基本是一致的，不存在什么冲突，就可以把新理解从短时记忆纳入到长时记忆，同化到原有的认知结构中。相反，如果发现了新旧经验之间的冲突，这就可能导致长时记忆中原有认知结构的重组。

威特罗克非常注重理解在学习中的作用，认为生成学习的最终目的就是达到对意义的理解。另外，他在流程图中还加强了对生成学习的意识和监控，也就是强调元认知的作用。总之，其生成学习是一个动态的、发展的过程，自始至终反映了学习过程中学习者与环境的多向性交互作用，学习者是有意识的、主动的。

(2)学习中的建构是双向的

建构主义者对学习的建构过程进行了更深入的探讨和解释。威特罗克认为，生成是学习中的基本认知过程，是对学习材料中的各部分关系以及学习内容与知识、经验关系的积极建构。生成包含同化与顺应两个方面，即生成可能是同化学习，也可能是顺应学习。因此，学习中的建构一方面是对新信息意义的建构，同时也包含对原有经验的改造和重组。建构主义者对后一种建构更加重视。

3. 建构主义的教学观

建构主义者在其学习观的基础上，提出了几种教学模式，以突出学习的主观性、社会性和情景性。其中有代表性的是：

(1)随机通达教学（Random Access Instruction）

斯皮罗等人认为，学习可以分为两种：初级学习和高级学习。初级学习要求学习者知道一些重要的事实和概念，高级学习则要求学习者把握概念的复杂性，并广泛而灵活地运用到具体的情景中。适合于高级学习的教学应该能够帮助学习者清晰地理解和把握概念并能与具体的情景联系起来。为此，他们提出了随机通达教学，认为对同一内容的学习要在不同时间多次进行，每次的情景都是经过改组的，分别着眼于问题的不同侧面，以便使学习者对概念获得新的理解。即教学中要充分利用变式，分别用于说明不同方面的含义。

(2)情景性教学(Situated or Anchored Instruction)

建构主义者提倡情景性教学，认为传统教学是一种使学习情景化的做法。他们主张在教学中，首先应该使学习在与现实情景相类似的情景中发生，以便解决学生在现实生活中遇到的问题。因此，学习的内容要选择真实的任务，不能进行简单化的处理。其次，教学过程应该与现实的问题的解决过程相似，教师不是把准备好的内容教给学生，而是要在课堂上展示与现实的问题解决相类似的探索过程，提供解决问题的原型并给予指导。最后，情景性教学不需要独立于教学过程的测验，而是要采用融合式测验或教学与学习过程一致的情景化的评估。

(3)支架式教学(Scaffolding Instruction)

支架本意是建筑行业使用的脚手架，建构主义者用其来形容一种教学模式。该模式认为，教师引导教学的进程，是通过支架(教师的帮助)，把管理学习的任务逐渐由教师转移给学生自己，最后再撤去支架。

建构主义者认为，支架式教学一般包括三个环节：预热、探索和独立探索。因此，支架式教学是将监控学习和探索的责任由以教师为主转化为以学生为主。

(三)建构主义学习理论的简单评价

建构主义者强调学习的主动性和建构性，强调非结构性的背景知识在学习中的作用，区分了初级学习和高级学习，并提出了一些新的教学模式。这些加深了我们对学习的理解，进一步强化了认知心理学在教育和教学领域中的领导地位，同时，也使我们认识到了传统教学的缺陷，对于深化教学改革具有深远意义。

但是，建构主义者过分强调学习中的主观性，容易导致唯心论；过分强调非结构性的背景知识，容易导致全面否定传统的系统学习方法；过分强调教学的功用，容易导致否定通过学习间接经验来迅速积累知识这一有效途径。

第三节 学习的迁移

学生在学校学习的知识，不仅应该长久地保持，而且应该把所学的知识应用到不同的情境中去，这就涉及到迁移的问题。长期以来，国内外学者对学习迁移现象极为重视，开展了大量的学习迁移的理论和实验研究，探讨造成学习迁移的因素或原因，提出了各种解释学习迁移的理论和学说。

一、学习迁移概述

(一)学习迁移的概念

学习的迁移(简称迁移)是一种学习对另外一种学习的影响。

过去一般的心理学教科书中,都把先前学习对后来学习的影响称为"迁移"。现在看来,这一概念不能包括学习迁移的全部现象。因为后来的学习也可能对先前的学习发生影响,这种影响心理学家也看做是学习的迁移。因此,学习迁移的概念应该定义为一种学习对另一种学习的影响。

在日常生活和学习中,我们常常看到这样的现象,一个人在一种情境中的学习会影响其在其他情境中的学习和行为。例如,学会了骑自行车有助于学习骑摩托车;学会了一种外语有助于掌握另一种外语;学会了打羽毛球有利于学习打网球;儿童在语文学习中养成的爱整洁的书写习惯,有助于他们在完成其他作业时也形成爱整洁的习惯。这些都是我们常见的学习迁移现象。

学习迁移是学习中普遍存在的一种现象。人的一生是学习的一生,因此,只要人们学习,就有学习迁移的存在。一个人通过学习而获得的知识、技能、态度、品德,都会向其他的情境迁移。

(二)学习迁移的种类

学习迁移有各种情况,这就是学习迁移的种类。可以从以下几方面进行分类:

1. 根据迁移的性质分类

根据迁移的性质,学习迁移可以分为正迁移和负迁移,或者积极迁移和消极迁移。一种学习对另一种学习产生积极的促进作用称为"正迁移"。在技能学习方面,正迁移的例子很多,例如,棒球选手打高尔夫球,懂得英语的人很容易学习和掌握法语等。凡是一种学习对另一种学习起干扰作用或抑制作用称为负迁移。负迁移的例子也很多,例如,中国司机在日本驾驶汽车时,就有驾驶习惯的困难。在中国驾驶汽车是右侧行驶,而在日本驾驶汽车是左侧行驶。这样在中国学习右侧行驶对在日本左侧行驶就带来负迁移,即产生干扰学习的现象。在相似的知识和技能学习过程中,如果没有很好地加以区分,也会产生相互干扰的现象,即产生负迁移。

2. 根据迁移的层次分类

美国著名教育心理学家加涅根据迁移的层次不同,把学习迁移分为横向迁移(lateral transfer)和纵向迁移(vertical transfer)。所谓横向迁移是指先前学习向在难度上大体相似而又不同的后继学习发生的迁移,又称"水平迁移"。例如,阅读报纸时看到在课堂上学习过的新词汇,就属于横向迁移。所谓纵向迁移是指先前学习向不同水平的后继学习(更高级的学习)发生的迁移。例如,作为先前学习的加法、减法学习,对以后更高级的乘法和除法的学习具有促进作用。因此,纵向迁移指的是由简单的知识和技能学习向复杂的知识和技能学习的迁移,所以又叫"累积迁移"。

加涅非常重视横向迁移和纵向迁移的分类,认为个体通过学习而获得的知识结构是一个网络化的结构,要解决其上下左右的沟通与联系,就必须通过横向迁移和纵向迁移才能实现。

3. 根据迁移的先后顺序分类

根据迁移的先后顺序,学习迁移可以分为顺向迁移和逆向迁移。凡是先前学习对后继学习的影响称为"顺向迁移",例如,学习素描会对以后学习油画产生积极影响,生活中所说的"举一反三"也是顺向迁移的例子;凡是后一种学习对先前学习的影响称为"逆向迁移",例如,后来学习的汉语拼音会对以前学习的汉字发音产生积极的影响。

如果用认知派的观点来解释,凡是把已有知识经验运用到同类事物中去,以揭示新事物的意义和作用,从而把新事物纳入已有的知识经验体系中(即认知结构),这就是同化作用,即顺向迁移;凡是把已有的知识经验运用到异类事物中去,即要对已有经验重新改组,以形成能够包含新的事物、新的知识经验的系统(即认知结构),这就是顺应作用,即逆向迁移。

4. 根据迁移的内容分类

根据迁移的内容,学习迁移可以分为特殊迁移与普遍迁移。特殊迁移是指某一领域内的学习直接对另一领域内的学习所产生的影响。例如,在跳水比赛的各个项目中,基本动作都是一样的,即弹跳、空翻、入水等。如果运动员在某个项目中熟练地掌握了这些基本动作,那么,他在学习新的跳水项目时,就容易迅速掌握。普遍迁移是指一种学习中获得的一般原理和态度对另外具体内容的学习的影响,即所学的原理、原则和态度的具体化。布鲁纳非常重视普遍迁移,认为普遍迁移更重要。

以上从不同的角度对学习迁移进行的分类,有助于我们更深入地认识和了解迁移,从整体上把握迁移。而且,学习迁移的种类和特点不同,其教学所要求的条件也不相同。因此,学习迁移种类的研究,有助于我们更好地揭示迁移的实质和规律,以便在教育教学过程中运用迁移的规律,从而提高教育教学效果。

(三)学习迁移的作用

学习迁移是一种普遍现象,广泛地存在于各种学习材料和各种形式的学习和训练中,也存在于态度和品德的学习中。其中以知识的学习和技能的学习最为显著。因此,学习迁移的研究十分重要,历来受到教育工作者和心理学家的重视。学习迁移的意义不仅在于它能给学习者带来事半功倍的学习效率，而且能够充分发挥教学的有效作用。在当今知识激增的时代，大学生不可能在学校里学会全部的知识和技能，他们希望通过在学校里的学习，对以后工作中的学习产生积极的影响。同样，大学教师也希望通过自己的有效教学，使大学生在以后的工作和学习中发挥更大的潜力。正是因为迁移在学习和教学中如此重要，所以在教学理论研究和教学实践中，"为迁移而教"、"教是为了不教"成为人们的共识。

学习迁移的研究不仅具有十分重要的实践意义，而且具有十分重要的理论意义。学习迁移的实质是什么？为什么一种学习会对另一种学习产生影响？学习结果在今后学习中是如何变化和产生影响的？学习迁移的条件是什么？对这些问题的回答，肯定要涉及到学习的过程、学习的机制、学习的条件等多方面的基本理论问题，而且它本身又是影响学习的一个重要条件。因此，学习迁移的研究是整个学习理论研究中的一个不可缺少的重要组成部分，它对回答学习内容对学习过程的影响、学习过程的内在联系等问题有十分重要的启示意义。

概括来讲，学习迁移是学习甚至是整个学校教育中最为重要的问题。它不仅具有理论意义，有助于揭示学习规律，建立完善的学习理论；而且还具有实践意义，有助于大学生认知结构的不断完善，促进大学生心理的健康发展。因此，学习迁移在学习和教学中都非常重要。在教育教学过程中，它无处不在，贯穿于整个教学系统，并发挥着重要作用。

二、学习迁移理论

学习迁移问题成为教育家、学习理论家和教师十分关心和感兴趣的问题。学习迁移的实质是什么？学习如何向新的情境迁移？怎样才能有效地促进迁移？什么样的教学方法和教学内容最有助于迁移？要使学习产生良好的迁移效果，应该如何处理知识、技能和智力之间的关系？这些问题是探讨学习问题的关键，也是解决教育教学问题的关键。下面将介绍几种传统的迁移理论对这些问题所作的回答。

(一)形式训练说

形式训练说是对迁移现象进行的最早、最系统的研究，该学说的心理学基础是欧洲从古代到近代一直比较流行的官能心理学。官能心理学认为，人的心理是由意志、记忆、思维、推理等官能组成的，它们是各自独立的、非物质的实体，分别从事不同的活动，发挥不同的作用。例如，记忆官能是进行记忆和回忆的，思维官能是从事思维活动等。心灵是各种官能组成的整体，一种官能的改进会增强其他所有官能。各种官能是通过遗传获得的，它就像人的肌体一样，可以通过训练或练习增强其力量。经过训练或练习后,官能会在以后的活动中发挥更好的作用。因此,形式训练说把迁移看成是通过对各种官能进行训练来实现的,迁移的发生是自动的。

形式训练说注重训练和改进各种官能,认为训练心理官能、提高心理官能的能量是教学的重点。因此,学习内容不是很重要,重要的是训练心理官能,是学习活动的形式和学习的对象的训练价值。该学说还认为,学习要收到最大的迁移效果,就应该经历一个痛苦的过程,所以学习应该有一定的难度。他们假设,几何学习有助于逻辑推理能力的形成,学习历史能够提高记忆力。于是,难记的古典语言、数学和自然科学中的难题被视为训练心理官能的最好材料,而对实用性强的英语、法语等实用知识的教学不重视。在这样的训练过程中,"学生学会观察、分析、比较、分类,学会想象、记忆、判断、推理,甚至于创造……有了这样的造诣,足以使学生在以后的学习和工作中受益无穷"[①]。反之,学生如果仅仅记住一些具体的事实,其实用价值十分有限。因为学习内容是会忘掉的,其作用也是暂时的,而只有通过训练而提高的官能发展才是永久的,才能迁移到其他的学习上。

形式训练说在欧洲和北美洲流行了二百多年,至今在国内外教育实践中还起着一定的作用。它重视学习迁移、重视能力的训练和培养是合理的,并对后来的学习迁移理论研究有很大影响。但是,心理的各种官能能否经过训练就能够提高其能量,从而自动地、不需要任何条件地迁移到以后的学习活动中呢?教学的主要目标是训练各种官能还是传授系统的科学知识?在回答这个问题上,该学说缺乏充分的科学依据。这就引起了学习迁移研究家们的极大怀疑,他们纷纷进行实验研究,对该学说提出了挑战。

(二)共同要素说

19 世纪末 20 世纪初,心理学家们开始借助于实验方法来研究学习迁移,并对形式训练说提出了挑战。1890 年,美国心理学家詹姆士(W. James)同他的几个学生一道用实验来探讨记忆训练的迁移问题。他的实验结果表明,记忆能力不受训练的影响,记忆的改善不在于记忆能力的改善,而在于记忆方法的改善。尽管詹姆士的实验研究比较粗糙,但为后来的实验研究开辟了道路。

在詹姆士实验研究的基础上,许多心理学家纷纷设计更为严密的实验,从各种不同的角度展开迁移问题的研究。其中最有影响的是桑代克(E. L. Thorndike)和伍德沃斯(R. S. Woodworth)于 1901 年进行的形状知觉方面的迁移训练的实验研究。他们以大学生为被试,训练他们判断各种不同大小和形状的图形

---

① 参见邵瑞珍主编:《教育心理学》,上海教育出版社 1997 年版,第 223 页。

的面积。测试者先用10～100平方厘米的90个平行四边形让每一个被试进行充分的判断训练。最后对被试进行两种测验:第一种测验是让大学生判断13个与训练图形相似的长方形的面积(150～300平方厘米);第二种测验要求被试判断27个三角形、圆形和不规则图形的面积,这27个图形是预测中用过的。研究的结果表明:通过平行四边形的判断训练,被试对长方形面积的判断的成绩提高了,而对三角形、圆形和不规则图形的判断的成绩没有提高。此外,桑代克还做了长度和重量估计的实验,得出相同结论,即其长度和重量估计能力不因先前的训练而有所提高。

桑代克和伍德沃斯的迁移实验研究否定了形式训练说,同时他们提出了共同要素说来解释学习迁移的问题。共同要素说认为:只有当学习情境与迁移测验情况存在共同成分时,一种学习才能影响另一种学习。也就是说,在两种学习中存在着相同的成分或因素时,才会产生学习的迁移。而且,两种学习相同的成分越多,迁移就越大。例如,活动A包括1、2、3、4、5共五个成分,活动B包括4、5、6、7、8共五个成分,因为两种活动有共同的成分4和5,所以这两种活动之间有迁移。桑代克说:"只有当两种心理机能具有共同成分作为因素时,一种心理机能的改进才能引起另一种心理机能的改进。"[①]他还认为,所谓共同的成分,就是共同的刺激和反应的联结,这种共同的刺激和反应的联结是"凭借同一脑细胞的作用"形成的,它包括相同的内容、过程、事实、行动、态度、方法或原理。

桑代克和伍德沃斯的迁移实验研究,充分揭露了形式训练说的谬误,推进了学习迁移的实验研究,使迁移的理论研究有了新的进展。但是,他们提出的共同要素说,仅仅揭示了产生学习迁移的一个方面的原因,也存在片面性。两种学习活动中的共同成分固然是迁移现象成为可能的客观条件,然而,只有共同成分还不足以保证迁移的产生,甚至还有一定的干扰作用。此外,共同要素说还强调,如果两种学习活动不存在共同成分,迁移就不可能产生。按照这一观点,就会大大缩小迁移产生的范围,降低迁移在学习中的重要作用。这些缺陷和不足,在某种程度上促进了人们对学习迁移的进一步研究和探讨。

(三)概括化理论

概括化理论又称"经验类化说",是由贾德(C. H. Judd)提出的。早在20世纪初期,贾德在大量研究工作的基础上,提出了与形式训练说相对立的、新的迁移理论,对学习迁移作出了新的解释。贾德认为,在前一种学习中获得的东西,之所以能够迁移到以后的学习中去,是因为在前一种学习中获得了一般原理,这种原理可以部分地或全部地应用到以后的学习中,而不是仅仅因为两种学习情

① 转引自张承芬主编《教育心理学》,山东教育出版社2000年版,第54页。

境存在相同的因素。按照贾德的观点，两种学习活动之间存在的共同成分是产生迁移的必要条件，而产生迁移的关键是学习者在两种活动中概括出它们之间的共同原理，即在于个体所获得的经验的类化。该理论认为，只要一个人对他的经验进行了概括，就可以完成从一个情境到另一个情境的迁移。概括化理论与共同要素说是截然不同的两种理论。桑代克的理论把注意力集中在先前和后期的学习活动所共有的那些因素上，而贾德的理论则不同，他强调经验概括化的重要性，把两个情境的共同要素的重要性减少到最低限度。

贾德在1908年所做的著名的"水下击靶"实验，是概括化理论的经典实验。贾德以五、六年级的小学生为被试，分成两组，要他们练习用标枪投中水下的靶子。练习前，先给一组学生讲解光的折射原理；而对另外一组学生不说明光的折射原理，他们只能从尝试中获得一些经验。在开始投掷练习时，靶子放在水下12英寸处，结果学过光的折射原理和没有学过的两组学生成绩几乎一样。也就是说，在开始练习时，理论对于练习似乎没有起作用，因为所有的学生都要学会运用标枪。然后，改变实验条件，将水下的靶子移到水下4英寸处。这时，两组学生的投掷成绩的差异就明显表现出来了。没有学过光的折射原理的学生表现出极大的混乱，他们投掷12英寸靶时的练习不能帮助他们改进投掷水下4英寸靶的练习，因此错误持续发生。而学过光的折射原理的学生，迅速适应了水下4英寸靶的条件，投掷成绩不断提高。

贾德在解释实验结果时说："理论（指折射原理）曾经把有关的全部经验——水外的、深水的、浅水的经验——组成了整个思想体系……他们（被试）在理论知识的背景上，理解了实际情况之后，就利用概括了的经验去迅速地解决需要按照实际情况作分析和调整的新问题。"①

根据迁移的概括化理论，对原理概括得越好，对新情境中学习的迁移就越好。1941年，亨德里克森（G. Hendrickson）和施罗德（W. H. Schroeder）对贾德的实验进行了改进，把被试分成三组：第一组被试不进行任何指导；第二组被试学习光的折射原理；第三组被试则给予进一步指导，说明水越深目标所在的位置离眼睛所见的位置越远。结果表明，提示原理具有重要的效果，而且提示得越详细，效果就越好。这进一步证实贾德的概括化理论，同时还指出，概括不是一个自动的过程，它与教学方法有密切的关系。根据概括化理论，在讲授教材时，最重要的是鼓励学生对核心的、基本的概念进行抽象或概括。这样，就会增加正迁移出现的可能性。

贾德的概括化理论是对共同要素说的进一步发展，它揭示出造成学习迁移

---

① 转引自陈琦、刘儒德主编《当代教育心理学》，北京师范大学出版社1997年版，第110页。

的原因之一是两种学习遵循共同的原理，而不仅仅是相同的成分或因素。贾德的理论重视学生对一般原理的理解，认为教师必须用根本原理的形式提供知识，而不是像共同要素说所信奉的那样用一系列特殊的作业去形成学生们的条件反射。这种思想很有价值，已经被许多心理学家，特别是格式塔心理学家所接受，并取得进一步的发展。但是，贾德的概括化理论对迁移的条件缺乏充分的说明，认为迁移是自动发生的，即只要环境提供适当的条件，概括就会自动发生，这显然是错误的。

(四)关系转换说

关系转换说是由格式塔心理学家所提出的学习迁移理论。该理论同样反对共同要素说，认为"顿悟关系"是学习迁移的一个重要因素，学习迁移是学习者突然发现了两个学习经验之间存在关系的结果，主张迁移的重点不在于掌握原理，而在于觉察到手段和目的之间的关系。与贾德在击靶实验中强调的概括化原理不同，这一学说主张，靶的位置、水的深度、射击方法以及光的折射原理等关系的知觉才是重要的。一个人在一种情境中顿悟到的关系可以应用到另外的情境，这一过程就是关系的转换，关系转换的过程就是迁移的过程。

关系转换说强调主体的作用，认为学习者只有发现两个事物之间的关系，才能产生迁移。支持关系转换学说的经典实验是苛勒(K. Kohler)在1929年用小鸡和一个3岁的女孩作为被试所进行的"觅食实验"。他让被试在两张纸中的一张下面找到食物。一张纸是浅灰色的，另一张纸是深灰色的，食物放在深灰色纸下面，让被试学会在深灰色纸下面取得食物。当被试学会后(小鸡学会大约需要400～600次尝试，儿童需要45次)，改变实验条件，用一张更灰的纸代替原来的深灰色的那张纸，而让深灰色的纸代替原来的浅灰色纸，并将食物放在更灰的纸下面，再让被试取食物。结果发现，小鸡对新刺激的反应为70%，对原来刺激的反应为30%；儿童则对新刺激的反应为100%。这一实验证明，影响被试后继行为的是对情境中关系的理解及转换。苛勒认为，人们越能发现事物之间的关系，则越能进行概括推广，迁移的作用也就越普遍。苛勒对迁移的研究与贾德的观点不谋而合，他们也认为对事物的内在组织的理解是迁移的基础，即理解力越强，对总的情境的知觉就越完善，概括的可能性也就越大。

然而，后来的研究发现，这种转换难以发生。说明转换现象受到先前学习课题的掌握程度、学习课题的难度、诱因大小和练习次数的影响。如果先前学习课题掌握的程度高，课题比较容易，诱因价值大，训练次数多，转换现象就容易发生；反之，转换现象就难以发生。另外，转换现象还与学生的智力水平有关。

关系转换说与概括化理论的观点基本上是一致的。但是，关系转换说认为迁移不是自动发生的。关系的转换(迁移)是顿悟的结果，是学习者发现了两种学习情境存在某种关系，从而把两种情境联系起来。

(五)学习定势说

学习定势又叫“学习心向”，是指学习者进行学习活动时的心理准备状态。学生在以前的学习中形成的愿望、态度、知识经验、思维方式等都能构成其学习的心理准备状态，使后继学习活动具有一定的倾向性。学习定势说探讨的是学习方法的迁移问题，认为先前的学习对后来同类或相似课题学习的影响，是因为在先前的学习中形成的学习定势造成的。人们很早就发现，人类可以学会如何进行学习。学会如何学习代表了一种学习的永久现象，这种现象会在学习实践之后长期存在。

美国著名心理学家哈罗(H. E. Harlow)的经典实验为这种观点提供了实验证据。在哈罗的实验中，给恒河猴子呈现由两个刺激物组成的配对刺激(一个是圆柱体，一个是圆锥体)，在一个刺激物(圆柱体)下面放有食物(葡萄干)，在另外一个刺激物(圆锥体)下面不放任何东西。实验开始后，猴子偶然拿起一个刺激物进行观察，遇到食物就吃掉。这样反复练习 6 次之后，再呈现另外一种配对刺激物，仍然其中一个下面放有食物，另一个刺激物下面没有食物，同样也进行六次辨别实验。然后再换另外的刺激物进行上述实验。如此下去，虽然不断地变换刺激物，但猴子选择放有食物的正确反应的百分比在快速上升，即尝试的次数越来越少。这种现象被解释为“学习方法的学习”(learning to learn)，即形成了学习的定势。哈洛在解释这种现象时说：“猴子已经获得了解决问题的学习定势。”①

在以儿童为被试的实验中，同样证实了学会如何学习的现象，而且人类比动物更容易形成学习定势。当然学习定势对新问题的解决有积极和消极两方面的作用。在条件不变的情况下，它能够使人运用已经掌握的方法迅速地解决问题；在条件发生变化时，又往往会妨碍人采用新的解决问题的方法。心理学家陆钦斯(A. S. Luchins)著名的“量水实验”就证明了这一点。因此，在练习时既要考虑课题的同一，又要考虑课题的变化。

学习定势说注意到学习方法和态度的迁移，是对迁移理论的重要补充，并对教学有重要的指导价值。有人估计，现在高校 80％的时间是传授知识，20％的时间传授学习方法。这个比例应该倒过来，因为学习方法更为重要。

(六)认知结构说

较早考虑认知结构与迁移问题的是瑞士心理学家皮亚杰。皮亚杰主要探讨的是逻辑结构在学习中的迁移，认为学生一旦掌握了逻辑结构就可以有效地解

① 转引自邵瑞珍主编《教育心理学》，上海教育出版社 1997 年版，第 230 页。

决问题。例如，儿童学会了物质体积守恒的定律后，就可以在不同情况下解决体积守恒的问题。

进一步考虑认知结构与迁移问题的是布鲁纳和奥苏伯尔。布鲁纳认为，学习是类别和编码系统的形成，迁移是把习得的编码系统用于新的事例中。正迁移是把适当的编码系统用于新的事例；负迁移是把习得的编码系统错误地运用到新的事例中。布鲁纳对已有的迁移研究进行了总结，认为在认知的学习中存在两种迁移现象：一类是特殊迁移，指的是具体的知识或动作技能的迁移，是习惯和联想的延伸；另一类是一般(或普遍)迁移，即原理、技巧、策略和态度的迁移。布鲁纳重视的是一般的迁移，认为这是教育过程的核心。同时，他还把迁移的研究深入到了教材的知识结构和学生的认知结构中，强调各门学科的基本结构，强调学生领会基本的原理，认为这是通向适当的训练迁移的大道。因此，布鲁纳主张，学生重要的问题是形成良好的知识结构，即建立有用的编码系统。这就要求在教学中为学生很好地理解知识而组织教学内容，将学习内容的最佳知识结构以最佳的呈现顺序教给学生，使学生掌握学科的基本结构，领会基本的概念和原理，这将最有利于学习的迁移。从此以后，认知心理学家就特别强调认知结构在学习迁移中的作用。

奥苏伯尔更加重视认知结构的迁移问题。根据奥苏伯尔的有意义学习理论，有意义学习过程是原有的知识同化新知识的过程，即新旧知识相互作用的过程。一切新的有意义学习都是在原有的学习基础上产生的，不受学习者原有认知结构影响的有意义学习是不存在的。也就是说，一切有意义的学习必然包括迁移。在有意义学习中，学生原有认知结构的特征(即认知结构变量)是影响新学习的关键因素，也是影响学习迁移的重要因素。例如，认知结构中有关观念与新材料的可辨别性可以解释负迁移的原因。

在奥苏伯尔的有意义学习和迁移理论中，过去经验的特征，不是指前后两个学习课题在刺激和反应方面的相似程度，而是指学生在一定的知识领域内的认知结构的组织特征，即认知结构变量。例如，可利用性、可辨别性、稳定性等。先前学习所获得的经验并不直接与后来的学习发生相互作用，而是由于它影响原有的认知结构的有关特征，从而间接影响新的学习或迁移。根据有意义学习过程的实质，新的课题不是被孤立地学习，而是在与已学过的课题的相互联系中学习。这里学习迁移所指的范围更广，而且迁移的效果不是指把一般原理用于特殊事例的能力，凡是已形成的认知结构影响新的认知功能的地方都存在迁移。

奥苏伯尔从认知结构的实质与组织特点入手分析迁移的实质，把迁移的研究深入到学生的认知结构中，系统地研究了学生的认知结构对学习和迁移的影响，很有深度。借鉴奥苏伯尔的这些思想，不仅有助于我们对迁移问题的研究，而且有助于教学实践的改进。

以上所介绍的迁移理论是比较流行的几种经典迁移理论，从中可以看出迁移研究是逐步发展的。各种理论之间的差异也许是表面的，而不是本质的，它们都仅仅强调了迁移的一个侧面。共同要素说强调的是客观刺激之间有无共同的要素存在，认为学习的迁移取决于两种情境所具有的共同要素；概括化理论强调的是主体对已有的知识经验的概括，认为学习的迁移全在于个体的概括能力或水平；关系理论则可以看成是对概括化理论的补充，认为主体越能觉察事物之间的联系，概括化的可能性就越大；学习定势说强调学习方法的迁移；认知结构说强调认知结构与迁移的关系，重视认知结构变量在迁移中的作用。各种学说对学习迁移的发展都有一定的作用。我们应该把各家理论结合在一起来认识学习迁移问题，并在教学中灵活地运用。

(七)学习迁移的现代理论

1. 迁移的产生式理论

迁移的产生式理论是由辛格莱和安德森提出的，这种理论认为学习和问题解决的迁移之所以产生，主要是由于先前学习和源问题解决中个体所产生的产生式规则与目标问题解决所需要的产生式规则有一定的重叠。每一个产生式都包含了一个用于识辨情景特征模式的条件表征和一个当条件被激活时用来构建信息模式的活动表征，活动的产生需要条件的激活。

根据产生式的形成过程，产生式迁移理论将迁移划分为四种：

①程序性知识——程序性知识迁移；②陈述性知识——程序性知识迁移；③陈述性知识——陈述性知识迁移；④程序性知识——陈述性知识迁移。

在大量研究的基础上，安德森等人对迁移问题得出了如下两个重要的观点：

①迁移量的多寡，取决于实验情景及两种材料之间的相关。从一种技能到另一种技能的迁移量主要依赖于两个任务的共有成分量。

②知识编辑对产生式的获得与迁移有直接影响。

2. 迁移的结构匹配学说

这方面的学说包括“结构映射说”和“问题空间匹配说”。

詹特纳于1983年提出了迁移的结构映射理论。他认为，迁移主要是通过类比产生的，而类比则包含了结构组合与映射的过程，是对两事物间的结构特征和事件间的内在联系、关系进行匹配而产生的，而不考虑实际情景中事物具体特征的差异。也就是说，迁移是对两种情景中所蕴涵的结构与等级组织关系进行映射的过程。

莫兰、格里恩等认知心理学家从问题空间出发来研究问题解决过程中的迁移问题。他们认为，迁移是通过问题空间的类比来实现的，个体通过借用已掌握的问题空间来与新问题的某些部分相匹配，也就是将源问题空间的算子、关系或路径等匹配到新问题空间相应的部分中去，从而促进新问题的解决。

3. 迁移的图式理论

里德认为图式是知识表征的一种单元，可以用来表征某种特定的一般程序、物体、概念或社会情景。这种单元提供了一种使某一概念可以用具体例子来进行说明和扩充的框架结构。里德认为图式具有五个典型的特征：抽象性、示例性、预言性、归纳性和等级组织性。

里德认为个体在解题过程中生成的关于问题结构和解决方法的表征过程，也就是问题解决图式形成的过程。他根据例题和测试题之间文字表述内容和解决程序两个方面的同、异，认为例题和测试题之间存在三种可能的类比关系：同形同质问题、同形异质问题、异形同质问题。不同类比关系的问题解决中，产生迁移时可利用图式的具体过程也存在不同。

4. 关于样例迁移的研究

罗斯等人也探讨了代数应用题解决的类比迁移问题，重点研究了样例和测试题之间的关系如何影响学生对测试问题的完成。在学习新的原理时，通常需要给学习者提供样例来对该原理进行说明，学习者在解决新问题时，往往要将新问题与先前样例进行类比而寻找解决方法，这是个类比迁移的过程。荷里奥克等人指出，类比迁移过程有两个主要环节：第一是类比源的选取，即搜索记忆中可供参考的解决方法或可供参照利用的例子，以确定新问题应该用哪个原理去解决，这个环节称为"原理的通达"；第二是关系匹配或一一映射，即把新问题与样例的各个部分进行匹配，根据匹配产生解决问题的方法，这个环节称为"原理的运用"。

三、大学生学习迁移的有效促进

科学技术的飞速发展，使人类社会进入了知识激增的时代，同时也进入了加速知识淘汰、知识更新的时代。知识更新周期正急剧缩短，旧的知识正被迅速淘汰，而新的知识、信息又不断产生出来，这种情况给人们的学习活动带来了巨大的压力。"为迁移而教"是当前教育界比较流行的口号，而且是一个很有吸引力的口号。按照这个口号进行教学，那么，学生当前的学习应该对他以后的学习或工作具有较大的帮助。因此，学校教学活动中应该想方设法促进学习迁移的实现。

虽然有学习就有学习的迁移，但它不是自动发生的，而是有条件的，受到一些因素的影响。研究学习迁移的实践意义主要是在教学中促进学习的迁移。学习迁移的理论和实验研究为教学提供了促进学习迁移的方法。为了使大学生有效地学习，要求教师在教学活动中充分运用迁移规律，掌握理想的促进迁移的方法，积极地促进大学生的学习迁移。

(一)掌握有关的原理或规则

相同要素说认为,根据两种学习之间的迁移是因为两个学习中存在共同成分,那么,知识之间、技能之间的共同因素和相同的原理就是产生迁移的重要条件。学生掌握了扎实的基本知识和基本技能,就为进一步学习新知识和技能创造了条件。概括来讲,前面的学习能为后继的学习提供适当的基础,后继的学习也能够进一步巩固和加深前面学习的结果。

除此之外,还应该注意学习情境与日后应用情境的相似性。学习情境与日后运用所学知识内容的实际情境越相似,就越有助于学习的迁移。因此,在教学中,教师要尽量为学生设置与实际情况相似的情境。另外,还要在知识和技能的学习过程中,考虑到实际应用情境中的种种情况。例如,学习计算,不仅要让学生单纯地学会计算法则,还应该使他们通过解决实际问题等学习活动学会在实际情境中解决计算问题。有许多技能的学习,如讲演、表演、操作等,在类似真实的情况下进行训练最为有效。近年来,日益受到重视的模拟教学,就是这一教学原则的具体应用。

(二)提高知识的概括化水平

为了促进原理或规则的教学,教学中应该引导学生自己总结出原理,让他们准确地理解和掌握基本原理,培养和提高其概括能力,充分利用原理或规则的迁移,这是迁移训练的最有效方法。因为学习迁移是对已有知识经验的利用或改造过程,而学生已有知识经验的概括化水平对学习迁移效果有直接影响。概括化水平越高的知识就越能够反映同类事物间的共同特点和规律性联系,与具体事物的联系就越广,因此适用性就越大,也就越能够顺利迁移。学生独立分析、概括问题的能力也是影响迁移的重要因素。分析、概括能力越高,就越容易觉察出事物之间的联系,掌握新旧课题的共同特点,从而有利于迁移。因此,教师在教学过程中应该做到以下几点:①布置适当的学习内容和练习题,使大学生充分掌握基本原理;②通过练习使大学生在充分理解原理的基础上,运用原理去解决实际问题;③教学中鼓励和引导大学生自己总结、概括、归纳学过的内容,进而达到最有效的迁移。

(三)让学生学会学习

有效的学习经验可以使学生学会如何学习,从而对以后的学习产生积极的影响。在教学中,给予学生适当的学习指导对迁移有重要影响,向学生提供适当的指导,可以明显地提高学习迁移的效果。这是因为指导有利于发现并掌握更有效的解题与学习方法,使学生学会如何进行学习。但是,并不是所有的指导都对学习迁移有促进作用,只有指导得法才能对学习有益。

布朗等人在关于阅读理解的实验中,用矫正反馈训练法教给学生元认知策略,结果不仅使学生对阅读理解问题正确反应的百分比例明显升高,而且使其学到的元认知策略迁移到了他们的常规课堂的其他学习中。① 因此，教师要善于把对学生的指导与学生自己的总结结合起来。这样既可以减少学生探索的盲目性，提高效率，又可以让学生根据自己的体验真正把握学习方法，从而使学习方法产生最大的迁移效果。

(四)发挥定势的积极作用

定势使人们倾向于以一种特定的方式进行反应，这种倾向性本身就是一种活动经验。这种经验对学习和解决新课题既有积极作用(正迁移)，又有消极作用(负迁移)。在教学中，既要注意利用定势的积极作用，帮助学生掌握解决同类课题的方法，又要培养学生积极动脑的能力，养成其对问题认真分析的态度，根据问题的特点采取灵活的解决方法，防止定势的干扰。

研究发现，当新的学习任务与先前任务不是同类或者是需要灵活变通的相似任务时，定势就产生了干扰作用。陆钦斯著名的"量水实验"证明了这一现象。在实验中，对第一组学生给予警告："不要盲目进行。"而对第二组学生则无警告。在解决新课题时，第一组学生因为受到警告的影响，就采取了随机应变的态度，根据不同课题采取不同的解决方式，而第二组学生则受到定势的消极影响，仍然采用先前的方式(见表 5-1)。这个实验表明，学生在学习新知识或解决新问题时，可能由于定势的影响引起正迁移或负迁移。然而，教师的暗示或指导，则有利于帮助学生克服定势的消极影响。

表 5-1　　陆钦斯量水实验

问题	容器			需要水量(夸脱)	第二组采用的惯用公式	第一组采用的简便公式
	A	B	C			
1	29	3		20	A－3B	A－3B
2	21	127	3	100	B－A－2C	B－A－2C
3	14	163	25	99	B－A－2C	B－A－2C
4	18	43	10	5	B－A－2C	B－A－2C
5	9	42	6	21	B－A－2C	B－A－2C
6	20	59	4	31	B－A－2C	B－A－2C
7	23	49	3	20	B－A－2C	A－C
8	15	39	3	18	B－A－2C	A＋C
9	28	76	3	25	B－A－2C	A－C
10	18	48	4	22	A－C	A＋C
11	14	36	8	6	B－A－2C	A－C

① 参见陈琦、刘儒德主编《当代教育心理学》，北京师范大学出版社 1997 年版，第 119 页。

在实际教学过程中，教师既要利用定势的积极作用帮助学生迅速掌握解决某一类问题的具体方法，又要变化问题，以帮助学生具体问题具体分析，防止定势的消极作用。

(五)保持良好的心理状态

心理状态是一种具有综合心理过程和个性特征的复合体，又是具有动力特征的一种心理现象，它对学习迁移有重要影响。心理状态既具有积极的促进作用，又有消极的干扰作用。在教学中，要使学生具有良好的心理状态，对学习既有满腔的热情和信心，又有适当的焦虑和思维活动的紧张度。这样，在学习中会有助于迁移的实现。相反，就会出现负迁移。因此，教师在教学中要特别注意学生的心理状态，创设良好的环境气氛，增加学校的吸引力，使大学生形成关于学校和学习的积极态度，形成良好的心理准备状态，避免不良情绪、不良反应等消极心态，以便促进大学生的学习迁移。

促进迁移的方法有许多，例如布卢姆提出"为掌握而学习"，认为前面的学习要达到80%～90%的正确率，才能开始新的学习。这也可以说是一种有利于迁移的教学方法。因此，教师在实际的教学工作中，要努力探索和充分利用各种方法，真正做到"为迁移而教"，积极促进大学生的学习迁移。

复习思考题

一、名词解释

1. 广义的学习
2. 狭义的学习
3. 符号学习
4. 概念学习
5. 命题学习
6. 有意义学习
7. 观察学习
8. 学习迁移
9. 正迁移
10. 顺向迁移
11. 普遍迁移
12. 纵向迁移

二、简答题

1. 人类的学习有什么特点？

2. 大学生的学习有什么特点?
3. 中外心理学家是如何对学习进行分类的?
4. 加涅把学习过程分为哪八个阶段?
5. 贾德概括化理论的基本观点有哪些?

三、论述题

1. 论述班杜拉观察学习的基本观点。
2. 论述布鲁纳学习理论的基本观点。
3. 论述奥苏伯尔学习理论的基本观点。
4. 在教学实际中,教师应该如何促进大学生的学习迁移?

第六章

大学生的学习动机及其激发

要使大学生在学习上获得成功，必须具备一定的条件。其中，学习兴趣、求知欲、学习愿望等与学习积极性有关的动机因素一直受到人们重视。学习动机的水平和强度不仅直接影响到学生能否有效地进行学习，而且教学工作的成败也与教师对学生学习动机的了解程度成正比。心理学研究证明，学生的学习成功与否，在很大程度上取决于能否发挥其学习的积极性与主动性。近年来，学生学习的积极性与主动性，已经成为教育心理学研究的一个主要课题。学生的学习积极性和主动性是学习动机的具体体现。因此，阐明学习动机的原理并有效地培养和激发学生的学习动机是十分必要的。

第一节　学习动机概述

一、学习动机的含义

学习动机是指直接推动学生进行学习的一种内部动力，是激励和指引学生进行学习的一种需要。[①]

众所周知，在同一场合中，不同的人会有不同的表现，即使是同一个人，在不同时间出现在同一场合中的行为也不尽相同。对于人与人之间以及个人身上存在的行为差异，心理学上用动机来解释。所谓动机是一种由需要推动的达到一定目标的行为动力，它用以说明有机体为什么做出这样或那样行为的原因，即活

① 参见陈琦、刘儒德主编《当代教育心理学》，北京师范大学出版社 1997 年版，第 120 页。

动的内部动力，而不是解释怎样完成行为的问题。[①] 从动机和行为的关系来看，动机的作用是：①唤起个体的行为；②引导行为朝向一定的目标；③维持、增强或减弱行为的强度。例如，饥饿会引起个体寻求食物的行为，如果找不到食物，寻求食物的行为就会持续下去。食物是所要追求的目标，动机是推动寻求食物的行为达到目标的内部动力。

学生的学习行为同样受到动机支配，例如，有的学生是为了得到好的分数，有的是为了获得老师的表扬，有的是为了将来的职业，有的是为了发挥自己的潜能，有的则是因为兴趣而学习等。学习动机是直接推动学生进行学习的内部动力，是激励和指引学生进行学习的一种需要。这种需要既反映了社会和教育对学生学习的客观要求，又反映了学生自身对周围环境认识、理解、探索和操作的要求。

二、与动机有关的几个概念

动机在活动中是如何起作用的，对这个问题的回答反映了动机心理学的研究历史。古希腊和罗马人认为动机是奖赏和惩罚的结果。按照享乐主义的观点，人们总是选择那些获得快乐的行为，躲避遭受痛苦的行为。亚里士多德把动机当作先天的行为、倾向和欲望来研究。然后，本能论采用并发展了这一观点。20 世纪 20 年代以后，动机的本能论逐渐消失，内驱力概念代替了它。在相当长的时间内，驱力理论对动机的解释一直占据统治地位。现代心理学中，对动机作用有多种理论和解释，较多地倾向于用需要、内驱力、诱因、目标等基本要素解释动机作用的过程。下面分别介绍各个基本要素及其相互关系。

(一)需要

需要是主体在生活中感到某种欠缺而力求获得满足的一种内心状态，即机体内部的一种缺失状态。需要一旦被感受到或意识到，就以动机的形式表现出来。需要有生理性需要和社会性需要两大类。生理需要如缺乏食物的饥饿状态，它是有机体为了生存或延续种系所必需的。人是社会的成员，除了维持生存的生理需要外，还有求知欲、交往、威信等与社会生活相联系的需要。

(二)内驱力

内驱力与需要密切联系，都是引起有机体活动的激活状态，是由需要引起的可以用来推动行为的能量。通常在解释动机作用时，需要和内驱力这两个术语往往交替使用。但是，内驱力与需要不是同一状态。内驱力是在需要缺乏时，有机体内部产生的一种称之为内驱力的刺激，这种刺激引起反应，释放一定的能量

---

① 参见孙煜明主编《动机心理学》，南京大学出版社 1993 年版，第 3 页。

和冲动,以激发和组织行为去获得需要的满足。例如,有机体被剥夺了水,这种需要被有机体觉察到后,就增长了渴的内驱力,并产生推动行为的能量。需要的程度不同,则激起的能量的多少也不同,从而导致的行为也不同。需要与内驱力不是同一个东西,如果让一个动物长期挨饿,那么对食物的需要就会变得很高。但是,当它虚弱得不能行动时,驱力程度或推动行为的能量就会逐渐减少。

由此可见,一个行为的产生必须有需要和内驱力这两个因素,但它们不是充分条件,强烈的需要和强大的驱力并不能自然而然地给有机体的行为以能量并推动这个行为,强大的驱力意味着有机体容易反应、准备反应,但是没有刺激,有机体不会做出反应。

(三)目标、诱因

目标是行为追求的终点,其结果使需要得到满足。诱因是指引行为朝向目标的对象(客体)。例如,奖励能够对行为产生引诱力和拉力。诱因可以是物体,例如食物、水、金钱;也可以是复杂的事件和情境,例如名誉、威信等。凡是人们希望得到的客体称为"积极诱因",凡是人们试图躲避的客体均称为"消极诱因"。而目标则往往包含了一定的价值,对行为有一定的吸引力,例如,对于一只饥饿的老鼠来说,食物是其行为的诱因,而吃到食物从而解除饥饿则是行为的目标。人们常常把这两个概念合在一起使用。

三、学习动机的种类

学习中的动机是复杂而多样的,对教师来说,比较透彻地了解学生的学习动机的类型和特点是有效地组织教育和教学的重要条件。因此,有必要对学生的学习动机进行分类。根据国内外心理学家的研究,学习动机可以从以下几方面进行分类:

(一)根据学习动机的内容和性质分类

这是我国传统的学习动机分类。依据这个标准,可以把学习动机分为正确的与错误的或高尚的与低级的动机。凡是符合国家利益的动机是正确的、高尚的学习动机,例如,努力学习的动力是为了将来为国家服务。错误的、低级的学习动机以自我为中心,专门考虑自己的利益,学习的动力来自于个人眼前的狭隘的利益,例如,单纯考虑个人的名誉和地位,考虑自己的生活出路和物质享受等。

这种分类的优点是比较符合教育实际,有利于教师针对学生不同的动机类型进行相应的教育。但是,也容易出现简单化和机械化的倾向。把学习作为对社会尽义务和职责还是作为获取个人名利地位的手段,这固然是划分正确与错误、高尚与低级学习动机的标准。但是,在我国,国家、集体、个人利益是统一的,很难截然分开。

(二)根据学习动机的作用与学习活动的关系分类

根据学习动机的作用与学习活动的关系,可以将学习动机分为间接的学习动机和直接的学习动机。间接的学习动机与学习的社会意义和个人将来的前途、职业相联系。例如,认识到学习是自己的历史使命,实现父母、教师的期望,保持个人的名誉和在集体中的地位等都是间接的学习动机。这种动机的作用比较持久、稳定。直接的学习动机是与学习活动直接相联系的,这种动机来自于对学习活动的直接兴趣或学习活动的直接结果。教师生动形象的讲解、新颖的教学内容以及学生对某门学科的兴趣、求知欲、成功的期望都直接影响学生的学习动机。这类动机比较具体,动机作用的效果也比较明显。但是,与间接的学习动机相比,直接的学习动机稳定性比较差,容易受到一些偶然因素或情境变化的影响而改变。

(三)根据动机作用的主次关系分类

根据动机作用的主次关系,可以将学习动机分为主导性动机和辅助性动机。动机的作用是复杂多样的,任何学生在学习活动中,各种不同性质和水平的动机都可能同时存在,并且起着推动行为的作用。其中,有些动机是强烈而稳定的,有的则是微弱且不稳定的。我们把一个学生具有的最强烈、最稳定的学习动机称为"主导性动机",这种学习动机在学生的学习活动中居支配地位,发挥主导性作用;而其余的则处于从属地位,只起到辅助性的作用,是辅助性动机。已经形成的主导性动机并不是固定不变的,在不同的年龄阶段或学习阶段,主导性动机会发生变化或转移。原来的主导性学习动机会成为辅助性学习动机,而原来的某种辅助性学习动机会成为主导性学习动机。

(四)美国心理学家索里(J. M. Sowrey)的分类

索里认为,在人类的社会性动机中,有交往性动机和威信性动机,学习动机就是在这两种动机的基础上派生出来的。交往性动机就是那种为了获得教师、家长和朋友的喜欢,害怕被人冷淡、孤独而学习的动机。

威信性动机,是为了使别人赞扬、尊敬自己而学习的动机,它被认为是比交往性动机更高一级的社会性动机,是人们要求在社会上取得一定地位的愿望的体现,这类动机是学习自觉性和积极性的心理基础。

(五)根据学习动机的动力来源分类

根据学习动机的动力来源,可以将学习动机分为内部动机作用和外部动机作用。内部的动机作用是指学习的动力来自于学习活动或学习者自身,不需要施加外力的影响。学习需要、求知欲、学习兴趣等内在心理因素是诱发内部动机的主要成分,学习活动本身就能使其获得满足,不需要外部的报酬。

外部动机作用是指在学习活动或学习者以外的客观因素的激发下而产生的

学习动力,它是由外部的一些刺激人为地影响学生而产生的一种学习动力。表扬、奖赏、评分、竞赛等都是教育工作中常用的激起外部动机的诱因。

四、学习动机的作用

在学生的学习活动中,学习动机成为直接推动学生学习行为的内部动力,具体体现在学习动机作用的强度与学习效率的关系上。一般来讲,学习动机的作用越强烈,学习积极性越高,越能发挥学习的潜能,学习的效率也越高。那么,动机作用处在何种强度才能使学习效率达到最佳水平呢?耶尔克斯-多德森(R. M. Yerker & J. D. Dodson)定律表明了这两者之间的关系:容易的任务,学习效率随着动机作用的增强而提高,增加任务的难度,动机强度越大,学习效率越低。

学习动机具有增强学习的功能。尤古罗格和华尔伯格(M. Uguroglu& H. Walberg)1985年研究表明,高动机水平的学生,其成就也高;反之,高成就水平也能够导致高的动机水平。邵瑞珍1987年研究也发现,成就动机强的被试较之成就动机弱的被试更能坚持学习,学习更有效。[①]

奥苏伯尔认为动机作用与学习活动之间的关系不是单向的,而是辩证的。即学习动机可以促进学习,而学到的知识反过来可以增强学习的动机。因此,在某些学生还没有学习愿望和学习兴趣(动机)之前,教师不必组织专门的活动进行学习动机的教育和培养,可以通过改进教学方法,帮助学生获得良好的学习成绩,依靠学习成功的结果增强学生的学习动机,以成功来培养成功。

但是,学习动机作用与学习效果的关系并不总是一致的。在教育实践中,往往可以看到这类现象,有些学生的学习动机很强,但是学习成绩并不好;有些学生学习动机不强烈,学习成绩却不错。这种现象的存在并不能否定动机对学习的作用,而是说明学习动机对学习的作用是通过许多中间因素实现的。如学生的知识基础、智力水平、学习策略、身体素质等都会直接或间接地影响学习效果。

总之,学习动机是决定学生努力程度的动力因素,在学习过程中起着重要的推动作用,它与学生的学习毅力、学习效率和学习成绩呈正相关。

五、大学生学习动机的特点

大学生在社会化的实践过程中,其学习动机随着社会和教育的影响以及个人生活经验的不同而发生变化,表现出一些自身的特点。

---

① 参见陈琦、刘儒德主编《当代教育心理学》,北京师范大学出版社1997年版,第121页。

(一)学习动机的多样性

大学生的心理发展日臻成熟,知识经验日趋丰富,交往范围逐渐扩大,因此产生的需要丰富多样,与此相伴的就是复杂而多样的学习动机。大学生学习动机的多样性表现在两个方面:一是学习动机多种多样。例如,努力学习是为了报答父母的养育之恩,或者为了满足自尊心和荣誉感,或者为了将来的职业,或者希望自己在专业上有所建树。二是大学生的学习活动受到多种动机支配。一般来说,大学生努力学习同时受到各种学习动机的影响,很少是单一学习动机支配其学习行为的。这说明了大学生学习动机的成分、层次、类别、结构是多种多样的。

大学生的学习动机尽管多种多样、种类繁多,但是有主从之分。有关研究表明,大学生四种主导性学习动机主要是:求知探索的动机、友情交往的动机、成就建树的动机、自尊自主的动机。[①]

(二)学习动机的发展性

由于社会的不断发展变化,大学生的需要也在发展变化。因此,大学生的学习动机不是固定不变的,而是随着社会环境、教育条件和自身生理与心理的发展变化而变化的。从总体的情况看,大学生知识层次高,自我意识水平高,其学习动机的社会性明显增强。在良好的教育条件下,大学生的学习动机不断地从低级向高级、从消极向积极方面发展。

从大学生丰富多样的学习动机来看,大学生的主要学习动机以求知、探索为目的;同时,又非常重视自尊、荣誉;珍惜友谊,追求成功。因此,大学生的学习动机主流是积极的、健康的。

(三)学习动机的间接性

心理学研究表明,随着年龄的增长,直接性学习动机逐渐减弱,间接性学习动机逐渐增强。直接的学习动机,如为了一个好的分数,为了得到教师的表扬等,对大学生来说不是主导性学习动机,而是辅助性学习动机。间接的学习动机,如求知和发展自己的才能,为了在专业上有所成就等,是大学生的学习的主要动力。因此,间接性学习动机是大学生的主要学习动机。

朱雯青、肖前瑛等人对华南地区五所大学的 2420 名大学生的调查表明,大学生直接学习动机随着年级的升高而逐渐减弱,并且在各个年级大学生的学习动机中所占比例都没有超过 35%。教育实践也证明,一年级的大学生相对比较重视考试分数,如果得不到高分,就会感到烦恼和焦虑;而高年级大学生尽管也很重视分数,但是重视的程度明显降低。许多大学生对有的科目只求考试过关

---

① 参见伍新春主编《高等教育心理学》,高等教育出版社 1999 年版,第 117 页。

即可，不一定要求得到高分。但是，对自己感兴趣的学科，或者主要的专业课，不但注重获得大量的知识，而且渴望进行创造性的探索。

(四)学习动机的社会性

大学生的学习动机具有很强的社会性。朱雯青、肖前瑛等人调查发现，大学生的学习动机突出地表现出两个特点：一是注重个人利益与国家利益相结合，二是追求真才实学。具有这两类学习动机的大学生所占比例最高。而对山东大学学生的一项调查也证实了这一点。一、二年级的大学生中，有89.5%的学生认为"做一个对社会有更多贡献的人"、"在专业领域内要有所建树"等是自己学习的主要动机。到了大学高年级，大学生学习动机的社会意义就更明显了。只有很少一部分大学生认为，努力学习是为了"报答父母的养育之恩"、"争口气"、"为了成家立业"。

(五)学习动机的职业性

对于大多数大学生来说，尽管是按照他们的报考志愿录取的，但是，有的学生的高考志愿并不是出之于学生的个人意愿，往往受到高考分数、父母和教师等因素的影响，而带有一定的盲目性和无可奈何。这样，不可避免地造成了许多大学低年级学生专业思想不稳定、专业立场不坚定。但是，随着大学生对所学专业的深入学习和逐步了解，他们意识到自己专业的重要性和实用价值，就会逐渐喜欢自己所学专业，导致职业化的学习动机开始逐渐巩固和加强，并准备献身于自己所学专业的教学与研究工作。

当然，由于受到社会不良因素的影响，有的大学生也存在不正确的学习动机，例如，努力学习是为了找一个舒服的职业，为了自己的"钱途"等。如果教师能够给予正确的引导和帮助，大学生的学习动机是会朝着健康、积极的方向发展的。

第二节 学习动机理论

在动机研究领域内，成就动机是心理学家所关注的一个重要问题。现代教育心理学非常重视对成就动机的探讨，成就动机研究几乎成为动机研究的同义词。因此，本节主要介绍成就动机的理论观点。

成就动机是人们在完成任务时力求获得成功的内部动因。即一个人对自己认为重要的、有价值的事情愿意去做，并努力达到完美程度的一种内在推动力量。

成就动机是人类特有的动机，是后天获得的具有社会意义的动机。人类社会的进步、科学的发明创造等，都与人类成就动机有密切联系。具体来讲，成就动机表现在完成行为的方向、强度和连续性方面的个人间的差异上。成就动机的力量受到成就需要、对成功的期望等内部因素和诱因、目标等外部因素的综合影响。

"成就动机"这一的概念最早可以追溯到20世纪30年代默里(H. A. Murry)所提出的"成就需要"①。默里认为,成就需要表现为追求较高的目标,完成困难的任务,竞争并超过别人。后来,经过麦克里兰德(D. C. McCleland)、阿特金森(J. W. Atkinson)等人的努力,成就动机的研究逐渐系统化,并形成理论体系。当前,最重要的成就动机理论有:麦克里兰德的成就动机理论、阿特金森的成就动机期望×价值理论、韦纳(B. Weiner)的成就动机归因理论②、班杜拉的自我效能感理论。

一、麦克里兰德的成就动机理论

继默里之后,对成就动机研究产生重要影响的就是麦克里兰德。他在默里研究的基础上,于1948年首先用投射法对成就动机进行实验研究。麦克里兰德重点思考了两个问题:①默里为什么选择成就需要进行研究?②为什么选择主题统觉作为测量成就动机的工具?麦克里兰德认为,人类的动机在想象中可以自由表达,透过对人类幻想和想象行为的内容分析,个人的动机状态就可以被诊断出来。为此,麦克里兰德通过实验,提出了他的成就动机理论。其主要观点为:

(一)研究的方法

在成就动机的研究方面,困扰麦克里兰德及其助手的一个首要问题是为成就动机找到一个适当的测量方法。因为传统的对于动物的研究方法以及内省法都无法对人类的成就动机作出鉴定。在20世纪30年代,默里为了测量人格与需要,曾特别制定了主题统觉测验(TAT)。在进行了大量的工作和研究之后,麦克里兰德及其助手改编了这种投射技术,并用它作为人类成就动机的测量方法。

主题统觉测验包括一定数量的图片,要求被试根据图片中的个体或事物编写一个故事。测验所包含的假设就是:动机会影响人们的想象,因此一个人潜在的动机可以通过他所写的故事表现出来。在测验时,通常是一次给被试几张图片,让他们一次编写几个故事。然后再由专门训练的心理学家按照规定的标准对故事中所表现出来的成就动机进行打分,以便最后确定被试成就动机的得分。

---

① 张大均主编:《教育心理学》,人民教育出版社1999年版,第88页。

② 参见张承芬主编《教育心理学》,山东教育出版社2000年版,第518页。

在主题统觉测验这个方法确定之后，用这种方法测量的成就动机得分与各种行为具有什么关系的研究就开始增加了。麦克里兰德及其助手研究发现，用主题统觉测验测出来的成就动机得分与这些个体对未来的职业的选择以及对未来成功的期望都有很高程度的相关。因此，麦克里兰德认为，主题统觉测验是有效而可靠的成就动机测量工具。

(二)儿童的教养方式与成就动机之间的关系

麦克里兰德不仅对成就动机的测量问题感兴趣，而且对儿童成就动机产生的原因也非常重视。在这方面，他的学生温特伯姆(M. Winterbottom)在1953年做了一项权威性的研究。研究发现，与低成就需要男孩的父母相比，高成就需要男孩的父母，期望自己的儿子在比较早的时候就要自我信赖和独立。而且，儿童在生活中独立的时间越早，其成就需要就越强；儿童独立的时间越晚，其成就需要就越弱。因此，儿童早期的独立性训练，能够促进其成就动机的发展。另外，麦克里兰德的研究还发现，专制型的父亲一般不会有高成就动机的孩子。成就动机高的孩子的父亲，尽管对孩子有同样高的期望，但是却不专制。

麦克里兰德确信，像独立性、抱负水平、自信心等特征，将对成就动机的发展产生实质性的影响。

(三)成就动机的跨文化研究

对于成就动机的社会后果，麦克里兰德倾注了极大的热情和心血，并为此进行了大量的跨文化研究，试图论证社会成员的成就动机对社会经济和科技发展的促进作用。

麦克里兰德认为，如果鼓励父母在孩子比较小的时候就培养其自信心和独立性，就会导致高成就动机孩子的产生。其结果就导致了社会有更多的高成就动机的人。高成就动机的人增多，就会导致企业家职业的扩大，进而也导致了经济的发展。因为企业家是经济生产和贸易的组织者和管理者。

为了检验这一说法，麦克里兰德进行了大量的跨文化研究。他认为，如果在儿童阅读的文学作品、儿童故事中有大量的成就主题，就会促进高成就动机儿童的产生；如果成就主题的故事减少，自然会导致儿童的成就动机水平降低。于是，麦克里兰德就以文学作品以及儿童教育书籍中所反映的成就观念和成就意向作为指标，来考察一个国家成就动机水平的高低；以贸易、电力生产总量和煤炭生产总量等作为指标，来考察一个国家经济发展的水平；然后确定两者之间的关系。根据这一思想，麦克里兰德先后对众多的国家的成就动机水平与其后来的经济水平作了考察。结果发现，那些在1925年时具有高成就动机的国家与具有低成就动机的国家相比，在1929～1950年之间的电力生产量发展幅度更大，二者的相关高达0.53。而且，即使控制了像资源、战争损害等因素，这种正相关仍然存在。因此，他认为，一个国家经济成功的原因不取决于这个国家的经济制度、政治制度或地理位置，而是取决于成就动机是否存在。又因为一个社会的成就动机水平取决于这个社会培养儿童的方式，因此，麦克里兰德又进一步指出，一个社会所达到的经济水平，将取决于这个社会培养儿童的方式。这就是他在1961年出版的《成就社会》一书的主题。

(四)简单评价

麦克里兰德一生中有四十多年的时间从事成就动机的研究，因此，对他的理论很难作出明确的评价。但是，他的突出成就是有目共睹、有口皆碑的。

第一，为了测量成就动机，麦克里兰德及其助手改编了主题统觉测验，并发展了一套精确的记分方法。尽管这种技术的信度和效度受到了许多心理学家的批评，但是，主题统觉测验的结果表明，成就动机是存在的，而且是可以改变的，并推动了有关成就动机的研究。

第二，麦克里兰德试图将成就动机与社会过程联系起来，力图寻找社会进步与经济发展的心理原因，这给人们许多启示。

第三，麦克里兰德及其助手所发现的成就动机与个人操作、学业成就，以及儿童成就动机与父母教养方式之间的关系，在现实生活中是有一定的指导意义的。而且，他的成就动机训练的思想，为改变成就动机水平也提供了有益的启示。

当然，麦克里兰德的成就动机理论也存在一些不足。首先，他的研究方法存在缺陷，在成就动机研究中是一种很差的方法。其次，麦克里兰德过分强调成就动机的作用，把成就动机水平的变化看做是社会经济发展的主要原因，显然是错误的。

二、阿特金森的成就动机期望×价值理论

在麦克里兰德忙于建构他的理论大厦的同时，他的学生阿特金森却从另外一个方向，沿着托尔曼和勒温的足迹和逻辑，强调内部的认知过程，采用概念和假设分析的方法，逐步提出了成就动机的期望×价值理论。他与麦克里兰德等人一起修订了主题统觉测验，又以期望×价值理论为框架，建构了成就动机理论。

阿特金森认为，广义的成就动机分两种：一是追求成功的动机，表现为趋向目标的行为；二是避免失败的动机，表现为想方设法逃脱成就活动，避免预料到的失败结果。当一个人面临任务时，这两种动机通常是同时起作用的。如果一个人追求成功的动机高于避免失败的动机，那么这个人就将努力去追求特定的目标；反之，他就会选择那些减少失败机会的目标。当两种动机势均力敌时，就

会感受到心理冲突的痛苦。因此，每个人的成就行为最终要由这两种动机的综合作用决定。阿特金森认为追求成功的倾向和避免失败的倾向都由三种因素决定，即：①动机(M)：一种想达到目标或回避目标的动力因素。②期望(P)：对成功或失败概率的主观估计，也叫成功或失败的可能性，与任务难度有关。③诱因(I)：一个人成功或失败的诱因价值。

(一)追求成功

阿特金森认为，追求成功的倾向(Ts)是由追求成功的动机(Ms)、获得成功的可能性(Ps)、成功后的诱因价值(Is)三种因素决定的。它们之间的关系可以用下列式子表示：

$$Ts = Ms \times Ps \times Is$$

在这个公式中，Ms 表示追求成功的动机，它可以用 TAT 的方法测量出来。Ps 代表认知的目标期望，表示成功的可能性。当成功是必然时，$Ps=1$；当失败是必然时，$Ps=0$。因此，Ps 将在 0 和 1 的范围内变动。Is 是成功的诱因值，是指一个人在成功之后所体验到的快乐与自豪程度。阿特金森设想 Ps 与 Is 是相反的关系，即 $Is=1-Ps$。如果 Ps 小，则 Is 大；反之亦然。

(二)避免失败

追求成功的倾向并不能单独地决定最终行为，避免失败的倾向(Taf)在决定行为中同样扮演重要角色。阿特金森认为避免失败的倾向是由避免失败的动机(Maf)、失败的可能性(Pf)、失败后的诱因值(If)三种因素决定的。它们之间的关系同样可以用下面式子表示：

$$Taf = Maf \times Pf \times If$$

在这个公式中，Maf 的强度可以由焦虑测量问卷确定。很明显，客观上要求对行为给予评价时便导致了这种动机的唤醒，因而一个人在测验中的正常反应便提供了对他的这种动机的很好度量。Pf 与 If 是影响回避成就活动的两种环境因素。同样地，$Pf=1-If$。又因为 $Ps+Pf=1$，因此，$Pf=1-Ps$。与追求成功倾向中提到的 $Is=1-Ps$ 相结合，便可得出 $If=Ps$。

(三)成就动机的合成

阿特金森认为，成就动机的合成可以设想为趋向成就活动的倾向与回避成就的倾向在强度上的相减关系。所以，行为的合成动机为：

$$\begin{aligned} Ta &= Ts - Taf \\ &= (Ms \times Ps \times Is) - (Maf \times Pf \times If) \end{aligned}$$

前面提过，$Is=1-Ps$，$Pf=1-Ps$，$If=Ps$，那么，上述公式就可简化为：

$$\begin{aligned} Ta &= Ms \times Ps \times (1-Ps) - Maf \times (1-Ps) \times Ps \\ &= (Ms-Maf)Ps \times (1-Ps) \end{aligned}$$

根据这个公式，可以作以下分析：为了增强反应的倾向，不仅要考虑动机的强度，还要重视目标的吸引力，调整任务的难易程度，提高达到目标的可能性。当人们处在解决适度的任务的情境下时，成功的可能性和目标诱因各占一半，在这种情况下，成就需要的强度越高，行为反应的倾向越强。当人们处在解决太难或太易的任务的情境下时，追求成功的期望削弱；如果成就需要的强度不变，那么，行为反应的倾向就削弱。

由于一些客观因素的存在，阿特金森于 1964 年又提出，人们对于任务的逃避倾向，还可以通过施加外在的诱因如金钱、荣誉、地位等来克服，他将这些因素称之为非成就导向因素(Te)。于是，决定一个人反应的动机因素便可以用下列公式表示：

成就行为＝Ta＋Te

这一公式表明，成就行为除了受到合成成就动机的强度影响外，还受环境引发的外部动机力量的影响。这些外部力量与个体的成就需要无关。

(四)简单评价

阿特金森的成就动机期望×价值理论是在麦克里兰德之后提出的又一个重要的成就动机理论。很明显，阿特金森为成就动机理论的研究与发展作出了巨大的贡献。

阿特金森对于成就动机所作的一个重要贡献就是他提出了成就动机是由追求成功的动机和避免失败的动机构成的。这种观点已经为许多心理学家所接受，并且成为后来许多研究的理论基础。

与麦克里兰德的成就动机理论相比，阿特金森的理论不仅强调了成就动机对人们行为的影响，而且也考虑了客观因素(如任务难度)对人的行为的影响。阿特金森理论的期望和价值的运用，还表明了他的理论已经向认知方向迈出了一大步。

阿特金森通过一系列的假设和数学推理而推导出其期望×价值模式。这是在人格心理学和社会心理学范围内，继托尔曼和勒温之后的又一重大尝试。

当然，阿特金森的成就动机理论也存在一些不足。首先，这个模式引用数学的概念来建立其成就动机模式，试图把复杂的动机问题简化为一些简单的数理问题，这在一定程度上抹杀了动机的丰富性和多样性。而且，推导这一模式的前提和假设只具有相对的意义。其次，这个模式仅仅考虑了活动的主观愿望，而没有考虑活动的客观概率对成功的可能性、成功后的诱因价值和失败后的诱因价值等因素的影响。最后，这一理论无法解释妇女的成就表现，因为男女的成就动机是有差异的。另外，这个模式把成就动机看做是一个人的稳定的人格倾向，这个结论还有待于进一步的检验。

三、韦纳的成就动机归因理论

归因理论是一种以认知的观点看待动机的理论,近年来在心理学界日益流行。归因理论的基本思想是:“寻求理解”是人类行为的基本动力,人们对自己或他人的行为进行解释与推论,进而通过这种因果关系来认识、了解、预测和控制周围的环境和随后的行为。20 世纪 60 年代以后,出现了许多归因模式和理论。其中尤以韦纳的成就动机归因理论显得特别引人瞩目。

韦纳的理论是在海德(F. Heider)等人理论的基础上发展起来的,他从个体的归因过程出发,探讨了个体对成功和失败结果的归因与成就行为之间的关系,对影响行为结果的原因特性、原因结构以及原因归因和情感反应的关系、情感反应的激励作用等都提出了有创造性的见解,其理论越来越受到国内外学者的关注。

(一)原因的划分

韦纳继承了海德把原因分为个人和环境的观点,但是他认为内一外原因仅仅是归因判断的一个方面。因此,他采用相关法和因素分析法等,分析原因的不同特性,把众多的原因按其特性划分为三个维度:原因源、稳定性、可控性维度。这样,韦纳就提出了一个与前人不同的三个维度八种原因特性的归因模式(三种原因维度,每种原因维度都具有两种原因特性)。这三个维度相互搭配,可以得到八种不同成分的组合,见图 6-1。

原因源 / 稳定性 / 可控性	内部		外部	
	稳定	不稳定	稳定	不稳定
可控	持久努力	临时努力	教学质量 教师偏见	他人帮助
不可控	能力	心境	任务难度	运气

图 6-1 韦纳的三维归因模式图

通过原因的这三个维度,我们便可以分析各种原因。例如,能力是内部的、稳定的、不可控制的原因,如果把成功归因于它,就会期望以后继续成功,并伴随自豪感和胜任感;如果把成功归因于运气这个外部的、不稳定的、不可控的原因,对未来的成功就不抱期望,仅仅产生惊喜而已。把原因按其特性进行分类,是因为原因的三个维度都具有独特的心理学意义，对个体的期望、情感和行为都有不同的影响。

(二)原因归因与成功期望和行为

期望概念在解释动机作用的认知方面占有重要的位置，只是研究期望的前提条件和操作条件不确定，因而难以得出令人信服的解释。韦纳在 1986 年的研究表明，对未来成功和失败的期望主要取决于一个人对先前成败结果归因的稳定性，原因的稳定性归因会影响成败期望的继续，这就是他的“期望原理”。在此基础上，他又提出了三点推论：

(1)如果一个事件的结果归因于稳定的原因，那么这一结果被期望在将来还会出现；

(2)如果一个事件的结果归因于不稳定的原因，那么这一结果在将来可能会变；

(3)将结果归因于稳定的原因比归因于不稳定的原因在将来有更大重复的可能性。

根据韦纳的研究，原因的稳定性归因与期望和行为之间的关系可以概括为(见图 6-2)：

归因于成功结果 ⟶ { 稳定的原因 ⟶ 结果不变，期望高，付出努力
不稳定原因 ⟶ 结果会变，期望低，不作努力 }

归因于失败结果 ⟶ { 稳定的原因 ⟶ 结果不变，期望低，不作努力
不稳定原因 ⟶ 结果会变，期望高，付出努力 }

图 6-2　成败结果归因于稳定、不稳定原因的后果

从上图可以看出，成功或失败后的期望变化依赖于对先前行为结果的稳定性原因的知觉，这说明韦纳的归因理论在期望研究的分析上有了新的进展，它确认了认知因素是影响目标期望增减的重要因素。

(三)原因归因与情感反应

在人类动机的研究中，对情感因素一直没能作出恰如其分的分析，但是，在归因理论中却找到了一个合适的位置。在归因过程中提到的情感反应，意在说明原因思维与特定情感的联系和规律，确认认知因素在情感反应中的决定作用。对行为结果的情感反应有两类：一类是“依赖结果”的情感，它是直接与成功或失败行为结果相联系的满意或不满意感，这些情感只依赖于行为的结果，与造成成败结果的原因无关；另一类是“依赖原因”的情感，它是与认知相联系的情感反应，即伴随着归因过程而产生的内心体验。韦纳等人以大量的研究证实，每一个原因维度都与一组特定的情感反应相联系。原因源维度主要与自尊、自豪(自

卑)、自我价值方面的情感有关;稳定性维度主要与成功的期望相联系,它影响一个人的自信心。在此,韦纳特别强调了可控性维度的作用。当一个人对自己的行为结果进行归因时,如果把失败的结果归因于可控制的原因,就会感到羞愧;当对他人行为结果进行归因时,如果把他人的失败归因于可控制的原因,则观察者对他产生愤怒,如果把他人失败归因于不可控制的原因,则观察者对他产生同情。

(四)归因训练的思想

归因理论从认知的角度对动机和行为的特定关系提出的假设似乎是合乎逻辑的,并得到了大量实验的验证和支持。以韦纳为代表的现代归因理论在分析成就动机的归因时认为,期望变化是和稳定性维度联系在一起的,一次行为结果之后,期望变化受到知觉到的原因的稳定性影响。因此,如果将失败归因于能力低、任务难等稳定性原因时,本人则难以克服造成失败的内、外条件,对未来成功失去信心,期望降低;相反,如果将失败归因于不稳定的原因(如考前没有复习好),则将会增强今后成功的期望。按照韦纳的观点,能力是内部的、稳定的、不可控的原因,因此将失败归因于它将特别有害;而将成功归因于此原因时,会增强成功的信心,并伴随着自豪感和胜任感。

根据韦纳归因训练的思想和观点,其归因理论的训练模式如图 6-3 所示:

不期望的归因

归因于
成功——→运气好——→缺少情绪刺激(冷漠)—→缺乏趋向任务的倾向
很少增加成功期望

归因于
失败——→能力低——→消极情绪(无能、自卑)—→缺乏坚持性,回避成就任务
降低成功的期望

期望的归因

归因于
成功——→能力高——→积极情绪(自尊)—→趋向成就任务
增强成功期望

归因于
失败——→没努力——→动机性情绪(内疚)—→增强坚持性,趋向成就任务
维持较高的期望

图 6-3 期望的和不期望的成功、失败结果归因——动机和情绪的归因训练模式

(五)简单评价

韦纳的成就动机归因模式理论是近期才提出来的,而且目前这一理论仍处在发展变化中。因此,要对这一理论作出完整的评价是不现实的,也是不可能

的。但是，与其他的成就动机归因理论相比，我们会发现这种理论有许多独到之处。这一理论相对其他动机理论，在认知方向上迈进了一大步。韦纳的归因理论保留了期望、价值等概念，而且赋予其更浓厚的认知色彩。韦纳提出的三维归因模式理论，能够帮助我们对成就行为的原因进行归类与分析，并进一步使人们了解到原因知觉是如何影响人们将来的行为的。不仅如此，韦纳的理论还表明成就行为是可以改变的。通过改变行动者的归因来进一步改变行为的意义是重大的，尤其在教育上，这一理论的运用将有很广阔的前景。

但是，韦纳的理论还存在一些不足。例如，有人提出，成就归因的维度是否多于三个，认知和动机在归因过程中的相互作用也没有很好地说明等。

四、班杜拉的自我效能感理论

1977 年，班杜拉首次提出“自我效能感”(self-efficacy)这个概念。[①] 随后，许多心理学工作者对此进行了大量的研究。到 20 世纪 80 年代，自我效能感理论得到了丰富和发展，同时也得到了一些实证研究的验证和支持，使该理论不断地完善和发展。

所谓自我效能感，就是指人们对自己能否成功地进行某一成就行为的主观判断[②]，它与自我能力感是同义的。按照班杜拉的说法，自我效能是指个体有效地控制自己的生活等方面的能力知觉或信心，它是一种主观的自我感受或体验。

(一)行为结果的影响因素

班杜拉指出，人的行为受到行为的结果因素和先行因素的影响。行为的结果因素就是通常所说的强化，但是，班杜拉对强化的看法与传统的行为主义不同。[③] 早期的行为主义学习理论一贯主张某一行为之后的强化会提高该行为出现的可能性。而班杜拉则认为，行为出现的原因不是随后出现的强化，而是人在认识到行为与强化之间存在一定关系之后产生的对下一步强化的期待。班杜拉认为，在学习中，即使在没有强化的情况下，个体也能进行学习，形成新的行为模式。

在关于强化的问题上，班杜拉认为强化在学习中有重要的作用，并把它分成三种类型：一是外部强化，即通过外部因素对学习行为给予强化。如果获得的行为能导致有价值的结果，人们则倾向于操作该行为；如果获得的行为没有价值或者操作这种行为会导致惩罚，则削弱了人们操作这种行为的倾向。在班杜拉看

---

① 参见[美]班杜拉著，郭占基等译《社会学习心理学》，吉林教育出版社 1988 年版。

② 参见张大均主编《教育心理学》，人民教育出版社 1999 年版，第 98 页。

③ 参见陈琦、刘儒德主编《教育心理学》，北京师范大学出版社 1997 年版，第 126～127 页。

来，这些外部的强化可以采取物质的奖励、积极或消极的社会评价、愉快的或讨厌的刺激等形式。第二种是替代性强化，即对榜样行为的强化也相应地强化了自己。这种强化发生作用的原理同外部强化发生作用的原理一样，在观察学习中，那些对他人有用的行为比对他人无用的行为更容易表现出来。看到他人行为的成功，能增加自己表现这种行为的倾向，而看到他人的这种行为受到惩罚，则减少了表现这种行为的倾向。第三种是自我强化，即学习者根据一定的标准进行自我评价和自我监督，来强化相应的行为。对自己行为的评价，调节着人们对自己行为的表现。人们更愿意表现那些让自己感到满意的行为，而拒绝那些不能让自己满意的行为。班杜拉认为，自我强化也是调节行为操作的重要因素。

班杜拉指出，在学习中，强化的作用是激发和维持行为的动机，从而调节和控制人的行为。这种作用通过人的认知形成期待，成为决定行为的先行因素。

(二)期待

"期待"是班杜拉理论中的一个非常重要的概念。他把期待分为结果期待和效能期待(自我效能感)两种。[①] 结果期待是指人对自己的某一行为将会导致特定的结果(强化)的推测，这与传统的期待概念含义相同。如果人们能预测某一特定的行为会导致某一特定的结果，那么，这一行为就可能被激活或选择。例如，如果一个学生认为只要努力学习就会获得好的学习成绩，那么，他(或她)就会有可能刻苦学习，以便取得好的学习成绩。

效能期待是指人对自己能否进行某一行为的实施能力的推测或判断，即人对自己能力的主观推测，它表明了人是否确信自己能够成功地完成某一行为。如果一个人相信自己有能力从事某一行为，他就会产生高度的自我效能感，并会去进行那项行为；否则，就会产生低的自我效能感，并放弃行为。例如，如果一个学生不仅知道上课认真听课可以获得好的学习成绩，而且还感到自己有能力听懂老师讲的内容，那么他才会认真听老师的讲课。这充分说明了自我效能感对行为的重要影响。

(三)自我效能感与归因

班杜拉自我效能感理论的中心思想是，个体的自我效能感决定他在成就情境中的行为动机。自我效能感高的人通常不会向别人炫耀自己在某项活动上的能力，甚至对自己所具有的能力也说不清楚，但其内心确实体验到了一种胜任感。因此，自我效能感高的人在活动中，行为的积极性非常高，愿意付出努力，并采取一些策略去应付所遇到的问题，去克服所面临的困难。而当他克服困难和

---

① 参见张大均主编《教育心理学》，人民教育出版社1999年版，第99页。陈琦、刘儒德主编《教育心理学》，北京师范大学出版社1997年版，第126～127页。

解决问题之后，他当初的效能感就得到了证实，维持了动机，并提高了自我效能感。相反，自我效能感低的人通常不承认自己不能胜任或者不能很好地完成某项任务，但在其潜意识里确实感觉到了自己在这方面的欠缺，体验到了一种不胜任感。因此，自我效能感低的人在活动中，行为的积极性低，不愿意付出很大的努力，也不愿采取一些策略去应付困难和解决问题。这样，就不可避免地导致了活动结果的不尽人意，强化了他的低自我效能感，进而又降低了他的自我效能感。

班杜拉等人研究指出，自我效能感有四种功能：①决定人们对活动的选择及对该活动的坚持性；②影响人们在困难面前的态度；③影响人们新行为的获得和习得行为的表现；④影响人们在活动时的情绪表现。[①]

班杜拉认为，成功和失败的经验会强烈地影响自我效能感。成功的经验会提高自我效能感，失败的经验会降低自我效能感；多次成功会使人建立稳定的自我效能感，这种自我效能感不会因为暂时的失败而降低，而且还会泛化到类似的情境中去。[②] 近期的研究表明，人们的自我效能感不仅是由其先前的行为结果和他人的评价决定的，而且在很大程度上是由其对先前行为结果的归因决定的。当一个人把成功结果归因于自己能力高这一内部的、稳定的、不可控制的原因时，个体才会产生较高的自我效能感；相反，如果一个人把失败归因于自己能力低这一原因，个体就会产生较低的自我效能感。而把失败归因于运气差这一外部的、不稳定的原因时，就不会动摇或改变他的自我效能感。因此，归因方式直接影响自我效能感的形成和变化。

(四)归因训练

班杜拉重视人类所具有的期待的功能，认为期待是认知与行为的中介，是行为的决定因素。班杜拉与他的同事对自我效能感形成的条件及其对行为的作用进行了大量的研究，发现在一定条件下自我效能感能够发生变化，而自我效能感的变化会引起行为的变化。认为思想、情感和行为并不直接受到原因归因的影响，而是通过自我效能感的信息来确定的。[③] 至于个体对自我效能的判断，则取决于实际完成任务(过去的成功和失败)之后所构成的估价自我效能的特殊前提。个人主要通过自己的经历获得关于自身能力的知识，因为依靠自己的经验得到的关于自身的知识最可靠，所以它是自我效能感的最有力的信息源。成功

---

① 参见陈琦、刘儒德主编《教育心理学》，北京师范大学出版社 1997 年版，第 126～127 页。

② Bandura, A. "Self-efficacy: Toward a Unifying Theory of Behavior Change", *Psychological Review*, 1977, 84, pp. 191-215.

③ Bandura, A. "Self-efficacy: Toward a Unifying Theory of Behavior Change", *Psychological Review*, 1977, 84, pp. 191-215.

的经验使人对自己的能力充满信心，而失败的经验则使人对自己丧失信心。除此之外，任务的难度、个人的努力程度等都影响自我效能感的建立。如果任务太难，或者个人没有付出多少的努力，这时的成功能够增强自我效能感，而失败也不会使自我效能感降低；如果任务简单，或者个体付出了很大的努力，这时即使成功了，对自我效能感的影响也不会太大，但是如失败了，就会使自我效能感降低。换句话说，自我效能感的判断，除了受到过去成功或失败经验的影响之外，在一定程度上还与知觉到的行为结果的各种原因有关联。因此，班杜拉并不追求在归因导向（增强或降低自我效能感）上发展一种精心制作的理论模式。[①] 班杜拉只是认为，成功的行为结果如果知觉为自己的能力（技能）、努力而不是命运或者他人帮助等外部原因造成的时候，就更能强化自我效能感；与此相反，如果有最大的努力、很小的能力获得的成功，在自我效能感上只可能有很微弱的效果。失败的结果如果归因于能力低，就会降低自我效能感；如果归因于运气差，就不会影响自我效能感。

许多研究者根据上述观点设计了归因训练程序，其主要目标在于由“我不能”实现改变为“我能够”胜任的信念。这一过程的含义是将成功结果由归因于努力、运气、他人帮助等原因改变为能力归因，将失败由能力归因改变为努力归因。自我效能感理论的归因训练模式见图 6-4。[②]

不期望的归因

归因于
成功——→高度努力、运气 ——→自我效能低
归因于 ——→不努力，缺乏坚持性，成绩降低
失败——→能力低 ——→自我效能低

期望的归因

归因于
成功——→能力高 ——→自我效能高
归因于 ——→努力程度高，成绩不降低
失败——→努力、运气 ——→自我效能高

图 6-4 期望的和不期望的成功、失败结果归因——自我效能感模式

目前，将归因这一重要的认知过程作为自我效能感产生和改变的基础已经成为该领域研究者的共识，而且归因也成为该领域研究的中心。班杜拉的自我效能感理论尽管未受到人们的普遍重视，但是其基础被改变了，因此也不是原来

① 参见韩仁生《当代归因训练三种模式评述》，载《齐鲁学刊》1998 年第 4 期；孙煜明《动机心理学》，南京大学出版社 1993 年版，第 272～273 页。

② 参见韩仁生、李传银主编《教育心理学》，山东人民出版社 2008 年版，第 197～198 页。

意义上的自我效能感理论了。应该承认，自我效能感理论的发展证实了归因在成就动机产生中所起到的作用。

第三节 大学生学习动机的培养与激发

在学习活动中，学习动机具有动力作用，是学习过程中的动力源。因此，教师的一项重要任务就是培养和激发大学生的学习动机。

大学生学习动机的培养与激发既有区别又有联系。学习动机的培养是指教育者通过各种途径和手段，把社会和教育向学生提出的学习要求转化为学生内在的需要，即从没有学习需要或很少有学习需要到产生学习需要的过程。学习动机的激发是把已经形成的学习需要充分调动起来，成为学生学习活动中的积极因素。同时，学习动机的培养和激发是密不可分的，培养是激发的前提，学习动机激发的结果又加强了原有的学习需要。由于学习动机的形成是复杂的过程，教育者只有全面地了解影响学习动机形成过程中的内部和外部因素，才能采取有效的教育措施。

一、影响大学生学习动机的因素

（一）家庭、学校和社会在学生学习动机形成中的作用

1. 家庭的影响

家庭是学生成长和发展的重要场所，社会要求和愿望往往通过家庭反映出来。父母是家庭的权威，是学生的第一任教师，也是学生一生无法更改的终身教师。因此，大学生的学习动机在很大程度上反映了父母的要求、态度和愿望。

一般来说，大学生的学习需要在很大程度上反映了父母的志向和期望，学生的学习成绩体现了家庭的意图和态度。美国心理学家凯尔（Kahl）和赫尔塞（Halsay）等人的研究表明：父母的期望和教育对孩子的学习动机具有很大的影响。家庭的文化背景、父母受教育的程度对孩子学习动机的影响也很明显。埃利克（R. M. Arkin）和斯特理（K. Sterling）在 1973 年对母亲的文化水平与学生期望受教育程度的关系进行调查研究，结果发现，母亲的文化程度与学生的学习愿望和抱负水平呈正比例。

另外，如果父母对孩子的学习成绩是漠不关心的，或者是要求过高，过分地计较成就，过多地进行干涉，都会影响学生的学习需要。此外，缺乏学习环境或基本的物质条件，例如，没有书桌、没有单独房间、环境喧哗等，会影响学习的积极性。应当注意的是，家庭气氛的和谐、愉快、平静，父母与子女之间亲密友好的关系，这类心理环境对学生的学习情绪和学习愿望的影响比物质环境具有更重

要的作用。

2. 学校的影响

学校教育对学生学习动机的形成起主导作用。学校教育反映了社会的要求，是有目的、有计划地对学生进行正规的训练。因此，教育和教学的目的、教学内容和方法、集体舆论和气氛对学习动机的形成都有重要的意义。

在学校教育中，特别强调的是教师在学生学习动机形成中的作用。因为教师是学校教育目的的具体执行者，除了向学生传授知识和培养基本技能外，还需要根据动机形成的规律，逐渐地使学生形成正确而稳定的学习动机。教师自身的素质、修养、责任心以及师生关系等都对大学生的学习动机的形成产生影响。此外，在学校中，校风、班风和学生周围同学的学习风气对他的学习动机也产生重要影响。

3. 社会的影响

大学生的学习动机是社会和教育的要求在其头脑中的反映。因此，社会生活条件、社会风气、社会舆论、科学文化发展水平等都影响着学习动机的形成。而且，随着学生年龄、知识的增长，社会的影响对大学生的学习动机形成的作用越来越大。

(二)大学生的年龄特征对学习动机形成的影响

学生的学习动机与其他心理现象一样，是随着年龄的发展而变化的。心理学上通常把人的心理发展阶段分为：婴儿期、幼儿期、童年期、少年期、青年期等。从童年期开始，儿童就进入学校，接受正规的学校教育。学习动机的作用随着心理发展水平的不同也显示出明显的差异。总的趋势是动机的社会性增强，并在动机体系中越来越占主导地位。对大学生来说，他们能够把学习与应该承担的社会义务联系起来，使学习服从国家的需要。他们追求的是实现自身的价值，充分发挥自己的潜能，当然也希望这种追求能够符合社会要求并获得社会认可。当然，学生中也会产生诸如考虑个人的出路、个人的名利等不符合社会要求的学习动机。但是，这在正确的教育条件下是完全可以改变的。因此，从教育的意义上分析，只有依据学生的心理发展水平采取适当的教育，才能形成正确的动机。

(三)大学生的抱负水平对学习动机形成的影响

与学习动机有密切关系的就是学生的抱负水平，因此，抱负水平影响着学习动机的形成。抱负水平是指学生自己设立的目标，以及在学习活动之前对所要达到的目标作出估计。例如，学生在考试之前估计自己的学习成绩。抱负水平高的学生，设立的目标高；抱负水平低的学生，设立的目标也低。因此，抱负水平并不是引发动机的手段，而是希望达到的主观愿望，也可以看做是一种自信心的指标。

抱负水平在一定程度上可以决定成功或失败的结果，因此，它与学习动机的关系非常密切。研究表明，设立的目标与能力相符，才能获得成功。学习上经常获得成功的学生，能够把目标设置在自己的能力范围之内，把目标摆在既有一定的难度又能够达到的水平上。但是，有的学生设立的目标低于自己的能力，以至于不能最大限度得发挥自己的潜力。有的学生能力低，设立的目标又很高，因此，就以失败而告终。学生中这些不同的抱负水平直接导致其学习动机水平的差异。西尔斯(P. S. Sears)研究表明，抱负水平受到过去成功与失败经验的强烈影响。长期失败的经验使抱负水平降低，不期望成功，而只是试图对失败进行自我防卫。例如，选择过难或过易的学习任务。因此，教师要指导学生客观地分析自己，根据自己的实际水平，选择与自己能力水平相符的目标，从而实现自己的目标，以便促使学习动机的形成和增强，提高其学习的积极性。

二、大学生学习动机的培养

学习动机以学习需要为基础，培养大学生的学习动机，中心环节就是让大学生形成对成就的需要。在大学里，就是让大学生形成对学习的需要。

(一)进行学习责任感教育，增强学习积极性

对于大学生来说，影响其学习的主要动力已经不是单纯的好奇心，信念和理想起着支配作用。如果学生产生了远大的理想和坚定的信念，对学习有责任心，就会产生强大的学习动力，推动其学习。如果学生没有学习责任感，就会使大学生减弱或失去学习动力。目前，有的大学生由于受到社会上某些偏见和暂时的不合理现象的影响，导致其学习动力不足。因此，有必要对大学生进行学习责任感教育，不断提高其学习动机水平。

教师应该让学生充分认识到学习的社会意义，认识到自己肩负的历史使命，把当前的学习与将来联系起来，从而产生学习的需要，形成长远的动机，提高学生学习的积极性和主动性。学校应该让学生经常走出校门，走向社会，通过亲自的调查、询问、参观，来感受社会的要求和时代的召唤，从而激发大学生的学习热情。如果能把社会和教育的外部要求转化为大学生的内在需要，使学生有责任感，他就获得了永不枯竭的学习推动力，就会有“寒窗下度佳节以苦为乐，团圆日不团圆志在天涯”的崇高苦乐观。

(二)培养大学生的学习兴趣

学习兴趣是一种力求认识世界、渴望获得知识的意识倾向，这种倾向是和一定的情感体验相联系的，它是学习动机中最现实、最活跃、带有强烈情绪色彩的因素，有利于产生进一步学习的需要。美国心理学家拉扎若斯(A. L. Lasarus)的研究表明，具有浓厚学习兴趣的学生，其学习成绩与智力高的学生相比，显示

出优势。即在学习活动中,兴趣与智力相比,兴趣更重要。可见,学习兴趣能够使学生努力学习,而且在学习过程中伴随着愉快的情绪体验,所以学习兴趣是非常重要的,教师要爱惜学生已经形成的学习兴趣,并采取各种途径和方法培养学生的学习兴趣。

心理学研究和教育实践证明,学习兴趣能够促使大学生去探究知识,并且它是一种带有情绪色彩的心理倾向,能推动大学生去更多、更深入地获取知识。在学习过程中,学生不仅掌握得快、学得活、记得牢,而且能够对所获得的知识灵活运用。因此,培养大学生的学习兴趣是教师的一项重要任务。

(三)利用原有动机的迁移,使学生产生学习需要

动机的迁移,是指学生在缺乏学习动力的情况下,引导学生把从事其他活动的动机转移到学习活动上。布鲁纳在其《教学过程》一书中指出,原理与态度的迁移应该是教育过程中的核心,教师要善于发现学生原有的某一方面的强烈动机,把它与当前的学习活动联系起来,使学生认识到通过当前的学习活动能够达到自己的目标。实际上,这种方法是通过对动机活动与目标关系的重新认识,产生新的动机,目的是培养外部动机,并努力使其成为内部动机。

观察发现,任何一个班上,总会有部分学生的学习目的不明确,认识不到学习的重要意义,体验不到满足学习需要的愉快情感,对学习持冷漠态度,甚至有厌学的情绪。有经验的教师只要仔细地观察,就很容易发现这类学生在体育运动、课外兴趣小组、文娱表演等活动中往往具有相当高的积极性和浓厚的兴趣,引导学生把这些积极因素与学习联系起来,转化为学习需要和学习兴趣,使其他活动的动机转移到学习上,这是培养学习动机的有效途径。因此,教师要努力创造一些条件和情境,并引导大学生把活动的兴趣转移到学习方面。

三、大学生学习动机的激发

通过学习动机的培养,使大学生产生了学习的需要。但是,要使它真正成为学习中经常起作用的动力,还必须采取相应的措施,把学习动机激发起来。学习动机的激发是在教学过程中进行的,它主要依赖于教师的教学内容、教学方法以及教学组织。通常采用下列方法和措施来激发大学生的学习动机:

(一)向学生提出具体而明确的学习目标

在许多情况下,大学生缺乏学习的积极性和主动性,是因为他们不知道学什么和如何学。因此,教师要帮助学生认识到学什么、学到什么程度,使大学生明确学习的目的和要求。要做到这一点,教师在讲授一门新课或一节课之前,都要让学生知道具体的目标和要求以及教学内容在实践中的应用价值和在整个知识体系中所占的地位。这是激发大学生学习积极性和主动性的有效措施。因为当

大学生明确了学习目标和意义之后，就会产生一种强烈的学习愿望，推动他去积极、主动地进行学习。因此，在每次教学之前，教师要首先向学生说明该知识单元的目标，这样才能激发学习的动机，引起学习的兴趣，其学习的积极性就能够充分地发挥出来。

(二)创设问题情境，激发学生的求知欲

所谓创设问题情境，是指在教学过程中所提供的学习材料、条件，能够使学生产生疑问，渴望从事活动，探究问题的答案，经过一定的努力能够成功地解决问题。教育实践证明，这是激发学习积极性的有效方法。在这种情境下，大学生所产生的矛盾、疑惑、惊讶最能引起求知欲和学习兴趣，产生学习的愿望和意向，获得理想的教学效果。

伯利纳(D. E. Berlyne)研究表明，在正式教学之前，提出与学习材料有关的若干问题，以引起学生的好奇与思考，是激发学生的求知欲和内在动机的有效途径和方法。他以大学一年级学生为被试，分成实验组与对照组，学习动物学的内容。主试对实验组的教学采取三个步骤:第一，预备测验。问题是有关无脊椎动物的知识，用它测量学生这方面原有的知识水平。第二，学习期间。关于无脊椎动物的系统知识。第三，正式测验。考察学生对于学习的理解和所获得的知识。对照组学习情况与实验组相同，只是没有预备测验，他们仅仅和实验组一起学习材料，然后一起参加正式测验。结果发现，实验组的成绩远远高于对照组，而这种差异应该归因于预备测验的作用。因为预备测验的问题激发了实验组学生们的好奇心和求知欲，因此在学习材料时就特别注意预备测验中的有关知识，从而在理解和记忆方面产生了良好的效果。

如果教师能在学生解决问题的过程中，引导他们自己得出结论，自己概括出定义、定理和法则，则更能促进大学生的学习积极性和主动性。

(三)利用学习结果的反馈作用，使学生获得学习上的成功

学生对自己的学习结果有一种迫切要求了解的心情，大学生也不例外。学习过程中的反馈，就是让学生能够及时了解自己的学习结果。学生知晓自己的学习结果，不仅能够及时调整自己的学习，而且能够提高学习的热情，激起进一步学习的动力。

学生不仅愿意参加课堂学习，而且也期望自己的学习行为得到老师和同学的肯定。许多研究表明，对学生的积极学习行为应该给予积极的肯定和适当的评价，鼓励学生敢于想问题、提问题，不怕犯错误。这是充分利用外在动机力量调动学生课堂学习积极性和自觉性的有效方法之一。

动机既是学习的原因，又是学习的结果。在培养学生正确动机的前提下，提高学习动机的有效方法是尽可能让学生从成功的学习开始，以成功来培养成功。

这样,就可以增强大学生进一步学习的动机。

对成功和失败的专门研究表明,成功是自我鼓励的最好方式。成功的学习体验能激发学生进一步学好课程的动机和信心,增强学习兴趣,从而提高自我要求的标准。而学习上的经常失败,则会使学生学习兴趣降低,产生焦虑、自卑和丧失信心等消极心理,甚至会逃避学习。因此,教师要通过有效地组织课程,使每个学生在学习上获得成功。在提高教学质量的过程中要特别注意的是,过高要求、急于求成都可能造成学生自我努力的失败。要知道,再没有比失败和挫折所引起的精神负担更能削弱动机作用的东西了。

(四)注意教学内容的新颖性和教学方法的多样性

大学生的学习动机常常是在丰富多彩、新颖的教学内容中得到激发的。教学内容的不断更新,介绍本学科的最新成果和研究动向、发展趋势,可以使学生产生更高水平的求知欲,引起学生的探究活动。

在保证教学内容新颖性的前提下,采用灵活多样的教学方法是非常重要的。教学内容毕竟要通过教师的一定的教学形式和方法传递给学生,而作为教学内容载体的教学形式和方法的艺术性,就是激发学生学习动机的一种有效的方法。教学中最忌讳多次单调的重复,迫使学生反复咀嚼已知的材料。要知道,生动有趣的教学内容可能会在呆板、单一的教学方式中失去对学生的吸引力,而单调无味的教学内容会在花样翻新的教学方式中唤起学生的热情。因此,教师应该使教学活动尽量生动、有趣、富有吸引力,通过各种方式来增强学生的内部学习动机。

在利用这个措施激发大学生的学习动机时,要避免兴趣主义。如果脱离教学内容单纯从个人兴趣出发,就会使学习有所偏废,从而影响基础知识和基本技能的学习和掌握。

(五)适当地开展竞赛活动

竞赛是按照人们自尊的需要、获得成功的需要而激发人们奋发努力、力求上进的一种手段,它被认为是有助于提高工作效率、克服困难、完成任务的强烈诱因。国内外的大量研究表明,学校中适当地开展竞赛对提高学生的学习积极性具有有效的作用。这是因为在竞赛活动中,获得成就和声誉的动机表现得更为强烈,学习兴趣和克服困难的毅力增强,学习积极性得到充分的发挥。

然而,竞赛的结果是少数人获得胜利,大多数人是失败者。胜利者获得鼓励,失败者会承受一定的心理压力。因此,国内外有人指责竞赛,认为竞赛会影响彼此之间的团结友谊,养成个人主义,发展小团体,甚至会采取欺骗手段弄虚作假。特别是成绩不好的学生,往往会产生错误的自卑感,更加畏缩不前。所以,最好是适当地通过学习小组和班级之类集体之间的竞赛以及个人同自己的过去开展的竞赛,使学生在和谐安逸的气氛中学习。索里等人在总结竞赛的消极影响时,指出下列弊端:第一,使学习迟缓的人失去信心;第二,对知道自己不努力就能够成功的人缺乏激励;第三,对有些人产生过分的压力;第四,鼓励不合作或对他人漠不关心。

竞赛中出现的一些弊病不一定是其本身的产物,这与竞赛的内容、要求、组织形式等因素有关。为了使竞赛对大多数学生起到促进作用,在组织竞赛活动时应注意:

第一,不能过多地进行竞赛。频繁的竞赛活动会失去对动机的激励作用,也会使学生增加学习负担。

第二,采取适当的竞赛方式,避免过强的竞争性,如指导学生自我竞赛,从自己的过去与现在的进步中获取动力,同样可以起到激励的作用。

第三,增多获胜的机会。竞赛的内容、方式要多样化,使尽可能多的学生获得成功。也可以按照学生的能力水平分组进行竞赛,由于同组的水平接近,即使失败也不会自卑,反而能激起努力上进、争取成功的信心。

第四,加强竞赛中的思想教育,使竞赛有明确的目的和态度,竞赛标准要体现鼓励进步和团结合作的目的,提倡"友谊第一,比赛第二",并制订必要的规则以防弄虚作假。

(六)训练学生形成积极的归因方式

归因倾向影响人们的期望、情感和随后的行为。因此,必须对学生不适当的归因倾向进行矫正。国内外的许多研究都证实了归因训练的可行性和有效性。一般来讲,要让学生把成功结果归因于内部的、稳定的原因,比如能力高、努力了,以增强其自尊心和自信心,而把学习失败归因于外部的、不稳定的原因,如运气差、考题太难等,希望以后能获得成功。总之,教师可以结合自己的日常工作,针对学生不同的归因倾向进行引导、鼓励、强化,以便使学生形成正确的归因方式,从而提高学生的学习动机和学习行为的坚持性。

总之,人们的归因方式通过训练是可以改变的,相信这一点,意义是非常重大的。因为它预示着人们不良的归因方式是可以改变的。这些原理对于在教育中改善"差生"的处境是具有指导意义的。

复习思考题

一、名词解释

1. 学习动机
2. 直接的学习动机
3. 间接的学习动机
4. 成就动机
5. 抱负水平
6. 学习兴趣
7. 动机的迁移
8. 需要
9. 目标

二、简答题

1. 学习动机与学习的关系是什么？
2. 大学生的学习动机有什么特点？
3. 阿特金森成就动机理论的主要内容有哪些？
4. 韦纳归因理论的基本观点有哪些？
5. 常见的归因维度有哪些？如何指导大学生对其学习结果进行正确归因？
6. 影响大学生学习动机形成的因素有哪些？

三、论述题

在教育教学过程中，教师应该如何培养和激发大学生的学习动机？

第七章

陈述性知识的学习与教学

知识掌握是高等教育活动的重要目标之一，如何根据大学生学习的心理特点将知识有效地传授给学生，使学生的学习达到事半功倍的效果，是所有高校教师都必须关注的问题。这里我们根据现代教育心理学有关研究的新成果，主要论述了知识及其分类、表征方式、学习过程的理解、陈述性知识的学习模式及教学策略等问题，为高校新教师了解大学生知识学习的规律服务。

第一节　知识学习概述

一、知识的含义与分类

（一）知识的含义

知识是日常生活中使用频率很高的词，但对于它的含义不同学科在理解上有颇多争议，即使是在同一学科内，学者们的看法也存在很大分歧。具体到教育心理学，人们对知识的界定有狭义和广义之分。狭义的知识一般仅指存在于语言文字符号或言语活动中的信息。如各门学科中的基本事实、概念、原理等。从这种认识出发，人们把学校教育的至高目标描述成：授予学生系统的科学文化知识，形成学生的技能，培养学生的能力。这里的知识、技能与能力是三个不同的范畴，知识是后两者形成与发展的前提与基础。随着现代认知心理学研究的深入，人们又提出了广义的知识，它是主体通过与其环境相互作用后获得的信息及其组织。[①] 它既包括个体从自身生活实践和人类社会实践中获得的各种信息(狭义知识),也包括在获得和使用这些信息过程中所形成的各种技能和能力。这种知识既以语言文字、音像制品等媒体形式存在于个体之外,也以概念、命题、产生式、表象或图式等形式存在于个体头脑内部。学生的知识掌握主要是把存在于个体之外的人类知识转化为个体的知识。

(二)知识的分类

由于对知识的概念有不同理解,人们对知识的分类角度也各不相同。

传统上人们根据知识的不同概括水平将知识划分为感性知识和理性知识两种。感性知识又称为"具体知识",是指一些具有感性特征的、具体而有形的信息,如关于时间、人物、事件等方面的知识。它主要反映事物的外部特征和具体联系,通常用代表具体事物的符号来表示,一般抽象水平较低。理性知识又称为"抽象知识",是指一些普遍的、抽象的概念或命题,它反映事物的内部抽象特征和本质联系,通常是在感性知识基础上通过概括、转化而形成的,一般抽象水平较高。

在学校教育中,人们一般还把知识分为语文知识、数学知识等各类学科知识。心理学主要从知识学习过程的心理实质或特点等角度对知识进行分类。奥苏贝尔将知识分为表征、概念、命题、问题解决及创造五类。加涅将知识分为六类:连锁、辨别、具体概念、抽象概念、规则、高级规则。这些心理学家力图根据知识获得过程的性质对知识进行分类,使知识的类型能反映出学习的不同心理过程。但他们对知识获得的信息加工过程缺乏深入研究,因此知识类型的划分还带有较多的思辨色彩。

现代认知心理学一般依据知识的不同表征方式和作用,将知识划分为陈述性知识、程序性知识和策略性知识。

陈述性知识(declarative knowledge)也叫"描述性知识",是关于事物及其关系的知识,主要用于区别和辨别事物。它是个人有意识地提取线索、因而能直接陈述的知识。这类知识主要用来回答世界是什么的问题,如"第二次世界大战的原因是什么",它包括事实、规则、个人态度、信仰等等。

程序性知识(procedural knowledge),即操作性知识,是关于怎样做的知识,是一种经过学习自动化了的关于行为步骤的知识,表现为在信息转换活动中进行具体操作。它是个人没有有意识地提取线索、只能借助某种作业形式间接推测其存在的知识,实际上是传统意义上的技能。它主要用来解决怎么办的问题,如"如何在图书馆中查找鲁讯的杂文集《朝花夕拾》"。

---

① 参见皮连生主编《教育心理学》(第三版),上海教育出版社 2004 年版,第 90 页。

策略性知识(strategic knowledge)是关于如何学习和如何思维的知识，即个体运用陈述性知识和程序性知识去学习、记忆、解决问题的一般方法和技巧。如:“如何写好作文?”从本质上看，策略性知识也是程序性知识，但和一般的程序性知识有所不同。一般的程序性知识是完成某种具体任务时的操作步骤，而策略性知识则是学习者用来调控学习和认识活动本身的，其目标是更有效地获取新知识和运用已有知识来解决问题。只有在策略性知识的指导下，陈述性知识和一般程序性知识才能被有效地加以应用。在以往传统教学中教师往往忽视学生对策略性知识的掌握。迄今为止，策略性知识尚未真正成为课堂教学的固定内容。因此“教会学生如何学习”构成了当代高等教育课堂教学改革的重要内容。

二、知识的心理表征

所谓知识表征，是指信息在人脑中的储存和呈现方式，它是个体知识学习的关键。人们在学习过程中，都是根据自己对知识的不同表征选择学习方法和应用方式的。现代心理学研究表明，不同知识类型在头脑中具有不同的表征方式。

(一)陈述性知识的表征

心理学家普遍认为，陈述性知识主要是以命题和命题网络的形式进行表征的。另外，表象系统和线性序列也是表征陈述性知识的重要形式。

1. 命题与命题网络

命题是信息的基本单位，是陈述性知识的一种基本表征形式。它比句子更为抽象。它是将句子表征为一组符号。一个命题大致相当于一个观念。有些句子如“我十三岁了”表达一个观念，仅包含一个命题。但也有些句子表达多个观念，包含多个命题。如“一年级的女孩在唱歌”，表达的就是两个观念，是两个命题，分别是“女孩在唱歌”和“她是一年级的”。

命题一般由两个成分构成:关系和论题。论题多由名词、代词表示。“小狗过马路”中的论题是“小狗”和“马路”。“那个皮包坏了”中的论题是“皮包”和“坏了”。命题中的关系多以动词表示，有时也用形容词和副词表示。关系对论题起限制作用。如“张三在喝水”，这个命题中“喝”表示关系，明显地限制了有关“张三”的信息的范围。

现代认知心理学认为，词、短语或句子是交流思想的工具，它们是思维的物质外壳或载体。但人的思想在头脑中不是以词语而是以命题表征记录下来的。人思考的对象不是词语而是命题。命题是思想和观念的单元。心理学家们用许多实验验证了这一观点。温拿(Wanner)曾向被试呈现如下四个句子[①]：

(1)当你给自己的结果打分时，不要更正你的答案，只要仔细地划出你的错误答案；

(2)当你给自己的结果打分时，不要更正你的答案，只要细致地划出你的错误答案；

(3)当你给自己的结果打分时，不要改你的正确的答案，只要仔细地划出你的错误答案；

(4)当你给自己的结果打分时，不要改你的正确的答案，只要细致地划出你的错误答案。

其中第(1)和第(2)句、第(3)和第(4)句意义相同，但用词稍有差异；第(1)和第(3)句、第(2)和第(4)句意义不同，用词也稍有不同。

实验是全体被试先听其中的一个句子，然后第一组被提醒按原句回忆刚才听到的句子，第二组不作提醒。然后两组被试都判断另外两个句子是否听过，其中一个是刚才听过的那个句子，另一个没有听过。这个没听过的句子可能与原句意义相同，但表述稍有不同，也可能与原句意义不同，且表述稍有不同。实验结果表明，未受到提醒的被试判断字面稍有不同，但意思相同的句子的正确率为50%，处于随机猜测水平。判断字面稍有不同意义、也不同的句子的正确率为100%。受到提醒的被试判断意义相同句子的正确率也显著地低于对意义不同句子的判断正确率。这说明，人们倾向于储存句子的意义(命题)，而不是特殊的词句。

命题网络是基于语义网络提出来的，任何两个命题，如果他们具有共同成分，则可以通过这种共同成分而使之彼此联系起来。许多彼此联系的命题组成命题网络。他们比无相同成分的命题之间的联系更加密切，这样就降低了因工作记忆容量有限所导致的个体认知负荷过重的可能性。

命题网络的基本表示方法是用一组由关系联结的节点所构成的结构来表示。节点表示记忆中的概念，而关系就构成了节点间的联系。这种语义网络具有激活扩散的特性。科林斯和奎林(Collins & Quillian)的一个经典实验支持了知识以命题网络贮存的观点。他们认为如动物、鸟、鱼等分类的知识以图 7-1 的层次结构贮存。

---

① 转引自皮连生《智育心理学》，人民教育出版社 1997 年版，第 44 页。

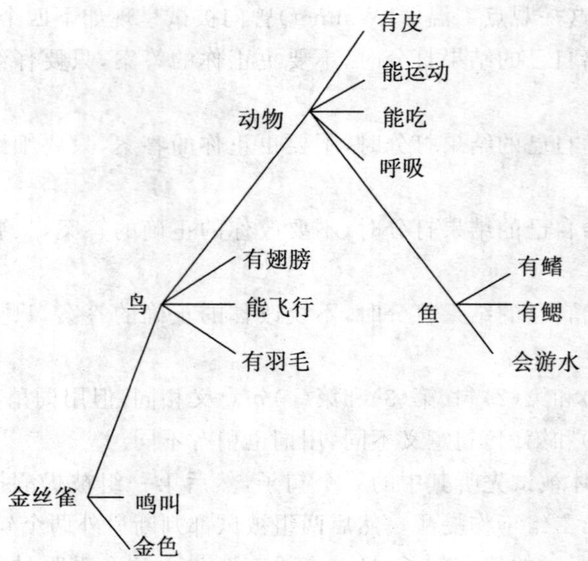

图 7-1　命题网络模型

不同的动物知识的概括水平不同。在这一概括水平上贮存了可以用来区分其他水平的物体的属性。例如,"有皮"是所有动物的属性,贮存在最高水平。用这一属性可以把动物和矿石(没有皮)等区分开。又如,"有羽毛"是所有鸟的属性,贮存在比"动物"低一级水平上,可以被采用来区分鸟与非鸟的动物(如鱼、狗等没有羽毛)。科林斯进一步假定,由于贮存在知识网络中的事实的距离不同,提取他们的反应时间也将不同。研究表明,问题的级别越高,被试判断问题真伪的反应时间越长。

2. 表象与表象系统

表象是陈述性知识表征的另外一种基本形式。它表征的是一些空间的或连续性的信息,对命题表征具有重要的弥补作用。谢泼德等人于 20 世纪 70 年代进行的一系列心理旋转实验,证明了人可以在头脑中对客体的表象进行操作,并得到了佩维奥双重编码说的理论支持。例如,当要求人比较斑马与台灯的大小时,研究者发现个体主要依赖的是视觉表象,而不是对听觉信息的语义理解。可以说表象系统是一种连续性、形象性的表征方式,而命题网络则是对事物意义的分解性的、不连续的表征。两种形式密切联系,相互转化。表象所具有的概括性为概念的形成提供了感性基础。因此,人们在工作记忆中运用表象表征信息的能力是一种重要的知识接受能力。

人类利用表象来对事物进行表征的积极意义,除了表象本身的形象性和具体性所具有的优点之外,认知心理学家从信息加工的角度提出了新的认识。他们认为，表象表征是对事物空间关系的把握，其容量比命题表征要大得多，同样的信息量可以只用一个单位的表象就能实现，而用命题进行表征则需要许多单位。但是个体的信息加工是在工作记忆中完成的，工作记忆的容量较小，一般只有 5～9 个组块。这样利用表象及表象系统就可以大大减轻工作记忆的负荷，以提高信息加工效率。这在心理学家斯诺（R. E. Snow）1980 年开展的折纸测验研究中得到了充分体现。①

3. 线性序列

线性序列是认知心理学家认同的第三种陈述性知识表征形式。简言之，线性序列就是指以线性的方式将一系列元素串连为一个统一体，期间的元素可以是表象，也可以是命题。安德森认为"这种表征结构是对一系列元素所作的线性次序的编码"②。加涅也曾指出"在一系列元素之间，一种极为重要的关系通常是有序的关系，即这些元素是被人按某一秩序来排列或排序的"③。线性序列与命题的区别在于，命题仅仅保留了命题中所提及的论题之间的基本语义上的关系，但不必对这些论题的次序作出排列；而线性序列与表象的区别就在于，表象保留了知觉特征之间的间隔关系（即各个特征之间的相对距离），而线性序列则对一组元素按从头到尾的顺序作了排列，但不涉及各个元素之间的距离有多大。

当代认知心理学家进行了大量实验研究，证实了线性序列这种表征形式的存在。例如，安德森在研究中让被试设法记住一些有固定次序的辅音字母串，发现在人的记忆中的确经常保留了事物之间的线性序列结构。随后其他学者也报告了类似的发现，同时确定对字母串的记忆不是一种视觉表象的记忆。④ 因此线性序列是对有序的信息进行排列，当人对信息作出这种编码后，能比较容易地从序列的第一个元素顺利地提取到排列在它之后的其他元素。

（二）程序性知识的表征

1. 产生式

产生式这个术语来自计算机科学。信息加工心理学的创始人纽厄尔和西蒙（Newell & Simon）首先提出用产生式表征人脑中贮存的技能。他们认为，人脑和计算机一样都是"物理符号系统"，其功能都是操作符号。人脑之所以能进行计算、推理和解决问题等各种复杂活动，乃是由于人经过学习，其头脑中贮存了

---

① 参见吴庆麟《教育心理学》，人民教育出版社 1999 年版，第 255～256 页。

② A. Koestler. *The Act of Creation*. New York: MacMillan Publishers, 1964, p. 170.

③ E. Gagne. *The Cognitive Psychology of School Learning*. New York: Harper Collins College Publishers, 1993, p. 75.

④ J. S. Angiolillo-Bent & L. J. Rips. "Order Information in Multiple Element Comparison", *Journal of Experimental Psychology: Human Perception and Performance*, 1982, 8, pp. 392-406.

一系列的以如果/则形式表征的规则,同计算机程序本质一样。这种规则被称为“产生式”。产生式是所谓条件－动作(condition-action)规则(简作C－A规则)。一个产生式就是一个“如果－那么”规则。当条件得到满足时,动作就得以执行。如面对“27＋15＋19＋30＝?”这道连加题,我们在具体计算时先读27,将27保持在短时记忆中,再读15,记住15,然后将27与15相加,得到和42,记住42,再读19,记住19,将42与19相加,得到和91。这里的每一步就是一个产生式,从条件得出结果,这个结果被保存在短时记忆中,又成为下一步运算的条件。

2. 产生式系统

简单的产生式只能完成单一的活动。有些任务需要完成一连串的活动,因此需要许多简单的产生式。经过练习,简单的产生式可以组合成复杂的产生式系统。这种产生式系统的形成与巩固被认为是个体掌握复杂技能的心理机制。如果说,若干命题通过他们的共同的观念而形成命题网络,那么产生式则通过控制流而相互形成联系。当一个产生式的活动为另一个产生式的运行创造了所需要的条件时,则控制流从一个产生式流入另一个产生式。产生式系统通过许多子目标,控制产生式的流向。产生式系统并不需要一个外在的监督系统,它的监控蕴藏于运行之中。当产生式经过练习达到十分熟练的程度,甚至达到自动化的程度时,就能变成一种产生式系统,实际也就成为人们通常所讲的一种技能了。

对于已经形成产生式系统的各产生式来说,只要符合了第一个产生式的条件项,后面的产生式就会自动依次执行其行为项,直到所有的操作步骤完成,得出最后结果。也就是说,当条件与操作步骤之间的联系足够熟练化后,行为步骤的执行无需个体过多的监察,不需占用工作记忆空间。这就是人们能流畅自如地完成某项任务的原因。

西蒙等人对专家和新手解决一般动力学问题所做的一个实验证明了上述观点。[①] 实验中给出的问题是:一颗子弹射出的速度为400米/秒,枪膛长0.5米,假定子弹在膛内做匀加速运动,求子弹在膛内的平均速度。他们分析了专家和新手解题给出的口头报告发现,新手解决问题所花时间是专家的四倍,新手会出错,专家没有类似的错误。尽管他们在有的方面是一致的,如都从阅读问题开始,都能选择某个方程,都能解决这个问题等,但专家解题时是两步或几步合成一步,解题时并不具体想某个公式、定律或方程式,而新手总是先从以前学过的

---

① Simon, D. P. & Simon, H. A. “Individual Differences in Solving Physics Problems”, In R. S. Siegler (Ed.), *Children's Thinking: What Develops*? (pp. 325-348). Hillsdale, NJ: Lawrence Erlbaum Associates, 1978.

公式、定律中选择某一公式进行解题。这主要是因为专家对解题所需要的一系列产生式规则已非常熟悉，看到题目就可不假思索地立即做出相应操作。

(三)大的知识单元的表征

许多心理学家认为，一个大的知识单元中既有陈述性知识，也有程序性知识，二者相互交织在一起。许多心理学家用“图式”(schema)这一概念来描述这种大块的有组织的知识的表征。通俗地讲，图式就是将事物的相关属性有机地组合为一个整体以表现该类事物的知识储存方式或结构。例如“去餐馆吃饭”就是一个图式，它包括了各种信息，例如到桌边就坐、看菜谱、点菜、服务员上菜、就餐、付账等。教学中常见的图式有实验程序、学习和理解故事等。当个体将所学知识以图式的方式进行储存后，将明显提高其激活和提取的速度，同时也会节省出工作记忆的有限加工空间。一个图式的组成部分和子类就可以形成它的子图式，同时它本身也可能成为其他图式的子图式。这样，人们头脑中的图式就构成了一个有层次性的系统，它可以表征各种信息。

从现代认知心理学的知识分类观来看，图式中不仅含有命题的或概念的网络结构，也含有解决问题的方法步骤，即程序性知识。因此它是对知识的一种综合性表征方式。例如人们提到房子，就可能得到如下信息：房子是一类建筑物；房子可能用木头、石头或砖块建造；房子常常具有矩形和三角形形状，等等。当代研究者进一步将图式细分为两类：一类是关于客体的图式，如人们关于酒店、植物、文物等事物的图式；另一类是关于事件的图式，如人们进酒店用餐、去医院就诊、到电影院看电影等的图式。人们往往又习惯于把多次出现的有时间顺序的事件的图式称为“脚本”。前面提到的“去餐馆吃饭”就是一种典型的脚本。

一般的看法是，图式能运用于范围广泛的情境，作为理解输入的信息的框架。从知识来看，在记忆中存在的图式就像是人所知道的东西；从结构来看，图式是围绕某个主题组织的；从理解来看，图式中含有许多空位，他们可以被某些具体的信息填补。①

三、知识学习的一般信息加工过程

现代认知心理学认为，学习就是一个信息加工过程。人脑接受外界输入的信息，经过头脑的加工处理，转换成内在的心理活动，进而支配人的行为。作为信息加工的结果，个体获得了知识并储存在记忆中。加涅等人提出的一个信息加工模型，代表着认知心理学家对信息加工过程的一般观点(见图 7-2)。②

---

① R. E. Mayer, *Educational Psychology*: *A Cognitive Approach*. Little Brown, 1987, p. 282。

② 转引自路海东《学校教育心理学》，东北师范大学出版社 2003 年版，第 14 页。

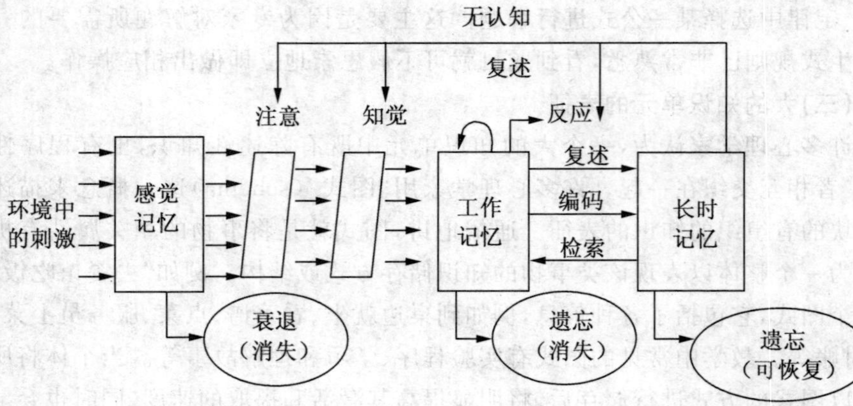

图 7-2　加涅等人的信息加工模型

该模型包括三个主要部分：

第一个部分是信息贮存库，这是一些资料库，用来保存信息，相当于用来贮存信息的计算机磁盘。信息加工模型中的信息贮存库包括感觉记忆、工作记忆和长时记忆。

第二个部分是认知加工过程，即将信息从一个贮存库转换到另一个贮存库的内部的处理活动，相当于计算机中用来发布指令、转换信息的各种程序。在信息加工模型中的认知加工，包括注意、知觉、复述、组织和检索等。

第三个部分是元认知，是对认知过程的认知，包括个体拥有的有关认知过程的知识和对认知过程的控制。元认知控制并协调着将信息从一个贮存库转移到另一个贮存库的各种认知加工过程。

具体来说，该模型认为个体完成学习任务时其信息加工流程主要表现为以下五个阶段。

(一)感觉记忆

外界信息首先存储于感觉记忆(sensory memory)。学习的信息加工过程也是从这时开始的。感觉记忆是第一个信息贮存库，信息以它在外部世界中的相同的形式存在，是一种“未被加工”的状态。感觉记忆的容量几乎是无限的，但如果加工过程不立即开始，记忆痕迹将迅速消退。视觉信息在一秒之内，听觉信息在两秒之内就从感觉记忆中消失。

感觉记忆的存在意味着人们要想记住一些信息，就必须对这些信息加以注意，要使瞬间看到的所有信息都进入意识状态，这需要花费一定的时间，这对于感觉记忆中的信息转换到短时记忆中去是至关重要的。

(二)工作记忆

工作记忆(working memory)是记忆信息加工的第二个信息贮存库，又称

"短时记忆"(short-term memory)。工作记忆是一个储存人们正在思考的信息的记忆系统,在任何时候,我们所意识到的观念实际上都被保留在工作记忆中。一旦我们停止思考,这些观念将从工作记忆中消失。如图 7-2 所示,信息从感觉记忆进入工作记忆,也可能从长时记忆进入工作记忆中。这两种情况一般会同时发生。当我们看到一只狗时,它的表象从感觉记忆进入工作记忆中,同时还会从长时记忆中搜索关于狗的信息,判断它属于哪一种。在这个认知过程中,有关狗的一系列信息,从长时记忆中被提取到了工作记忆中。

一般认为工作记忆的容量十分有限,大约只有 5～9 个独立的信息单元。这样,它就成了"信息加工的瓶颈"。但就特定信息单元来说,它可以包含大量信息。影响工作记忆容量的一个主要因素是背景知识,一个人掌握的知识越多,越能更好地组织和吸收新信息。另外,还有一些其他因素(如各种记忆策略的使用)也可以影响工作记忆的容量。人们一般通过组块化和自动化来突破这个"瓶颈"。例如要在 5 秒钟内记住下列数字"19191921194919661997"比较困难。但若将其做如下排列"1919 1921 1949 1966 1997",再赋予其历史事件含义,就容易记住。也可以通过将这些需要意识参与的心理操作,经过多次复述转化为无需意识或较少意识参与的操作。工作记忆保持的时间很短,对新信息的保留大约是 10～20 秒。如果超过这个时间,这些信息可能会被别的信息挤出工作记忆。

在信息加工过程中,工作记忆起着非常重要的作用。存储在感觉记忆中的信息,只有通过工作记忆,才能得到进一步的加工。有了工作记忆,我们才能正常地进行工作和学习。

(三)长时记忆

长时记忆(long-term memory)中的信息可以得到较长时间的保持,甚至永远不会忘记。有些来自工作记忆的信息,经过复述、精细加工和组织后,进入到长时记忆中贮存。长时记忆的容量非常大,甚至是无限的。各种知识都储存在长时记忆中。长时记忆里的大量信息通常处于未被激活状态,只有当需要这些信息时,它们才可能被激活。这时,这些信息从长时记忆中返回到工作记忆中,并从工作记忆中输出有关的反应。

心理学家一般把长时记忆分为三个部分:情景记忆、语义记忆和程序记忆。情景记忆(episodic memory)是关于个体经历的记忆,是对我们看到或听到的事情的心理再现。它储存着我们所经历事件的各种表象,这些表象按照事件发生的时间、地点等组织起来,例如回忆你在 18 岁生日那天是如何度过的。语义记忆(semantic memory)是由相互联系的概念或图式组织起来的网络结构。它包括环境中可得到的、不与特定背景联系在一起的一般信息和概念。例如"国旗"

这个词、水的化学分子式“H_2O”等都属于这种记忆。在学校中学到的知识、技能和概念大多是语义记忆。程序记忆(procedural memory)是关于事情操作步骤的记忆,它主要是以一系列的刺激一反应配对的方式储存的。例如如何驾驶汽车。最近有关大脑的研究表明,这三种长时记忆类型的脑部定位是不同的。情景记忆和语义记忆储存于大脑皮层,而程序记忆则储存于小脑中。

(四)遗忘与记忆

遗忘(forgetting)是指记忆信息的消失或无法找到信息。大部分的遗忘是由于短时记忆中的信息未能转入长时记忆中。但有时也可能是由于不能回忆出储存在长时记忆中的信息。对于如何解释记忆的遗忘,目前主要有三种理论:消退理论、干扰理论和提取失败理论。

消退理论(decay theory)认为,随着时间的消逝,记忆痕迹也逐渐消失,这样就发生了遗忘。尽管有一些研究确实证明了消退的存在,但是这种观点无法解释像人们能回忆起多年不见的老师的名字这类现象。

干扰理论(interference theory)认为,遗忘是由干扰造成的,由于信息相互竞争导致无法提取。研究发现主要有下面两种干扰。倒摄干扰(retroactive interference)是指后来学习内容对先前学习内容的干扰。倒摄干扰可能是导致遗忘的最重要的原因。前摄干扰(proactive interference)是指先前学习内容对后来学习内容的干扰,即旧知识干扰新知识。这两种干扰的出现就直接导致了信息记忆的系列位置曲线。

人们学习完了一系列材料后立即进行测验,结果显示:开始的几个项目和最后的几个项目学习效果最好,中间部分的学习效果最差。对首先呈现的部分学习得好,这种现象叫作“首因效应”(primacy effect);对最后的部分学习得好,这种现象叫作“近因效应”(recency effect)。首因效应和近因效应的结合构成了系列位置曲线。

第三种观点认为,遗忘和提取失败有关。许多研究者认为,当遗忘发生时,学习者并非真的失去了信息,而是学习者没有找到合适的提取线索,无法提取。有时人们可以意识到自己的长时记忆中存储了一些内容,但就是说不出来。这种现象就叫作“舌尖现象”。面对着一个很熟悉的同学,你可能就是叫不出他的名字。

(五)元认知

20世纪70年代,弗拉维尔等人通过对儿童记忆、理解和交流方面的研究,使信息加工的元认知成分受到广泛关注。目前关于元认知的定义尚无定论。一般认为,元认知是对认知的认知,具体地说,是个人认知过程的知识和调节这些过程的能力,也就是对思维和学习活动的认识和控制。元认知的定义包括两方面内容:对自己的认识、加工以及对认知和情感状态的认识;有意识、有目的地监测和调节自己的知识、加工以及认知和情感状态。

相应地,元认知的核心成分也就包括元认知知识、元认知调控两方面。元认知知识又包括两部分:关于自身思维的知识和意识;关于何时何地使用所掌握策略的知识。[①] 前者包括个体关于自身能力优势与缺陷以及学习任务难度上升时觉察意识的信息。而后者则包括特殊的具体目标策略适用于何种任务和情境的信息。例如一部分学生有时意识不到缺乏背景知识的复杂课文在阅读方式上要区别于熟悉主题的课文。这些学生缺乏的就是关于阅读的元认知知识。学生仅仅掌握那些适用于具体目标的特殊策略是不够的,例如写概要、划线、做笔记。也有人认为关于计划和目标的知识也属于元认知知识范畴。例如一部分学生有时相信阅读的目的就是正确地读出字的发音,或者会阅读就是能够一字不落地回忆起材料内容。这些学生就缺乏关于阅读目的的元认知知识。

元认知调控主要包括三部分:计划、评估和监督。计划包括设置目标、激活有关资源(包括规划时间)和选择恰当策略。评估主要涉及到判定自己的理解水平。监督则包括检查个人进展以及初始策略效果不佳时选择恰当的弥补策略。例如阅读时从课文中获取意义就涉及到评估和监督(一般称为"理解监督")。

元认知成分在学习过程中发挥着不可替代的重要作用。首先可以提高认知活动的效率。它可以使学生更好地做到事前计划、优选方法,及时发现认知过程中存在的问题,并作出相应调节,从而大大加强认知活动的目的性、自觉性和灵活性。其次能够促进智力发展。在现代智力理论中,人们已经把元认知列入智力范畴,并认为是智力的一个核心部分(如斯滕伯格的三元智力理论)。最后有助于主体性的发展。学生主体性的发展与其认知发展是紧密相连的。加强学生的主体性,就是要他们自觉管理、控制自己的学习,这就需要增加元认知知识,提高元认知调控能力。现代教师在教学中要特别注意学生元认知能力的培养。

四、知识的作用

教育心理学研究表明,个体要想有效地完成某项任务,仅有能力是不够的,更重要的是要具有相应的知识。那么知识究竟有什么作用呢?

(一)知识是人们活动的定向工具

知识对于人们参与有关活动有调节、指导作用,即对活动起定向作用。定向作用主要表现在两个方面:一是任何活动都是有方向的,而方向又是由目的决定

---

① Pressley, M. & McCormick, C. B. *Advanced Educational Psychology for Educators, Researchers and Policy Maker*. Harper Collins, 1995, p. 2。

的。二是活动是通过一系列的动作(活动程序)作用于某种对象,使对象发生合乎要求的变化而完成的。

(二)知识是能力结构的基本构成要素之一

由于知识是人们活动的定向工具,是活动的自我调节机制中必不可少的构成要素之一,因此也是能力基本结构中不可缺少的组成成分。能力作为一种个体心理特征,是对活动的进行起着稳定的调节和控制作用的个体经验。这种个体经验的形成,一方面要依赖于知识和技能的掌握水平,另一方面也依赖于个体对已掌握的知识和技能的进一步概括化和系统化。许多陈述性知识还是其他能力的组成部分,比如是智力技能和认知策略的组成部分;甚至个体品德的形成与改变,也必须以获得一定有关社会道德规范的知识为前提。因此在实际教学中,教师绝不能把知识排除在能力之外,离开知识的教学去空谈能力的培养,而应把能力的形成和发展建立在掌握大量丰富的知识经验的基础之上。

(三)知识的掌握程度制约着问题解决水平

当代专家研究表明,任何领域的问题解决都涉及到大量专门知识的应用。个体必须具有5万个至20万个有关知识组块,才能成为某一领域的问题解决专家。如果缺少相应的专门知识,专家也不能解决该学科领域的问题。例如,安德森的研究认为,如果一个高中学生要成功地进行数学学习的话,他就必须要掌握1万至10万条规则或公式。许多其他专门领域的研究也证实,个体解决问题的能力取决于他所获得的相关知识的多少及其性质和组织结构。因此知识也是思维的工具,思维活动的进行离不开对知识的重组和提取。可见,知识的学习对个体的发展极为重要。

第二节　陈述性知识的学习与迁移

一、陈述性知识学习的一般过程

当代认知心理学认为,陈述性知识的掌握过程一般分为三个阶段:第一阶段,新信息进入短时记忆,与长时记忆中被激活的相关知识建立联系,从而出现新的意义构建,该阶段一般被称为"理解阶段"。第二阶段,新构建的意义贮存于长时记忆中,如果没有复习或新的学习,这些意义会随着时间的延长而出现遗忘,该阶段一般被称为"保持阶段"。第三阶段,意义的提取和运用,该阶段一般被称为"应用阶段"。陈述性知识的掌握过程,主要是个体新构建的意义能够长时间地存在记忆中,而且在运用时能迅速提取。

目前国内公认的是皮连生教授的观点,他根据奥苏贝尔的同化理论和安德森的激活理论的思想，提出了陈述性知识的学与教的模型（见图 7-3）。把陈述性知识的掌握过程分成六个阶段[①]：

第一阶段：注意与预期（心向）。任何有目的的学习都以学习者有意识的注意为先决条件。当学习者处于注意状态时，他的注意指向学习目标。在这一阶段，教师应灵活应用变化的或情绪性刺激特征来唤起和维持学生的无意注意，也可通过其他有趣实验或问题激发学生的兴趣而引发有意注意。教师也可以告知教学目标，以激起学生对学习任务的预期。学生对新知识的积极关注常常来源于对知识本身的兴趣、良好的学习习惯和教师的有效提示。

第二阶段：激活原有知识（认知结构变量）。根据同化论和激活论的观点，为使新知识获得意义，并达到预期的学习结果，学生需要在原有认知结构中找到适当的原有知识，并使之处于激活状态。有的学生在学习新知识时，尽管在认知结构中存在一些可用来同化新知识的原有知识，但却不会合理利用，这时教师的外部提示和帮助是有必要的。教师在讲授新知识前，可采取适当的教学策略，先让学生复习和巩固有关的原有知识，这样就能使学生的知识结构得到补充和完善。

第三阶段：选择性知觉。学生不论是通过阅读教科书还是听教师讲课，都是在适当的背景下有选择地进行的。如果缺乏适当的背景知识，学生即使听了、读了也不知所云。为了使教学内容成为学生选择性知觉的对象，教师提供的新信息必须以学生容易理解的方式呈现。如把语言文字的描述与直观形象的材料呈现相结合，理性思维与感性经验相结合。

第四阶段：新旧知识相互作用。选择性知觉新信息的结果是在认知结构中以命题的方式表征新信息。但这种信息如果不与原有的有关观念产生联系且发生相互作用，并区分新旧知识的异同，则新的信息会很快消失（遗忘）。因此，在此阶段教师应及时了解学生理解的程度，对学生进行指导，提供反馈信息，使新知识进入学生原有的认知结构中（即形成新的命题网络）。教师的作用在于指导学生理清新知识的内在联系和新旧知识的联系。

第五阶段：认知结构的改组和重建。新命题网络并非原封不动地贮存于长时记忆中，它们会同认知结构的其他部分继续相互作用，从而导致认知结构的变化。知识在保持期间认知结构要经过改组和重建，以达到简约与减轻记忆负担的目的。在此阶段为了防止知识的混淆和有用观念的遗忘，教师应指导学生对所学知识进行归纳整理，掌握并合理运用复习和记忆的策略，促进学生良好认知结构的形成。

第六阶段：根据需要提取信息。即在日常生活或新的学习中，学生面临各种

---

① 参见皮连生《智育心理学》，人民教育出版社 1996 年版，第 123 页。

任务时要学会利用不同线索提供的信息。此阶段教师的职责是测量和评价学生认知结构的特征，如：认知结构是否形成；认知结构中是否有适当的观念可以利用；新习得的知识与原有知识系统的可辨别程度，等等。测量与评价的重点在于判断学生的知识网络结构是否形成，而不是过于强调机械记忆。

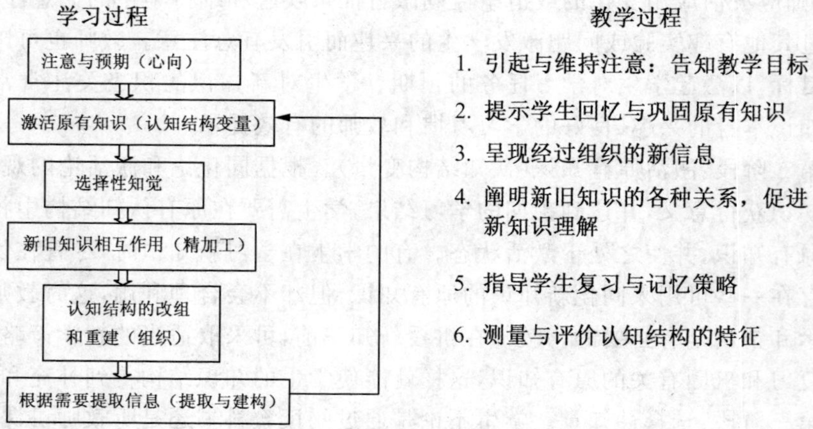

图 7-3　陈述性知识的学与教的模型

二、陈述性知识学习的具体机制

大学生对陈述性知识的学习主要是以有意义接受的方式进行的。当代著名教育心理学家奥苏贝尔曾根据其研究提出了三类有意义学习的机制：符号学习、概念学习和命题学习。下面就这三种机制作一介绍。

（一）符号学习

符号学习又称“代表性学习”（representational learning），是指学习单个符号或一组符号的意义。个体开始时不知道某个词代表什么，它的意义如何，他必须学会这些符号代表什么东西。符号学习的心理机制是符号和它们所代表的事物或观念在学习者认知结构中建立相应的等值关系。例如，“狗”这个符号，对初生儿来说是完全没有意义的，在家长或其他人多次指着狗（实物）说狗以及儿童与狗多次打交道的过程中，他们逐渐学会用“狗”（语言）代表他们实际看到的狗。那么“狗”这个声音符号对于儿童来说获得了意义，即“狗”这个声音符号引起的认知内容与实际的狗引起的认知内容是大体一致的，同为狗的表象（如图 7-4 所示）。

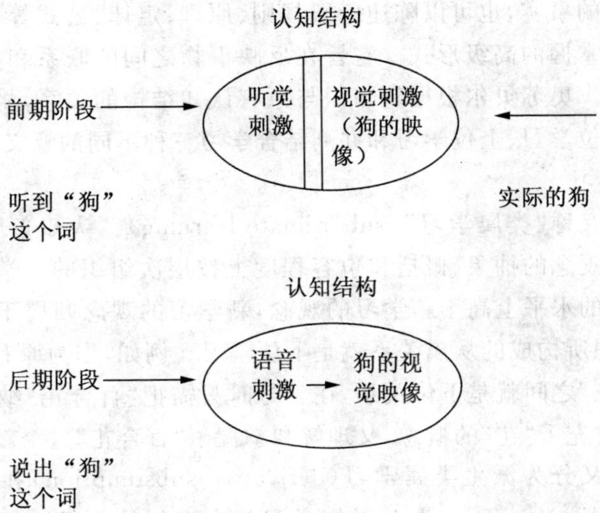

图 7-4 符号学习阶段

符号学习的主要内容是词汇学习，即学习单个语言符号代表的意义。例如，英语单词和汉语字词的学习都属于词汇学习。由于在任何语言中，词汇所代表的事物和观念是约定俗成的，而个体在获得陈述性知识时，首先要掌握符号所代表的意义。当然，符号不限于语言符号（词），也包括非语言符号（如实物、图像、图表、图形等）。因此，对各种数学图表、花草树木、各种机床的认识等也属于符号学习。同时，符号学习还包括事实性知识的学习。

（二）概念学习

意义学习的另一类较高级的形式是概念学习（concept learning）。概念学习实质上就是指掌握概念的一般意义，其实质是掌握一类事物的共同的本质属性和关键特征。例如，学习“正方形”这一概念，就是要掌握正方形的关键特征，即有四条相等的边，各内角都是九十度。如果“正方形”这个符号对学习者来说已经具有了意义，那么这一概念就变成代表概念的名词。同类事物的关键特征既可由学习者从大量同类事物的不同例证中独立发现，也可以用下定义的方式直接向学习者呈现，让他们利用已掌握的概念来理解。前者称为“概念形成”（concept formation），后者称为“概念同化”（concept assimilation）。它们的具体掌握机制和更复杂的命题学习在本质上是相同的。

（三）命题学习

命题学习（proposition learning）是指获得由几个概念构成的命题的复合意义，实际上是学习表示若干概念之间关系的判断。命题是知识的最小单元，它既可以陈述简单的事实，也可以陈述一般规则、原理、定律、公式等，因此它被看成是陈述性知识掌握的高级形式。它旨在反映事物之间的联系和关系，是一种更加复杂的学习。奥苏贝尔根据新知识与原有认知结构的关系，将概念学习和命题学习分为下位学习、上位学习和并列结合学习三种不同的意义获得模式。

1. 下位学习

下位学习又称"类属学习"（subordinate learning）。认知心理学假定，人的认知结构是在观念的抽象、概括和包容程度上按层次组织的。学生原有的观念在概括和抽象的水平上高于新学习的观念，新学习的观念归属于旧知识而得到理解，新旧知识所构成的从属关系就是下位学习。例如，作为原有概念的"花"和新概念"百合花"之间就是下位关系，在学习时只需把"百合花"纳入"花"的概念之中，这样既扩充了"花"的概念，又理解和掌握了"百合花"这个新概念。

下位学习又分为派生类属学习（derivative subsumption）和相关类属学习（correlative subsumption）。派生类属学习是在当新的学习材料作为原先获得的命题的特例或作为原先获得的命题的证据或例证而加以理解时产生的。在这类学习中，新知识只是旧知识的派生物。这种学习比较简单，只需经过具体化过程即可完成。例如，学生在学习正方形、长方形、三角形时已形成了轴对称图形概念，在学习圆时，"圆也是轴对称图形"这一命题纳入原有轴对称图形概念，新的命题很快获得意义，学生立即就能发现圆具有轴对称图形的一切特征。这种类属作用的结果，不仅使新的知识获得了意义，而且使原有概念或命题得到了充实或证实。当新的知识从属于原有的具有较高概括性的概念中时，旧知识得到扩展、精确化、限制和修饰，新的命题或概念便获得了意义，这便产生了相关类属学习。这种学习比较复杂，必须仔细比较上位概念和下位概念，经过复杂的概括活动才能牢固掌握。例如，学生在认知结构中已有"挂国旗是爱国行动"的命题，现在如果学习新命题"保护能源是爱国行动"，这个新命题类属于原先的"爱国行动"中新命题获得意义，原有概念的内涵就被加深或扩展了。

派生类属学习和相关类属学习的主要区别在于学习之后原有观念是否发生本质属性的改变。前者是新的观念纳入原有观念中，原有观念的本质属性不发生改变；而后者是新知识与原有观念有一定的联系，新知识的学习同时也引起原有观念的扩展、深化、精确化和修改（见表 7-1 的第一部分）。

表 7-1　　　　概念和命题意义的获得模式

1. 下位学习（类属学习） A 派生类属	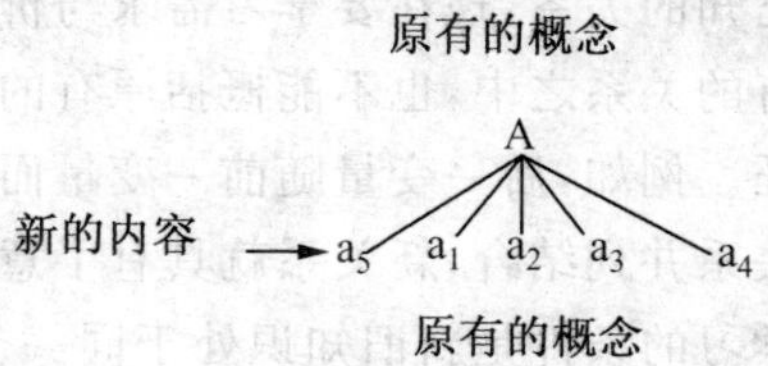
B 相关类属	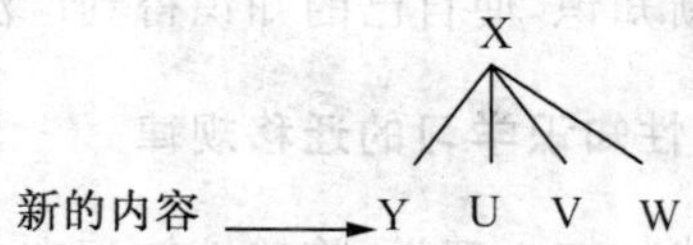
2. 上位学习（总括学习）	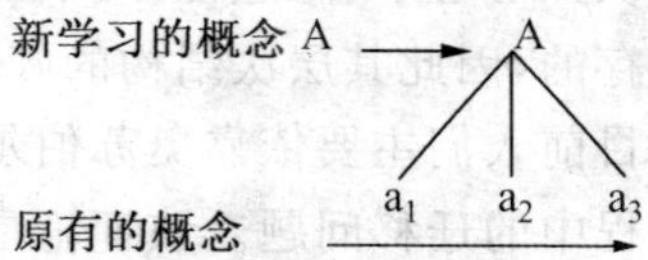
3. 并列结合学习	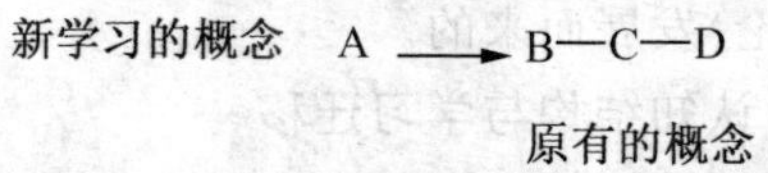

2. 上位学习

上位学习(superordinate learning)又称“总括学习”,是在学生掌握一个概括或包容程度比认知结构中原有概念程度更高的概念或命题时产生的。当对某些材料进行归纳、组织或把部分综合成整体时就需要进行总括学习。上位学习遵循从具体到一般的归纳概括过程。例如,在小学数学里学习有关面积的概念时,教师让学生比较桌面、地面、墙面、操场的面积大小,最后概括出“面积就是平面图形或物体表面的大小”这一面积的定义,这就是上位学习。一旦一般面积概念形成以后,再学习具体图形,如三角形、圆形等的面积概念时,这种学习又转化为下位学习(见表 7-1 的第二部分)。

上位学习的条件是新知识和学生原有知识相比,为更概括、更一般的内容。学生通过这种学习使自己的知识更为系统、完整和概括,从而有助于学生把握事物的本质属性和共同规律。

3. 并列结合学习

并列结合学习(combinatorial learning)是指新命题与认知结构中特有的命题既非下位关系又非上位关系,而是一种并列的关系时产生的。它比上述两种学习要复杂得多,而且学习起来比较困难,只能利用一般的有关内容起固定作用,且必须在直观的基础上认真比较新旧知识的联系和区别才能掌握。因此,教师应在教学中注意培养学生这类观念的掌握。例如,学习质量与能量、遗传与变异、需求与价格等概念之间的关系就属于并列结合学习。假定质量与能量、遗传与变异为已知的关系，现在要学习需求与价格的关系，这个新学习的关系虽不能类属于原有的关系之中，也不能概括原有的关系，但它们之间仍然具有某些共同的关键特征。例如，后一变量随前一变量而变化等。根据这种共同特征，新关系与已知的关系并列结合，新关系就具有了意义（见表 7-1 中的第三部分）。

这种学习的条件是新旧知识处于同一个层次，学生可以通过自己已经掌握的规律理解新知识，使自己的知识得到广泛的迁移。

三、陈述性知识学习的迁移规律

根据现代认知心理学，陈述性知识在人的大脑中主要是以命题网络的形式得到表征并储存的，因此其层次结构的好坏直接影响着陈述性知识的获得、保持与应用效率。目前人们主要依靠奥苏伯尔提出的认知结构迁移理论来解释陈述性知识学习过程中的迁移问题。该理论是根据奥苏伯尔的有意义言语学习理论（即同化论）发展而来的。

（一）认知结构与学习迁移

所谓认知结构就是学生头脑中内化的知识结构。从一般意义上讲，它是学生头脑中全部观念的内容与组织。这种认知结构是具有层次性的，学生在某一具体领域内获得的知识会作为特殊的认知结构，包含在整体认知结构中。

在奥苏伯尔看来，每个学生的认知结构各有其特点，这是影响意义学习和迁移的最重要因素。他把个体认知结构在内容与组织方面的特征称为“认知结构变量”，主要包括可利用性、可辨别性和巩固性。原有的认知结构主要是通过这三个变量来影响新知识的学习的。

(1)认知结构的可利用性涉及学生原有知识的实质内容，它是指在面对新任务时，学生原有认知结构中是否有与新的学习相关的适当观念。根据同化论，新知识与同化它的旧知识之间会产生三种不同的关系，由此会出现相对应的学习方式，即上位学习、下位学习和并列结合学习。其中下位学习一般比上位学习和并列结合学习相对容易进行。因此学生头脑中原有认知结构的相关概念或原理概括程度越高，包容范围越大，越有助于迁移的发生。

(2)认知结构的可辨别性涉及学生对原有知识的组织，它是指在面对新任务时，学生能否清晰分辨出新旧知识之间的异同。如果原有的知识是按照一定层次结构严密地组织起来的，那么学生在遇到新任务时，不仅能迅速找到同化新知识的固定点，而且容易分辨出新旧知识的不同点与相同点，从而更容易地将新知识纳入原有认知结构中以形成新的整体结构。由此两者的可辨别程度越高，越有助于迁移，并能避免因混淆而带来的干扰。

(3)认知结构的巩固性涉及学生对原有知识掌握的牢固程度,它是指在面对新任务时,学生认知结构中用于同化新知识的原有相关知识是否已被牢固掌握。研究表明,学生头脑中原有的认知结构越牢固,越有助于促使新知识的掌握,反之,若原有相关知识本身就未被牢固掌握,那么不仅不会促进新知识的学习,而且还会产生干扰作用。

奥苏伯尔曾进行过大量的有关认知结构变量影响学习效果的实验,结果表明,如果在教学中使用原有知识作为一种引导性材料,由于它比学习材料本身具有更高的抽象性、概括性与包容水平,并且能与原有的认知结构相关联,因此可以有效地促进迁移。奥苏伯尔的这些研究体现了当代学者注重从认知角度来解释迁移的主流倾向。近年来许多心理学家对迁移的过程、原有认知结构的特性等进行了更为深入具体的探讨。

(二)关于迁移模式的新理解

奥苏伯尔提出,当用认知结构的观点重新考察迁移时,会发现原先的迁移模式仍然是适用的,顺向迁移仍然是指先前的学习对后继学习的影响。但先前学习是什么?它又是如何影响后继学习的?认知结构迁移理论给出了新的理解。

(1)一般的迁移模式在这里仍然适用,但先前的学习不仅仅是原有的具体经验A,还应包括其他过去经验(即学生所拥有的以累积方式获得的、按照一定层次组织起来且适合当前学习任务的知识体系),而不是最近经验的一组刺激-反应的具体联结。这就要求必须从学生的整体认知结构角度来理解新学习的发生。

(2)在有意义的学习与迁移中,过去经验的特征并非指前后两项学习任务在刺激与反应方面的相似程度,而是指学生在一定具体领域内的认知结构的组织特征,如清晰性、稳定性、概括性等等。学生在完成学习任务A时所获得的经验并不直接同任务B的刺激-反应成分发生相互作用,而是通过影响原有认知结构的有关组织特征来间接影响新任务的完成。

(3)在一般课堂学习中,并不存在孤立的任务A和任务B的学习。任务A的完成是完成任务B的前提与基础,任务B的完成也是在同任务A的联系中实现的。因此实际的学习迁移所涵盖的范围更广,而且迁移的效果也并非主要指将一般原理运用于具体事例的能力,而是指提高了学生进行各种学习的能力。因此不论是在结构学习还是在解决问题中,凡是在已形成的认知结构影响新的认知功能的地方,都存在着迁移。

(三)认知结构迁移的教学含义

根据认知结构迁移的理论观点,为了促进学生对陈述性知识的有效迁移,教师应注意在教学中处理以下问题。

(1)科学地编排和呈现教材内容,促使学生形成良好的认知结构。根据奥苏伯尔的认知结构迁移理论,学生的认知结构是从教材的知识结构转化而来的。好的教材应能简化知识体系,促进知识的迁移。因此教材内容的呈现应体现如下要求:①有序性。学生对陈述性知识实现迁移的重要条件就是发现新旧知识之间的相同点,因此教材内容的呈现顺序要合理,尽量在回忆旧知识的基础上引出新知识。好的教材本身就起着组织者的作用。最佳的教材序列要反映知识的内在逻辑结构,体现不断分化和融会贯通的原则,适合学生的认知发展特点。②概括性。教材中要有概括性高、包容性强的基本概念、原理和规则,他们是教材的中心,学生领会这些知识,可以举一反三、触类旁通。尤其是在大学教材内容更新换代加速的现在,教师更应注意这一问题。③实用性。大学教材的内容也应考虑有用性。如果学生通过学习后,能经常运用这些知识,这就非常有助于有关知识的迁移且效果好。这就需要教师注意加强对所承担课程具体内容的甄别,及时更新教学内容以克服现有教材相对滞后的不足。

(2)重视基础知识的教学,提高学生的概括水平。根据认知结构迁移理论,学生一旦掌握概括化程度较高的原理或概念后,就能产生广泛的迁移。因此教师应特别注重对基本概念和基本原理的教学。因为这是学科知识结构的骨干与核心内容,具有普遍性和概括性。学生掌握的这方面的基础知识越多、越扎实,越容易产生迁移。因此教师要注意采取多种教学措施,帮助学生理解所学的基本知识,提高概括水平,并在此基础上进行及时复习和反复练习,以达到熟练记忆和有效运用的目的。

(3)注意学习材料的共同性与差异性,促进学生对知识的综合贯通。根据认知结构迁移理论,不同学习观念之间要产生迁移,关键在于发现它们之间的相似和区别。而在实际的学习中,知识之间的共同因素和区别因素往往潜藏在内部,这就要求学生具有一定的辨别能力。而教师应注意给学生提供发现事物之间共同性和差异性的机会,引导学生进行归纳或概括思维。此外,教师还应有意识地引导学生把课堂知识迁移到其他学习或应用情境中,促进学生学科基础知识与实际生活经验的密切结合,从而实现知识的综合贯通。

第三节　陈述性知识的常用教学策略

前面我们探讨了陈述性知识学习中的各种规律,主要目的是为教师更有效地组织陈述性知识的教学提供策略指导。一般来说,教学策略是教师为达到一定教学目的而采取的一系列相对系统的行为方式和方法,包括如何安排教学事件的先后顺序、如何选择传递教学信息的媒体、如何进行师生之间的相互作用等等。根据目前对陈述性知识学习的理解和有关的教学研究，教师在具体教学中需要注意合理运用以下策略。

一、动机激发策略

陈述性知识的学习首先是学习者从外界选择性地知觉新信息，然后进行主动的建构并生成意义的学习。学习者动机的激发直接影响其对原有知识激活的程度及新意义主动建构的水平。

首先，充分利用学习目标的激励作用。弗罗姆提出过一个著名的行为激励公式：激励力量＝效价×期望。效价是指个体所认为的目标价值的大小，期望是指个体认为目标实现的可能性有多大。在教学过程中，教师在提示教学目标时首先要说明学习新知识的价值，运用各种手段去激发学生的学习动机，使他们真正认识到陈述性知识的学习同学习目标的关系，并将它内化为自身认知的需要，产生远景性的、积极的学习动机。

其次，要及时修正学生的动机归因，努力使学生相信在陈述性知识的建构意义及其与记忆的关系方面下功夫的话就能有效、充分地理解学习的知识，以促成学生自愿生成意义的习惯。

再次，使新知识和预期同时呈现，在学习新知识前，教师最好告知学生所学知识技能的应用价值，以唤起学生的关注和重视。教师也可以在课堂教学中用组织学生注意的策略来调动他们的学习动机，如新颖变化的实物、模型、挂图、幻灯片等教具、教师生动形象的比喻和讲述，合适的手势等都是容易注意的刺激。

同时，教师还应提供给学生成功产生动机的机会，以适当的方式给学生呈现新信息。新信息要适于引起学生的注意并难度适当，既要源于学生的知识背景，又要高于学生的知识背景，这样有利于激活原有知识，积极生成意义，使学生及时获得积极的信息反馈，从而引导学生体验成功学习的自我效能感。

二、注意选择策略

注意选择策略是指学习者在学习情境中激活与维持学习心理状态，将注意力集中于有关学习信息或重要信息上，对学习材料保持高度的觉醒或警觉状态的学习策略。从某种意义上讲又可称为“选择性知觉策略”。

学生对陈述性知识的学习主要是通过视觉和听觉两个渠道获取信息的，但无论采用何种渠道传输信息，要使信息便于学生接受，就必须精心加以组织和设计。在课堂教学中，教师可以采用以下方法：

(1)在教科书中采用符号标志技术，如把重要的概念用黑体字印出，把课文中要阐明的观点用小标题列出，把说明的逻辑层次用第一、第二等列出，这样使材料的概念结构和组织得到了强调，使其更为清晰，并且为读者选择适当的信息并将这些信息组成为一个彼此相关的整体提供了一个概念框架。

(2)精心设计板书和直观材料的呈现方式。好的板书可以突出新授知识的组织结构，有利于弥补学生从听觉渠道获得信息的缺陷，如短时记忆容量的限制。直观材料的呈现要突显新知识的关键特征。从听觉渠道看，主要是教师口头呈现的材料。教师的讲课策略应与板书、多媒体等直观材料的呈现相结合，这样能更好地促进学生的选择性知觉。

(3)按知觉规律提供刺激。教师呈现给学生的刺激要清晰、明确。如教师发音要清晰准确，说话要响亮并富有逻辑性，这样有助于学生听得清楚，或能凭借语境猜测到教师所表达的内容。再如，教师的板书应工整，字形不宜太小，容易混淆处应用颜色区分。现在多媒体在高校课堂教学中使用得越来越频繁，教师对课件的设计也应注意知觉规律，注意对象的大小、静态与动态的处理、对象与背景的对比等。

三、复述策略

复述是为了保持信息而对信息进行多次重复的过程。教师在传授新知识时，让学生复述或回忆有关的旧知识，有利于新旧知识联系的建立，即激活学生原有知识经验。在采用该策略时，若要达到促进学生对知识长久保持的效果，教师最好采用复述与结果检验相结合的方法。常用的方法是就和新内容有关的知识向学生提问，这样可以引导学生回忆相关旧知识，有效激活旧知识，为新知识提供有效的组织者，这样往往有利于新知识的学习。同时在讲解过程中也可以穿插对有关知识的复述，这样可以加深学生对新知识的理解和对旧知识的巩固。讲解之后要学生复述新知识的含义也可以起到测查学生掌握程度的作用。总之，教师在新课中的导言、讲授中的知识穿插以及检验学生是否真正掌握了已学过的知识等做法都属于复述策略的具体体现。不过，教师在使用这种策略时，必须防止学生形成死记硬背的不良习惯。

四、意义构建策略

意义构建策略泛指帮助学生采用自己的方式对新学知识产生适当理解的各种措施。它可以使学生对所学内容形成准确、灵活、多样化的表征。在实际教学中，这类策略主要包括精加工、设计组织者、鼓励猜测、及时反馈等多种形式。

精加工是指要求学生对要学习的材料作精细的加工活动，也就是说，通过对要记忆的材料补充细节、举出例子、作出推论或使之与其他观念形成联想等，为知识的提取提供新的途径，为知识的建构提供额外信息。精加工是有效掌握陈述性知识的必要条件,大多数有意义的陈述性知识都需要进行充分的精加工处理才能获得好的理解和掌握。对简单的陈述性知识来说,精加工策略是非常有效的。记忆术就是典型的利用精加工的技术。对复杂的陈述性知识来说,精加工策略包括释义、写概要、创造类比、用自己的话写出注释、解释、自问自答等具体技术。笔记技术是运用较多的一种精加工技术。它包括摘抄、评注、加标题、写概括语和结构提纲等活动。研究表明,笔记不但有助于学生控制自己的注意,而且有利于发现知识的内在联系,以帮助学生建立新旧知识之间的联系。

组织者策略是将分散的、孤立的知识组织成一个整体并表示出它们之间的关系的方法。在学习新知识时,学生可能不会适当利用认知结构中的某些可以用来同化新知识的原有知识而导致意义理解困难。这时可以利用"先行组织者"(advanced organizer)给学生补充一些过渡性的学习材料。根据奥苏贝尔的观点,先行组织者是新旧知识发生联系的桥梁,是先于学习材料呈现的一个概括与包容水平较高的引导性材料。后来研究者还提出了两种具体的组织者类型,即说明性组织者和比较性组织者。前者是以概括性的语言对要学习的新知识进行介绍的组织者。它适用的情境是:学习者学习新材料时,其认知结构中缺乏适当的、包括范围较广的上位观念,设计一个说明性组织者为其同化新的下位观念提供一个认知框架。后者是指对新旧知识进行类比的组织者。它适用于学生原有认知结构中已有了同化新知识的某些概念,但原有观念不清晰或不巩固,学生难以应用,或它们对新旧知识的关系辨别不清。因此,在学习中,学生对新学习的内容产生一种既熟悉又陌生的感觉,这样就容易引起新旧知识的混淆。在这种情况下,教师便可运用比较性组织者帮助学生区分新旧知识之间的异同,从而既有利于学生准确地发现和建立新旧知识之间的联系,也有利于新知识的组织和系统化。

鼓励合理猜测也是高校课堂教学中一种有效的意义构建方式。学生对新知识的理解过程类似于假设检验的过程。即使教材或教师的讲授已对新知识进行了详尽说明,知识也无法自动同学生原有认知结构产生联系。要想让知识为学生所理解,教师就必须允许学生在完成选择性知觉的基础上对新知识的意义进行合理猜测,然后根据各方面的感性与理性认识来检验其猜测的正确性。离开了学生自己的猜测活动,他们就很容易陷入死记硬背的机械式学习中,或者仅仅停留在对所学内容的浅层理解上。因此在高校课堂教学中,教师应鼓励学生不只了解教科书或教师的观点,还要结合其他信息来源对有关现象、事实作出自己的解释、判断,形成个人见解,可能的话也可以进行验证。这样才能促使学生实现深层理解,切不可随意挫伤大学生独立探索的积极性。

在学生形成理解的过程中,教师及时提供反馈信息是不可或缺的教学措施。

虽然他们对新知识的理解是在头脑中通过积极的思维活动来实现的，但教师也应及时向学生提出各种问题，对学生的理解情况进行监督检查，及时纠正他们在理解上的偏差。这里必须要注意的是，教师不应把自己的观点或看法强加给学生。在课堂上只有师生双方开展平等对话、相互质疑问难，才能加深对特定知识的深层理解。

五、认知结构优化策略

认知结构优化策略是促使学生发现不同新旧知识之间在意义上的多种联系并满足不同应用需要的措施。它实际上是帮助学生实现对知识掌握的结构化与系统化。根据维特罗克的生成学习模式，新的陈述性知识是否获得意义，有赖于学生已有的认知结构能否为新知识的获得提供认知框架。奥苏贝尔也曾指出，影响学习的最重要因素就是学生已经知道了什么。现代认知心理学家进一步提出陈述性知识的获得、存储、提取和建构都依赖于命题网络的良好组织和结构，而且也是进一步形成技能和能力的基础。可见在教学中优化学生认知结构的极端重要性。教师在教学中有计划地引导学生将所学知识进行归类、组织和系统化，才能促使学生的新旧知识融会贯通，构建出最优化的认知结构。

具体措施主要包括以下几个方面：

(1)经常指导学生归纳和整理所学知识。例如在帮助学生复习时，可以要求学生回忆教材的目录，并借助目录去回忆所学的知识。这实际上注意到知识的层次结构。

(2)指导学生打破章节系统归纳方法性知识。例如有的教师要求学生按照所学内容能够解决的问题为线索进行复习，即以知识的功能或作用为线索重新构建知识。这样学生头脑中的认知结构变得更加适合于发散思维，更有利于在实际问题解决中提取知识。

(3)加强抽象知识与感性知识的联系。当要求学生以层次网络方式储存知识时，一定要在教学中加强上层的知识节点(抽象知识)和下层的知识节点(相对具体的知识)之间的联系。这样学生才能真正达到掌握学科结构的教学要求。

(4)提高课堂提问艺术，多提指向知识结构的问题。国外有研究发现，教师在课堂上爱问针对具体事实或知识细节的问题和只有一种答案的问题，而很少提出鼓励学生思考、需要对许多知识加以概括或联系的问题。前面这类问题虽然容易使学生获得成功，保护他们的学习自信心，但对于知识的结构化相当不利，而且也不利于培养学生的思维能力。这样容易养成学生不爱深入思考问题和思路狭窄的不良学习习惯。

复习思考题

一、名词解释

1. 陈述性知识
2. 程序性知识
3. 策略性知识
4. 图式
5. 上位学习
6. 下位学习
7. 并列结合学习
8. 元认知

二、简答题

1. 简述陈述性知识的常见表征形式。
2. 简要说明知识学习的一般信息加工过程。
3. 试说明陈述性知识学习的六阶段理论。
4. 如何理解认知结构迁移理论及其教学含义？

三、论述题

高校教学中应如何有效促进学生对陈述性知识的掌握？

第八章

程序性知识的学习与教学

程序性知识是学生头脑中的认知结构的重要组成部分，是能力的基本要素。平时所讲的学以致用，其中一个重要方面就是能将所学的陈述性知识转化为程序性知识。因此高校教师有必要弄清楚学生是如何掌握程序性知识的，以及如何恰当开展这方面的教学。本章着重介绍目前心理学界对程序性知识的实质、学习过程及具体模式、常用的教学策略等问题的理解。

第一节 程序性知识学习概述

一、技能的现代信息加工观——程序性知识

在心理学和教育学中，对于技能与知识的划分始终是个理论难题。以往人们大多从常识出发，用“知”与“会”来区分知识和技能，因此传统上，技能也就被界定为活动方式。如《中国大百科全书·心理学》将技能定义为“通过练习获得的能够完成一定任务的动作系统”①。《心理学大词典》中给出的技能定义是“个体运用已有的知识经验，通过练习而形成的智力动作方式和肢体动作方式的复杂系统”②。《教育大辞典》则将技能定义为“主体在已有知识经验的基础上，经练习形成的执行某种任务的活动方式”③。人们从这种传统观点中无从判断知

---

① 潘菽、荆其诚主编:《中国大百科全书·心理学》，中国大百科全书出版社 1991 年版，第 153 页。

② 朱智贤主编:《心理学大词典》，北京师范大学出版社 1989 年版，第 300 页。

③ 顾明远主编:《教育大辞典》(第一卷)，上海教育出版社 1990 年版，第 147 页。

识和技能到底存在怎样的关系，这样也就无法切实有效地指导技能的学习。

现代认知心理学关于陈述性知识和程序性知识的划分为较为深入、严格地理解技能及其学习奠定了科学基础。从现代信息加工心理学的角度看，与技能相对的知识实际上是一个狭义的知识概念，它与陈述性知识概念基本一致。技能概念与程序性知识概念相吻合。皮连生将技能重新定义为："在练习基础上形成的按某种规则或操作程序顺利完成某种智慧任务或躯体协调任务的能力。"[①] 技能的本质实际上是一套操作程序控制的人的行为，包括外在的身体活动和内在的思维活动。因此，在信息加工心理学中，技能也被看做是知识的一种类型。不过这里所说的知识是广义的，既包括从一个人的言语表达来判断他是否有知识，也包括从其做事方式上来判断他是否有知识。这样就将传统意义上的知识和技能统一起来，形成了相对完整的广义的知识观。不论学习者能否意识到对有关程序性知识的学习，现代学者们大都赞同，技能的学习能用各类概念规则的掌握与运用来进行合理解释。

二、程序性知识的分类

根据不同的标准，现代心理学家将程序性知识分成了不同种类。

(一)专门领域的程序性知识与一般领域的程序性知识

根据与特定领域的关联程度，可以将程序性知识区分为专门领域的程序性知识与一般领域的程序性知识。前者是由只能用于特殊领域的产生式系统构成的程序性知识，后者是指可以跨越不同学习领域的一般方法、步骤的知识。例如对一个工程技术人员来说，其专业知识就属于专门领域的程序性知识，而会写汉字就属于非专门领域的程序性知识。

(二)自动化的程序性知识与受控的程序性知识

根据自动化程度，可以将程序性知识区分为自动化的程序性知识(熟练技能)和受意识控制的程序性知识。前者是指由经过充分练习而能自动激活的产生式系统构成的知识。而后者是指由未能达到熟练化的、无法自动激活的产生式系统构成的知识。例如，对于一个正常的中国成人来说，说汉语就是一种自动化的程序性知识，不过倘若他对英语掌握得并不精通，那么他就只能在意识控制下说英语，而不能自如地进行英语交流。

(三)智力技能与动作技能

根据具体的行为表现，传统上人们将程序性知识区分为智力技能(intellectual skill)和动作技能(mctor skill)。智力技能是指借助于内部言语或表象在头

① 皮连生主编:《教育心理学》，上海教育出版社 2004 年版，第 127 页。

脑中进行认识活动的心智操作。例如学生在头脑中构思论文初稿、证明数学题等任务都需要相应的智力技能。动作技能是指人类有意识、有目的地利用身体动作（借助于骨骼肌肉和相应的神经过程）来完成一项任务的能力，例如学生进行实验操作、完成各种体育竞技动作等。当然在完成复杂的活动时，个体往往是手脑并用的，既需要智力技能，也需要动作支持。随着认知心理学的发展，学者们又将智力技能分为两类：一类用于对外办事（加涅称为“智慧技能”），用于处理人与外部世界的相互作用；另一类用于对内调控（加涅称为“认知策略”），用于控制和调节人自身的认知活动，例如制订学习计划、集中注意力、预习知识等等。

（四）模式识别与动作步骤

根据实际功能的不同，现代认知心理学家将程序性知识区分为模式识别程序（ pattern recognition ）与动作步骤程序（action sequence）。模式是由若干元素集合在一起、按照一定关系组成的结构，它们构成了模式识别的先决条件。模式识别学习是指学会对特定的内部或外部刺激模式进行辨认和判断。通过模式识别，我们才能对事物加以分类和判断，回答“如何确定某物是什么或不是什么”的问题。模式识别代表的是个体对事物归类的能力。解释这类任务的行为表现的程序性知识被称为“模式识别程序”。动作步骤是指学习者顺利执行某一活动的一系列操作步骤。它是在试误与重复的过程中形成的。对动作步骤的掌握主要是对产生式的行为项的学习，这实际上代表了个体对各种做事、运算或活动的规则或顺序的实际运用能力。

三、程序性知识与陈述性知识的区别与联系

综合不同学者的看法，一般而言，程序性知识与陈述性知识之间的区别与联系主要体现在以下几个方面。

（一）程序性知识与陈述性知识的区别

1. 定义不同

从定义看，陈述性知识是关于“是什么”的知识，这类知识主要用来回答事物是什么、为什么和怎么样的问题，可用来区别和辨别事物，也称为“描述性知识”。而程序性知识是关于“怎样做”的知识，主要是用来解决做什么和怎么做的问题，它实质上是一套关于做事的操作步骤和过程，也称为“步骤性知识”或“过程性知识”。程序性知识与实践操作联系密切，具有动态的性质。

2. 测量方式不同

从测量学的观点看，陈述性知识的提取线索是有意识的，因而是能直接陈述的知识，可以通过“陈述”或“告诉”的方式加以测量；而程序性知识往往只能借助于某种具体作业形式来间接推测其存在，很难用语言表达清楚，换言之，只能通

过观察个体的行为来间接测量。

3. 表征形式不同

从心理表征上看，陈述性知识主要以命题、命题网络、表象等形式在头脑中得到表征；而后者则主要以产生式和产生式系统等形式来表征。

4. 意识控制角度不同

从意识控制角度看，陈述性知识的激活速度一般较慢，其提取往往是一个有意识的搜寻过程，要求有较好的意识控制；而程序性知识的激活速度较快，能相互激活，一旦启动之后，意识控制程度的要求很低，特别是当某项操作达到自动化水平之后更是如此。

5. 习得与遗忘速度不同

由于陈述性知识的学习主要是一个记忆的过程，因此相对而言习得的速度较快，有可能在较短的时间内有较多的积累，但遗忘也快。而程序性知识的学习本质上是获得一套控制个人行为的操作程序，学习速度相对较慢，常常需要过度学习，要求通过大量练习后才能熟练掌握，不过一旦学会就会转化为人的一种技能，遗忘较慢，有些技能甚至能终生不忘。

(二)程序性知识与陈述性知识的联系

陈述性知识的获得往往是学习程序性知识的基础，因为在一般情况下只有先知道“是什么”，才能学会“怎么做”。在程序性知识的获得过程中，开始阶段产生式系统是依据命题网络来进行编制的。人们一开始是通过对命题网络的有意识搜索来决定怎么操作的，经过大量的练习后，命题网络的某些部分才转化为产生式和产生式系统。

同时，程序性知识的获得也为获得新的陈述性知识提供了可靠保障，因为程序性知识包括着智慧技能、认知策略与运动技能，这三者的习得往往能为后继的陈述性知识的学习打下良好基础。因为陈述性知识的获得离不开对某些信息的判断和转换，这主要依靠个体的程序性知识。另外，任何陈述性知识的获得都离不开以往掌握的知识基础，其中就包括大量的程序性知识。因此可以说陈述性知识和程序性知识的学习是互为条件的。

陈述性知识和程序性知识虽然属于不同性质的两种知识，但在学习和用于解决问题期间是以多种方式相互作用的。例如概念与规则既是陈述性知识的核心成分，也是程序性知识的核心成分。如果它们以命题网络的形式被储存且能被陈述或提取，那么就属于陈述性知识；如果他们以产生式系统方式得到储存，支配了人的行为，那么就属于程序性知识。认清这一点对教师的教学是非常重要的。在实际教学中经常会发生两种偏向：一是仅仅把概念和规则看做陈述性知识，只是让学生理解和记住他们的意义，不注重实际应用，尤其是在与学习情境不相似的情境中的应用，导致学生只掌握了一些僵死的、静态的知识；二是单纯强调实际技能的培养，没有看清技能与知识（即陈述性知识）的关系，导致对实际技能的培养也落不到实处。因此概念与规则的掌握与转化是陈述性知识与程序性知识取得联系的纽带，也是教学中应着力解决的关键点。

第二节　程序性知识的学习过程与迁移

一、程序性知识学习的一般过程

程序性知识的学习实质是掌握做事的规则，也就是传统意义上的技能获得。根据现代认知心理学家的分析，这类知识的一般掌握过程包括三个阶段：

（一）陈述性知识阶段

该阶段是掌握程序性知识的前提，是对于以陈述性知识形态存在的程序性知识的学习。学习者首先要理解有关的概念、规则、事实和行动步骤等的意义，并以命题网络的形式把它们纳入个体的知识结构中。由于这些知识处于陈述性形式，不能直接支配行动操作，因此速度慢是该阶段学习的一个重要特征，学习者所能完成的主要活动是复述或回忆这些知识。例如，英语学习中，学习“将 We go to school yesterday 改成合适的时态”就是一种典型的程序性知识的学习。在教学过程中学生习得的程序性知识就是它的陈述性形式，其掌握过程与陈述性知识的掌握过程是一致的。学生通过这类陈述性知识形态的学习和理解获得该程序性知识的有关命题，但此时的程序性知识尚未在实际操作中转化为行为。第七章中关于各种促进陈述性知识的教学策略在这个阶段上也都适用。

（二）转化阶段

该阶段是学生通过各种规则的变式练习，将程序性知识从规则的陈述性形式转化为可以表现到实际操作中的程序性形式的过程。也就是说，该阶段是产生式系统的形成过程。在这一转化过程中问题解决是一条有效途径，并且通过大量的练习，使这一转化在准确性和速度上均有所提高，直到成为高度灵活、纯熟的技能、技巧、技艺。在此阶段会形成一连串条件与行动的连贯步骤。随着一系列步骤的重复执行，其中的错误逐渐被排除。例如，学生通过教师的讲解或阅读教材，了解了英语动词的一般现在时态改为一般过去时态的规则，并能陈述这些规则。在经过大量的练习之后，当他们看到“yesterday”、“many years ago”等表示过去的词或短语时，就能立即根据规则将句中的动词改为适当的过去式。这就说明规则开始转化为支配行为的程序性知识。当然，在这一转化阶段中，并非所有的陈述性知识都能转化为程序性知识，只有那些作为程序性知识前身的陈述性知识才能转化为程序性知识。

(三)自动化阶段

该阶段是陈述性知识掌握和程序性知识发展的最高阶段。在此阶段,人的行为在无意识状态下完全由规则支配,技能也相对达到自动化,可以在无意识状态下支配人的行为。无论是简单的知觉—动作技能,还是更为复杂的技能,都向越来越自动化的方向发展,所需的加工资源也越来越少。个体会变得越来越善于辨别各种条件以及它们之间的细微差别,从而使行动变得越发适当和准确。如熟练掌握英语的人,不用有意识地去考虑就能随口说出符合时态规则的英语句子。在教学过程中,需要学生自觉地在日常学习生活中运用所学习的程序性知识,使技能得以自动化。在此阶段,学习者可能会逐渐丧失清楚解释行为举动的能力,在执行反应时也会变得越来越刻板。在这层意思上,对某种程序保持必要的有意识控制依然十分重要。

需要注意的是,以上仅仅是各类程序性知识学习共同经历的三个基本阶段。在它们的学习过程中仍有各自不同的特点。

二、程序性知识学习的具体机制

当代心理学中的大量研究表明,不同类型的程序性知识存在不同的掌握机制。

(一)概念的学习

1. 概念及概念学习的含义

概念是对具有共同关键特征的一类事物的概括性认识。在心理学中,一般把概念从四个方面进行分析:概念的名称,概念的例证,概念的属性,概念的定义。下面我们以"圆"为例说明概念的这四个方面:

第一,概念的名称是它的称呼,属于陈述性知识的范畴。如果"圆"一词代表一般圆,那么它就是一个概念名称。

第二,概念的例证是指能够说明或代表概念的属性的事或物。属于概念所代表的一类事物中的事物叫作"正例",不属于概念所代表的一类事物的事物叫作"反例"。一切符合圆的定义特征的图形,不论它们的大小或颜色,也不论他们是画的还是实物的,都是"圆"这个概念的例子,即正例或肯定例证;反之,一切不符合圆的定义特征的图形,则为圆的反例或否定例证。

第三,概念的属性是指概念的一切正例的共同本质特征,又称作"关键特征"或"标准属性"。"圆"的概念的属性有:①在平面上;②封闭的;③到一定点的距离相等。所有圆的正例都包含上述属性,所有反例都不完全包括这些特征。概念的正例除了包含关键特征外,还包括许多无关特征,如圆的大小、颜色、方位等等,而反例在无关特征方面可能和正例有许多相同之处。

第四,概念的定义是指同类事物的共同本质属性的概括。"圆"的概念的定义就是:"平面上到一定点的距离相等的点所组成的封闭图形。"

概念的学习意味着学生掌握一类事物的共同本质属性,能辨别同类事物的本质属性与非本质属性。比如学生在学习"鸟"的概念时,把苍蝇和蝙蝠都看成鸟,就是由于他们把会飞也看成是鸟类的本质特征的原因。如果这样的无关特征未被排除,就表明学生并未真正掌握"鸟"的概念。

2. 概念的分类及学习方式

按照概念的抽象水平,可以把概念分为具体概念和定义性概念。前者指一类事物的共同本质特征,是可以通过直接观察而获得的概念。如鸟的本质属性是"长羽毛",我们可以从各种鸟身上看到。后者是指事物的本质属性不能通过直接观察获得,必须通过下定义来揭示的概念。如物理学中"功"的概念,人们无法观察,只能通过下定义来揭示其本质属性。概念的类型不同,具体的学习方式也不同。

一般认为,具体概念的学习要经过知觉辨别、假设、检验假设和概括四个阶段,比较适合采用发现式的学习。例如,学习"圆柱"这个概念时,首先要观察各种圆柱体,对比各种非圆柱体;其次,假设"圆柱体的上下两个面都是圆的";再次,检验这个假设,使假设进一步精确化,"圆柱的上下两个面是一样大的圆"、"中间一样粗细";最后,概括揭示圆柱体的本质特征为"上下两个面是一样大的圆,中间一样粗细"。一般说来,概念越复杂,检验和假设之间的往复次数越多,在这个过程中,就越需要从外界寻找更多的正例和反例。正例有助于确证概念的本质属性,反例有助于剔除概念的非本质属性。

定义性概念的学习一般采用先理解概念的含义、概念的本质特征,然后用适量的典型例子作分析说明的策略,比较适合采用接受式的学习。例如,在学习"哺乳动物"这一概念时,首先掌握其"哺乳、胎生"这一本质特征,然后再用猪、狗、鲸等例证加以说明即可。

3. 作为程序性知识的概念学习

由于程序性知识在学习的开始阶段也是陈述性知识,因此在掌握程序性知识中的诸多概念时,可以使用陈述性知识的各种学习方法。但是必须注意学习程序性知识中的概念与学习陈述性知识中的概念的最大不同就在于:前者不论以何种方式学习,学生在理解了概念并能用语言陈述同类事物的共同本质特征时,仅仅表明它是陈述性知识阶段的学习。程序性知识中的概念作为一种技能的本质特征在于它们能在不同于原先学习的情境中应用。因此教师必须注意通过变式练习让学生学会在不同情境中灵活使用这个概念,才能使它由陈述性形式转变为支配人的行为的程序。只有这样才标志着学生真正掌握了这个概念。而在陈述性知识的概念学习中,学习相对简单得多,只要有证据表明学生理解了概念并能用语言陈述同类事物的共同本质特征时,就说明学生已经掌握了该概念。

(二)规则的学习

规则是指以句子或其他符号组合表达的几个概念之间的关系。它包括原理、法则、公式和定理等。规则学习,实质上就是利用大量的例证来说明规则所反映的关系,或者说,能运用规则在其适用的各种不同情境中办事。因此,规则学习意味着不仅能用言语叙述概念之间的关系,而且能根据规则对一类刺激作出相应反映。

同概念一样,规则也有例证。不过规则的例证不是一类事物的例证,而是几类事物的关系的例证,更确切地说,是几个概念之间的关系的例证。从例证的角度讲,规则学习就是利用例证来阐释规则,理解规则,把规则在具体的例证中进行应用。所以规则的学习一般有两种策略:例－规法和规－例法。

1. 例－规法

例－规法是指首先学习、分析规则的若干例证,然后从例证中概括出一般结论的学习策略。它属于发现学习或研究性学习的范畴。例如学生采用例－规法学习数学运算规则“几个连续奇数之和等于个数 n 的平方”。其具体过程可如下:

(1)先计算:1＝?　　　　(12)

1＋3＝?　　　　(22)

1＋3＋5＝?　　　　(32)

1＋3＋5＋7＝?　　　　(42)

(2)将计算的答案(1、4、9、16)用平方的形式表示出来。

(3)比较等式两边的结构,提出假设:

连续奇数之和等于奇数个数 n 的平方。

(4)检验假设:1＋3＋5＋7＋9＝?

(5)假设得到验证,确定运算规则为“连续奇数之和等于奇数个数 n 的平方”。

必须注意的是,采用例－规法学习这一规则的前提是学生已经掌握了规则中所包含的概念,即奇数、平方等。在此前提下,教师还必须给予学生一定的指导和信息反馈,学生才能顺利地发现规则。

2. 规－例法

规－例法是指首先学习、理解规则的含义,然后借助于例证加深对规则的理解和应用的学习策略。它属于接受学习的范畴。例如，教师在讲授古代汉语的被动句法时，一般是先阐明规则，即常用介词“于”以及在谓语前面用“见”、“被”表示被动，有时也用“为”和“为……所”表示被动。然后再举例说明，如：“兵破于陈涉”，意思就是“军队被陈涉打败”；“徒见欺”，即“白白地被欺骗”；“信而见疑，忠而被谤”，意思是“受信义的却被怀疑，尽忠诚的却被诽谤”；“身客死于秦，为天下笑”，意思是“自己客死在秦国，被天下人取笑”；“如姬父为人所杀”，即“如姬的父亲被人所杀”。通过对规则的一一举例，使学生准确理解。

必须注意，用规－例法学习规则的前提条件也是学生对构成规则的概念已经掌握。例如，向学生阐述主动句型的构成规则是名词－动词－名词，在此之前学生就必须完全掌握名词、动词、形容词、介词等词类概念，否则就不可能掌握这些概念构成的规则。

(三)模式识别的学习

学生对模式识别程序进行学习的主要任务是学会把握产生式的条件项，这通常要经过概括化和分化两种心理机制。

1. 概括化(generalization)

对不同的刺激或同类刺激作出相同或相似反应的机制叫作“概括化”。例如，学生根据哺乳动物的两个关键特征，即“胎生”和“哺乳”，判断猫、狗、猪、羊等动物为哺乳动物。概括化实质上是在同类刺激中抽取出共同的特征。在经由概括而形成的模式识别的产生式中，所有的条件项均不可缺少。概括化是产生式的变化，两个产生式条件部分中的共同部分构成一个新的产生式的条件部分，新产生式的结果部分与以前的相同，概括化之后的新产生式适应范围更广。它不但可以通过经验进行，还可以通过学习进行。表 8-1 呈现了一个概括化的例子。

表 8-1　　模式识别程序概括化的例子

(1)如果	某固体置于水中 且该物浮于水面上	(2)如果	某固体置于水中 且该物沉于水下
那么	判断该物受到水的浮力并说出 “某物体受到水的浮力”	那么	判断该物受到水的浮力并 说出“某物体受到水的浮力”
(3)如果	某固体置于水中		
那么	判断该物受到水的浮力并说出“某物体受到水的浮力”		

概括化是在教学中通常所讲的“提供概念的若干正例(变式)以促进概念学习”的心理基础。在模式识别程序的学习中，提供的变式越充分、越典型，学习者通过概括化得到的概念的本质特征越准确；所形成的产生式的条件项越精炼，数量越少，进行判断和识别时就能减少受到概念的无关特征的影响。因此正例能

够有效地促进概括化的进行。

2. 分化(discrimination)

分化与概括化相对,是指个体对不同类别的刺激作出不同的反应。按照安德森的理论,分化的结果导致增加产生式的条件,使产生式的使用范围缩小。在经过概括化而形成的模式识别程序的产生式中,所有的条件项均是必不可少的,但并不能保证所有的必不可少的条件项全部都包括其中了。例如教师教"鱼"的概念时,要求学生判断一些图片中的动物是否是"鱼",学生通常只注意"鱼生活在水中,有鳞和鳍"这一条件,但当教师指向鲸鱼图片时,许多学生才意识到判断"鱼"必须加上"用鳃呼吸"这一必须条件。鲸鱼虽然也生活在水中,由于其主要特征是胎生和哺乳,因而鲸鱼应归类为哺乳动物。可见,分化是在原先的概括不能适用时出现的。概念教学中反例的及时出现有利于提高模式识别程序中辨别和区分的准确性。

(四)动作步骤的学习

动作步骤学习以模式识别为基础,主要通过程序化和程序的合成两个机制来完成。

1. 程序化(procedurization)

程序化是指动作步骤从陈述性知识的表征转换为程序性知识的表征,不再依赖于陈述性知识而独立完成动作步骤的过程。这一过程主要通过两步来实现,第一步是要建立规则和步骤的命题表征,将通过阅读、听讲或观察他人行为所获得的行为步骤以命题的方式贮存起来,以供学习者执行这些行为步骤时按照顺序加以激活,并将其作为行为的指导和提示。如果这个阶段程序表征发生顺序不对、操作有误等错误,就会导致动作步骤的失误;如果新的动作步骤中的某些环节包括以往未学过的知识或操作方式,整个动作步骤也会难以执行。第二步是将行为操作步骤的陈述性知识转化为程序性知识的产生式表征,并在执行过程中逐渐脱离陈述性命题的检索、提取和监控。动作步骤的程序化的全过程可以从小学生学习运算技能中体现出来。如教师在分数加法的例题示范中,常常带领学生对照演算步骤逐一进行演算,或让学生回答"下一步该做什么",以帮助学生将命题转化为产生式表征。学生看过几个示范后,模仿教师的演算,经过反复练习后,不再依赖教师或自己的逐步提示,顺利地依次自动执行每个操作步骤,熟练地完成分数加法。

促进程序化的基本条件是练习和反馈。在程序化的最初阶段,动作步骤的每一步都以陈述性知识的形式来表征,经过练习后,前一个产生式的行为项成为下一个产生式的条件项,这时第一个产生式的条件项会激活一系列的动作,使人依次做出动作的各个步骤。当动作步骤从陈述性知识的表征转化成程序性知识的表征后，动作进行的速度加快。阻碍程序化实现的主要因素是工作记忆容量的限制和必备知识的缺乏。促进程序性知识的程序化，最有效的方法是扩大产生式表征的范畴。另外，应注意个体是否具备充分的实现程序化的基础知识。如有缺漏，应先弥补基本知识，这是程序化的前提。

2. 程序的合成(procedure combination)

程序的合成是在练习的过程中，把若干个产生式合成一个产生式，把简单的产生式转变成复杂的产生式的。程序合成发生的基本条件是有关联的两个产生式同时进入工作记忆，前一个产生式的行为项构成了后一个产生式的条件项，这时前一个产生式的条件项就会保留，两个产生式的行为项按顺序合并起来成为一个复杂的行为项，并通过大量的练习，就形成了一个新的巩固的产生式。例如学生刚开始学习分数加法时，头脑中可能会形成这样两个产生式：

产生式 1

如果　我的目标是将分数相加，
　　　且有两个分数
那么　求出他们的最小公分母

产生式 2

如果　目标是要将分数相加，
　　　且现在有两个分数，
　　　且两个分数的最小公分母已知
那么　用最小公分母除以第一个分数的分母

经过一定时间的练习，学生就可能将这两个产生式合并成为下面这个产生式：

产生式 3

如果　我的目标是将分数相加，
　　　且有两个分数
那么　求出它们的最小公分母，
　　　然后用最小公分母除以第一个分数的分母

程序的合成一方面因减少了产生式的数量而缩短了激活时间，另一方面也能减少工作记忆的负担，使行为操作变得更加流畅快捷。但也会使人形成定势，特别是在程序形成后会使人固守这些程序，而不去获取新的程序，把所习惯的程序看成是最好的程序，因此不是所有的程序都需要达到合成的程度，只有当某些程序很少改变且需要大量快速地使用时，才有必要进行程序的合成。因此认真思考哪些技能需要达到熟练程度是很有必要的。对于那些只在解决特殊问题时才需要合成在一起的动作步骤，使它们保持一定的独立性，将更有利于灵活地拆分和合成，增加其运用这些技能的灵活性和变通性。程序的合成过程同样也需要借助大量的练习和反馈才能得以实现。

三、程序性知识学习的迁移规律

在现代认知心理学家看来，程序性知识在人的大脑中主要是以产生式系统的形式得到表征和储存的。因此产生式系统的规模、组织方式和熟练程度直接影响着程序性知识的习得、保持与运用。当代学者对程序性知识迁移规律的理解是以辛格莱与安德森通过大量实验研究提出的产生式迁移理论为代表的。这是根据安德森提出的思维适应性控制理论（简称为 ACT 理论）发展起来的。

（一）产生式迁移理论的基本观点

该理论的基本观点是，两种技能之间发生迁移的程度是随着两者共有的产生式的多少而变化的。当两个任务之间存在共同的产生式，或者两个任务的产生式出现交叉重叠，迁移就会发生，重叠越多，迁移量越大。

在发生迁移的过程中，有两个关键条件制约着迁移的发生。第一个条件是学习者能否在先前的学习中概括出产生式并形成产生式系统。需要注意的是，这里的产生式并不是具体条件下的“条件—动作”，而是从许多这样具体的“条件—动作”产生式中概括出的一般 C—A 规则。这是技能迁移发生的必要但不充分条件。要使迁移发生还需要另一条件，即学习者对所形成的一般产生式和产生式系统进行规则化和自动化。学习者只有对所形成的产生式规则熟练掌握并能熟练操作时，才会出现有效的技能迁移。

（二）产生式迁移的教学含义

安德森等设计了大量实验来验证产生式迁移理论，只是目前研究还大多停留在计算机模式阶段。尽管如此，该理论在实际教学中的含义仍然十分明显。既然两项任务共有的产生式数量决定技能迁移的水平，所以在选编教材时，应当注重按照循序渐进的原则，将教材知识分成若干单元，使前后单元之间有适当重叠，从而使先前的学习成为后继学习的准备，尽力避免因跳跃知识学习过程中的必要步骤而出现错误。另外，既然共同的产生式就是共同的规则，即共同的概念或原理，那么在教学中不论是何种具体技能的教学都必须注重概念和原理的教学。这样学生就能容易从一种技能的学习向另一种技能的学习迁移。最后，为了便于迁移的发生，必须对先前学习的内容加以充分练习，重视练习的设计。因为许多基本技能只有经过充分练习才会达到熟练化乃至自动化，从而脱离意识的控制，这样才能更有利于新任务的学习。否则学生就可能没有掌握他们之间共同的产生式规则，只注意到了表面上的相似而未发现实质上的差异，从而导致知识混淆。

第三节　程序性知识的常用教学策略

一、理解策略

对于任何技能的学习，学生都应该首先理解有关的概念和规则，理解学习任务，明确“做什么”和“怎么做”，形成目标意向和目标期望。因此，教师在程序性知识教学过程中以示范和讲解的方式对学生加以指导是不可缺少的。

示范的有效性首先取决于示范者的身份。研究发现，当观察熟练的教师的示范操作时，学生的学习效果最好；而学生在观察不熟练的同伴的示范时，学习效果要优于观察不熟练的教师的示范的学习效果。其次，示范的准确性是影响操作技能学习的直接决定因素。在程序性知识的教学过程中，教师必须重视向学生准确演示程序操作的正确、完整的过程和阶段性操作，帮助学生明确各种技能的操作步骤和程序。为了保证示范的有效性，教师可以借助录像、幻灯、影片、计算机模拟等现代化技术手段，使信息的呈现更准确、更方便、更易于接受。再次，何时给予示范也是一个影响因素。一些实验表明，在实际进行技能操作之前让学习者观察示范动作，能促进学生形成操作的定向映像。当然，除了在技能学习的最初阶段提供示范外，在技能学习的其他阶段也应根据需要来给予必要示范，以进一步充实、矫正学习者的动作表象。同时，在示范过程中应当注重程序性知识执行过程的分析与评价。先将某种连续的行为操作分解开来，总结并训练学生掌握每个阶段的操作方式，再将它们连贯起来，这样比笼统的整体讲解更能促进学生形成恰当的程序组合。

言语讲解在技能形成过程中同样起到重要的作用。在教学过程中通过讲解，可以突出动作要领，提高学生对动作的认识水平。教师在讲解时要注意言语的简洁、概括与形象化。不仅要讲解动作的结构和具体要求，还要讲解动作所包含的基本原理；不仅要讲解动作的物理特性，还要指导学生注意、体验执行动作时的运动知觉。在进行言语讲解时，教师也应鼓励学生应用外部出声的言语或内部言语来描述动作，以充分发挥言语对动作表象所起的支持和调节作用。

在程序性知识的掌握中，根据具体的学习阶段和动作特点，将示范与讲解有效地结合起来，更有利于学习者形成正确的动作概念和准确稳定的动作表象。

二、练习策略

程序性知识的获得要从陈述性阶段过渡到程序性阶段，必须经过大量的练习。它是形成各种操作技能不可缺少的关键环节。

(一)练习方式

采取何种练习方式直接影响着程序性知识的学习。从练习时间安排来看，练习的方式有集中练习和分散练习。集中练习是指长时间地连续练习，直到掌握为止，而分散练习是将练习的时间分为多次进行。已有研究表明，分散练习的效果要优于集中练习，特别是对于较复杂技能的学习，需要多次练习。教师在设计练习时应当充分、多样，安排合理。开始时，练习的速度要比较缓慢，一次练习时间不应过长，采取分散练习较为适合。待学生对技能的掌握已完全程序化后，再加大练习量来加深、提高学生的掌握程度，这时练习形式要逐渐多样化，逐渐加大难度，以提高程序性知识的灵活性和熟练性。从是否把动作步骤加以分解进行练习来看，有整体练习和部分练习。整体练习是通过一次一次完整的动作序列进行练习，直到学会为止。部分练习则是指把完整的动作序列分解成各个部分，分别进行练习。这两种练习方式各有优劣，对它们的选择应根据程序性知识的性质、学生的年龄、能力等多方面因素来综合确定。

(二)信息反馈

给学习者提供适当的反馈信息也是提高练习效果的有效方法。通过反馈，学生能辨别动作的正误，知晓自己的动作是否达到要求。一般来说，反馈有内部反馈和外部反馈、及时反馈与延时反馈之分。内部反馈是个体通过自身的视觉、听觉、触觉、动觉等获取的反馈信息；外部反馈是教师、教练、示范者、录像和计算机等外部信息源对学习者的操作结果及其操作过程的反馈，它可以由学习者通过观察获得，也可以由指导者告知。内部反馈在技能形成中具有巨大的作用，而且随着练习的进行，学习者会越来越多地运用内部反馈来控制自己的行为。但是有效的内部反馈必须建立在正确的外部反馈的基础上。如果是连续的任务(如开车、滑冰)，及时的外部反馈非常重要；如果是非连续的任务(如掷铅球)，延时的外部反馈不会影响完成任务的效果。教师要根据具体情况，在学生的练习过程中或练习之后，提供不同形式的反馈信息。当然，反馈信息应侧重对行为操作过程的细节的详细解剖和分析，应该使学生明白错的原因是由于条件项的判断失误，还是操作步骤重复、错漏或者运算出现了问题。

(三)变式练习

变式是促进概括化的最有效的方法。所谓变式是指改变非本质属性以保持本质属性的概念正例的变化。变式练习是学习以产生式表征的程序性知识的必要条件，是在其他教学条件不变的情况下，概念和规则例证的变化。在教学中，教师精心设计的变式练习，对于避免大量的重复练习，消除题海战术，减轻学生的学业负担，提高学生实际问题的解决能力有重要的意义。当然，教师最好采用连续呈现多个变式的方法，以便使所提供的变式同时处于学生的工作记忆中。

对于不同类型的程序性知识,教师应该安排不同的变式练习,如概念的变式练习、规则的变式练习以及操作过程的变式练习。在进行变式练习的过程中,不但要使产生式的条件与行动联系起来,而且要使这种联系达到自动化,使意识的作用降到最低的程度。

(四)比较

比较是在呈现例证或感性材料时,与正例相匹配呈现一些学生容易混淆的典型反例,以促进分化的顺利实现,并提高其准确性。反例的选择应尽可能关注那些与正例具有较多共同的非本质特征的例子、仅有少数本质特征不同的例子或者能直接矫正学生日常生活中已经形成的带有普遍性误解的例子。如对于学习"鱼类"而言,鲸这个反例就比老虎、鸽子、桌子等反例要好。与变式策略一样,教师在使用比较策略时,也应该连续提供多个正、反例子。

三、条件化策略

要使学生对所学程序性知识在需要时能迅速、顺利、准确地提取和执行,就必须在头脑中建立一个"触发条件",使之随时处于良好的备用状态。教师应注意经常提醒和帮助学生进行这种将知识"条件化"的工作,即明确程序性知识的条件项。不少研究发现,许多教师在教学中常常有一种观念:学生只要理解了规则的意义,学会了执行动作的步骤,在需要的时候他就能顺理成章地知道拿出来运用。他们恰恰忽视了即使是程序性知识也可能变成僵化的知识,只能在非常有限的背景中才能提取出来,造成一部分学生面临问题时,不能或者错误地运用程序性知识。因此,较有效的做法是教师在学生练习使用之前,明确提醒学生所学技能的适用场合。

四、分解性策略

在程序性知识的教学中,教师还应注意将完成某类程序操作的完整过程分解为几个阶段,总结并训练学生掌握每个阶段的最佳运算方式和可能的运算方式,再将它们连贯起来。因为人在准备执行一项复杂的技能时,对其中的部分子技能未把握或未达到自动化的程度时,显然不可能成功执行整个技能。因此加涅非常重视技能教学的分解性策略。他主张成功的技能教学的关键是确定这类子技能的正确的层级,然后分别传授这种层级中的各类子技能。例如我们可以把代数看做微积分的子技能,算术又是代数的子技能,而基本的计算技能是算术的子技能。这种分解式的技能训练比笼统的综合式训练更能促进学生学会建立子目标的策略,增强解决问题的能力并防止学生形成不适当的程序组合。

程序性知识的教学策略和陈述性知识的教学策略并不是各自独立的,而是有很多的相通之处，有些策略是可以通用的。程序性知识同样需要经常做一些组织和系统化的工作。值得注意的是，策略性知识作为一种特殊的程序性知识，其掌握过程和一般程序性知识是相同的。但影响这类知识的因素更多，掌握速度也更慢。其教学也具有一些特殊之处。我们在下一节将专门阐述策略性知识的学与教的问题。

第四节 策略性知识的学习与教学

一、策略性知识的实质

策略性知识是当代心理学中的一个热门课题，主要涉及学习策略、元认知与自我调节学习等领域。目前学术界对策略性知识实质的认识并未达成共识，归纳起来主要有三种倾向：一是把策略性知识看做学习活动或步骤；二是将策略性知识视为学习的规则、能力及技能；三是将策略性知识认定为学习计划。这三种倾向虽然都聚焦于学习本身的活动，但它们在对策略性知识的特定性水平的定位上有明显差异。

虽然策略性知识在本质上也是一种程序性知识，但两者还是有一定区别的。其一，策略性知识的作用方向不是"对外办事"，而主要是"对内监控"，即策略性知识的作用对象不是客观现实世界，而是主体的主观内心世界中的信息加工活动过程与结果。其二，策略性知识的基本功能是帮助学习者调控其学习和认识活动本身，其目标是更有效地获取新知识和运用已有的知识解决问题。而一般的程序性知识则是完成某种具体任务的操作步骤，它们的获得与运用都要受到策略性知识的指导与支配。例如关于数学学习中的心算问题，关于"会不会心算"的问题属于一般的程序性知识(即通常意义上的智慧技能)，而"如何算才迅速而准确"的问题就属于策略性知识的范畴了。正是由于上述与一般程序性知识的区别，我们可以将策略性知识看做是用以提高活动效率与效果、直接作用于主体认知过程的程序性知识。也就是说，策略性知识的学习是最终服务于活动效率提高的目的的。

二、策略性知识的一般掌握过程

由于策略性知识是一类特殊的程序性知识，所以前面所介绍的程序性知识的掌握过程也适用于策略性知识。但相对于一般程序性知识而言，策略性知识的掌握具有独特之处。这一过程主要分为三个基本阶段：(1)陈述性知识阶段。在这一阶段，学生要将策略性知识在头脑中建立起命题表征，初步理解特定策略性知识的含义和操作步骤，并能准确地加以陈述。(2)转化阶段。学生经过在相似情境和不同情境中的应用，将所学知识在头脑中转化为产生式表征；该阶段与程序性知识的掌握相当类似。(3)元认知阶段。学生在大量变式练习的基础上，逐渐找到一套操作步骤适用的条件，并能在新的情境中有意识地使用。对策略性知识的掌握只有达到了这一阶段，才能在学生身上表现出一般迁移。

我们以美国密西根大学的达菲(G. G. Duffy)等人历时七年完成的一项研究为例来说明上述掌握过程。[①] 他们训练的策略称为“排除阅读理解障碍策略”，如在遇到不认识的生词时，利用上下文推测新词的词义。实验分为策略教学组和控制组。该研究中策略的教学大致按如下步骤进行：(1)教师首先选择一段课文让学生阅读。根据这段课文，师生之间进行一些简要讨论。通过讨论，教师向学生清晰地说明什么是排除阅读理解障碍的策略，并说明在所选的阅读材料中怎样应用这些策略。学生知道什么是排除阅读障碍策略，此时，策略性知识处于陈述性阶段。(2)教师提供应用这些策略的示范并指导学生练习，再过渡到指导学生在阅读中应用这些策略。这时策略性知识从陈述性阶段转化为程序性阶段。在这一阶段，教师应尽可能让学生体验到策略的有效性。学生体验到策略的有效性有助于改进学习，提高学习效率，这种体验会进一步激发学生进行策略性知识学习的愿望。(3)在指导过程中强调这些策略应用的适当条件，使策略的应用达到元认知水平，这样所学习的策略才能有效地向新情境迁移。

三、常用的策略性知识

近些年来，研究者已发现了数量众多的策略性知识。为了便于分析与教学，学者们又进一步将策略性知识划分为认知策略、元认知策略与资源管理策略三类。

(一)认知策略

认知策略是学习者在信息加工时所采用的一般方法。由于信息加工主要包括对信息进行编码、存储和提取等几个步骤，相应地认知策略也就主要包括精加工策略、组织策略和重复策略等几种。

1. 精加工策略

精加工策略是指把新信息与头脑中的旧信息联系起来，寻求字面意义背后的深层次意义，或者增加新信息的意义，从而帮助学习者将信息储存到长时记忆中去的学习策略。人们常描述说它是一种理解记忆的策略，其要旨在于建立信

---

① C. B. Mecormik, G. Miller & M. Pressley, *Cognitive Strategy Research: From Basic Research to Educational Applications*. New York: Springer-Verlag, 1989, pp. 133-151.

息间的联系。根据学习材料自身意义性的强弱，精加工策略又可分为人为联想策略和内在联系策略。

人为联想策略习惯上又被称为“记忆术”，主要通过把那些枯燥无味、但又必须记住的信息牵强附会地赋予意义，使记忆过程变得生动有趣，从而提高学习记忆的效果。常用的人为联想策略主要有：(1)形象联想法。如要记住“飞机、大树、信封、耳环”等不相干的词汇时，可以进行这样的联想：天空飞着一架银色的飞机；飞机突然撞到一棵顶天立地的大树上；这棵大树很奇特，它的叶子形状像一个个信封；信封似的叶子上挂着一个个闪闪发光的耳环。(2)谐音联想法。例如有的人将圆周率 3.141592635 编成顺口溜：“山巅一寺一壶酒(3.14159)，尔乐苦煞吾(26535)。”(3)首字连词法。例如《辛丑条约》的内容可用“钱禁兵馆”(谐音“前进宾馆”)帮助记忆：要清政府赔款(钱)；要清政府保证禁止人民反抗(禁)；容许外国在中国驻兵(兵)；划分租界，建领事馆(馆)。

内在联系策略又被称为“生成策略”，是对于意义性较强的学习材料通过新知识与旧知识之间的连接，用头脑中已有的图式使新信息合理化。常用的内在联系策略主要有：(1)划线摘要与作注释。划线是指在学习过程中将比较重要的信息勾画出来，便于理解记忆。因此区分重要与次要信息就成为划线的关键。有时为了更多的提供思考材料的机会，还可以在划线、摘要旁边作注释。在划线、注释的过程中可以使用一些常用的简写符号，以提高效率。(2)标题目、写提要。标题目、写提要与划线中的摘要不同，它是用自己的语言对材料的中心思想进行简短陈述。它们的目的都在于促进新信息的精细加工和整合，是对材料的中心思想重新进行心理加工。在写提要的过程中要尽可能用自己的话对学习材料进行组织。(3)记笔记。记笔记不仅可以有效地控制自己的认知加工过程，还有助于概括新的知识和建立新旧知识之间的联系。记笔记的方法有很多种，其中流传较广的是康奈尔笔记技术，其操作步骤如下：第一步，听课前准备一个活页式的笔记本，要稍微大一点以便有足够的空间做记录和画图表。每一页上要有分类标志、编号和日期。记笔记前，先将每一页分成两栏，比较宽的一栏为主栏，记录讲课，较窄的一栏为回忆栏，用关键词和短语将主栏的内容恰当概括，记录在回忆栏。第二步：听课中做笔记，尽量抓住重要观点，尽可能记下有意义的概念和要点，这比记下详细例子更重要。记录中可以使用一些缩写和自己明白的符号代码。第三步：听课后整理。首先通读笔记，修改潦草字迹使它更清楚，填补听课时有意留下的、来不及记录的空白，找出主要观点并标示出来。然后，在回忆栏写下关键词或短语，用自己的话归纳出关键词。

2. 组织策略

组织策略是指发现部分之间的类别、层次或其他关系，使之带有某种结构，以便加强与提高对材料的记忆。它主要有归类策略和纲要策略两种形式，前者用于概念、语词、规则等知识的归类整理，后者用于对学习材料结构的把握。

归类是把材料分成小单元，再把这些单元归到适当的类别里。例如，要外出购买的东西很多：盐、葡萄、蒜、苹果、胡萝卜、橘子、胡椒、豌豆、辣椒粉、姜，可以将它们归在“水果”、“蔬菜”与“佐料”的概念下，再分门别类地记忆。

纲要策略也称“提纲挈领”，是掌握学习材料纲目的方法。我们既可以用语词或句子表达主题纲要，也可以用符号、图式等形象表达符号纲要。列提纲时要注意，以简要的词语写下主要与次要的观点，也就是以金字塔的形式呈现教材的要点，每一具体的细节都包含在高一级的类别中。使用主题纲要可分为四个步骤：(1)学习教材，判断教材学习的主要目标，理解基本思想；(2)勾划或摘录出要点；(3)考虑信息之间的关系，可用大小数码表达它们之间的层次结构(一、二、三……，1、2、3……)；(4)记住提纲，使用提纲解答问题。符号纲要法采用图解的方式体现知识的结构，主要有两种形式，一是层次网络法，它由结点(观点)和连线(观点之间的关系)组成。结点的排列分层似金字塔(如前所述)，而连线具有不同的性质，来表达不同性质的关系。二是流程图，流程图着重说明某个过程之间的要素是如何联结的。它具有方向性和时间顺序，易于表达程序性知识的结构。

3. 重复策略

重复策略是指通过反复读写所学的材料使信息在记忆中保持的策略。它主要包括如下几个方面：(1)复述的时间安排技巧。研究者提出的有效的技巧主要包括及时复习、分散复习和限时记忆等方面。(2)复述的次数安排技巧。这方面主要是指过度学习，即在“记得”、“学会”的基础上，再增加一些学习的时间，以便使得对学习材料的掌握达到更高的程度。一般来说，过度学习的次数量保持在50%～100%最好。(3)复述的方法选用。研究者主要提出要注意运用多种感官协同记忆和多种形式复习。多种感官协同记忆可在大脑中留下多方面的回忆线索，从而提高记忆效果。例如，边听边看，边说边写，边听边做，边想边动手，等等。不同的复习形式会使复习更加持久专心，不单调，利于多角度地理解知识内容。例如，复习英语生词时，可采用朗读、抄写、默写、看中文回忆英文或相反、用单词造句、利用句子记、同学间互问互答等多种方式。

(二)元认知策略

元认知策略是个体评价和调整自身认知过程和结果的一般方法。它主要包括三种：计划策略、监控策略和调节策略。

1. 计划策略

计划策略是根据认知活动的特定目标，在认知活动之前计划完成目标所涉及的各种活动，预计结果，选择策略，设想解决问题的方法并预估其有效性等。

学习中的计划策略包括设置学习目标、浏览阅读材料、产生待回答的问题以及分析如何完成学习任务。策略水平高的学生并不只是被动地听课、作笔记和等待教师布置测查的材料,他们会预测完成作业需要多长时间,在写作前获取相关信息,在考试前复习笔记,在必要时组织学习小组以及使用其他各种方法。

2. 监控策略

监控策略是指在认知过程中,根据认知目标及时检测认知过程,寻找两者之间的差异,并对学习过程及时进行调整,以期顺利达到有效学习的策略。它包括阅读时对注意加以跟踪、对材料进行自我提问、考试时监督自己的速度和时间等。这些策略使学习者对自己在注意和理解方面可能出现的问题保持警觉,以便找出来,并加以修改。

3. 调节策略

调节策略是在学习过程中根据对认知活动监视的结果,找出认知偏差,及时调整策略或修正目标;在学习活动结束时,评价认知结果,采取相应的补救措施,修正错误,总结经验教训,等等。在实际学习活动中,调节策略往往是跟监控策略连在一起的。例如,当学习者意识到他不理解学习材料的某一部分时,他就会退回去重新阅读困难的段落,在阅读困难或不熟的材料时放慢速度,复习他不懂的课程材料,测验时跳过某个难题,先做简单的题目等。

(三)资源管理策略

资源管理策略是指帮助学生管理可用的环境与资源,以提高学习效率的方式方法。它主要包括时间管理策略、学业求助策略等。

1. 时间管理策略

在学习过程中,合理安排自己的时间,是一种非常重要的策略。大量研究发现,学业成就高的学生,他们的时间管理能力通常也很高,他们善于统筹规划和安排时间;那些学业成就低的学生则表现出较低的时间管理能力。前者可以在较短时间内完成较多事情,能达到更高的效率。他们通常是事先做好计划,按照事情的轻重缓急决定完成的先后顺序以及每件事所需花费的时间。这样就能准确控制时间的利用状况。

有学者概括总结了六种有效的时间管理策略[①]:(1)确立有规律的学习时段。每天只要预留固定的几小时来学习,那么学习就不需要每天重新计划,而会成为一种习惯化的活动。(2)确立切合实际的目标。很多学生倾向于低估完成一个学习任务所需的时间,因此他们应该稍微高估所需的时间,直到有比较精确的估计能力为止。(3)使用固定的学习区域。当学生在一个采光良好、远离噪

---

① 参见陈琦、刘儒德主编《教育心理学》,高等教育出版社 2005 年版,第 322~323 页。

音、没有分心因素、能够集中注意力的地方学习时，他们的时间利用会更有效。有些学生发现图书馆是学习的好地方，而有些学生则在家里营造一个高效的学习空间。(4)分清任务的轻重缓急。当学生有很多事情需要做时，应分清事情的轻重缓急，先完成相对重要的事情。通常是先解决困难的任务，然后完成相对容易的任务，因为人的注意力往往是在开始的时候更为专注。(5)学会对分心的事物说"不"。当朋友、同学或其他人想和你聊天而不是学习，或者想让你完全摆脱学习时，学生必须准备好以一种不失礼的方式对他们说"不"。(6)自我奖励学习上的成功。学生可以把完成学习任务后就可做自己喜欢的其他活动作为条件，来迫使自己提高注意力。喜欢的其他活动可以包括食物奖励、看电视、与朋友聊天等。但关键需要确保各种奖励是在自己学习目标实现之后才可以得到。

2. 学业求助策略

从广义上讲，学业求助泛指当学生在学习上遇到困难时，向他人(包括老师、同学、朋友、父母、兄弟姐妹以及一切更有知识的人)请求帮助的行为。它通常是由需要帮助的学生发起的，其目的是为了解决自己当前学习中所面临的困难。学业求助一般发生在日常学习生活中，这就与考试测验时学生的抄袭舞弊行为有了本质区别。它是一种非常值得提倡的有助于提高学习效率的学习策略。研究发现，高成就的学生比低成就的学生更愿意寻求教师的帮助。

进一步发现，当学生遇到学习困难时，可能会产生三种反应：一是工具性求助，也称为"适应性求助"，即借助他人的力量以达到自己解决问题或实现目标的目的。工具性求助的目的是为了独立地学习，而非仅仅为了获得正确答案，因此习惯作出这种反应的学生在自己能够解决问题的时候会拒绝他人的帮助，而在需要帮助时又会主动寻求他人的帮助。二是执行求助，即学习者面对本应自己解决的问题时却请求别人替他完成。习惯作出这种反应的学生只想要答案或希望尽快完成任务，自己不做任何尝试就放弃了获得成就的机会，选择了依赖而非独立掌握知识的方式。三是回避求助，即学生虽然需要帮助却不主动求助。习惯作出这种反应的学生大都担心别人会认为他们很笨。

学者们已将学业求助策略的成功做法概括为以下五个方面[①]：(1)正确地看待学业求助。他人的帮助如同课本一样是重要的学习资源。学业求助不是自身能力缺乏的标志，而是获取知识、增长能力的一种途径，是一种重要的学习策略。(2)正确确定学习目标。应该确立学习是以掌握知识、发展能力为目标，而不是以显示能力、赢得尊重为目标。这样能减少学业求助时不必要的心理顾虑。(3)采用工具性学业求助的方式。明确学业求助重点是求得别人的点拨和提示，而

① 参见庞维国《自主学习——学与教的原理和策略》，华东师范大学出版社 2003 年版，第 121～122 页。

不是要求别人包办解决问题。在遇到自己确实无法解决的学习困难时,再寻求他人的帮助。(4)营造一种良好的社会性学习环境。学业求助需要与他人的互动,没有一种和谐、相互关怀的师生关系、同学关系、家庭关系等,学业求助会受到不必要的挫折。(5)发展学业求助的能力。例如学会辨别何时需要求助,谁是最合适的求助对象,如何表达才能得到确切的回答,等等。

四、策略性知识掌握的条件

要想促进学生策略性知识的有效学习,必须对学生策略性知识掌握的前提条件给予全面的分析。另外从掌握过程来看,学生能否在不同情境中运用知识是策略性知识掌握的关键所在。要有效实现这一点,人们提出必须注意以下几方面的条件。

(一)相应的背景知识

所有的策略性知识都是在一定的背景知识的基础上产生的,它对整个知识掌握过程起调控作用。不同的策略性知识都存在最适宜应用的范围。例如对于记忆领域中最常用的复述策略、精加工策略和组织策略而言,复述策略适合在系列学习中引用,精加工策略适合在配对联想中使用,而组织策略则最适宜用于自由回忆学习中。可见策略性知识的获得与应用与信息内容本身存在密切联系。一般来说,学生在某一领域的知识越丰富,就越有可能掌握相应的策略性知识。

(二)学生的自我效能感与成败归因

自我效能感属于行为动力因素,是指个人对自己在特定情境中是否有能力去完成某种行为的主观判断。在策略性知识掌握中,首先要使学生体会到掌握了策略性知识后,能有效提高知识的掌握效率。一般来说,策略性知识的缺乏与自我效能感水平过低有关联。而较高的自我效能感水平能推动学生自觉掌握合乎需要的策略性知识。因此在教学中要促进学生很好地掌握策略性知识,有必要先提高学生的自我效能感水平。

成败归因是对自己或他人取得的成功与遭受失败的原因的看法、解释。学生的学习成败包含四层含义:(1)学习有无进步;(2)学习进步有多大;(3)学习是否达到目标;(4)学习达到目标的程度有多大。学生一般将学习成败归因于两个大的方面:客观条件或主观条件。如果学生能在一定程度上将学习成败归因于主观条件中的学习是否努力、方法是否恰当,从学习策略上去反思,而不是从自己的聪明程度或任务难度上去反思,那么这样的学生就对策略性知识有所意识。因此学习成败的归因是策略性知识掌握的一种特殊表现形式。

(三)元认知发展水平

元认知又被称为"反省认知",是个体对自己认知活动和认知过程的认知。

学生对策略性知识的掌握与其元认知水平关系密切，它本身就是元认知知识的组成部分。从发展角度看，个体先有认知的发展，然后才有元认知的发展。不少研究发现，个体掌握策略性知识比掌握其他类型知识要困难得多。要真正使学生有效地掌握策略性知识，前提就是必须提高其元认知发展的水平。

首先，个体元认知发展水平决定了他能否对任务难度做出正确认知。面对问题或任务时，正确认知它们的难度，是学生策略性知识学习的重要表现形式。对这类知识掌握有所意识的学生，能正确认知任务或问题的难度，即使较难，也充满信心，相信只要采取适当的方法就能完成任务。而对策略性知识学习无意识的学生，就可能畏惧任务的难度，对学习方法的运用容易出现定势化现象。这种差异直接影响到他们对策略性知识的态度和应用。

其次，个体的元认知发展水平决定了他能否对自己的学习结果与方法经常反思和自我评价。学生在学习过程中能否自觉地总结经验教训，纠正自己的学习方法，这实际上也是策略性知识是否掌握的重要表现。善于学习这类知识的学生在解决完问题后，往往通过回顾和反思尽可能地将问题一般化，使解决方法应用范围扩大，努力做到举一反三，从而获得最佳的学习效率。相反，不善于掌握策略性知识的学生总是直线式学习，不能及时反馈自己的学习效果，对阶段性的学习成败不能正确评价，特别是不经常反思和评价自己的学习方法。

再次，个体的元认知发展水平还体现在对他人有益学习方法的敏感性上。现代心理学研究发现，会学习的学生有一个鲜明特征，就是善于向他人学习，尤其是注意借鉴他人的学习方法。这类学生不仅注意自己的学习方法，对他人的方法也感兴趣，而且对他人学习结果的成败从策略上去归因。反之，不善于掌握策略性知识的学生对他人的学习方法就不太注意，更谈不上借鉴。因此人们一般将学生对他人方法是否感兴趣看做策略性知识是否掌握的表现之一。

(四)学习是否讲究效益

有的学生为了使学习成功，只是在时间上下工夫，有的学生则注意从提高学习效益上去达到成功。虽然两种人目标相同，但采取的手段差别很大，从而导致学习行为的明显不同。熟练掌握策略性知识的学生在学习行为上有两个明显特征：(1)学习具有明显的节奏感，能制订比较实在的学习计划，能按计划学习，并能做到劳逸结合；(2)有自己的一套学习方法，并能随时调控、反思。特别是能讲究记忆的有效方法和善于运用记忆的一般规律去识记、保持和提取信息。

(五)练习的连续与变化

练习也是影响学生掌握策略性知识的重要条件。因此在策略性知识掌握中，人们非常强调练习的有效性，即教师需要根据策略性知识掌握的任务，精心设计其在相似与不同情境中的练习。在相似情境中练习可以使学生在连续练习中形成关于策略性知识的认知图式;而在不同情境中练习可以促使学生掌握策略性知识的恰当应用条件。

五、策略性知识的迁移规律

元认知迁移理论是当代认知心理学发展的产物。由于目前研究者非常强调策略性知识在学习与问题解决中的突出作用,因此策略学习的迁移问题越来越受到研究者的重视。元认知迁移理论为策略的迁移问题提供了合理解释。

(一)元认知迁移理论的基本观点

所谓策略的成功迁移是指学习者能够确定新问题的要求,选择已获得的适用于新问题的特殊或一般技能,并能在解决新问题时监控它们的应用。[①] 这样策略的训练要达到可以在多种情境中迁移的程度,一个重要条件就是学习者要有相当的元认知水平。加泰勒(E. S. Ghatala)等人认为,具有较高元认知水平的学生能够在面对新的问题情境时主动分析新认知情境的特定任务和目标,结合自身原有的知识水平,选择最有效的认知策略,并在执行认知策略的过程中不断监视、反馈,及时修正和调节原有的认知策略,以达到认知活动的目标。例如,人们在平时学习中会不断反问自己:"在这个问题上我已经具备了哪些相关的知识?""我的计划还有哪些问题?""这个知识点我理解透彻了吗?"

该理论提出,元认知主要依赖于一般智慧技能来获得及通过解决和观察大量的不同问题过程而获得,但它同时又是一系列高层次技能的集合,并非某一单一的普遍能力。另外,该理论还主张学生需要掌握有关一般原理或理论的知识、专门领域的技能,但在迁移所需要的一般或特殊技能中还包含有许多更为精细的信息加工过程和策略。所以学习者既需要掌握相关的一般或特殊知识,还必须知道如何在各种情境中应用这些知识。

许多研究表明,元认知水平的提高,可以改善学生对策略的使用和对学习的监控、调节,从而达到策略广泛迁移的目的。例如加泰勒等人研究证实,在策略训练中,让受训者学习评价所用策略的有效性,的确促进了策略的迁移。[②] 他们据此提出对某一策略的有效性进行自我评价,有助于该策略的迁移。

(二)元认知迁移的教学含义

教师要想让学生真正地学会学习、学会思维,提高学习效率,除了要重视陈

---

① 参见龚少英《学习迁移研究的历史与发展》,载《内蒙古师范大学学报》(哲学社会科学版)2001年第4期。

② Ghatala, E. S., Levin, J. R., Pressley, M., & Lodico, M. G. *Training Cognitive Strategy-monitoring in Children*, American Educational Research Journal, 1985, 22(2), pp. 199-215.

述性知识和基本技能的迁移之外，更应重视策略性知识的学习。为此，教材的选编应适当增加反映策略性知识的要求的内容，同时还应以策略性知识教学实验中积累的经验来训练教师与学生，以使策略教学达到持久迁移的目的。

六、策略性知识的教学策略

策略性知识的教学是近些年来人们非常关注的问题。它关系到"让学生学会学习"目标的实现。根据大量的探讨，有研究者总结出一些有助于策略性知识掌握的教学策略。[①]

(一)一次只教少量的策略

现代研究发现，能提高人的学习、记忆和思维效率的策略是大量的。但由于教学时间的限制，有效的策略教学，一次最好只教少量的策略性知识，否则就可能出现贪多不消化的现象，容易出现策略掌握的知识化倾向，而不能有效地运用于学习中。

(二)教会自我监控

现有研究大都强调策略掌握时学生对策略执行状况进行检查的重要性。当学生执行策略和完成学习任务时，他们应学会控制自己的行为。一旦发现问题，就要教会他们尝试进行补救。研究表明，即使是优等生也未必能自觉地监控自己的作业质量或过程。所以许多实践研究者非常重视教会学生进行自我监控。

(三)在教策略性知识的同时教会反思

现有研究都强调在策略性知识的掌握上，应教会学生知道所学策略的适用场合和情境。教师既可以通过提供策略可以应用的情景，使学生有充分的应用体验来完成，也可以通过提醒学生注意他们所使用策略的使用场合是否合适等反思途径来完成。这样才能使策略性知识的掌握更有效。

(四)激发维持学生的动机

如果学生意识到策略的确提高了他们的成绩，就可能得到激励，就可能倾向于继续使用策略。因此研究者非常强调在掌握策略性知识时对相应动机的激发与维持。而且也应引导学生懂得，通过采用成功的学习者使用的策略，他们也能成为有效的学习者。

(五)在具体情境中教策略

如果把策略性知识的传授作为课程来对待，很容易使学生脱离具体的应用情境，同对其他类型知识的掌握造成混淆。毕竟这类知识的应用离不开具体学科内容的支持。例如教师可以结合语文课传授写作和阅读策略，结合地理、历史

---

① 参见皮连生《智育心理学》，人民教育出版社 1996 年版，第 314～315 页。

等学科传授记忆策略等。

(六)长期教学

众多研究表明,一些简单的策略可以很快学会,但复杂的信息加工所涉及的许多策略必须经过充分练习才能掌握。因此从现有的策略教学研究来看,策略性知识的传授一般无法短时间内出现明确效果。教师只有坚持长期的系统的教学训练,才能取得满意的效果。

复习思考题

一、名词解释

1. 智力技能
2. 动作技能
3. 具体概念
4. 定义性概念
5. 概括化
6. 分化
7. 程序化
8. 程序的组合
9. 精加工策略
10. 组织策略

二、简答题

1. 简述程序性知识与陈述性知识的区别与联系。
2. 程序性知识的掌握方式包括哪些?
3. 简要说明产生式迁移理论及其教学含义。
4. 如何促进程序性知识的获得?
5. 简述策略性知识的一般掌握过程。
6. 策略性知识的掌握条件主要有哪些?

三、论述题

谈谈在高校教学中应如何切实加强策略性知识的教学。

第九章

问题解决与创造性培养

问题解决和创造性被教育心理学家视为两种高级的学习形式。从教学要求上看，培养大学生解决问题的能力，开发和提高他们的创造力是高等教育的重要任务。为了培养合乎时代发展要求的高素质人才，高校教师必须对问题解决和创造性的实质、进程、影响因素有充分的认识，把握创造性培养的有效措施。

第一节　问题解决与创造性概述

一、问题与问题解决

(一)问题的定义与类型

实际生活中我们每时每刻都可能遇到问题，例如解数学题、机器故障维修、医生治疗疾病、警察处理交通事件、刑事侦破等等，但要对问题下一个确切的定义却相当不容易。心理学家对问题的理解与定义也不尽相同。

关于问题最为经典的定义是认知心理学家西蒙和纽威尔(Simon&Newell)的观点，他们认为："问题是这样一种情境，个体想做某件事，但不能马上知道对这件事所采取的一系列行动，就构成了问题(Problem)。"简言之，问题是个体未能直接达到目标所处的情境。西蒙和纽威尔提出了"问题空间"(Problem space)的概念，所谓问题空间也就是问题解决者对问题客观陈述的理解。他们把问题空间分为三个状态：(1) 初始状态：个体经验、已有的相关条件等。(2) 目标状态：期待获得的结果。(3) 达标通路：由初始状态如何转化到目标状态的过程。我国学者陈琦认为，问题涉及四个基本成分：(1) 目标：在某个情境下要干什么。(2) 个体已有的知识经验:具备哪些有关的知识技能。(3) 障碍:需要解决的因素。(4) 方法:可用于解决问题的程序、步骤、策略等。① 虽然心理学家对问题的理解和陈述不同,但有三个成分是得到公认的:(1) 给定,指问题的初始状态;(2) 目标,指问题要求的答案或目标状态;(3) 障碍,指给定和目标之间必须经过思维活动才能消除的障碍。

虽然对于问题的陈述及理解有许多不一致的观点,但总体来说关于问题的成分不外乎三种,即问题初始状态、要求达到的目标以及需要获得的两者之间的通路。因此可以认为,如果问题解决者希望能从所处情境的目前状态转入另一种状态,而这时又存在某些障碍物阻碍状态转换的顺利实现,就出现了问题。

按照不同的标准可以划分问题的不同类型,目前得到认可的问题类型主要有以下几种。

1. 结构良好问题与结构不良问题

这是依据问题状态的清晰程度即问题结构的完整性作出的划分。结构良好的问题是指问题的给定状态、目标状态以及用于转换状态的方法均已清楚地规定的问题。也就是说在问题中,目标是清晰的,达到目标的潜在解决途径是已知或容易获取的。结构不良问题则指问题的给定状态、目标状态以及转换状态的方法中的一项或几项缺乏明确的界定的问题。通常学科教学中的许多问题都是结构良好的问题,而日常生活中的大部分问题基本上都是结构不良的问题。

2. 常规问题与非常规问题

这是依据问题解决者对问题的熟悉程度进行的划分。常规问题是与问题解决者已经解决的问题相同或非常类似的问题。解决这类问题只需要再现性思维,即再现以前已经产生的反应。严格来说,这类问题不符合我们的问题定义,因为给定状态与目标状态之间没有任何障碍。非常规问题则不同于问题解决者已经解决过的问题,它需要给出一个新的解决方案。

3. 一般领域的问题与专门领域的问题

这是依据问题解决所需的算子(即个体把一种问题状态转变成另一种问题状态的操作)的质量来进行的区分。一般领域的问题是指解决问题所需要的特定领域的专业知识相对较少,习惯上又称为知识贫乏领域的问题。专门领域的问题则包含了大量特定学科领域的专业知识,因此习惯上又称作知识丰富领域的问题。个体要解决这类问题所受到的限制很多,但如果是知识丰富、训练有素的人,则有更为有效的算子可以利用。因此这两类问题是相对而言的,而且也是可以转化的。

---

① 参见陈琦、刘儒德主编《当代教育心理学》,北京师范大学出版社 1997 年版,第 150 页。

(二)问题解决的实质与特征

一般来说,问题解决是指个体将原有的概念和知识加以综合,在新的情境中运用并得到新的认知成果的过程。由于对问题的理解不同,心理学家对问题解决的概括也不同。加涅把问题解决定义为规则支配行为;奥苏伯尔认为问题解决是认知活动的一种最高级的形式。西蒙和纽威尔认为,问题是对问题空间的搜索,将任务领域转化为人的问题空间,就实现了对问题的理解和表征,如果一个问题得到了表征,那么问题解决就已经成功了一半。长期的研究表明问题解决一般具有四个主要特征:

(1) 问题解决具有目的指向性。问题解决显然是为了达到一定目的而产生的,它旨在求得问题的答案,因此无目标的幻想不是问题解决。

(2) 问题解决具有认知性。它是在个体认知系统内进行的,没有认知参与的活动不是问题解决。例如,当你学会了骑自行车之后,骑自行车的活动就不再被认为是问题解决。

(3) 问题解决包括一系列心理运算。它包括了一系列的心理操作,通过选择不同算子达到最终的目标。能够自动化完成或只有单一操作的活动不能构成问题解决过程。例如,像回忆一个朋友的电话号码这样的简易活动不是问题解决。

(4) 问题解决具有个人性。由于个体之间知识、策略、思维定势、元认知等诸多因素的不同,不同个体在解决同一问题时其过程和结果可能会表现出很大的差异。因此问题解决具有较强的个人色彩。

二、问题解决的早期模型

(一)桑代克的"尝试－错误模型"

美国心理学家桑代克(E. L. Thorndike)设计了饿猫迷笼实验。在实验中,桑代克将猫置于特别设计的迷笼中,笼外有猫想得到的食物。只有在猫触动迷笼内的机关时,迷笼的门才会打开,猫就会吃到食物。桑代克通过系统观察发现,一开始猫在迷笼中误打误撞,偶然触动了开关,从而获得了食物。在以后的重复试验中,随着这种练习次数的增多,猫可以逐渐减少触动开关前的误打误撞的频率而触动开关。最后,猫可以一进入迷笼就准确地触动开关而得到食物。

桑代克通过饿猫迷笼的实验,提出了问题解决的尝试－错误说。这一学说认为,问题解决是刺激情境与反应之间形成一种适当的联结的过程,而这种联结是通过尝试错误逐步形成的。问题解决过程首先要通过一系列的盲目操作,不断地尝试,发现一种解决问题的途径,即形成刺激情境与反应的联结,然后再不断重复巩固这种联结,直到最终问题解决。桑代克根据一系列实验,总结了学习的三条规律:练习律、效果律、准备律。

桑代克的尝试一错误说和学习理论虽然是从动物实验中得来的,但对于人类的问题解决来说,仍有很大的借鉴意义。事实上,人类发展史上的许多发明创造和技术革新都是通过尝试一错误的过程而获得的。而人们在解决问题的过程中很大程度上也遵循练习律、效果律和准备律。但桑代克的理论遭到了苛勒等格式塔心理学家的强烈反对。

(二)苛勒的顿悟模型

德国心理学家苛勒(Wolfgang Kohler)在1913~1917年间,在西班牙加那群岛的腾涅立夫岛上以黑猩猩为对象进行了一系列实验研究,提出了问题解决的顿悟说。

在实验中,苛勒给黑猩猩设置了许多问题情境。例如,把木箱放在黑猩猩的笼内,笼顶上悬挂着香蕉,简单的情境中黑猩猩需要踩在一个木箱子上才能够到香蕉,复杂些的情境需要黑猩猩把两个箱子叠放到一起才能够到香蕉。另外的一个问题情境是笼外放有食物,笼内有两根木棒,简单的任务条件下黑猩猩只要一根木棒就可以够到香蕉,复杂情境下黑猩猩需要用两根木棒接在一起够到香蕉。在多种类似的情境中,苛勒发现黑猩猩在设法拿到香蕉时,不是像桑代克描述的那样进行尝试错误活动,而是坐下来对问题情境进行观察,后来突然发现了解决方法,并采取行动,最终解决了问题。

苛勒认为解决问题是"畅快的、一下子解决的过程",这就是"顿悟"(insight)的过程。因此,苛勒认为动物的学习不是尝试错误的学习,而是顿悟式学习。

顿悟说与尝试错误说并不是完全排斥和对立的。一般来说,对于简单的、熟练的问题,主体不需要尝试便能解决;而对于较复杂的问题,可能需要主体做出一系列尝试,直到最终解决。尝试一错误说与顿悟说的对立正体现了早期心理学的不成熟,从认识根源上说,两者的观点都过于片面,忽视了问题解决行为的复杂性,没有看到尝试错误和顿悟之间的相互联系、相互补充的性质。不过,这种不成熟和对立又引发了新的学说和理论。

(三)杜威的问题解决模型

尝试一错误说和顿悟说都是以动物为对象进行的研究,以人为对象的研究是从杜威开始的。杜威(J. Dewey)从对人类思维的研究入手,研究了问题解决的模式。在他的《我们怎样思维》(一译作《思维术》)一书中,杜威描述了反省思维的五个阶段,被后人称为问题解决的五阶段模型。这五个阶段是:(1)情境:这一阶段是问题解决者意识到困难的状态,它引导问题解决者进行思考。(2)理智化:即确定疑难究竟在何处,包括不太具体地指出所追求的目的,需要填补的缺口或要达到的目标。(3)假设:为了解决这些疑难问题,解决者需要提出问题的种种假设。(4)推理:推断可能产生的种种结果,并对问题重新加以阐述。(5)验证:即用行动检验这些假设,对假设进行证实或证伪。

杜威的五阶段论建立在对人类思维研究的基础上,对人类心理研究有重要的应用价值,并且由于杜威其他教育思想的流行,使得他的问题解决理论产生了广泛的影响。

(四)华莱士的创造性解决问题模型

1945 年华莱士(G. Wallas)曾对历史上一些杰出的创造性人物如何从事创造进行了考察,并在他的《思考的艺术》(*The Art of Thought*)一书中,提出了问题解决的四个步骤:(1)准备阶段:准备和提出问题阶段。问题解决者需要在原有经验的基础上,对研究问题进行价值研究,确定研究的目的,并对将要进行的活动搜集相关资料。这一过程是形象思维和抽象思维的综合运用。(2)孕育阶段:在进行了一系列准备工作后,问题解决者要尝试对问题进行深入的探索和思考。在这一过程中,如果问题解决难以继续进行,可将问题暂时搁置而去从事其他活动。从表面上看,问题被搁置了,但实际上对问题的思考仍在潜意识中进行着。这是为了使精神得到消遣和放松,转而寻找另外的解决问题方式,即等待灵感的出现。(3)明朗阶段:问题解决者在经过或长或短的孕育阶段之后,可能会在无意中受到某种事件的触发而突然产生新思想、新观念、新表象,使原先的问题一下子迎刃而解,表现为灵感、直觉和顿悟。(4)验证阶段:对上一阶段提出的新思想、新观念、新表象进行验证、补充和修正,使之趋于完善。

华莱士的问题解决阶段论较好地反映了问题解决的认知状态。

除了以上介绍的几种问题解决的模型之外,还有一些其他的观点,如哈洛(Hailow)的"学习心向论"、罗斯曼(Rossman)关于问题解决的六阶段理论、加涅的四阶段(提出问题—分析问题—形成假设—验证假设)理论、唐纳德·约翰逊的三阶段(准备—生成—判断)理论等等,都对问题解决的本质、规律和过程进行了细致描述,对于人类问题解决研究的发展产生了巨大的推动作用。但早期的问题解决研究仍然是不成熟的,存在许多不足,需要得到进一步更新和完善。

三、问题解决的一般过程

从前面介绍中可以发现,心理学家对问题解决研究大都持阶段论的思想,如杜威的五阶段模式、华莱士的四阶段模式、约翰逊的三阶段模式等等。另外布朗斯福特与斯特恩(Bransford & Stein)开发的五步问题解决模式(ideal 模式)是问题解决过程理论中较有影响的观点。布朗斯福特与斯特恩把问题解决的过程概括为五个步骤:

(一)问题识别

正确地识别问题是解决问题的必要前提,也是解决问题的一个重要步骤。它需要问题解决者具有创造性、坚持性,避免草率地确认问题和解决问题。许多问题(包括问题解决方案)看起来非常明显,但要发现它们、正确识别它们却并非易事。因此,问题识别就成为解决问题的首要阶段。

目前研究者已经确认了许多阻碍人们进行有效问题识别的因素:(1)大多数人并没有养成积极主动寻找问题的习惯。学校中的学生尤其缺乏定义问题的经验,这主要是因为课堂情景中的问题大都属于界定良好的问题,根本就不需要学生辨别。学生虽然学习时间很长,但普遍缺乏主动、认真识别问题的习惯和经验。(2)问题解决者缺乏与问题相关的背景知识。在形成图式、使信息获得意义及理解的建构过程中,具体领域的背景知识十分重要,在问题解决中同样如此。教师有必要在要求学生寻找问题解决方案之前对问题进行分析和讨论,以帮助学生获得相关的背景知识。(3)在清晰地定义问题之前,人们往往急于获得问题的答案。个体的坚持性是影响其是否愿意花时间识别问题的重要因素,如有些人可能会轻易地放弃,因为他们认为问题解决的时间有限。(4)个体不愿进行发散思维,而倾向于运用辐合思维。通常课堂上要解决的问题只有一个标准答案,因此这类问题解决都要求学生进行辐合思维。学生往往只把注意力集中在寻找问题的唯一解决方案上。

(二)问题表征

问题表征就是将问题用一定的方式加以表述。这种表述可以运用多种变化的方式,如文字、图表、图片、列表等,目的在于使问题解决者对问题本身有一个更为明晰的概念。一般认为,对问题的表征是否恰当,直接影响到问题解决的难度和速度。近年来国外的研究表明,问题表征的主要功能包括:(1)引导个体对问题的有关信息作出进一步解释;(2)促使个体根据自身知识结构的特点选择可模仿的解决方式;(3)帮助个体联想并提出一个具体的解决方案图式。因此,不论对于专家还是新手,问题表征都是他们正确解决问题的关键环节。和尚爬山问题就是一个典型的例子。一个和尚要到山顶上的寺庙朝拜。他早上 6 点出发,下午 4 点到达山顶。第二天早上 6 点开始下山,下午 4 点到达山脚。和尚上山和下山的速度没有限制,它可以在中途休息几次。请问他是否能在两天的同一时刻通过同一地点?如果不借助于图形表征,要解决该问题是相对困难的。如果将该题目表征为图 9-1 的形式,问题的解决就相当容易了。

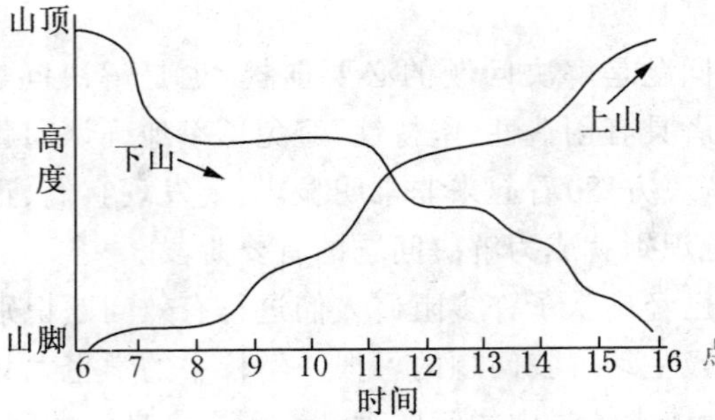

图 9-1　和尚爬山

(三)策略选择

发现问题和表征后,接下来的一个重要环节就是策略的选择。选择恰当策略实际上是对问题的表征进行操纵,寻找出一条达到目标线路的过程。问题的表征不同,所选择的解决策略也不同。假如一个问题相对简单,在长时记忆中已经储存该类型问题的图式,那么经过模式再认,就可直接提取适当的解决方法,这样对问题空间的搜索时间就会大大缩短。但若问题比较复杂,解决方法不能直接提取或不为问题解决者所知,就要使用更为复杂的搜索策略。例如专家棋手和新棋手在下棋时,专家具有较多的经验,可以快速准确地作出反应,而新手则要在头脑中进行更为复杂的搜索策略,反应速度较慢。

现代认知心理学研究认为,问题解决活动一般包括两类思维搜索策略:算法式和启发式。算法式要逐个尝试解决问题的各种可能性,以尝试错误方式解决问题,它可以保证问题得到解决,但费时费力,而且往往难以实现;启发式以一定的原有经验为基础,采用选择方式搜索解决问题,这类策略简单省事、效率高,但不能保证问题的成功解决。人类在解决问题时大多运用启发式策略,这类策略也是教学着力培养的重要思维策略。目前常用的启发式策略主要手段包括目的分析法、爬山法、逆推法、联想法、类比法等等。

(四)策略应用

当经过问题表征和策略选择之后,接下来就要应用策略实际解决问题。个体能否成功应用某种策略在很大程度上取决于他对问题的表征形式和选择的策略类型。在这一环节上存在着很大的个体差异。有的人可能应用策略相当熟练,可以迅速准确地解决问题,而且有经验的人可以在应用中发现策略是否恰当并能做出迅速改变,以采用更合适的策略,表现出比较强的灵活性。而有的人则可能由于首次使用该策略,容易出现一些错误。研究表明这样的人在遇到意外情况时往往不易改变策略,仍然固执使用不恰当的策略,导致问题解决失败。之所以出现这种差异,主要是由于有经验的人具有大量的程序性知识,这能使他们将注意力更多地集中在问题的界定上而不是策略的选择上。相反,没有经验的人则只能使用一些陈述性知识进行有意识的系列加工,他们更急于寻找解决方案而不是分析问题,因此不愿改变不恰当的策略。

(五)结果评价

结果评价是问题解决的最后环节,也是学生常常感到困难和被忽视的一步。问题解决是一个合乎逻辑的过程,只有符合这一前提,问题解决的结果才是有意义的。而许多学生往往急于找到问题的答案,而忽略答案是否有意义,是否符合逻辑。结果评价包括两层含义:一是对获得结果的整个思考过程进行检查,检验推理是否合理,答案是否正确;二是可以从该问题解决活动中得到值得以后借鉴的经验和教训。后者往往在实践中容易被师生忽视。进行结果评价的有效方法主要有:(1)找出该问题解决过程中的主要困难及关键,弄清楚自己是如何寻找思路的;(2)对解题方法重新评价,以找到更有效的方法;(3)思考该问题解决中有哪些技巧可能在以后类似场合使用;(4)思考该问题解决值得吸取的教训是什么;(5)概括出该类型问题的一般结构、特点及所用解题方法的条件范围,以便进行推广。教师应当帮助学生对问题解决的结果进行有效地检查,给他们提供检验、评价的机会,让他们养成问题解决后进行结果评价的习惯,这也是培养学生问题解决能力的有效手段。

布朗斯福特与斯特恩的问题解决五阶段模式较完整地概括了当代问题解决过程观的一般内容。其他关于问题解决过程的阶段理论虽然表述不同,但基本内容大体是相当的。如我国心理学界一般倾向于把解决问题的过程归为发现问题、明确问题、提出假设和检验假设四个阶段。

四、创造与创造性

(一)创造的含义

人类早在两千多年以前就开始思考并定义创造的内涵。如:古希腊的亚里士多德认为创造就是“产生了前所未有的事物”;培根认为创造就是人在生活中的实际活动;马克思的观点是,创造是一种实践活动,是人类改造自然的活动,并且人类的创造活动创造了人类自身;《现代汉语词典》中对创造的定义是“想出新方法、建立新理论、做出新的成绩或东西”;《辞海》中的定义是“首创前所未有的事物”;创造学中把创造定义为“创造是人首次产生崭新的精神成果或物质成果的思维与行为的总和”。

从以上对创造的定义可以看出,创造注重“新”,发现新事物、建立新理论、提出新观点、想出新方法、产生新产品等等都属于创造。而且创造的产品不只是物质的,也可以是精神的。物质产品如新事物、新作品,精神产品如新理论、新方法等。与之相对应，人们的创造活动也可以归结为两种主要形式：一是创造精神产品的思维活动；另一种是创造物质产品的实践活动，也就是个体表现出来的行为。通常情况下，这两种创造方式是有机地结合在一起的。

我们可以对创造的特征做出三点总结：(1)普遍性。创造是人类主体有目的、有意识的活动，是人类主体思维与行动的结合，是人类具有的普遍性特征。(2)创新性。即创造产生的是首次出现的结果，具有新颖性。(3)实践性。创造是在实践中产生新成果的活动，任何新成果的产生必然直接或间接地来源于实践。(4)能动性。创造产生的新成果加深了人们对于事物的认识，这种更为深刻的认识又反过来推动人们的实践，引导人们对事物的研究更加深入。

(二)创造性的实质与鉴别

1. 创造性的实质

所谓创造性是指根据一定的目的和任务，运用一切已知信息，进行主动的思维活动，产生出某种新颖、独特、具有社会或个人价值的产品的品质。

19 世纪 70 年代以后，我国心理学界对于创造和创造性展开了广泛的研究。创造性成为当今教育中培养人才的重要方向。现阶段"为创造性而教"已经成为学校教育尤其是高等教育的主要目标之一，但人们对于创造性的实质长期以来却感到非常困惑。有的强调创造的主观性，有的强调创造的目的性；有的侧重创造过程，有的侧重创造结果；有的从创造的认知风格方面出发，有的从创造的动机和人格因素入手；有的采取几者兼顾的方式来界定创造性。随着理论探讨和实验研究的深入，心理学家对创造性的认识逐渐趋同，更加接近。美国著名心理学家斯滕伯格提出，关于创造性的定义存在两个共同要素，即"新颖性"和"适用性"，他将创造性定义为"一种创造既新颖又适用的产品的能力"[①]。这一创造性的定义逐渐得到多数心理学家的认同。需要说明的是，这一界定是根据结果来判定创造性的，判定标准其一是新颖性，指前所未有、推陈出新的，也包括独创的、独特的、预想不到的；其二是适用性，指在特定的情境中，不超出现有条件的限制，并且产品是有用的，或者有社会价值，或者有个人价值。而我国学者则提出，"创造性是人类所特有的，利用一定条件产生新颖独特、可行适用的产品的心理素质。创造性这种素质是与动物相区别的、人类所特有的，同时也是所有人都具有的一种心理素质"[②]。因此，创造性不是少数天才的特权，而是人类普遍存在的一种潜能。从这个角度上讲，高校教师应该重视所有大学生创造性的培养与开发问题，让他们的创造潜质更加充分地表现出来，树立创造性意识，养成创

---

① Sternberg, R. J., et al. (Eds.), *Handbook of Creativity*. Cambridge University Press, 1999.

② 张庆林主编：《创造性研究手册》，四川教育出版社 2002 年版，第 8 页。

造性人格，最终成为创造性人才。

2. 创造性的测量与鉴别

对于创造性的科学研究始于心理测量技术的应用，其源头可以追溯到高尔顿(Francis Galton)1883 出版的《人类能力调查》，但是西方心理学界普遍认为对创造性开展测量学的研究是以吉尔福特(J. P. Guilford)1950 年在美国心理学会上所作的主席演说为标志的。半个世纪以来，有关创造性的测量研究取得了令人瞩目的成就。

心理学上对创造性的测量有许多方法，其中最常用的是发散思维测验。发散思维测验要求被测者对规定的刺激产生大量的、变化多端而又独特的反应。这一类测验中最著名的是吉尔福特的智力结构发散性能力测验(SOI)和由美国教育心理学家托兰斯(E. P. Torrance)编制的托兰斯创造性思维测验(TTCT)。吉尔福特以自己的智力结构理论为基础率先编制了南加利福尼亚大学发散思维测验。托兰斯创造性思维测验是目前应用最广泛的发散思维测验。托兰斯创造性思维测验分为言语创造思维测验、图画创造思维测验以及声音和词的创造思维测验三套，在这三套测验中，记分分别从不同的方面进行。言语测验从流畅性、变通性和独特性三方面记分；图画测验除以上三方面外，还对精致性进行记分；声音和词的测验只记独特性得分。大量研究证明，以发散思维为指标的创造性测验的确测量了创造能力的主要成分，同时具有较好的信度和效度。不过这种鉴别方法的理论基础已受到人们的质疑。

以创造性个性为指标而编制的调查问卷也较为常见。其中比较著名的有高夫编制的“修饰词检查创造性个性量表”、托兰斯编制的“你是哪一种人”量表、里姆和戴维斯编制的“发现创造性才能的团体调查表”等。研究表明，以创造性个性为指标来评定个体的创造性不仅同发散思维测验一样有效，而且更为经济、方便，便于实施。只是在学校中使用时应保持足够谨慎，因为这种方法一般都采用自我报告的方式，其准确性还需要进一步研究。

个体的创造性作为一种潜在的心理素质，总是要通过创造活动表露出来，而且往往凝聚在活动产品中。因此，人们也经常用创造产品来评定个体创造性的高低。这被认为是最客观和公正的一种方法。对于科学家、发明家、设计师等，人们一般通过他们发表的论文或制作产品的数量和质量等方面进行评价。对于大学生也可采取类似的方法。大学生的各种作品，如课外活动的小发明、小论文、发表的文学和艺术作品等，均可作为他们创造性高低的反映。高校教师应善于综合大学生多方面的表现和成果，正确评价和预测他们的创造性，以利于进一步的培养。

五、创造性的影响因素

我们可以把影响创造性的因素归为内部因素(如智力水平、个性特征等)和外部因素(环境)。关于创造性影响因素的研究经历了一个由关注个体内部因素向关注外部环境因素转变的过程,这一点对于如何进行创新教育具有重要的启发意义。

(一)智力因素

智力保证人们能有效地进行认识活动。目前人们一致认为智力与创造力不一定成正相关,在一定的智商分数之下,二者有显著的正相关,在此之上,二者的相关不显著。国内有研究证明,当智商低于120时,智力水平和创造力水平显著相关,但当智商高于120时,创造力水平和智力就无显著相关了。当然,这些结论是目前智力与创造性研究所达到的水平,其科学性还有待于进一步探讨。

这里我们分别从智力的几个成分出发说明智力对创造力的影响:(1)观察力。观察力是进行创造和发明所需的基本能力,敏锐的观察力往往赋予人们创造的灵感和动机。一般富于创造性的人,对事物都有敏锐的观察力。(2)记忆力。记忆力是个体对过去经验的识记、保持、再现或再认的能力。人们从事任何一种创造性活动,必定以原有记忆的知识为材料,原有的经验是创造的基础和参照,是创造产生顿悟和灵感的来源。(3)思维力。思维力指人脑间接地、概括地反映客观事物的本质和规律的能力。思维力主要由思维的分析能力、综合能力、比较能力、抽象能力和概括能力五部分组成。思维力在创造性活动中占有重要地位。可以说,没有思维力,便不会产生创造性活动。(4)想象力。想象力是人能在过去认识的基础上,去构成没有经过的事物和形象的能力。在创造性活动中,人们首先运用想象力去创造希望实现的事物的清晰形象,然后,根据这个形象实施行动,最终使它成为客观的现实。有想象力人类才能创造,如果没有想象力,人类将不会有任何发展与进步。

(二)人格因素

心理学家通过对高创造性和低创造性的个体的对比研究发现,高创造性的人具有许多典型的人格特征,如独立、乐观、自信、坚持、自觉性、灵活性等。对于创造性人格的研究表明,创造性人格特点包括以下九个方面:(1)具有强烈的探求欲与好奇心,喜欢对事物穷根究底;(2)较少受别人或环境的影响和阻碍,拒绝限制;(3)不因循守旧,敢于怀疑;(4)能够坚持进行活动,不怕困难,贯穿始终;(5)具有良好的自我约束和组织管理能力;(6)具有良好的变通性;(7)兴趣广泛;(8)情绪乐观,活动中较少受主观情绪影响;(9)能够较快地接受新事物,适应新环境。

(三)环境因素

环境因素对个体创造性的影响来自家庭、学校和社会三个方面。

1. 家庭因素

家庭对个体创造性的发展具有重大影响，它可以促进或抑制个体创造潜能的发挥。心理学家在对具有特殊天赋和高创造力的孩子进行长时间的跟踪研究后发现：父母对孩子的期望与孩子的创造力之间有一定的关联。研究显示，在特殊方面取得一定成绩的儿童，早年时其家庭就开始为其在特殊领域的探索提供物质和情感的支持。对许多有关杰出人物儿时家庭环境的研究为此提供了有力证据。概括起来，有利于创造性发展的家庭因素有：(1)家庭比较民主，父母对孩子不专制；(2)家长对孩子好奇、探求精神和行动给予鼓励和支持；(3)父母信任孩子的能力，给予引导并提供独立锻炼的机会；(4)孩子在家里与父母之间无拘束，不怕犯错误，有安全感；(5)父母具有独立性和创造性，孩子在家受到父母思想行为潜移默化的影响。不利于创造性发展的家庭因素有：(1)父母专制，孩子凡事得经父母同意，养成听话顺从的习惯；(2)家长对孩子过于溺爱，为孩子考虑太多，包办代替，剥夺了个体独立锻炼的机会；(3)对儿童的好奇心、求知欲及探索行为不支持或简单粗暴处理；(4)家庭缺乏民主自由气氛，孩子缺乏安全感。

2. 学校教育

作为一种有目的、有组织的教育活动，学校教育在影响学生创造性的发展和潜能开发方面比家庭教育具有更重要的意义。它对学生创造性的影响主要体现在以下几个方面：(1)教师的个性和行为。现有研究表明，开放、民主型的教师及其采用的教学态度与方法更有利于学生创造性的发展。这类教师的教学态度民主，能尊重学生意见；鼓励学生独立思考，师生关系融洽；课堂教学气氛活跃，注意鼓励学生尝试探索；教学方法灵活多样，能采用发现法、类比法、研究法等进行教学。而那些过分强调顺从和循规蹈矩、机械模仿和死记硬背方式教学的教师则可能阻碍学生创造性的发展。(2)各种有关创造性的训练项目、课程和活动。国内外研究均表明，各种发散性思维训练均能不同程度地促进学生的创造性的发展。例如，帕内斯曾把创造性解决问题的基本原则变成一套教材，在学校中进行教学实验，结果发现参加实验的学生在思维的独创性和灵活性方面有明显提高。因此，广大教师必须认识到自己的作用，自觉地在教学活动中激发学生的创造潜能。

3. 社会文化

社会文化因素也与个体创造性的发展存在密切关系。许多跨文化研究发现，在倡导和鼓励独立性、创造精神，主张男女平等的民主型社会文化背景中，个体创造性普遍发展较好，而且男女差别较小；而在强调专制、服从、男女地位悬殊大的封闭型社会文化背景中，个体创造性水平普遍较低，而且男女差别也较大。来自独裁文化环境的个体往往表现得退缩、服从，逃避现实，缺乏创造精神，而有利于创造的社会风气、丰富的环境及多方面的文化交流则会促使人产生求知的欲望，刺激联想、发散等创造性活动的进行。

第二节 大学生问题解决能力的培养

一、问题解决的影响因素

影响问题解决的因素是多方面的，问题本身的因素和个体的个性心理特性等都会影响解决问题的方向和效果，主要包括问题情境、问题表征、知识经验、认知策略、心理定势、功能固着、酝酿效应、原型启发、情绪和动机状态等。

（一）问题情境

问题情境是个体面临的刺激模式与已有知识结构所形成的差异。一般而言，如果呈现问题的刺激模式能直接提供适合于解决问题的线索，就有利于找到解决问题的方向、途径和方法；反之，如果呈现问题的刺激模式掩蔽或干扰了问题解决的线索，就会增加解决问题的困难。在学习和日常生活中，也经常出现本来是简单而熟悉的问题，由于问题呈现的方式有了改变，而干扰或阻碍问题解决的情况。

（二）问题表征

问题表征是问题解决的中心环节，它说明问题在头脑中是如何表现的。问题表征反映着对于问题的理解程度，涉及到在问题情境中如何抽取有关信息，包括目标是什么、目标和当前状态的关系、可能运用的算子有哪些等。问题表征不同，就会产生不同的解决方案，它直接影响问题解决。如果不能恰当地进行问题表征，在一个错误的问题空间搜索，就会导致问题解决的失败。

（三）知识经验

任何问题解决都离不开一定的知识基础，知识经验的不足常常是不能有效解决问题的重要原因。必要的知识经验，完善的知识结构，能促进对问题的表征和解答，有利于问题顺利地解决。关于专家和新手在解决问题的差异方面的研究就是一个很好的例子。

（四）认知策略

有些问题的解决需要专门领域的知识，同时也需要一定的心智水平和认知策略。研究发现，专家和新手不仅知识结构不同，而且他们解决问题的认知策略也不同。专家不仅具有丰富的陈述性知识，而且他们的知识结构中包含了大量“如果—那么”的产生式系统，他们的心智技能和认知策略的特点也不同于新手。在解题方式上，专家常常以更抽象的方式表征问题，他们一般不需要中间进一步细致的分析过程就能很快地解决问题；而新手需要更多中间过程，并且要有意识地加以注意。在解题策略上，专家运用的是从已知条件前进到目标的策略；新手则倾向于搜寻从要求解的问题倒退到已知条件的策略。同时，专家更多地利用直觉即生活经验的表征来解决问题；而新手则更多地依赖正确的方程式来解题。

(五)心理定势

心理定势是由先前的活动形成的影响当前问题解决的一种心理准备状态。研究表明，在问题情境不变的条件下，心理定势能使人应用已掌握的方法迅速地解决问题；在问题情境发生变化的情况下，心理定势就会妨碍人采用新的解决方法。陆钦斯(A. S. Luchins)的"量杯实验"充分表明了心理定势对问题解决的影响(见表 9-1)。实验中要求个体用容积不同的三种容器 (A、B、C)去量所要求的水量。结果表明，进行事先练习(即先做 1 至 6 题)、获得一定经验的个体倾向于用三杯(B－A－2C)方法来解决第 7 题和第 8 题，表明形成了定势；而没有进行事先练习的个体则倾向于用更简单的办法 (A＋C 或 A－C)去解决第 7 题和第 8 题。

表 9-1　　陆钦斯的量杯实验

问题	三种容器的容量			要求量出的水量	解决方法
	A	B	C	D	
1	29	3		20	D＝A－3C
2	21	127	3	100	D＝B－A－2C
3	14	163	25	99	D＝B－A－2C
4	18	43	10	5	D＝B－A－2C
5	9	42	6	21	D＝B－A－2C
6	20	59	4	31	D＝B－A－2C
7	23	49	3	20	D＝B－A－2C　D＝A－C
8	15	39	3	18	D＝B－A－2C　D＝A＋C

先前练习中形成的定势影响使第 7、8 道问题很快得到解决，这是定势积极方面的作用。也正是由于定势的存在，个体往往习惯于用现成的方式和思路来考虑问题、理解知识，而不是倾向于继续寻找更佳的方式。在上述实验中，这种定势就阻碍、限制了其他更简便的两种方法(A＋C 或 A－C)的产生，使思维僵化，因循守旧，难以灵活应用其他更简便而有效的方法来解决问题，这是定势消极方面的作用。

(六)功能固着

功能固着是指当人们习惯了一种事物的某种或某些固定的功能时，就很难发现该事物的其他功能的心理特点。而且最初看到的功能越重要，就越难发现其他功能。在实际生活中，问题能否解决有时取决于能否将事物变通使用。对善于解决难题的人，在问题解决过程中，其最大特征就是能突破功能固着，针对需要恰当地改变物体固有的功能，善择手段以达到目的。当人们能从各种不同的方向来选择和应用事物的功能时，往往会促使问题的创造性解决。

(七)酝酿效应

当人们反复探索问题而仍没有结果时，暂时将问题放一放，转而从事其他的工作，在几小时、几天或几周之后，他们可能会突然想到解决的办法，出现"恍然大悟"、"豁然开朗"的状况，使问题得到解决，这就是酝酿效应。酝酿效应实际上是产生了顿悟，人们打破了原来不恰当的思路，从一个新的角度思考问题，从而使问题得以解决。

(八)原型启发

对解决问题起了启发作用的事物叫"原型"。所谓启发，是指从其他事物上发现解决问题的途径和方法。原型启发在问题解决过程中具有很大作用。

原型的启发作用在于它与所要解决的问题之间存在着某些共同点或相似处。通过联想，人们可以从原型中找到解决问题的新方法。某一事物能否充当原型，从而起到启发作用，不仅取决于该事物的特点，还取决于问题解决者的心理状态。只有在问题解决者的思维活动处于积极但又不过于紧张的状态时，才最容易产生原型启发。所以，原型启发常常发生在酝酿时期。

(九)情绪和动机状态

情绪和动机状态影响问题解决的效果。就情绪和动机强度而言，在一定限度内，情绪和动机强度与问题解决的效率成正比，但动机太强或太弱，情绪过于高昂或过于低沉，都会降低问题解决的效率。一般而言，中等强度的动机和相对适中的情绪激动水平，有利于问题的解决。

此外，个体的智力水平、性格特征、认知风格和世界观等个性心理特性，不仅直接影响着解决问题的动机，而且也制约着问题解决的方向和效果。影响问题解决的心理因素是多种多样的，无论是问题本身的因素，还是个人因素，它们都不是孤立地起作用的，而是互相联系，互相影响，综合地影响问题解决的。

二、有效问题解决者的特征

大量研究显示，不同个体在问题解决的效果上存在着极大差异。专家和新手在解决问题时存在许多差别。国外有学者认为，专家之所以能够高效率地解决问题，是因为他们具备以下七个特征。

(一)在擅长的领域表现突出

专家一般在解决自己擅长领域的问题时较为出色，而不是在所有的领域。我们不可能期望一个出色的化学家同时具有丰富的修车经验。在某一领域的专业知识是不太容易运用到其他领域中去的，而这种专业知识积累起来非常缓慢，需要大量的精力投入。因此，专家一般只能在一定专业范围内高效率地解决问题。

(二)以较大的单元加工信息

研究发现，专家之所以能更有效地组织信息，是因为他们能将信息转换成为更大的、可以利用的信息单元。例如，有学者发现象棋大师和新手的工作记忆容量并没有明显差异，但是前者往往能分析并记住大量的信息(如能回忆出一些复杂的实战棋局)，因为他们具有出色的分类能力，他们能将当前有意义的信息加工成为自己熟悉的图式，而对于加工无意义的信息(如回忆随机摆放的旗子的位置)则并不一定比新手表现更好。

(三)能迅速处理有意义的信息

如果有机会观察一位数学家解决应用题的话，你就会发现他能轻而易举地确认相关信息，选择恰当策略。这主要是因为他们在以前已解决过大量的类似问题。积累起来的这些经验能使专家记住类似问题和解决方法，并且能够仅凭极少努力就找到合适策略。他们已将一些基本技能的执行完全自动化，而且在搜集信息的过程中就能进行直觉推理。

(四)能在短时记忆和长时记忆中保持大量信息

专家在解决问题时观念和行动的产生往往是高度自动化的。这种自动化操作能够使专家以更有效的方式运用自己的短时记忆。例如，职业数学家能有效地激活和使用恰当的解题策略，这对他们的认知资源几乎没什么要求。这样，他们的认知资源就能用于完成一些更高层次的认知任务，如监视自己解题的进度，评估解决方法等。

(五)能以深层方式表征问题

专家通常将他们的注意力放在问题的本质特征和属性上，而不是问题的表面特征上。许多研究表明物理学家通常根据物理问题所涉及的原理进行分类，而不是像新手那样根据问题中提到的实物分类(如斜面)。专家更倾向于将问题分解成子目标，通过顺向推理的方式来最终解决问题(即使用手段－目的分析法)。

(六)愿意花费时间分析问题

人们在许多研究中都发现专家往往会花费更多的时间来确认和表征问题，而一旦问题得到了理解，在选择解题策略时就耗时甚少。专家为了将问题简化为更小的问题,往往会使用一些复杂的分析策略。大多数数学老师都清楚,数学成绩好的学生在解决数学题之前,都会对问题形成一个有意义的表征,而差生往往是将数字直接代入公式,很少考虑问题和公式的意义。

(七)能很好地监视自己的操作

专家在解决问题之前更可能产生其他的假设,在解题过程中更可能迅速抛弃不恰当的解决方法。而且研究也证实,他们能更为准确地判断出问题的难度,在问题解决的各个阶段,能始终保持反思,给自己提出一些恰当的疑问。这就表明专家能更好地监督自己对问题解决的过程。

从以上可以看出,要想使学生有效地解决问题,首先要使他们拥有丰富的、组织良好的专门领域知识。在具体问题解决中,它同一般问题解决策略是互为补充、共同作用的。专门知识促进了解题策略的使用,而关于一般问题解决策略的知识又使学生能更有效地运用专门知识。只有明确了这一点,才能更好地培养学生的问题解决能力。

三、问题解决的教学策略

(一)问题解决的一般教学策略

问题解决学习强调学生的主动探究,同时也离不开教师的指导,教师必须采取相应的教学策略,帮助学生完成知识的意义建构。在教学中要努力创设条件,帮助学生掌握一些问题解决的策略,以提高他们的问题解决能力。

1. 创设恰当的问题情境

在问题解决学习中,教师要创设恰当的问题情境,以此启动教学。好的情境能够激发学生的好奇心和求知欲,能够发展学生解决问题的能力。问题情境是指个人觉察到的一种有目的但不知如何达到的心理困境。问题情境应具有三个基本要素:未知的事物、思维动机和学生的知识能力水平。问题情境要具有真实性,要与生活实际中的问题情境类似,这样才容易激发学生的兴趣。

创设问题情境应是一个由教师具体引导到学生独立发现和提出问题的渐进过程。问题情境的创设,必须基于对学生和教材内容的全面分析,这样才能有针对性地创设合理的符合实际的问题情境。

2. 指导学生的问题解决过程

在指导学生问题解决的过程中,教师应主要考虑主客观两方面的因素。客观方面是指知识内容的特征,要结合具体情况具体分析。主观方面是指学习者存在个体差异,例如学生有外向、内向等性格差异,场独立性和场依存性等认知差异,因此对其指导的方式也应有所不同。

在问题解决学习中,由于学生的个体差异,学生问题解决的途径不同,遇到的困难也不同，教师要根据不同的情景作出适时的反馈，规范学生的学习。教师对学生问题解决活动的指导，应该通过提出相关的问题，以启发学生的思维，激发学生思考，不应直接给出学生问题解决的相关信息或直接给出问题解决的方案。

3. 合理评价学生的问题解决过程

在教学中，要及时对学生的问题解决过程作出反馈，给予评价。教学评价可以分为形成性评价和终结性评价。在问题解决学习中，经常用到的是形成性评价。这是因为它能让我们及时了解到学生在问题解决过程中存在的问题，并及时加以调整，这对于学生的学习更具有实际意义。

教师对学生的评价要注重学生问题解决的过程，要综合学生的参与程度、参与积极性、对集体的贡献进行评价，而不是仅把评价放在结果上。此外，对问题解决过程中出现的问题要进行总结，但要做到对事不对人。

(二)问题解决的几种具体教学策略

现代心理学研究认为，有许多具体的教学策略可以帮助学生成为很好的问题解决者。这里简要介绍几种目前公认较为有效的问题解决教学策略。

1. 样例教学

样例教学(worked example instruction)是利用样例(又称“解答好的习题”)促进学生问题解决图式形成的一种有效的教学策略。样例是包含特定类型问题具体解决方案的实例，一般认为由对问题的详细说明、解决步骤和最终答案三部分构成。澳大利亚心理学家斯韦勒(J. Sweller)根据认知负荷理论(Cognitive Load Theory, CLT)最早提出了这一策略。① 一般认为这种教学策略适用于界定良好的领域的问题解决，如数学、物理、计算机编程等学科。

已有研究和实践表明，该教学策略的实施过程主要包括三个步骤：(1)引入新主题。教师首先要给学生呈现该主题所涉及的背景知识、原理和规则。(2)示范证明。教师运用少量的样例向学生展示如何使用所介绍的原理或规则。(3)课堂练习。教师要求学生通过解决一些具体的常规问题来练习如何运用相关解题原理和规则。在这一过程中样例可以促进学生对问题解决相关知识和技能的获得。

该策略与传统教学的区别之处就在于前者把样例和常规问题以交叉顺序进行排列，即一种问题类型的样例后面紧跟着该类型的常规练习题。教师必须让学生清楚了解这种安排，提醒他们仔细学习每个样例。因为一旦开始解决常规

---

① Sweller, J. “Cognitive Technology: Some Procedure for Facilitating Learning and Problem Solving in Mathematics and Science.” *Journal of Educational Psychology*, 1989, 4, pp. 457-466.

问题，样例教学不允许学生再思考该类型问题的样例，所以学生在教学初期就需要把注意力集中在问题类型及其解决步骤上（即解题图式），而解决常规问题实际上是检验他们是否已掌握了这些图式。

2. 基于问题的教学

基于问题的教学（problem-based instruction）又称为"抛锚式教学"（anchored instruction）或"课题式教学"（project-based instruction），是一种教师促使学生积极主动地解决实际情境或接近实际情境中的复杂问题的教学策略。它是当代建构主义理论提出的一种有效教学策略。它主要适用于界定不良领域的问题解决教学。

研究表明，该教学策略的实施过程主要包括如下步骤①：(1)组成小组。一个小组在探索问题之前，学习者和促进者（通常为教师）分别作自我介绍，互通姓名，形成毫无偏见的氛围。(2)开始一个新问题。教师用少量的信息给学生提供一个复杂的问题，这个问题应该尽量与学生现实世界中的情况相接近，能够吸引学生。(3)后续行动。小组成员再次集合，沟通他们所学的东西，并基于所掌握的新知识生成新的解决问题的假设。(4)活动汇报。各小组利用各种不同形式来报告自己的结论以及得出结论的过程。(5)问题后的反思。教师引导学生们有意识地反思问题解决的过程，要求考虑这个问题与以前所遇到的问题的共同点和不同点，这可以帮助他们概括和理解新知识的应用情境。

3. 配对解题

配对解题（pair problem solving）是一种面向高级思维策略的教学策略。它能给学生及时提供反馈信息，使学生明白在解题过程中已经理解的和尚不清楚的信息。这种策略要求学生在解决某个问题时将自己头脑中出现的所有内容大声连续地告诉他人（教师或其他学生），而配对者要仔细倾听和分析该学生解题时的加工活动和进展情况，检查并指出其所犯的错误。它使学生解题时的思维过程具体化，从而帮助学生从一个崭新的角度看待自己的想法。配对解题技术目前在国外已成为帮助学生思考自己问题解决过程的常用策略之一。研究表明，使用这种策略，教师可以使学生学会复述解决问题所必需的概念，并将这些概念同已储存的背景知识取得联系，从而对问题产生更深的理解。因此这种技术在课堂实践中有着非常重要的应用价值。

该策略的具体实施过程如下：教师可以让全班学生搭配成对，给每对学生提供一系列问题。在解决每个问题时，让学生轮流担任解题者和倾听者的角色。

---

① Hmelo, C. E. & Ferrari. "The Problem-based Learning Tutorial: Cultivating Higher Order Thinking Skills." *Journal of the Gifted*, 1997, 20(4), pp. 401-422.

解题者大声阅读问题并说出问题的解决过程和答案，倾听者要跟踪解题者的各个问题解决步骤并察觉可能出现的任何错误。为了提高倾听的效率，倾听者必须理解解题者每个解题步骤背后的推理过程。当解题者对自己的解题步骤阐述不清楚时，倾听者需要提出一些询问性问题，但必须注意这些问题既不能引导解题者得到答案，也不能明确强调某个具体错误。

4. 出声思维

出声思维(thinking aloud)也是传授高级认知策略的一种有效的教学策略。出声思维策略与配对解题策略较为类似。它同样需要个体在解决问题时大声说出能意识到的所有解题步骤和心理加工。当学科领域的专家使用这种策略时，就可以将他们的思维过程示范给所有的学生，从而使学生明白如何思考和解决一个具体问题。而且在专家的示范中还包含着解决问题时他们对情感反应的陈述，学生因此还能学习解题时如何自我调节情绪。因此，有学者认为，在教学中由教师或优秀学生进行出声思维能够给其他学生提供观察"专家思维"的机会。[①] 使用这种教学策略可以帮助教师监督和改善学生对问题的理解，防止其解题时过于匆忙而导致不必要的错误。当教师让学生单独解题时，这种技术尤其有价值。它会使学生在完成学业任务时更清楚地意识到自己头脑所发生的一切，从而更好地提高自己的成绩，因为出声思维技术能让学生更系统地思考问题，避免解题时在错误的方向上浪费太多精力。

该策略的具体实施过程如下：(1)教师或学生将自己头脑中出现的内容(如观念或表象)转化为语言并大声表达出来；(2)解决问题时要讲出所有的思考步骤，无论这些步骤是多么不重要或显而易见；(3)在着手解决某个问题之前，先说出头脑中思考的内容。例如，准备做什么、为什么要做、如何做、何时做等等。即使是猜测，对于大声报告都是非常重要的。

四、培养大学生问题解决能力的方法

在实际教学中，学生问题解决的能力完全可以结合各门学科的内容来进行训练和提高。在教学中，教师不仅要把重点放在客体的知识上，放在特定学科的问题解决逻辑推理和策略上，放在有效解决问题的一般原理和原则上，而且要注意为学生创造适当的气氛，以利于解决问题。迄今为止，人们已经发现了许多促进大学生问题解决能力发展的有效教学措施，这里作一简要介绍。

---

① Rosenshine, B. "Advances in Research on Instruction." in J. W. Lloyd, E. J. Kameanui, and D. Chard(Eds.) *Issues in Educating Students with Disabilities*. Mahwah, N. J.: Lawrence Erlbaum, 1997, pp. 197-221.

(一)实施学习策略的教学,帮助学生养成分析问题和策略性思维的习惯

实施学习策略的教学是问题解决能力培养的基础,而问题解决是学习策略教学的一条最有效的途径,它是由处理问题时所涉及的种种心理活动和外部行为构成的,需要利用并组合已经习得的概念、命题及其组织,从而达到一定的目的。学生应始终注意对问题进行分析、了解,注意把握问题解决的目的和标准。在这两方面做得越好,正确解决问题的可能性也就越大。

(二)发展元认知

发展元认知是问题解决能力培养的保障。元认知是作为一种监控系统而超然于学习过程之上的,是学生对自己学习系统的全面了解与整体的监控和协调。元认知由三部分构成,即:元认知知识、元认知体验及元认知调节和监控。元认知对于制订计划、问题解决、评价和语言学习的许多方面而言,是处于中心地位的。完善学习者的元认知,是培养策略型学习者问题解决能力的重要基础。

(三)增强自我监控学习

增强自我监控学习是问题解决能力培养的关键。大学生处于成年早期,各方面水平都得到了较完善的发展,主动性和自觉性较高。在学习中,要不断提高他们自我监控学习的主动性,即培养学习者在学习过程中自觉有效地运用学习策略对自我学习活动进行调整和监控的能力。

(四)发展创造性思维能力

发展创造性思维能力是问题解决能力培养的核心。学生的学习是一种思维活动,离开了思维,任何活动都难以产生和发展,思维能力构成了学生学习能力的核心。因此,培养策略学习者的思维能力,特别是创造性思维能力,是开发其学习潜能,增强问题解决能力的重要方面。

(五)促进学生对专业知识的全面掌握

专业知识是个体正确而迅速地解决具体学科问题的必要基础。教学中教师要在深入理解知识的基础上精心筛选,组织该学科的核心内容,并有目的、有计划地传授给学生。在保证掌握一定知识数量的同时,要特别重视学生合理知识结构的形成,即实现知识掌握的高效化。而后者往往是学生能够解决学科问题的关键。在塑造学生知识结构时,不仅要保证陈述性知识的掌握,更要特别重视程序性知识的讲授。

(六)培养学生主动提出问题和解决问题的内在动机

学生在学习中所面对的学科问题,通常是由教师根据教学目标和教材内容提出的,而且往往都是一些界定良好的问题,学生完成对这些问题的理解并不困难。但这些问题不能给学生提供判断有关信息和无关信息的机会,也不利于学生从中获得问题解决的乐趣和信心。因此,必须锻炼学生独立地发现和提出问

题的能力，从而培养他们敢于质疑的内在动机。为此，教师在课堂教学中要鼓励学生进行提问，尽量减少观念上的限制，在班级上形成一种自由探讨的气氛。同时教师也需要给学生提供一些解决界定不良问题的机会，以便更好地激发他们的内在动机。

(七)问题的难度要适当

教师要求学生完成的学科问题必须要有一定的难度，但这种难度必须适当。这就需要教师首先了解学生解决该问题所必须具备的知识、能力水平。教师给出的问题应该是学生通过对已有知识、方法进行重新组合后能够解决的。问题过难，不易为学生所掌握，也就不可能期望学生去正确地解答；问题过易，则起不到应有的作用。需要提醒的是，每个学生的起点水平差别是很大的，这就要求教师在进行训练时，将班级教学和个别指导结合起来。有经验的教师在学科中训练问题解决策略时，经常给不同学生布置难度不同的问题，能够获得较好效果。

(八)帮助学生正确地表征问题

教师在进行学科问题解决教学时，要注意帮助学生运用他们已掌握的知识去解释问题，或者用画草图、列表、写方程式等方法来重新表述问题，这对于学生回忆起相关的信息有很好的促进作用。经常训练学生从不同的角度、用不同的方法来表征问题可以使他们从中获得对问题进行灵活有效表征的经验。此外，尤其要重视训练学生尽可能地使用外部形式表征问题，这样可以大大减轻学生解决问题时的认知负荷，提高其问题解决的效率。

近些年来还有一些研究表明，增强自我效能是提高大学生问题解决能力评价的重要因素，它能够显著地提高其问题解决的信心，增强其对问题的控制感。另外，提高人际沟通能力可以帮助大学生增强对问题的控制感，有助于提高大学生的问题解决能力。这无疑为提高学生问题解决能力提供了多种有效途径。

第三节 大学生创造性的开发与提高

“为创造性而教”是高等教育活动的主要目标之一。尽管创造性的提高不可能在短时间内见效，但研究告诉我们，运用一定的教育手段来进行有目的的培养是完全可行的，也是必要的。

一、开发创造性的基本原则

大学生正处于个体创造性发展的黄金时期，教师对他们的创造性开发有着最重要的推动作用。研究者对这一年龄阶段学生创造性的开发进行了长期大量的研究，结果表明，教师要使开发工作卓有成效，必须注意遵循如下基本原则。

(一)创造民主开放的教学环境

与其他能力相比,创造性的发展更容易受到环境因素的影响。前面我们提到,家庭、学校、社会文化等因素都会对创造性的发展产生影响。为了开发大学生的创造潜能,教师应努力营造一种民主、宽松的教学环境,改变教师"师道尊严"的传统观念,尊重学生的特殊观点和想法,主动改变教学中原有的僵化评价标准,鼓励学生进行创造性学习。这是在高校教学中应当首先遵循的原则。

(二)培养好奇心,激发求知欲

研究表明,好奇心和求知欲与创造性紧密相连。好奇心强的人对新奇事物常常会主动探究,它是人们进行创造的内部动力。求知欲旺盛的人,对所面临的问题常不满足于现有答案或结论,而是倾向于积极思考、探索,试图发现新的答案。因此高校教师有必要在教学中通过不断创设变化的、能激发学生新奇感的学习情境,来启发大学生自己发现问题和寻找答案。

(三)鼓励独创,敢于标新立异

独创性是创造活动最本质的特征之一。为了发展大学生的创造性,教师必须注意培养他们的独创精神,鼓励自觉和大胆想象,允许学生按照自己的猜测去探索问题、进行实验以创造性地解决问题。值得注意的是,当学生的思想认识和行为表现与众不同时,高校教师应让他们感到自豪,而不是焦虑不安。

(四)积极开展创造性活动

由于高等教育的特殊性,创造性活动可以在数学、文学、艺术等许多领域开展,比较容易实施。不同学校和班级都可随时随地进行,例如,在实践中由学生自己办报纸,设计和制造各种模型与产品,撰写科研论文等活动,这些活动都能不同程度地激发大学生的各种创造潜能,从而为其走上实际工作岗位后从事创造性活动奠定坚实的实践基础。

(五)训练学生的发散思维

发散思维的训练应当有意识地从培养学生的独创性、灵活性和流畅性入手,给学生提供多方面运用发散思维的机会,使他们逐渐养成从多方面、多角度认识事物和解决问题的习惯。许多学者都曾经提出过专门训练发散思维的方法与程序。其中最为出名的是美国创造学之父奥斯本首创的"头脑风暴法"(brain storming)。他采用座谈会的形式组织人们对特定的问题进行讨论,使他们互相启发,引起联想,产生数量尽可能多和尽可能大的设想和解决方案。大量研究表明,这种训练的确能有效地促进个体的发散思维和创造力。

二、开发创造性的常用技术

许多研究都表明,大学生的创造性可以通过训练得到不同程度的开发。在这方面，心理学家已经提出了许多具体的训练技术。这里主要介绍两种影响较大的方法：头脑风暴法和戈登技术。

(一)头脑风暴法

头脑风暴法，又称“智力激励法”，是奥斯本于1939年提出、1953年正式发表的一种激发创造性思维的方法。这是在国外大学颇为流行的集体讨论法。

1. 头脑风暴小组成员的角色

头脑风暴小组的成员分为三种角色：领导者、记录者和小组成员。领导者必须是一位善于聆听的人，在头脑风暴前，他需要精练地陈述进行头脑风暴的原因，并准备热身活动。在头脑风暴过程中，他要提醒成员注意基本规则，烘托气氛。记录者应清楚地记下每一个想法，并保证每个人都能清楚地看到。记录者和领导者可以是同一个人，实际上他充当了主持人的角色。头脑风暴小组成员人数应在5至10人之间，理想的人数通常是6人或7人。

2. 头脑风暴的准备

(1)问题的陈述。问题的陈述要具体，使参加者明确进行头脑风暴的目的。陈述要有足够的开放性，使参加者容易产生创新思维。另外，陈述不应有偏见而倾向于某一解决办法或排除创造性想法。

(2)设置活动环境。如果可能，应在头脑风暴开始前使小组成员明确主题；要提供适当的地点和记录方法，如活动挂图、粉笔、记录板或大型计算机；还应提供适于产生创造性的身心环境，收起容易分散注意力的物品，如杂志、书籍等。

3. 进行头脑风暴

(1)介绍。说明进行头脑风暴的原因，明确要讨论的问题，确定讨论的基本原则和组员发言的顺序。

(2)热身。共同进行5～10分钟的热身运动，帮助小组成员适应头脑风暴过程中可能出现的兴奋状态。热身活动应选一个中性话题，鼓励参加者变得具有创造性。领导者可以通过引导组员讨论可能导致头脑风暴失败的原因来结束热身运动。

(3)头脑风暴。这是头脑风暴过程中具有创造性的部分，时间限定为20至25分钟，有时延长5分钟，效果会更好。在头脑风暴进行过程中，小组成员依次提出自己的想法，且每次只能提出一个想法。在某一轮中，某个成员可以不作出回答，但在下一轮中他仍然要被请求回答。在这个过程中，参加者不应对想法作出解释。如果那样，不仅会降低头脑风暴过程的速度，也会导致不成熟的评价。在小组成员仍处于兴奋状态时停止头脑风暴。另外，不要强迫他们进行思维，应引导小组成员尽可能多产生想法。记录者应将所有的建议都写下来，记录时注意用发言者的原话，如果某个想法太长，领导者或主持人可以总结一下，并根据发言者的意思进行调整。

(4)处理想法,得出最佳方案。合并相似的想法,选出5个最好的想法,并取得头脑风暴小组每个成员的同意,写出大约5个条件来衡量哪一个想法是解决问题的最佳方案。条件以"应该"开头,如"它应该合法"、"它应该能在7月15日前结束",每个条件值5分。小组成员根据每个想法符合各个条件的程度打分,得分最高者就是问题解决的最佳解决方法。对于其他想法和得分都要保留记录。因为万一选出的最好想法不能解决问题时,仍可以试用其他的想法。

4. 头脑风暴的基本原则

在头脑风暴中不存在错误答案,所有的想法都受欢迎,而且也不能对各种想法有任何评价,因为小组成员一旦害怕对他们想法的评价,就会停止产生创造性的想法,并且一开始看起来愚蠢的想法可能在后来被证明很不错或能引发其他不错的想法。参加者要本着"每一个观点都有价值"的态度,对新的原创性想法加以接纳。为此,教学活动要遵循以下规则:(1)禁止提出批评性意见(暂缓评价),让与会者畅所欲言;(2)鼓励提出各种改进意见或补充意见,完善最佳方案;(3)鼓励各种想法,多多益善,让与会者都有机会发表意见;(4)追求与众不同的、关系不密切的、甚至离题的想法,使与会者在自由与安全的气氛中交换各种设想。

为了便于主持人启发大家思考,防止冷场,研究人员可以将启发性问题排列成表,以便于在讨论中使用。例如,一个启发性问题表上列出了这样一些项目:(1)提出其他用途,例如教室不仅可以用作学习场所,也可以用作招待所;(2)应变,从不同方面想问题,如管理学校可以同管理工厂一样;(3)改进,如改变班级的构成,改进教学方法或改进处理纪律问题的方法;(4)扩大,如班级和教师人数、作业和惩罚的量都可以增加;(5)缩小,如班级规模、作业量可以减少;(6)替代,如一位教师可以被另一位教师替代,整个班级或其中部分学生可以与其他班级交换;(7)重新安排,如座位可以重排;(8)逆转,如可以让学生担任教学工作;(9)合并,如将前面几个人的意见综合成一种解答方案,或者教学和娱乐可以合二为一。

(二)戈登技术

美国学者威廉·戈登在1961年提出了一种与头脑风暴法不同的创造能力开发技术。它由会议主持人指导进行集体讲座,不让与会者知道真正的意图和目的。这种方法要求在会议上把具体问题抽象为广义的问题来提出,以引起人们广泛的设想,从而给主持人暗示出解决问题的方案。会议的主要步骤为确定议题,主持人引导讨论,得到启发,说明真实意图。戈登技术设会议主持人1人,与会者5～12人。

在运用头脑风暴法时,主持人在讨论问题之前会向与会者或学生提出完整和详细的问题。使用戈登技术时,只提出一个抽象的问题,例如,当要讨论停车的问题时,先只提出"如何存放东西"之类的问题,要求学生思考存放东西的各种方法。例如,有一位心理学家请大学生回答这一问题,得出的答案如下:(1)把东西放在袋子里;(2)把东西堆成堆;(3)把东西排成排;(4)把它们装入罐头里;(5)把它们放入仓库;(6)用传送带把它们送入储藏室;(7)把它们割断;(8)把它们折起来;(9)把它们放进口袋;(10)把它们放进箱子里;(11)把它们拆开;(12)把它们放在架子上。随后,主持人缩小问题范围,例如,提出"要存放的东西很大"。然后进一步缩小问题的范围,提出"东西不能折起来,也不能割断"等等此类的限定性的问题。

三、在教学中提高学生的创造性

在高等教育活动中,教学是培养大学生创造性的主渠道。大量研究表明,个体创造性的高低受制于许多因素,但归纳起来主要包括认知、动力、人格特征和环境四个方面。因此,教师可以有针对性地采取相应措施。

(一)完善创造性认知结构

心理学研究表明,能力的培养必须以一定知识的掌握为基础,创造性的培养同样也离不开有关领域的基础知识、创造的基本技法和自我管理技巧。这三者构成了创造性的认知基础。

1. 帮助学生获取有关领域的知识

丰富的领域知识被看做是个体进行创造活动的必要条件。学生只有对一个领域有了深入透彻的了解后,才可能在该领域表现出创造性。但教师需要注意,知识的掌握并非是创造性的充分条件,否则就容易在教学中出现片面强调领域知识的倾向。这是对待知识掌握和创造性培养的客观态度问题。因此,教师在实际教学中,必须加强学生对学科知识的学习、理解、运用,而不是满足于考试得高分。要注意培养学生对学科知识的探索态度,这是培养创造性的基础。

2. 有意识传授创造技法

创造技法是在创造实践活动过程中,总结出来的方法、技能和技术,它既来源于创造活动,又能指导创造活动。创造技法的特点,在于它具有可操作性。可操作性是指任何一种创造技法,都具有一定的实施程序和操作规程,创造者可以在学习的基础上,掌握这种方法的步骤和要求,从而更好地指导创造实践活动。同时从个人来看,动手活动的过程始终贯穿着动脑的活动。因此,"操作是人智力物化的有力杠杆",凭借操作可以实现从认识向行动的转化,从观念向物质的转化,以实现创造的目的。人人都有产生创造性能力与创造性实践能力的生理和心理条件,因此,一个人创造力的有无、高低,关键在于后天的开发,如果开发利用得好,就会把自己的创造潜能充分地发挥出来,从而使自己具有高水平的创造力。

掌握一定的创造技法对创造潜能的发展非常必要。人们现在已经提出了许多技巧来训练学生的创造性思维。如常见的技巧优缺点列举训练(如尽可能地列举玻璃杯的优缺点)、充分利用已有信息进行推理和联想训练(如在两个表示不同意义的词中间,再加上与前后词意义有关系的词)、图形想象训练(如尽可能地写出与所呈现图形相似的事物)、考虑类似问题以及考虑极端例子等。教师培养学生创造性的途径之一就是让学生掌握一些有利于创造性思维的技巧。教师可以根据学生的不同情况,有选择地加以传授。

3. 培养科学实验能力

近代以来的科学又被称为实验科学。每年一度的诺贝尔科学奖,基本上都来自实验室。科学实验就是人们运用实验方法有计划地或探索性地改变、变换和组织各种条件创造新物质、揭示新规律的过程。研究者指出,科学实验具有客观性、典型性、可控性的特点。

培养科学实验能力要做到以下几点:(1)要有坚定的求真精神,科学的本质在于真,何为真,何为假,归根到底,都必须得到确切的证明。实验就是为了证明,所以,求真是做好实验的前提。(2)要了解实验的客观性、典型性、可控性特点,根据其特点设计实验,进行实验。(3)要学习和掌握运用设备、仪器以及人工控制条件的能力。(4)在科学实验的过程中,要手脑并用,一方面,通过实验来修改、补充和完善设想与设计;另一方面,通过设计的改进与完善,推动创新项目的成功。(5)要耐心、细心、精心地操作并且做到不怕反复,直到最后完成。

4. 协助发展自我管理的技巧

学生对学习的自我管理主要涉及对认知、环境、时间三方面的管理。根据现有研究,教师培养学生的创造性就是要培养他们自我管理的技巧,帮助学生分析他们的优缺点,特别是要引导他们培养自我分析能力,因为这本身就是学生创造过程的一种体现。因为这样可以使学生了解自己的特长爱好,可以在自己感兴趣的领域中探索,使对创造性的培养落到实处。另外,教师也应教会学生合理管理自己的时间,否则即使创造潜能非常突出,学生也可能由于不善于管理时间而一事无成。

(二)激发创造性动机

创造性动机是学生创造能力发展的必要条件。教师可以尝试从以下三方面入手:(1)确立目标和意图。众多学者一致认为,通过训练可以使学生明确创造目标和意图。教学中,教师在考虑如何使学生将创造性作为目标时,必须注意增强学生培养创造性的信心。(2)激发好奇心与探索欲。激发学生好奇心的方法通常有三种:训练学生多观察,密切注意一般会被忽视的日常经验;教师应对事物善于观察和发现,并在教学中有意识地培养学生的好奇心;引导学生对世界和存在进行深入思考,这对学生走出校园后自觉进行创造活动非常重要。(3)鼓励自我竞争。现代学者一般把动机分为掌握取向的动机和结果取向的动机。持掌握取向动机的学生重视行为过程的价值，并能产生完成活动的动力；持结果取向动机的学生则重视由行为结果的价值所产生的行为动力。研究表明，掌握取向的动机比掌握结果取向的动机更有利于推动学生完成一些困难任务。因此，教师必须要使学生理解这两种不同取向之间的差别，并从自我竞争中获得创造活动的动力。

(三)塑造创造性人格

心理学和创造学的研究表明，创造性人格特征是主体创新的内在动力和必备条件，它包括动机兴趣、意志品质等。培养创造性人格，实质上就是让学生学会做人，使他们具有勇于开拓、敢于吃苦、乐于思考、坚毅顽强的品质。

1. 激发学生进行创造性学习的动机

学生的一切学习活动，都受一定的学习动机所支配，它能直接推动学生进行学习以达到某种目标。要培养创造型的人才，必须使学生具有进行创造性学习的"心向"。简单地说，就是使学生能够主动地学习，这是学生创造性学习的基础，因此，作为一名教师要善于激发学生的学习动机。它包括两个因素：教师的教和学生的学。教师要采取灵活的教学方法，提高学生的兴趣，使学生乐于学习。教师可以适当地开展学习竞赛以激励学生去发展自我，提高自我实现的需要，如此一来，学习的内驱力自然会水涨船高。

2. 培养良好的意志品质

爱因斯坦有一句名言：优秀的性格与钢铁般的意志比智慧与博学更重要。意志品质是人们在长期的社会实践与社会生活中形成的心理品质，因而它的形成要遵循循序渐进的原则，如布置有难度的习题，要求撰写学习总结和论文等，使学生在创造活动的实践中，在克服困难中培养自身的意志品质。教学中教师应注重培养学生主动支配自己的自觉性，遇事以科学态度明辨事非的果断性，不怕困难与失败的顽强性、自制力，保持对未知世界的好奇心，诸如此类可以激发学生培养自身创造意识的良好意志品质。

3. 培养学生的自学能力

具有较强的自学能力，对于一个学生将是受益终生的，它能为学生将来走上社会奠定坚实的基础。诺贝尔物理学奖获得者丁肇中教授曾说过："不要教死知识，要授之以方法，打开学生的思路，培养他们的自学能力。"要培养学生的自学能力，教师在课堂教学中首先应该有意识地为学生提供自学的机会。江苏省泰兴市洋思中学采用的教学方法就是一个很好的例子。学校规定每堂课教师的讲解不得超过 10 分钟，而学生的成绩却是相当出色的。它最大的特点就是充分发挥学生的主体性，让学生通过自学产生问题，再通过探讨解决问题。正是由于锻炼了学生较强的自学能力，学生的创造能力才得到了巨大的发挥。可见，给学生留出充足的空间，有利于学生根据自己的实际情况进行学习，从而使其自学能力和创造性学习能力得到提高。

4. 树立学生的自信心

学生在创造性活动方面缺乏自信的一个主要原因就是怕自己的想法与别人不一样，对失败、受到别人嘲笑产生了恐惧。鉴于自信是学生成功的体验，教师在教学实践中要注意抓住适当机会给予学生表扬和鼓励，但又要注意把握尺度，不要让表扬泛滥而起不到效果，同时也要防止学生由于过于自信而走向自傲，这反而不利于创造性的发展。

5. 确立创造的信念

信念在决定个体的行为方面起着重要作用。教师要让学生相信，通过努力可以使创造性充分发挥出来，并且创造能力的发展和发挥是自己的责任。这对提高学生的创造性相当重要。尽管在实际的科学研究和艺术创作中，真正的创造性成就通常需要多年甚至多半生的不断努力，但对于大多数人来说日常生活中的创造性表现需要中等程度的努力就可以获得。

(四)创设创造性环境

良好的教育环境是学生创造性发展的外部条件。在实际中，教师有必要注意以下几点：

1. 给学生提供心理的安全和心理的自由

罗杰斯曾经提出，心理的安全和心理的自由是创造的两个条件。有高度创造性的人往往偏离文化规范，而社会对个人的奖励常常以顺从为条件，这就容易压抑创造者的一些奇异思想。所以学生创造潜能能否得到发挥，与教师对学生不同意见的态度有密切关系。如果教师在教学中态度民主，鼓励和支持学生发表不同的意见，鼓励学生积极探索、尝试以不寻常的方式去理解和解决问题，这就可形成有利于创造性人才成长的“气候与土壤”。

2. 给学生的学习留有余地

教师在教学中应注意改进教学和评价方式，给学生创造较为宽松的学习环境，使学生有时间、有机会从事自己想干的事情。大量事实表明，我国大学生与国外学生相比，往往基础知识扎实，但创造性较差，这与我国高等教育的评价方式与课程设置不无关系。目前，在高校教学中，满堂灌还比较常见，评价形式比较单一，考试内容也较为死板，考再现知识多、创造性运用少，导致学生的学习以死记硬背为主。另外，在高校课程设置上，文理课程界限分明，学生综合能力发展的缺陷也越来越严重。这种思维发展的不平衡性已经极大地影响了我国大学生创造性的发展。

3. 开展高水平的学术活动,鼓励和组织各种创造活动

高水平的学术活动可以开阔眼界、启迪思维,对培养大学生的创造性思维也起着重要的作用。高校要经常邀请各个学科领域的著名专家、学者等来校举办学术讲座和报告会,介绍学科发展的前沿问题、科研和创新、创造性思维的培养等,使大学生从中体会如何提高自己的创造性思维能力。

开展创造活动是使大学生的创造意识转化为创造实践的重要途径。同时,在创造活动过程中,还可以发现新事物、启发新观点、形成新思想。因此,高校应该组织大学生开展各种兴趣小组活动、科技活动等,使他们的创造潜能得到充分的发挥。

4. 开展丰富多彩的竞赛活动

高校要经常开展各种类型、不同层次的竞赛活动,使大学生置身于这些活动所孕育的创造性气氛之中,激发他们的创造欲望。另外,还应鼓励他们参加省市或全国组织的各种竞赛活动,使大学生在参加活动的过程中,提高自己的创造性思维能力。创造环境的创设应是社会环境、家庭环境和学校环境共同作用的结果,缺乏任何一方,都会给学生创造性的培养带来巨大的损失。但不论从哪方面讲,教师的努力无疑都会对学生创造性潜能的发挥产生不可替代的作用。

复习思考题

一、名词解释

1. 结构不良问题
2. 样例教学
3. 基于问题的教学
4. 头脑风暴法
5. 戈登技术

二、简答题

1. 影响创造性的要素有哪些?
2. 问题解决的一般过程是怎样的?
3. 影响问题解决的因素主要有哪些?
4. 有效问题解决者的特征有哪些?
5. 问题解决的一般教学策略有哪些?
6. 开发创造性的基本原则有哪些?

三、论述题

1. 如何有效提高学生的问题解决能力?
2. 结合实际说明在教学中如何提高大学生的创造性。

第十章

德育心理及大学生品德修养

德育心理作为大学生心理发展的重要组成部分，对人格的形成和发展、行为模式的塑造以及人生观、价值观的培养，都具有非常重要的意义。高校德育工作不仅是社会的要求，同时也是个体发展的方向和动力所在。本章主要讨论德育的心理实质、心理结构及其发展变化的规律，总结德育的原则、途径和方法等。

第一节　德育心理

德育是教育者培养受教育者品德的活动。它实质上是对人的道德伦理观念、思想品质修养及与此紧密联系的人生实践行为的诸方面所进行的教育活动。德育主要培养人的正义感、善恶观、利他精神、法制观念以及与此相关的进步的政治立场和政治态度，它表现在人的意志能力支配下的理性精神活动和实践行为之中。康德曾说，世间有两个对象我们越是思索它，它越是显露其神秘和伟大，这两个对象就是头上的星空宇宙和人心中的道德感。由此可见德育的重要性。而在中国古代的教育思想中，也有“德教为先”的原则。但是，随着全球一体化和多元价值发展趋势，高校道德教育工作中凸显出许多问题。

一、品德与道德

(一)德育和品德的特点

德育过程是将一定社会约定俗成的行为准则和一定时代的观念内化于受教育者，其目的是使受教育者自觉服从社会的普遍道德规范和一定的利益原则，使自然人成为一个有道德的社会人。德育主要具有以下特点：

第一,德育是一种规范教育。它偏重于对善的行为的逻辑判断,注重发展受教育者的意志约束力,使其自觉地用社会的普遍行为准则来规范自己的言行举止,并带有一定的强制性。

第二,德育的社会性。它注重现实的原则,目的是帮助受教育者适应现实环境,通过磨炼意志力养成人的自觉性和遵从意识,在价值取向上倾向于社会尺度。

品德,又称"道德品质"或"德行"。它是一定社会或一定时代的道德原则、规范在个人身上的体现和凝结,是处理个人与他人、个人与社会关系的一系列行为中所表现出来的比较稳定的特征和倾向。品德是个性的重要组成部分,品德的结构也存在于个性结构之中,它是个性心理结构整体中的一部分。

品德对人的身心发展具有十分重要的社会意义和个体发展意义。在社会生活中,人们评价一个人时经常强调能力和品德这两个因素。这两者的关系正如史学家司马光所说的:才者,德之资也;德者,才之帅也。不论什么时代,培养德才兼备的人才均是教育社会的基本选择。近年来在西方出现了一种声势浩大的"价值澄清"的新教育改革运动,这种教育指"立足于完整的、社会的人的基础上全面发展的道德文化教育"。提倡化智慧为德性,重视发展个体的智慧与创造性,而其核心则是提高年轻一代人的道德质量。

品德是一个综合性范畴,由道德认识、道德情感、道德意志、道德信念和道德行为五个要素构成,主要有以下特点:

第一,品德是一定社会关系的体现。它的主体是个人,但其内容却是社会性的,并且体现出一定历史条件下的某种社会关系的必然性。可以这样说,任何一种道德品质体系及其构成因素的社会内容,都是当时某种社会道德规范和道德风尚的具体体现。

第二,品德是道德意志和道德行为的有机统一。道德品质是自觉意志的结果,即道德品质是有机体在行为的每一个场合和每一时期,凭借自觉意志的判断和选择调节情感和行为的结果。

第三,品德是道德行为的综合体现。它不是有机体某种行为或某个时期的行为表现,而是在各个领域、各个时期、各个方面的一系列行为的综合和总体表现。

(二)品德与道德的联系及区别

品德与道德的联系主要表现在:

第一,个人品德是社会道德的组成部分,是社会道德在个体身上的具体表现,离开了社会道德,就谈不上个人品德;品德的发展与道德一样都受到社会发展及社会现实的制约,具有社会性和历史性的特点。第二,品德是在后天的教育、榜样示范、社会舆论等形式的影响和感染下，通过个体的实践活动形成和发展起来的。第三，个人品德在受到社会道德风气影响的同时对社会风气也能产生一定的反作用。尤其是一些优秀人物的品德，作为一种道德品质的典范，往往会对整个社会道德风尚产生十分深远的影响。

品德与道德的区别主要有这样几个方面：

第一，研究的范畴不同。道德是社会调整人们关系的一定行为准则，是一种社会现象，属于社会意识的范畴。品德是社会道德规范通过道德内化的途径在个体身上的体现，是个体现象，属于个性的范畴。道德是社会学、伦理学的研究对象；品德属于教育学、心理学的研究范畴。

第二，影响因素不同。道德的发生、发展、变化服从和受制于社会现实和社会发展规律。品德的形成、发展不仅受社会现有道德的影响，受社会现实的影响，同时也与个人的身心发展规律、道德实践和道德体验密切相关。

第三，性质不同。道德具有时代性，它受制于特定时代背景和文化特征。品德具有个体性，个体的品德不但体现在某一方面、某一时期，而且体现在个体的一系列行为之中，且具有较稳定的持续性，偶尔的、突发的道德行为不一定就是品德的表现。

二、品德在人格结构中的地位和作用

"人格"是一个有着颇多歧义、颇多界说的概念。伦理学中以人格指称人的品德行为，法学则指称人的权力和尊严，心理学指人的个性倾向及心理特征。但是，不管作何定义，人格的"个体"性质在现代心理学和教育学理论中已得到大多数人的认可。综合各家的定义，可以认为，人格是个体适应环境时在需要、动机、价值观、情绪、气质和体质等方面的整合，是具有动力一致性和连续性的自我，是给人以特色的心身组织。[①]

品德是个性的重要组成部分，其结构也存在于个性结构之中，它是个性心理结构整体中的一部分。人格心理结构理论是弗洛伊德人格学说的核心。他将个体心理结构分为本我、自我和超我三个王国。本我的作用是促使人趋乐避苦，纯粹依照"快乐原则"追求本能能量的释放和紧张的解除。它"是不知道价值判断的：它没有善恶，无所谓道德"。自我则追求现实，它按照"现实原则"支配人的行为活动方式。超我代表人类心理功能中的道德分支。它处于人格的最高层级，由良心、自我理想等构成，按照道德的"至善原则"指导、控制人的行为。超我的作用是指导和控制行为，以使行为符合社会准则。超我给好的行为提供奖赏（如

① 参见黄希庭等《心理学十五讲》，北京大学出版社 2005 年版，第 363 页。

感到骄傲、自爱等),对坏的行为给予惩罚(如内疚、惭愧、自卑等),以达到人自我的实现。弗洛伊德认为,超我的不少部分也是潜意识的、自然的,其能量也源于本我。超我“具有一定的自主性,遵循自己的意图行事,并且在能量供给上独立于自我……超我把最严格的道德标准施加给在其控制下的无助的自我;一般而言,超我代表着道德要求,而且我们很快认识到,我们的道德内疚感是自我与超我之间紧张状态的流露”①。

三、品德的心理结构

(一)品德的心理要素

道德品质的心理结构非常复杂,研究者们一般是先将道德品质划分为基本的心理成分,之后进一步探讨这些心理成分之间的关系。我国心理学界对品德的结构有多种不同的见解。有人认为,品德是由道德认识、道德感情和道德行为三种因素构成的(三因素说)。也有人认为,品德是由道德认识、道德感情、道德意志和道德行为四种基本心理成分构成的(四因素说);一个人的道德品质,取决于这四种心理成分的发展水平以及它们之间协调与和谐的程度。

1. 道德认识

道德认识亦称为“道德观念”,是指对道德行为准则及其执行意义的认识。有人认为,道德认识的产物是个人的道德价值观念的发展,道德价值观念作为认知结构中的一种成分,又会进一步影响道德认识。道德价值观念是一种标准观,个人按照自己的道德价值观念判断自己或他人行为的是非、善恶和好坏。我国专家的近期研究认为,道德价值主要包括集体、真实、尊老、律己、报答、责任、利他、平等这八个独立的内容。

2. 道德情感

道德情感是人的道德需要是否得到满足而引起的一种内在体验。它伴随着道德观念并渗透到道德行为中。个人在对自身的行为和他人的行为作出道德判断时,都会出现与这些判断有关的情感。苏霍姆林斯基说过:“道德情感——这是道德信念、原则性、精神力量的血肉和心脏。没有情感的道德就变成了干枯、苍白的语句,这语句只能培养出伪君子。”

道德情感具有动力性、指向性和感染性。②

3. 道德意志

道德意志是人利用自己的意识,通过理智的权衡,去克服道德生活中的困难

---

① [奥地利]弗洛伊德:《弗洛伊德文集》,长春出版社 2004 年版,第 37 页。

② 皮连生主编:《教育心理学》,上海教育出版社 2004 年版,第 230 页。

或矛盾并且支配行为的表现。道德意志与道德行为是密切联系着的，离开了道德行为，道德意志就无从表现。意志本身就是一种坚定的行为倾向。

4. 道德行为

道德行为是指按照道德原则和规范行动的外在表现。道德行为发展的重要特征是形成习惯。习惯化的道德行为是品德的最高表现形式。因此，道德行为是衡量品德的重要标志。看一个人的品德，主要不是看他认识到什么，而是看他是否言行一致。所以，在评定一个人的品德时，更多的是依据这个人的道德行为。教育部门制定的一系列中、小学生的行为条例与规范，都是把行为作为判断学校教育中德育目标是否实现的标尺。

在品德教育中人们提出了"晓之以理，动之以情，导之以行，持之以恒"的原则，其中涵盖了知、情、意、行四个方面的因素。当然，人的品德不是道德认识、道德情感、道德意志、道德行为的堆积。品德的四个成分之间是相互联系、相互制约的，在培养学生的优良品德时需要综合培育。

(二)品德心理结构的特征

1. 品德心理结构的统一性与差异性

品德心理结构是各成分相互联系又相互作用的统一体。其中会伴随产生道德情感，随之产生道德意向和道德行为。当道德行为遇到挫折时，道德意志对其进行调节、控制。因此主体品德的形成有赖于各种心理成分的协调发展与完善。另外，品德结构中的各心理成分又是不均衡的，在其形成、发展及发挥作用的过程中，存在着明显的个别差异和发展水平的差异。

2. 品德心理结构各成分具有层次性

品德心理结构中的各成分之间都是多层次的。如有的研究认为，道德认识可分为道德知觉、道德表象、道德判断和道德意识等几个层次；道德情感可分为直觉的情绪体验、由道德形象所引起的情绪体验、伦理道德的情感体验三种形式；道德意志行动可分为简单的道德行动、道德模仿行动、初期道德意志行动(即不完全自觉)和自觉的道德行动等。

3. 品德心理结构各成分发展的顺序性和连续性

品德心理结构中各成分的发展都是循序渐进的。如道德行为由不稳定、有条件发展为无条件的、自动的、带情绪色彩的行为。主体任何一种道德品质的形成和整个道德水平的发展，都遵循着一定的顺序，都有一个由他律走向自律的趋势，即遵循态度形成的"服从－认同－内化"的原则。

4. 品德心理结构的稳定性与可变性

品德是来源于一定的社会生活条件下习得的为人处世的态度，因此具有一定的稳定性。这种稳定性能保证主体在较恒定的社会环境中更好地处理与社会、与他人、与事物、与自己等之间的关系。这种品德结构中的个别心理成分又随时可能发生变化。稳定性是相对的,可变性是绝对的。

5. 品德心理结构发展的多端性

品德的形成与发展可以有多种开端。既可从培养道德行为方式或习惯开始,也可从激起主体的道德情感入手,还可从提高其道德认识做起,或同时并进、互相促进。但是,只有当这些品德的基本成分都得到相应的发展,尤其是构成稳固的联系时,某些道德品质才能更好地形成与发展。

第二节 品德的发展理论

公民道德品质的发展和培养是世界各国都非常重视的问题。许多著名的心理学家也非常重视品德发展问题的研究。从 20 世纪 30 年代以来,皮亚杰等一些心理学家集中研究了儿童道德判断的发展问题。其后,美国的心理学家柯尔伯格进一步发展深化了这方面的研究,并取得了重要的成果。

一、皮亚杰关于道德发展阶段的理论

皮亚杰认为,儿童道德判断的发展有一定的序列,是一种合逻辑的模式。这方面的发展与儿童思维的发展有着密切的关系,它根植于以逻辑思维的出现为特征的阶段中。皮亚杰认为,教儿童道德准则并不比教儿童数量守恒更容易。随着儿童在智力上越来越能够应付同他们相互作用的环境,他们就自然地发展了新的更高层次的道德准则。通过主动理解周围世界和组织自己的社会经验,产生出是非观念。儿童的认知发展进入一个新的阶段,儿童的道德认识也会进入一个新的层次。

皮亚杰在他的《儿童的道德判断》一书中,根据他的理论和大量临床研究的事实,分析了儿童对游戏守则的理解及遵守过程,并通过一些两难故事的观察实验,把儿童的品德发展划分为四个阶段。

(1)自我中心阶段(2～5 岁)。自我中心阶段是从儿童能够接受外界的准则开始的。儿童在打弹子游戏中总是自己玩自己的,按照自己的想象去执行规则。这是因为儿童还不能把自己同外在环境区别开来,而是把外在环境看做是他自身的延伸。规则对他们来说,还不具有约束力。

(2)权威阶段(6～8 岁)。这一阶段的儿童绝对地尊敬和顺从外在权威。儿童尊重道德的权威,认为服从有权威地位的人就是好的。正因为这样,他们把人们规定的准则看做是固定的、不可变更的。

(3)可逆性阶段(8～10 岁)。这一阶段的儿童已不把准则看成是不可改变

的，而把它看做是同伴间共同约定的。儿童一般都形成了这样的概念：如果所有的人都同意的话，规则是可以改变的。儿童已经意识到一种同伴间的社会关系，且相互尊重。准则对他们来说已具有一种保证他们相互行动、互惠的可逆特征。同伴间的可逆关系的出现，标志着品德由他律开始进入自律阶段。

(4)公正阶段(11～12岁)。这一阶段儿童的公正观念是从可逆的道德认识脱胎而来的。他们开始倾向于主持公正、平等。公正的奖惩不能是千篇一律的，应根据各人的具体情况进行。

皮亚杰认为，品德发展的阶段不是绝对孤立的，而是连续发展的。儿童品德的发展是一个连续的统一体，应用时加以界说只是为了研究的方便，并不表明发展的连续统一体的中断。皮亚杰认为，一个人道德上的成熟，主要表现在尊重准则和社会公正感两个方面。他同时揭示了儿童道德判断发展的进程，并得出了一些规律性的结论。他认为儿童道德判断的发展可区分为他律和自律两种水平。他采取对偶故事法，研究了儿童对参加游戏规则的态度的发展过程。他发现：

(1)儿童对规则的态度是从单纯的规则到真正意义上的准则。早期儿童虽然已能够认识到规则的存在，但并没有意识到是他们应该遵循的行为准则。

(2)责任的认识是从客观责任到主观责任。小孩往往是根据行为的客观后果判断，大孩子则往往根据行为者的主观意向判断。

(3)对公正的看法是从服从的公正到公平和公道的公正。幼儿对公正的认识往往以成人的是非为是非，随着进一步的发展，他们已经能以公平、公道作为判断是非的标准。

(4)对惩罚的认识是从抵罪性惩罚到报应性惩罚。幼儿往往认为，谁犯过错，谁就应该受到惩罚以抵罪。年长儿童认识到谁犯过错，就会受到同伴的嫌弃，即遭到应有的报应。

(5)总的趋势是从他律到自律的水平发展的。皮亚杰认为6到10岁的儿童，在道德判断方面具有强烈的尊重准则的倾向。在他们的心目中，道德准则是权威人物制定的，是神圣的，不可改变的。皮亚杰称之为“他律道德”。10到12岁的儿童就进入自律阶段，这时他们已经认识到，社会准则是共同制定的，不是绝对的，是可以改变的。儿童的道德只有达到自律水平，才可能具有真正的道德。在品德心理研究中，皮亚杰所关注的正是儿童对规则态度的变化问题。

二、柯尔伯格的道德发展阶段论

像皮亚杰一样，柯尔伯格等描述了个人在不同的生命阶段是如何进行道德问题的推理的。他采取两难故事法研究了儿童道德判断的发展，提出了新的道德发展理论。他认为：道德的发展是认识发展的一部分，它所涉及的是对人与人之间相互关系的认识；道德判断能力的发展与逻辑判断能力的发展有关；儿童和青少年的道德发展在很大程度上受社会环境的支配。品德发展具有固定顺序的三种水平和六个阶段，儿童和青少年逐渐地由一个阶段进入另一个阶段。

他将六个阶段划分成三种道德水平：前习俗水平、习俗水平和后习俗水平。

(1)前习俗水平，道德的价值不决定于自己和准则，而由外在的要求决定。这一水平包括两个阶段。

第一阶段：服从与惩罚的定向。以自我为中心，服从强权或权威，力避自己的苦恼，相信客观的责任。

第二阶段：朴素的利己主义定向。能意识到准则是和每个人的需要和希望。

(2)习俗水平，道德的价值在于做好事或尽义务并符合别人的期待和保持传统的秩序。它也包括两个阶段。

第三阶段：使他人愉快和帮助他人的定向。遵从大多数人的定型意见。遵从惯常的角色行为，并能按人们的意向进行判断。

第四阶段：尽义务、重权威和维持现有社会秩序的定向。尊重别人和社会的期望。

(3)后习俗水平，自觉地遵守公共规则，行使权利和履行义务被认为具有道德价值。这也有两个阶段。

第五阶段：墨守法规和契约的定向。为了求得一致，承认准则或期望的要求，通常总是避免背离别人的意志。责任是以契约的形式加以规定的。

第六阶段：良心或原则的定向。不仅遵循规定的社会法则，而且遵循自己凭逻辑的连贯性和普遍性所选择的原则。伴随互相信赖与尊重的道德信念的是起指导作用的动因。

在柯尔伯格看来，要达到高级阶段都需要通过前面几个阶段，而且后续阶段高于前面的阶段。个体可能停留在这个固定顺序的某个阶段，但是也能够促使他向上进步。教育的基本目的是促进这些阶段的发展。

道德发展不是通过直接的生物成熟，也不是通过直接的学习经验，而是通过机体与环境相互作用的心理结构的重新组织而实现的。柯尔伯格还认为，发展的各阶段形成一个不变的序列，发展不是跳跃式的，运动也总是向前发展而不是向后退的。但在极度的压力下，个人可能会暂时后退。

柯尔伯格提出，在品德发展的过程中也存在一个关键期。他认为，品德发展的关键期是因人而异的。但一般地，个体的品德发展中存在两个关键期。首次是少年期(9～13 岁)，最经常发生的是从前习俗水平向习俗水平的转变。其次是青春期(15～19 岁)，最容易发生的是从习俗水平向后习俗水平的转变。柯尔伯格的研究表明，到了高中毕业时还不能运用某些（至少是 20%）原则阶段的思维方式的人，是不大可能在成人期发展有原则的思维方式的。

在道德教育方面，柯尔伯格认为，教师应提供一些情境，不断扩展儿童青少年现有的道德思维和认知结构。一个具体的方法是教师在课堂中和儿童一起讨论道德困境问题。他认为，这类讨论可以激发儿童进入新的阶段。通过向学生提供扮演不同角色的机会，使他们以矛盾的道德观点来看待种种情境，可以促进道德发展。

国内有学者提出，柯尔伯格与皮亚杰在儿童道德判断发展问题上的主要差别在于：前者认为儿童道德判断的发展比较迟缓，后者认为发展比较早。这也许是由于两位研究者调查儿童道德判断的课题不一样。

研究表明，我国儿童和青少年的道德判断，也经历着由他律到自律的发展过程。我国中学生的道德发展水平，大多数处于柯尔伯格道德发展阶段论的第三、第四阶段；在对行为后果和行为原因的道德判断上，我国儿童从小学三年级起，绝大多数已能根据行为的动机意向或从行为的因果关系上作出判断；而且已有半数以上的儿童能把行为原因和后果两个方面联系起来进行比较判断；在某些特殊行为的判断上（如人身损害与财物损害比较），我国儿童的两种判断形式的转折年龄比国外已有研究中的要早；我国学生的品德发展水平与执行行为规范程度之间有显著的相关。研究还指出，道德判断水平受到个体发展年龄阶段的制约，但是可以通过教育得到促进。教师培养学生在面临社会道德问题时的道德判断推理和道德决策能力，是至关重要的。

三、班杜拉的品德发展理论

班杜拉和他的同事通过大量的实验研究（如抗拒诱惑实验、模仿学习实验等），提出了关于认知活动与社会影响促进学习方式改善的证据。

(1)观察学习。道德行为是人的社会性行为之一。个体的学习不必要事事经过亲身体验，只需要通过观察他人在相同社会环境下的行为，并在由此获得的强化中进行体验学习。班杜拉曾以学前儿童为对象进行了一项实验。此实验表明，儿童通过观察他人的示范能够学会某种行为，并在适当的条件下会表现出来。由此证明，大量的社会性行为都是通过观察学习的形式获得的，从态度、品德的习得到人格的形成都可以通过观察学习来加以完成。

(2)榜样和示范。班杜拉的实验也表明，榜样的行为对儿童影响较大。教育者通过言语教诲和亲身示范对受教育者传递道德规范。儿童学习什么、形成怎样的道德认知结构都是由示范所决定的。

(3)强化的作用。班杜拉强调“替代强化”。替代强化是一种通过观察他人的行为和行为的结果所获得的强化。替代强化能产生大量的行为效果。

(4)关于儿童道德的发展,班杜拉他发现,年龄较大的儿童容易提出在认知方面比较高级的主观判断。但有些年龄较小的儿童也能够根据犯错误者的意图作出一个或几个比较高明的道德判断,而有些年龄较大的儿童又根据客观上造成财物损失的大小而不是根据意图去判断。因此他认为儿童的道德判断能力在年龄上的差异较少,更重要的是个人差异。这种个人差异主要是由于不同的社会学习和不同成人及同辈榜样的影响造成的。

四、价值澄清理论

价值澄清理论学派的代表人是纽约大学教育学院教授路易斯·拉斯等人。该理论主要包括以下几个方面的内容:

(一)价值澄清理论的基本定义

哈明和西蒙在1973年指出,价值澄清法的主要任务不是认同和传授“正确的”价值观,而在于帮助学生澄清其自身的价值观。这样,这个学生就可获得最好的适合于他(或她)的环境的价值观;同时,他可以调整自身去适应变化着的世界,能够在影响世界变化的方式中扮演一个理智的角色。鲍姆也认为价值澄清可被定义为一种方法,即利用问题和活动来教授评价过程,而且帮助人们熟练地把评价过程应用到他们生活中价值丰富的领域。

(二)基本原理

(1)价值澄清是以两个最基本的理论假设为前提的:一是当代儿童处于充满冲突的价值观的社会中,这些价值观深深地影响着他们的身心发展;二是在当代社会中根本就没有一套公认的道德原则或价值观。由此他们认为,教师只能通过学校评价分析和批评性思考等方法来帮助学生形成适合他(或她)本人的价值观体系。

(2)价值澄清理论的基本模式即价值形成过程的基本模式。这个过程分为五个阶段。

第一阶段:思考。包括四个层次:在不同水平上的思考;批判性思考;高层次的道德推理;发散或创造性思考。

第二阶段:感受。包括三个层次:珍视、爱护;有良好的自我感受;意识到自身的情感。

第三阶段:选择。包括四个层次:从多种可能性中进行选择;考虑后果的选择;自由选择;成就规划。

第四阶段:沟通。包括两个层次:清晰地传递信息的能力;移情—倾听、理解他人选择的心境。

第五阶段:行动。包括三个层次:重复的行动;一贯的行动;熟练的行动。

(三)几种主要的价值澄清策略

(1)价值观伦理知识。此策略可以使年龄较小的学生开始对价值观有初步认识,年龄较大的学生用此策略讨论较深层次的价值观问题。同时,还能帮助学生掌握有关的伦理学知识。

(2)自传性回忆。这一策略是通过回忆过去生活中的重要事件,以及似乎微不足道的活动来帮助学生认清他们生活的类型,得到矫正反馈信息,充实以后的生活。

(3)填写价值单。此单可以帮助学生更加了解自己,看清自己重视什么,自己的特征是什么,并将自己的价值观公之于众。

(4)群体谈话。此策略通过为学生提供机会,使学生处于中心地位,让学生在全体同学和教师面前公开确认并阐述对许多问题所持的价值观,之后再通过回忆、分析、反思自己的价值观而达到价值澄清的目的。

通过以上策略可看出,价值澄清理论主张尽可能地接近学生生活,充分尊重儿童的主体地位,通过各种有效的方法引导、启发儿童的积极性和主动性,让儿童在轻松愉快、自由平等的氛围中提高道德判断和价值选择能力,最终获得良好的价值教育和积极的人生态度。但该理论也有缺陷与不足,主要是:过于倡导相对主义价值观,否认人类共同价值的存在。它认为价值是个人的、随意的,可随个人的发展而发展,随个人经验的变化而变化,并以个人经验作为确定价值观的标准来衡量和评判自身的社会行为。此外,它过于注重道德教育的形式,忽视甚至否定德育的具体内容。

第三节　德育与大学生品德修养

一、学校德育的原则

感性的人不可能直接发展成为理性的、具有道德修养的人。必须先使其成为他律的人,再促使他们朝自律水平迈进。在此过程中,应正确理解德育原则以提高德育质量。

(一)客观真实性原则

客观性真实性原则是指学校德育工作必须坚持客观公正的态度和方法,也就是实事求是、尊重客观事实。由于培养人的品德是一种长期的、复杂的任务,因此用客观的真实态度和方法开展德育工作就显得格外重要。客观性原则也要求我们树立“注重实效,力戒空谈”的德育规范。像古人所说的:“不说大话,不务虚名,不行驾空之事,不谈过高之理。”品德教育的实质在于培养对待道德原则与道德规范的正确态度。

(二)整体系统性原则

人的品德心理结构具有整体性，各种具体的道德认识、道德情感、道德意志和道德行为活动彼此相互联系，相互影响，相互渗透。在学校德育工作中贯彻整体性原则，就是要用整体的、系统的观点看待学生的品德问题，把学生的品德修养活动作为一个开放的、动态的、整体的系统来加以综合认识和理解，这是提升德育工作水平的一个重要的方法论原则。

(三)辩证发展性原则

所谓辩证的发展性原则是指研究者或从事教育工作的人应以变化和发展的观点看待学生的品德问题。在德育中贯彻发展性原则，就要充分重视人的品德心理的各种量的变化和质的表现，不断观察和了解品德发展变化的规律性，而不能以静止的固定模式看待学生的暂时修养欠缺问题。对于儿童青少年道德素质的教育培养工作，坚持发展性原则更具有特殊的意义。以发展变化的观点研究教育中所存在的诸多现象和问题，以发展的眼光看待学生，正是唯物辩证法这一原理的精髓所在。

(四)正面教育性原则

学校德育活动要注意体现人类教育工作永无休止地追求完美的性质。所谓正面教育性原则，也就是研究活动需要尽可能地选择那些有利于年轻一代人健康成长的、积极向上的教育现象和教育问题。

(五)知行一致原则

知行统一是德育的一个基本原则。只有促进道德判断和道德行为的统一，即思维与行动的一致，才是有效的德育。道德教育一方面要坚持灌输教育，另一方面应促进学生在现实中实践自己的道德生活。将品德教育落实在行动中，需要积极参加各类学校组织、各种形式的社会服务和社会公益活动，培养学生的公众意识和适应、服务社会的能力，等等。

(六)尊重平等原则

尊重受教育者的心灵是开展德育活动的起点。尊重学生主要体现在：① 尊重其兴趣、爱好；② 尊重其情绪、情感；③ 尊重个体差异；④ 尊重其抱负和志向；⑤ 尊重其选择和判断；⑥ 尊重其个人意愿。同时，应尊重全体受教育者，一视同仁。只有在此基础上才能开展合理和可行性的德育活动。

二、学校德育的模式及方法

(一)品德教育的模式

品德教育模式是指进行品德教育的整体结构形式。近年来，我国教育界主张按照品德的心理结构进行多途径、多视角的德育活动综合模式。

(1)提高学生道德认识的德育模式。提高道德认识观念水平是德育工作的一项重要内容。国外有影响的价值观辨析学派认为,人的价值观念开始时混沌一片,不能清醒地意识到,因而难以指导行动。必须经过一步一步的辨别和分析,才能形成清晰的价值观念并指导自己的道德行动,不断将受教育者引向更高的社会认知层次。价值观辨析学派提出,要通过价值观辨析的策略来促进学生品德的发展。

(2)培养学生道德情感的德育模式。道德情感是品德心理结构的关键性要素。道德情感是人们的道德需要得到满足时所产生的一种内心体验,表现在许多方面,像亲近感、信任感、羞耻感、责任感和义务感等等。培养学生道德情感的德育模式要求教育工作者一方面应该尊重、理解学生,善于发现学生的闪光点,增加情感投入;另一方面要恰当地引导学生,注意教育的艺术,通过学科教学、实践活动、移情训练法、作品深化和作品评价等多种方法,开展生动活泼的德育情感活动。

(3)促进道德社会化的模式。品德的形成和发展是在社会化的过程中进行的。人的社会化是通过社会教化和个体内化实现的。道德的社会化模式将人的品德形成过程划分为"服从—认同—内化"这样三个阶段。促进社会化的德育模式首先是要求做到服从。没有服从,也就谈不上道德问题。人们的道德行为基本上都是在外力的强迫作用下产生初步的认识与行为方式,并逐渐得到强化的。其次是认同和接受阶段。人们的品德态度的形成过程,一般都要经历由服从到认同的过程。例如,在思想政治教育中,学生一开始对老师所讲述的原则和规范是服从的态度。然后,逐渐把老师所讲的思想原则真正理解并变成自己的认识,这就是认同。从认识过程来看,认同也就是与别人达到了共识。再次是内化阶段。在服从与认同的基础上出现自律性的内化阶段,是指把外在的要求转变为自己的态度,即变成了自己的内在的心理准备状态。例如,坚强的信念、理想、人生观和世界观等,实际上都是内化之后形成的某种稳定的态度。其中这三个阶段会出现许多矛盾冲突,而正是这种矛盾冲突力量不断地推动着学生各种良好品德素质结构的形成。

(二)品德教育的方法

德育不是简单地直接讲授道德概念、灌输行为规则,而是在教育学、心理学理论的指导下,运用科学的方法促进受教育者道德认知的发展,并将其贯穿于日常道德行为之中。

(1)活动道德教育模式:所谓活动道德教育,简单地说,就是在活动中通过活动而且为了活动的教育。[①] 其实质在于活动——个体的活动既是道德教育的目的,又是道德教育的手段。该模式中"活动"的范畴包括具有道德教育意义或功能的个人外部活动,或影响个人道德意识、道德行为及调节人际关系的外部活动。也就是说,它是要求学生自主参与,以学生的兴趣和道德需要为基础,以促进个体道德的全面发展和社会和谐为目的的现实的社会交往活动。做好这一模式要求:

道德教育必须是无灌输的教育;在全部教育过程中都应坚持对学习者自由、自治的尊重。道德教育应以促进学生在现实中实践自己的道德生活为目的。活动课程应是道德教育的主导性课程。利用学生自发的或有组织的活动培养学生的协作精神与负责行为;建立新型的学校管理体制和师生关系,培养学生民主、参与意识和自我教育的能力;组织各种形式的社会服务和社会公益活动,培养学生的公众意识和适应、服务社会的能力,等等。

(2)角色承担法:柯尔伯格认为,教育者必须借助各种条件给一定阶段的受教育者创造合适的"角色承担机会"。因为只有通过社会性质的刺激才能使个体道德方面的社会认知得到提高。这种社会刺激来源于个体之间的相互作用、道德决策和个体之间的直接道德争论。角色承担的机会分别表现在家庭、同伴团体、学校和社会之中,受教育者通过这些机会发展其社会认知。随着角色承担的发展,个体有了各种新的社会经验和体验,这些使他不断深入地意识到他人的观点、社会的期待和普遍的价值的存在,并为其道德判断的发展提供更多更直接的条件。

(3)反馈法:让受教育者了解自己行为的结果,以此影响他的行为表现,这就是反馈法。用此法可以起到保持、提高或降低行为发生率的作用,还可以促使学生的活动更系统、更连贯、更准确,从而提高教育效率。可以运用多种形式向受教育者提供有关行为结果的信息,如口头陈述、文字记录、表格图示、体态语言等等。反馈的及时性是决定反馈是否有效的关键。同时应对反馈的信息加以说明和评述,以增强受教育者对反馈信息与行为标准、与自己的行为表现进行比较、分析的能力。

(4)移情训练法:移情训练法包括情绪追忆、情感换位、作品深化和作品评价等方法。情绪追忆是指运用言语提示,唤醒受教育者在过去生活经历中亲身感受到的最强烈的情绪体验,引起他们对情绪体验产生的情境、原因和事件的联系,以此加强情绪体验与特定的社会情境之间的联结。情感换位是指提供一个虚拟的社会情境,要求受教育者转换到他人的位置去体验情境。作品深化是对

---

① 参见戚万学《活动教育道德论》,南开大学出版社 1994 年版,第 5 页。

上述活动的引申，以“人，应该设身处地，将心比心”为概括性主题，并让受教育者将自己的真情实感用书面言语进行记录，以此将受教育者引向更高的社会认知层次。作品评价则是通过对受教育者作品信息的反馈，来强化他们的正确反应。

(5)人格完善法：品德是人格的重要组成部分，因此对于品德的培养应从人格的成熟与完善方面入手。如：对于学习者人际关系、行事风格、外向性等因素的培养。可以在教学过程中运用合作学习策略，为学习者创设合作的机会，形成良好的合作氛围。在运用合作、交往教育策略时，应制定合作的阶段，运用小组认证和强化合作等方法。在学习者体会到合作的积极效果后，给予及时的鼓励引导。

(6)生态德育法：要求教育者突破传统狭隘的人类中心主义的观念，树立理性生态人的思想信念。主要通过以下方法进行生态德育，保证人类的可持续发展：倡导绿色消费；开设活动生态道德教育课程。大学的生态德育重在生态理性的积淀，通过生态与生态道德文化、生态伦理思想史、生态价值观、可持续发展道德观等多方面渗透及参与解决生态问题的现实体验，增强其生态道德责任感，提高主体参与生态保护的意愿。

三、大学生品德心理发展的特点及修养

(一)大学生品德心理发展的特点

大学生处于人生的青年中期，他们的身体和心理发展基本成熟和稳定，具有不同于中小学生的明显的年龄阶段特点。就大学生的品德发展而言：

(1)在道德认识上，大学生的道德思维水平和社会化水平比较高，他们普遍形成了比较自律的道德标准、道德观念和信念，具有更为突出的独立性和现实性，基本上能够独立而自觉地按照自己的道德动机行动，不容易受他人或社会因素的影响。大学生的道德认识也比较全面，越来越向现实方面发展。

(2)在道德情感方面，大学生的道德情感表现出了理智性特点，社会交往的情感体验比较深刻而复杂。但是，一方面，由于大学生的个性发展还没有完全成熟，感情丰富敏感，因而，情感又具有不稳定性，容易走极端。另一方面，大学生的道德意志发展还不够完善，有的较为薄弱，自控力差，常常不能很好地控制自己的情绪波动，有时容易受到外界的干扰与诱惑。

(3)在道德行为方面，大学生已经获得了较为成熟的道德行为方式与技能，也具有较强的自觉性和稳定性。应该说，在大学生群体中，积极的、健康而正确的道德行为还是占主流地位的。

目前社会上有一种相当流行的观点，认为现在的大学生一代不如一代，整体道德水平出现“滑坡”，有的甚至认为整个年轻一代的道德已经堕落，需要进行

“道德重建”。实际上，这种观点是片面的。近年来，有学者对大学生品德心理特点进行了追踪研究，发现大学生群体的品德心理发展的主流是健康的。例如对西南地区918名在校大学生问卷调查的统计结果显示(见表10-1)，大学生对自己品德状况的整体评价状况认为是比较好的，占55.5%，加上认为相当好和很好的，共占67.3%；认为表现一般的占19.1%；认为差和相当差的仅占12.3%。这显示当前大学生对自身品德发展整体水平的评价是比较客观的。当然研究也发现，大学生在个人品德发展水平的自我评价上有偏高的倾向，他们普遍认为自己的品德是比较好的或相当好的，只有6.8%的学生认为自己的品德比较差或相当差。应该说，这个比例也是正常的，并未达到偏激的水平。[①]

表10-1　　大学生对品德状况的自我评价(N=918)

品德状况评价内容	评价等级及百分数						
	很差	相当差	较差	不太好	较好	相当好	很好
总体情况	1.4	3.4	8.9	19.1	55.5	11.1	0.7
个人自己的品德水平	0.6	5.3	1.5	5.5	40.7	42.0	4.4
教师的师德水平	0.7	2.0	2.1	15.9	39.8	36.0	3.6
德育课和德育活动	7.2	19.0	20.5	20.6	25.2	6.8	0.5

大学生是国家宝贵的人力资源，在当今我国经济体制转轨、社会结构转型、文化氛围更新、价值观念多元化的时期，作为体现时代精神的大学生群体的品德面貌必然会发生深刻的变化。这种变化是发展中面临的新问题。当代建构主义教育家提出一个著名观点：“每一个孩子一片天。每个孩子都是科学家，每个儿童都是理论家。要相信每一个儿童、每一个学生自己能够解放自己。”对于作为青年中杰出代表的大学生群体而言，我们更没有理由不相信他们。一代人有一代的生活方式，一代人有一代人的追求。在对大学生的道德教育问题上，我们只有做一名教育工作的促进者，才能逐渐提高学校德育的效能。

(二)大学生的品德修养方法

常用的品德修养方法主要有以下四种：

(1)学习。学习是培养、提升道德修养的重要方法。孔子有言说：“好仁不好学，其弊也愚；好知不好学，其弊也绞；好刚不好学，其弊也狂。”由此可见学习对提高道德认识的重要性。大学生的道德知识主要来源于两个方面：一是感性知识，主要来自社会实践、社会生活等；二是理性知识，主要来自课堂教育和伦理书籍等。读书、听课、模仿榜样、参观调查、社会实践以及各种艺术体验活动都是学

① 参见黄希庭等《当代中国大学生心理特点与教育》，上海教育出版社2003年版，第151～156页。

习的形式，通过学习，它们可使学生了解关于道德的知识。

(2)立志。立志就是树立愿望，是树立做一个合乎道德规范的人的愿望。立志是品德形成和修养的开端和动力。立志的过程，就是学生通过道德认识而使道德由社会外在规范(他律)转化为自己内在需要、愿望和理想(自律)的过程。

立志使学生将道德由社会外在规范变为自己的内在欲求，将道德由他律转为自律并激发道德需要，唤醒道德欲望，树立道德愿望，确定道德理想。说到底，立志就是陶冶道德情感的修养方法。

(3)躬行。躬行就是按照道德规范做事，从事符合道德规范的实际活动。通过躬行，才能落实品德修养。躬行有两种表现形式：一是在自己与他人共处、有人监督的情况下，按照道德规范做事；二是在自己独处、无人监督的情况下仍能按照道德规范做事。一般而言，“慎独”较难，因此，坚持后者是最重要的躬行方式。

(4)自省。自省即反省，是一个人对自己的品行是否合乎道德的自我检察，它包括对自己的行为动机与行为效果及其所表现的道德认识、道德情感、道德意志的自我省察。通过自省，学生才能了解自己的道德认识、道德感情、道德意志的实际情况，以便为自己的修养形成依据，从而有的放矢地去恶从善、改过自新，达到自我认识、自我教育、自我完善的目的。

复习思考题

一、名词解释

1. 品德
2. 道德

二、简答题

1. 品德的心理结构包括哪些成分?
2. 柯尔伯格的道德认知发展包括哪几个阶段?
3. 学校德育的原则有哪些?

三、论述题

1. 学校德育的途径和方法有哪些?
2. 大学生如何提高个人的品德修养?

第十一章

大学生人际交往与调适

20 世纪中叶以来，科学技术的飞速发展，给人类社会带来了巨大的发展和变化，但也孕育和产生了一系列的冲突与危机，并且直接影响到人类的生存。于是，联合国教科文组织于 1972 年编写了《学会生存》一书，希望通过实施终身教育，使人通过终身学习获得生存能力。但后来的发展表明，仅有生存能力并不能使人类从整体上摆脱生存危机，人类必须作为一个整体协调活动，才能有效地应付当今世界所面临的挑战。

大学生是未来社会的高层次人才。要使全社会成员养成关心、合作的品质，大学生首先应具备这些品质。大学生要学会关心、学会合作，首先应该关心他人，与人合作。要做到这一点，重要的是要了解人，了解人与人之间的关系，了解群体活动的规律。另外，大学生告别了一切以学习考试为主的中学，踏入了向往已久的大学，他们已深知交往的重要性，也渴望交往、渴望友谊，但是他们常常为人际关系的复杂而困惑、苦恼。因此本章将介绍群体尤其是大学生群体的特点、大学生人际交往的障碍及人际交往技能的一些知识，以期为大学生人际关系的改进和人际技能的培养提供某些帮助。

第一节　大学生群体心理的发展

一、群体心理的一般概念

(一)群体及其特征

群体是人们按照某些相同的心理和社会原因，以特定方式组织起来，共同活动且相互制约的共同体。在现实生活中，人们总要隶属于或活动于某个群体，这是人类的基本需要之一。人不可能离群索居，群体生活是人类社会生活的基本方式。群体具有以下特征：

(1)群体必须是一群人。群体不是一个人，而是由一定数量的成员组成的。

(2)群体具有一定的组织结构。群体中每个成员都占有一定的地位，扮演一定的角色，并由此构成一定的等级体系和人际关系网络，从而维持和保证群体成员相互接触，共同完成任务。

(3)群体有一定的目标。目标是群体活动的方向，群体成员都有共同的目标，否则群体就失去了动力，更谈不上存在和发展。

(4)群体具有共同的行为规范和心理倾向。群体规范是群体成员必须遵守的行为准则，如果有人违反，就会受到群体的惩罚。群体心理倾向是指群体成员拥有一致的愿望、需要、兴趣、信念以及世界观等，彼此在心理上产生共鸣。

(二)群体的种类

根据群体的目的、相互联系的机制、成员间的交往特点、相互作用的性质和亲密程度的不同，可将群体分成不同的类型。

1. 正式群体与非正式群体

按照群体内成员相互作用的目的和性质，可以把群体分为正式群体和非正式群体。

正式群体是指有固定编制和严格的组织原则的群体。在我国，正式群体一般是由国家承认的，其成员资格的获得要经过审查和挑选。国家对群体成员的地位和角色、权利和义务都有明确的规定。如学校、企业、部队以及下属的班级、车间等都是正式群体。

非正式群体是指自发形成的、以个人需求或意向一致为基础而建立起来的群体。它带有明显的感情色彩，没有定员编制，没有条文规定，可能是合法的，也可能是非法的。非正式群体广泛地存在于各种正式群体当中。非正式群体往往是由成员经过长期的接触和相互间的心理支持而产生的，它对于正式群体的功能起到补偿作用，有利于满足人们复杂多样的需求。当非正式群体与正式群体目标一致时，它对正式群体的内部稳定及活动效率具有较大的促进作用；当非正式群体与正式群体的目标及其成员的需要不一致时，则会阻碍正式群体目标的实现，此时就需要加以引导。

2. 大群体与小群体

根据群体之间有无直接的、面对面的联系和接触，可把群体分成大群体和小群体。

大群体是指群体成员之间只是以间接的方式取得联系的群体，如通过群体的共同目标、通过各层组织机构等使成员建立间接联系。大群体还可进一步分为不同形式、不同层次的群体,如:分为国家、民族、阶级等群体;分为职业群体、社区群体。小群体是指相对稳定、人数不多、为共同目标而结合起来的、成员直接接触的联合体。小群体中的成员都相互熟悉,在解决问题的过程中相互交往。家庭、工作小组、班级等都是小群体。在人数较多的小群体中,某些人的交往更为频繁、密切,称之为小小群体。

3. 松散群体、联合群体和集体

根据群体发展的水平和群体成员之间的亲密程度,把群体分为松散群体、联合群体和集体。

松散群体是指人们由于时间和空间的接近而形成的集合体。成员之间没有共同的活动内容和目的,没有深刻的交往。如公共汽车上的乘客、电影院里的观众,都是松散群体。

联合群体的成员彼此都认识到同属于一个社会共同体,成员在群体中的地位由个人参与共同活动的程度和所作出的贡献决定。

集体是群体发展的最高形式,是执行一定社会职能的群体。其活动有明确的社会目的,以完成集体的任务作为执行其社会职能的手段。在集体活动过程中,其成员逐渐内化集体的目标、价值与规范,不仅意识到集体活动对集体和个人的意义,而且也意识到它的社会意义。

二、大学生群体心理

(一)大学生班集体

1. 大学生班集体的特征

作为集体,一般都具有以下基本特征:

(1)对共同目的、任务的深刻认识。

(2)集体成员间相互友好。

(3)有合理的组织结构。

(4)遵守集体规范。

大学生班集体除具有上述一般特征外,还具有以下特点:

(1)强制性。大学生来自四面八方,每个人都有各自的个性特征。划分大学班级的依据,主要是根据学生的专业志愿和学习成绩,一般不考虑他们的情感需求和个性特点。而且,一旦确定,学生便不能随意脱离所在班级,即班级的全体成员与所在班级一般是同时存在、同时解散的。在班级存在期间,每个成员都必须遵守班级的纪律和各种集体规范。从这个意义来讲,大学生加入哪一个班级不是自选的,而是强制的。

(2)同一性。在班集体中,虽然学生间存在着个别差异,但在年龄、生理发展水平以及所掌握的知识和技能等方面基本上是相同的。同一性决定了同学之间是彼此平等的关系，应当相互尊重、相互帮助。

(3)独立性。在大学里，大学教师在班集体中的作用与中学相比明显降低。大学生不同于中小学生，他们在多年的教育影响下不仅生理发展接近成熟，而且已掌握了比较丰富的知识经验和技能，因而，他们完全有能力自己教育自己，自己管理自已。

(4)开放性。大学生班集体只是整个学校系统网络中的一部分，它与其他团体，如兄弟班级、党团支部、学生会、社团以及校外的单位等有广泛的接触和联系。中小学生的班集体虽然也不是孤立的，但他们的集体更多的还是指向于内部。大学生班集体对外联系的广泛性使大学生有机会接受来自社会的各种影响，这种影响可能是积极的，也可能是消极的。

大学生对班集体的各种特征有不同的认识。黄希庭等人曾就大学生对班集体提出的意见或希望作过调查和分析，详细结果见表 11-1。[①]

表 11-1　　大学生对班级集体的希望和要求

类别	条件构成	次数	%	合计	%
对集体的目标有共同认识	全面发展	46	21	219	29.7
	积极向上，思维活跃，有共同认识	98	44.7		
	关心社会问题	3	1.4		
	常组织课外活动	72	32.9		
班级成员间友好的相互作用	关系融洽，班级团结，能处理好个人与集体以及男女同学之间的关系	300	92.6	324	44
	不耻笑别人，不结伙	17	5.2		
	进退有致	2	0.6		
	能处理好班级之间的关系	3	0.93		
	有缺点能指出	1	0.31		
	有忍让精神	1	0.31		
合理的班级构造	有好班委	92	64.5	14.2	19.3
	教师管理得当	12	8.5		
	具有多方面人才	5	3.5		
	能充分发挥每个人的积极性	33	23.2		
遵守良好的行为规范	有纪律性	1	1.9	52	7.1
	风气好，严肃活泼，尊师爱生	47	90.4		
	有教养	3	5.7		
	活动适当	1	1.9		

① 参见黄希庭、徐凤姝主编《大学生心理学》，上海人民出版社 1988 年版，第 392 页。

2. 大学生班集体心理的成分

大学生在班集体中生活，形成了大学生的班集体心理。大学生班集体心理主要包括下述成分：

(1)成员之间的相互交往与相互关系。包括领导者与被领导者之间、师生之间、学生之间的关系。

(2)成员各自的心理状态。如学习的积极性、性格、气质等。

(3)集体心境。指集体的心理气氛，它是集体成员在情感交流中相互传递、暗示、感染而形成的多数人都能体验到的情绪状态。大学生集体心境的激发与抑制影响着集体与个人的行为及学习质量。

(4)集体需要。它是在集体成员利益一致性的基础上产生的，反映了集体成员共同追求的目标，是大学生集体活动的心理动力。

(5)集体舆论。舆论又称公众意见或群众意见，它既是集体的社会心理成分，又是集体的有效的行为调节机制。集体舆论的形成既受社会道德意识的制约，也受集体成员的意识、道德水平的影响。舆论影响着集体和个人的风俗、传统、习惯和兴趣。积极的舆论有利于集体团结和个体的个性发展，消极的舆论则会产生相反的作用。

3. 大学生班集体的形成

(1)大学生班集体形成的阶段

根据集体的基本特征，即共同活动的目的与任务、相互作用、组织结构与集体舆论，可以将班集体的形成发展过程划分为四个阶段，见表 11-2。①

表 11-2　　集体发展阶段的划分

阶段	共同活动的目的与任务	相互作用	组织结构	集体舆论
前期	共同活动的目的与任务来自外部的教育要求(主要来自教师)。	互相观望、探索。从好感或恶感出发，个别学生开始相互接近。	教师及其指定的学生助手依靠行政手段组织班级。	表面上既无争论也无共同意见与态度。
初期	部分积极分子带头接受教育要求，并协助教师向其余大多数学生提出要求，有些学生开始提出符合部分学生愿望的个别目的与任务。	在时空因素与个性因素的基础上形成小团体。	学生的地位与作用开始分化，出现各种活动的带头者与追随者。	对班级的个别问题，开始出现争论。

① 参见黄希庭、徐凤姝主编《大学生心理学》，上海人民出版社 1988 年版，第 397 页。

续表

中期	多数学生接受了教育要求，并向个别较差学生提出要求；学生开始自己提出符合大多数学生愿望的目的与任务。	各小团体开始改组，出现扩大、联合的趋势。	得到多数人拥护的领袖式人物开始出现。	多数学生对班级的基本问题开始形成一致的意见和态度。
后期	不要外来监督，自己能经常提出要求，自觉遵守，认真执行。	大多数学生能团结友爱，平等互助，友好往来。	领袖人物与积极分子组成班级核心，形成既有集中又有民主的组织。	形成强有力的集体舆论。

(2)不同年级大学生的集体意识发展的特点

一年级到二年级上学期，是大学生学习与社会心理的适应阶段。一年级学生在掌握高等学校生活的基本要求、准则和传统的基础上，形成班级的传统和行为标准，这一阶段的学生特别需要教师(尤其是辅导员)和学校各类组织的帮助。

二至三年级，是在班级成员中形成舆论、发展积极分子、并按照未来的专业进行集体学习和教育的阶段。在这一阶段的末期，大学生之间形成了友谊，产生了对共同事业的兴趣，有了对共同活动的准备，对高校各方面的情况已经完全熟悉了。此时，班集体在没有教师的帮助下也能独立地处理自己的事情。

四年级或五年级，班集体的绝大多数成员都能按社会要求行事。这是进行科学、职业、公民教育最有成效的时期。

4. 大学生班集体的类型

从大学生班集体的发展方向和性质以及人际关系发展水平来看，可以绘制出不同发展水平的班集体空间模式图，见图 11-1。

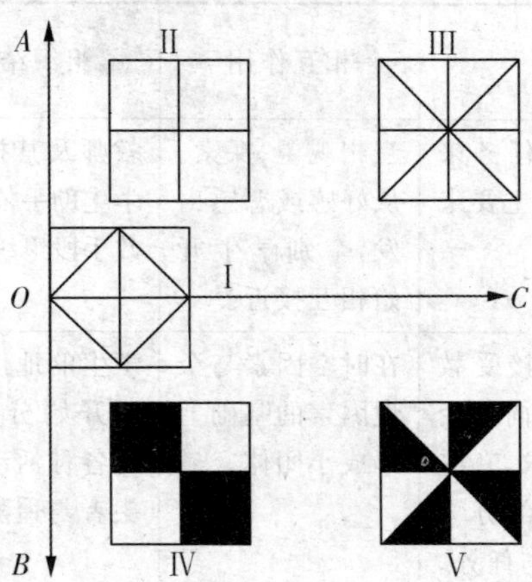

图 11-1

OA 和 OB 分别表示班级群体的不同发展方向和性质。OA 表示积极向上的方向,OB 表示消极不良的反社会方向,OC 代表班级群体中人际关系发展水平,左为低,右为高。这样就产生了处于不同坐标域中的五类班集体。

I 型班级是初建的松散的班集体,其发展方向、人际关系水平都接近于零点。II 型和 III 型班级属于积极向上的班集体。其中 II 型是一般性的班级群体,它具有符合社会进步的要求,但共同活动的社会意义对人际关系的作用较少。III 型是高水平的理想的班级,它符合社会进步要求,且共同活动的社会意义对人际关系具有高度的中介作用。IV 型和 V 型班级则属于消极不良的班集体。其中 IV 型集体的共同活动对人际关系的作用很高,属破坏型班级。IV 型和 V 型班级在大学中比较少见。

5. 大学生班集体的功能

大学生班级集体有两种基本功能:一是完成上级组织所赋予的各项任务;二是满足大学生的心理需要。

(1)完成组织交给的任务。这一功能是就班集体与学校的关系而言的。班集体的目标任务是承担、执行学校所赋予的任务,以保证学校教育和教学目标的实现。班级中的班委会、团支部,都要完成组织下达的任务。它们按照不同的分工,执行各自的职责,密切合作,力求有成效地达到预期的目标,使大学生德、智、体、美、劳各方面都得到充分的发展。

(2)满足大学生的心理需求。这一功能是就班集体与其成员的关系来讲的。大学生的需求是多方面的,有的可通过个体的活动得到满足,有的则必须通过群体来获得满足,而班集体在这方面起着十分重要的作用。班集体可满足大学生的下述心理需求:①满足大学生归属与交往的需要,从而使其获得安全感和自信心。在班级中,学生之间保持经常联系,避免了独处时的孤独和空虚;遇到困难时也能及时得到集体的帮助。②促进大学生的社会化。班集体的强制性与独立性不可避免地会带来同学之间感情的对立和需求的冲突。在这个相互作用的过程中,大学生逐渐认识到自己尊重他人感情和意志的重要性。通过各种丰富多彩的班级活动,大学生体验到集体生活的乐趣和维护良好人际关系的价值。这样,班级就为每一个学生提供了一种社会化的机会,使他们可以学习积极的待人接物的态度,自觉地维护集体的荣誉,通过了解他人的态度和意见来强化或纠正自己的态度和意见,同时也锻炼了自我控制与自我教育的能力。③促进大学生学习进步。大学为学生提供了浓厚的学术气氛和锻炼学习能力的机会。同中学相比,大学里教师很少对学生的学习进行强制性的监督管理,大学生独立学习的作用非常重要,这时班集体的优良学风,成员在目标一致前提下的正常竞争,成员间的团结互助、及时交流信息、介绍学习方法等,无疑会促进集体成员学习成绩和学习能力的提高。

（二）大学生宿舍群体

1. 大学生宿舍群体的特点

宿舍是大学生群体的一种比较特殊的形式，它有以下几个特点。

(1)宿舍具有正式群体和非正式群体两重性。作为正式群体，大学生宿舍是高校组织管理中最小的子系统，每个宿舍成员都必须遵守组织纪律或宿舍制度，相互间都意识到对方的存在，必然会发生联系。作为非正式群体，大学生在宿舍里可以自由地支配时间和选择活动方式，可以自己处理个人的事情。因此，大学生宿舍既可以是高度心理相容的群体，也可以是心理不相容的群体，甚至会出现成员间的对立现象。

(2)宿舍是非正式的交际场合，是生活区，比较自由轻松，所以宿舍成员的个性能在宿舍中得到充分的表现，在自由的交往中同学之间相互了解，开发能力，发展友谊。

(3)宿舍中的人际交往是大学生人际交往的最直接的形式，同学间的相互影响更为明显。在宿舍中，核心人物的个性品质对宿舍的心理气氛有很大的影响。

2. 大学生宿舍的类型

根据宿舍与班集体的关系，可以划分出三种类型的宿舍。

(1)亲集体宿舍。宿舍成员有较好的道德修养，能把班集体的共同目标转化为宿舍的目标，维护集体的利益。

(2)偏离集体的宿舍。只顾自身利益，当与集体利益发生矛盾时，便脱离集体。这种现象大多是由于宿舍里的核心人物具有不良的个性和行为，部分成员不同意该人物的意见和做法，但迫于压力和习惯不得不追随其行动而造成的。

(3)跟随型宿舍。宿舍成员不是主动地参与集体活动，也不做明显违反集体利益的事情，往往被动地参加集体活动。这种现象往往是由于宿舍中缺乏核心人物所致。应该看到，这类宿舍的大多数成员内心是亲集体的，只是由于集体活动缺乏吸引力，不能调动他们的积极性，或成员的能力有限、性格内向等因素，造成了被动跟随的局面。

（三）大学生非正式群体

1. 大学生非正式群体形成的原因

大学校园丰富多彩的文化生活，各类学科的相互交叉与渗透，大学生渴望通过自由交往来开拓知识面、丰富精神生活的动机和热情等，都为非正式群体的产生和发展提供了条件。此外，某些班集体不重视大学生的各种心理需求，集体活动过于呆板、单调，也容易导致大学生对班级失去兴趣，而把情感重心转移到非正式群体上。

2. 大学生非正式群体的特点

(1)交往频繁，心理相容水平高。非正式群体多是由于大学生为满足其心理需要而自愿结合的，不像班级那样具有强制性。彼此间交往频繁，感情融洽，行为协调,信息的沟通畅通无阻。

(2)凝聚力强,有强烈的排他性。非正式群体是以情感为纽带建立起来的,成员之间爱好一致,利害相关,同舟共济。他们往往有不成文的自觉约定的群体规范,这对每个成员都有很大的约束力。如果谁违反了这种规范,就会受到强烈的群体压力,受到其他群体成员的心理制裁。同样,如果群体以外的某些因素威胁到了群体,群体成员就会一致对外,保护自己所在的群体,表现出极大的排他性。

(3)平等交往,自然形成核心人物。非正式群体中没有法定的领导者与被领导者,其核心成员是在群体的形成和发展过程中为成员们所公认而自然产生的,且依靠自己在成员中自然形成的威信来指挥群体,使成员心悦诚服、言听计从。

(4)能量大,具有双重性作用。非正式群体虽然成员不多,但由于凝聚力大,所以其对成员的心理和行为有重大影响,而且对所在的班集体也起着不容忽视的作用。其作用具有双重性,既可能起积极的促进作用,也可能起消极的阻碍作用。

3. 大学生非正式群体的主要形式

(1)社团。大学中的社团具有以下特点:①可由学生自发组织,也可由学生会或党、团组织倡导形成。不管哪种形式,学生都可以自由地参加和退出,结构比较松散。②共同的爱好和兴趣通常是社团活动的纽带。尽管也有一定的组织形式和纪律要求,但对成员没有强烈的制约作用。②规模大小不一,从十几人到上千人不等。而且既可以有跨班、系、校的横向联系,也可有本科生、专科生、研究生共同参与。④核心人物的作用更为突出,集发起者、组织者、管理者于一身。

大学中一般有以下几种类型的社团:①文体娱乐型。这是指一些非专业性的文化、体育团体,它建立在学生共同的直接兴趣和业余爱好的基础上,如文学协会、足球协会、舞蹈协会、书法协会等。这些社团能丰富大学生们的课余生活,开阔知识面,强身健体,陶冶性情,增进友谊。②社会服务型。这是勤工俭学的一种组织形式,包括与所学专业知识有关的科技服务性团体和以体力输出为主的劳动服务性团体。③科技学术型。这是指一些与专业学习相结合、学术性较强的社团。在这类社团中,成员自由讨论学术问题,消化并实践专业理论,提高分析和解决实际问题的能力,培养科研能力和实际工作能力。

(2)小团体。小团体是大学生群体中的小小群体,是大学生群体的“细胞”,往往由几个或十几个形影不离的朋友组成。其成员也不一定是同班的。大学中的小团体一般有如下几种类型:①兴趣型。共同的兴趣和业余爱好是其活动内容。②情感型。成员间有共同的经历和共同的情感体验,彼此间建立了深厚的感情。尽管没有一定的活动目的和对象,但成员能在相互的交往中交流思想、抒发情绪和情感,有助于不良心理的调节和转移。不过有时也可能会出现酗酒、打群架等行为。③信仰型。成员们有一致的理想、世界观、人生观,可能是积极的,也可能是消极的。④同乡型。成员来自同一地域,为了缓解在陌生环境及生活方式中的紧张与焦虑而形成的带有地方风俗和习惯的小团体。

三、群体心理对大学生行为的影响

无论是正式群体还是非正式群体,一旦形成,都会对所属成员产生一定的影响。群体心理对大学生行为的影响主要表现在以下方面:

(一)社会助长作用与社会致弱作用

社会助长作用是指许多人一起工作可以促进个人活动效率的提高。相反,如果许多人在一起工作时降低了个人的活动效率,就是社会致弱作用。群体对个人活动会发挥社会助长作用还是社会致弱作用,取决于以下因素:

1. 活动内容的难易

如果个人所从事的活动是简单的机械或手工操作,若有其他成员在场,会使工作更加出色;如果所从事的活动是学习并需要进行一系列复杂的判断推理的思维活动,若其他成员在场则会发生干扰作用。

2. 竞赛动机的激发

人人都有成就动机,希望把自己的才能与潜力发挥出来。成就动机在团体活动中的作用尤为明显,如个人与团体内各成员共同做作业时,成就动机就表现为竞赛动机,希望自己的作业比其他成员做得更好。此外,个人在团体里进行活动,不可避免地会产生被他人评价的意识,这种意识一旦产生,实质上也就产生了一种竞赛动机,它对个人也有很大的推动力量。竞赛动机对大学生的学习会发挥巨大的推动作用,但如果动机过于强烈,反倒容易引起焦虑,产生致弱作用。

3. 个体的情绪紧张与注意涣散

当有他人在场时,有人容易紧张,这就阻碍了他的活动;他人的在场也容易形成干扰,分散人的注意力,从而导致活动效率下降。

4. 群体活动的人数

从理论上讲,群体活动人数越多,成员的活动效率越高。但有时会出现"一个和尚挑水吃,两个和尚抬水吃,三个和尚没水吃"的现象,所以说,对于某一群体的活动,参加的人数并不是越多越好。这种现象与组织者的组织和成员的责任感等有很大的关系。

(二)从众行为

从众是指个体在社会群体压力下放弃自己的意见,转变原有态度,采取与大多数人一致的行为,如人云亦云、随波逐流等。

美国心理学家阿希在20世纪50年代曾以大学生为被试进行过知觉方面的从众实验。实验材料是18套卡片,每套两张,见图11-2。

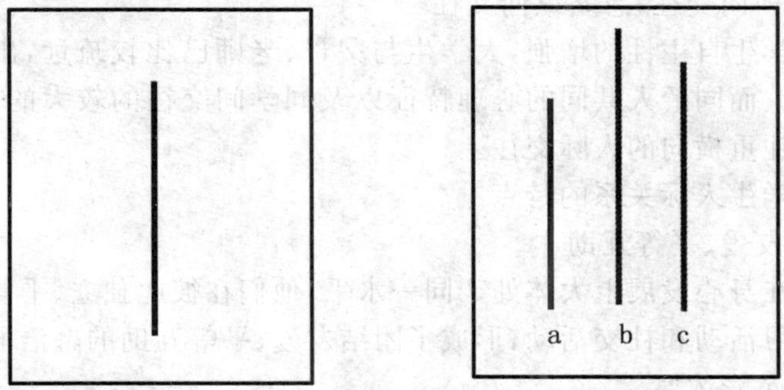

1. 标准线段　　2. 比较线段

图 11-2

被试分若干组，每组七人，其中六人是假被试，只有一人是真正的被试，而且总是被安排在倒数第二个回答。几个被试面对两张卡片，比较判断 a、b、c 三条线段中的哪一条与标准线段等长。实验要求被试大声说出他所选择的线段。18 套卡片共呈现 18 次，头几次判断大家都作出了正确的选择；从第七次开始，假被试故意作出错误的选择。结果发现，大约有四分之一到三分之一的被试保持了独立性，无从众行为。从所有被试的总成绩来看，有三分之一的人表现出从众行为。从众是个体在群众压力下寻求的一种试图解除自身与群体冲突、增强安全感的手段。

第二节　大学生的人际交往与人际关系

人不能脱离社会而独立存在。人生活在社会群体之中，总会同他人进行信息交流和感情沟通，即进行人际交往。在人际交往过程中，会形成各种心理关系，即人际关系。人际交往与人际关系是社会生存发展的前提条件，也是个体心理正常发展的基础和必要条件。

一、大学生人际交往与人际关系的特点

(一)大学生人际交往的特点

1. 交往动机强烈

大学生的成人感和自主性有了很大的发展，进入了一个新的生活和学习环境后，他们的交往需要和交往动机都很强烈，渴望获得友谊。

2. 交往的形式与内容丰富多彩

大学生兴趣广泛、思想活跃，他们希望开拓广阔的知识领域，发展各种特长，同时也十分关心社会问题。这就决定了他们的交往内容十分广泛，交往活动丰富多彩，具有一定的开放性。然而，大学生与校外社会的交往还比较少，他们有交往的愿望，但交往的内容和对象都会受到很大的限制。

3. 注重横向交往,忽略纵向交往

由于大学生自主性的增强,大学生与父母、老师已比较疏远,出现了明显的“代沟”现象。而同龄人共同的心理特征以及同学间交往的较大的自由度,使大学生们比较注重横向的人际交往。

(二)大学生人际关系的特点

1. 团结友爱、平等互助

大学生在身心发展上大体处于同一水平,他们在彼此独立、平等的立场上通过共同的学习活动和社交活动,形成了团结友爱、平等互助的融洽的人际关系。

2. 理想色彩浓厚

大学生的主要任务和活动是学习,同学间基本无直接的利益冲突,其人际关系基于共同的活动和兴趣爱好,很少染上庸俗的功利色彩,往往带有较浓的理想色彩,纯洁而真诚。

3. 人格因素起主导作用

中小学生的友谊、情感成分浓厚,往往重情感不重理智。而在大学生的人际交往中,人格因素起着主导作用,如志同道合、性格开朗、知识丰富、思想活跃、热情助人、幽默风趣等人格因素都有助于大学生的人际交往和友谊。

二、大学生人际关系的类型

(一)根据成员的主要需求不同,将大学生的人际关系分为三种类型

1. 建立在包容需求上的人际关系。表现为愿意与别人交往,愿意与别人维持和谐的关系,即互相接受。

2. 建立在控制需求上的人际关系。表现为在权力或权威的基础上建立与维持关系,是控制与被控制的关系。

3. 建立在感情需求上的人际关系。交往双方形成感情依赖,关系比较亲密。

(二)按交往对象的不同,将大学生的人际关系分为以下三种类型

1. 同学关系

同学是大学生人际交往的最基本的对象,同学关系在大学生人际关系中占主要地位。但在大学生群体中,弱和谐型的人际关系较多,即表面上比较和睦,无明显冲突,但缺乏真诚的关心和理解,真正达到亲密关系的很少。大学生一方面需要维持同学间的关系,另一方面又因缺乏协调人际关系的能力和经验,往往因一点小事而产生矛盾或不能容纳对方。相比之下,异性同学比较容易建立并维持融洽的关系。

2. 师生关系

师生关系是一种纵向的人际关系,教师和学生的地位不同,教师起主导作用。在大学里,教师与学生的交往不像中小学那样频繁,除上课外,其他时间的

师生交往比较少，交往只限于传授知识，情感间的交流比较少，再加上大学生的独立性增强，所以师生间的关系比较疏远。

3. 亲子关系

家庭是大学生的感情寄托。大学生在家庭中的地位较中学时期有了明显的变化，父母认为孩子长大了，再加上离家较远，长期住校，大学生与家庭成员的关系一般比以前更为融洽。

三、影响大学生人际交往与人际关系的因素

大学生的人际交往和人际关系受如下因素的影响：

(一)时空接近性

远亲不如近邻，时空接近是人们之间建立密切关系的重要因素。大学生交往的对象往往都是同龄人，他们同时入学，同在一个班级，或同在一个宿舍，或是同乡，由于这些原因，他们经常接触，相互交往。而交往的频率越高，越容易形成共同的经验，产生共同的语言和感受，从而更容易建立和维持密切的人际关系。

黄希庭等人的研究表明，时空接近性对大学一年级学生的人际关系起着主要作用。他们在对西南师范大学和重庆大学的一、二、四年级 21 个班中的小团体形成原因的研究中发现，在大学生的人际关系中，相似性吸引占 45.3%，时空接近性吸引占 35%，补偿性吸引占 19.7%。

(二)态度相似性

物以类聚，人以群分。大学生之间如果对某种事物或事件持有相同的或相似的态度，具有共同的理想、信念和价值观，就容易情投意合，相互喜欢。纽科姆(Newcomb)曾进行过这方面的研究。他向自愿参加研究的大学生提供免费住宿 16 周。住宿前，研究者先对彼此素不相识的被试进行态度、价值观等方面的测验，将这几方面相似或不相似的大学生安排在一间屋里，然后定期测验他们对一些事情的态度及对室友的评定。结果发现，住宿初期，空间距离是决定人际交往的重要因素；而到了后期，态度的相似性超过了空间距离而成为密切人际关系的基础。

(三)需要与性格的互补

大学生有各种各样的心理需求，也各有性格特点，如果一方的行为能够满足另一方的需要，或双方的性格呈互补关系，则双方的关系容易密切起来。比如，一个具有支配型性格的人同一个顺从型的人彼此会满足各自的需要，从而导致相互喜欢。戴维斯(Davis)以恋爱时间长短不同的男女大学生为被试，发现在短期组(相恋时间在 18 个月内)促进双方感情发展的主要原因在于性格和需要的互补。

(四)个性品质

安德森(Anderson)要求大学生被试指出对几种品质的人的喜欢程度，结果

发现最受喜欢的是具有诚实、热情品质的人，最不受喜欢的是具有虚伪、冷酷品质的人黄希庭在20世纪80年代也对影响大学生人际关系的个性品质进行过研究。表11-3[①]和表11-4[②]中列出了大学生中人缘型和嫌弃型的个性品质。

表11-3　人缘型的个性品质

次序	个性品质	人数	%
1	尊重他人，关心他人，对人一视同仁，富于同情心	39	100
2	热心班集体的活动，对工作非常认真和负责任	37	94.9
3	持重、耐心、忠厚老实	37	94.9
4	热情、开朗，喜爱交往，待人真诚	36	92.3
5	聪颖，爱独立思考，成绩优良且乐于助人	35	89.7
6	重视自己的独立性和自治，并且有谦逊的品质	35	89.7
7	有多方面的兴趣和爱好	20	51.3
8	有审美的眼光和幽默感	15	38.5
9	温文尔雅、端庄、仪表美	5	12.8

表11-4　嫌弃型的个性品质

次序	个性品质	人数	%
1	自我中心，只关心自己，不为他人的处境和利益着想，有极强的嫉妒心	55	100
2	对班集体的工作，或敷衍了事、缺乏责任感，或浮夸不诚实，或完全置身于集体之外	55	100
3	虚伪、固执，爱吹毛求疵	50	90.9
4	不尊重他人，操纵欲、支配欲强	45	81.8
5	对人淡漠，孤僻、不合群	45	81.8
6	有敌对、猜疑和报复的性格	43	78.2
7	行为古怪，喜怒无常，粗鲁、粗暴、神经质	39	70.9
8	狂妄自大、自命不凡	38	69.1
9	学习成绩好，但不肯帮助他人甚至小视他人	35	63.6
10	自我期望很高，小气、对人际关系过分敏感	30	54.5
11	势利眼、想方设法巴结领导而不听取群众的意见	30	54.5
12	学习不努力，无组织无纪律，不求上进	24	43.6
13	兴趣贫乏	18	32.7
14	生活放荡	8	14.5

① 参见黄希庭、徐凤姝主编《大学生心理学》，上海人民出版社1988年版，第378页。

② 参见黄希庭、徐凤姝主编《大学生心理学》，上海人民出版社1988年版，第379页。

才华出众、聪明能干的大学生是否就有良好的人际关系？通常，聪明能干的人是招人喜欢的，然而，才能出众的人若是自视清高，使人同他在一起时感到不安，产生自卑感，那么，他就难以被别人喜欢，不易同别人建立和维持亲密的人际关系。假如能力超群的人发生一些小差错，就会使人产生“他也是普通人”的亲切感，别人就会喜欢他。阿伦森（Aronson）曾制作了四个人参加智力竞赛回答问题的录音带。其中甲、乙两人是智力超群的，都答对全部问题的92%，而丙、丁两人是能力平庸的，他们只答对30%。在乙和丁的录音里除答题外还有碰倒茶杯声和他们发出“天哪，我把咖啡洒到衣服上了”的惊叫声。要求被试每人听一个人的答题录音并说明对他的喜欢程度（以分数表示）。结果，最受欢迎的是能力超群而又弄翻茶杯的乙（见表11-5）。微小差错会增加能力超群者的吸引力，但平庸的人做出同样的差错却显著地降低其吸引力。

表11-5　能力与人际吸引

能力特点	被喜欢程度
甲：能力高超	20.8分
乙：能力高超，有差错	30.2分
丙：能力平庸	17.8分
丁：能力平庸，有差错	－2.5分

（五）外表

沃尔斯特（Walster）曾举办了一个大学生“电脑舞会”。他邀请700名刚入学的男女大学生参加舞会，在对他们的智力和人格作过测量之后，用计算机随机地匹配男女大学生，让其结伴跳舞。舞会结束后，要求他们对各自的舞伴作出评价并表明是否愿意再次约会。结果表明，招人喜欢的、被人喜欢的、被要求再次约会的，既不是能力高的也不是性格好的，而是外表美的。面容、身材、风度等在人际交往的初期，特别是在异性之间，是影响人际吸引与人际关系的重要条件之一。但是，随着交往的深入，异性之间就会由重视外表转向重视个性、品德等内在因素。

四、大学生人际交往与人际关系障碍

（一）大学生人际交往与人际关系障碍的主要表现

1. 拒绝社交

这类学生不愿与他人进行交往，总是与人群保持一定的距离，对人们关闭自己心灵的大门，顾影自怜或孤芳自赏。他们中有的是因为怕暴露自己的弱点、隐私而采用封闭的方式筑起一道围墙；有的则是因为对外界不信任，对他人怀有很强的戒备心而设下重重防线。

2. 恐惧社交

不少大学生在与人交往时常常会出现恐惧反应,即社交恐怖症。主要表现为害怕见生人,尤其是在人多的场合或有异性在场的情况下,更是不由自主地紧张、焦虑,以致手足无措、出汗、脸红、说不出话或语无伦次。社交恐怖症大多是由于个体在以往的交往过程中受到挫折,心理上受到打击、威胁,情绪上产生不愉快的体验,形成紧张、不安、恐惧,久而久之,形成固定的心理结构,于是在以后遇到类似的情境时就会旧病发作,产生恐惧感。越害怕就越易出错,而遭受挫折后又会加重这种恐惧感,如此恶性循环,人际关系更难处理。

3. 社交过程障碍

这类学生渴望与人交往,有积极的交往动机和交往热情,却总是难以建立和维持良好的人际关系。交朋友难,保持友谊更难。他们抱怨周围的人都瞧不起他、不喜欢他,或不尊重他、不理解他,于是感到人际关系复杂,茫茫校园,知音难觅。

(二)大学生人际关系障碍的心理因素

1. 认知上的偏差

(1)晕轮效应。晕轮效应是指仅仅根据某人身上一种或几种特征来概括一些未曾了解的人格特征的心理倾向。一好则百好,一糟则百糟。喜欢一个人的某一特点便认为他一切都好,讨厌一个人的某一特点便认为他一切都不好,即便做了好事也认为是假惺惺的或者别有所图。对交往的对象了解甚少时很容易出现晕轮效应。

(2)刻板印象。刻板印象是指在人脑中存在的关于某一类人的固定形象。一个学生在见到另一个学生时,常常会不自觉地按其系别、性别、家庭、民族、地域等进行归类,并根据已有的关于这类人的固定形象来判断、评价该学生。比如,认为体育系的学生四肢发达,但头脑简单;中文系的学生知识丰富,但多愁善感。南方学生精明能干,但比较小气;北方学生热情豪爽,但比较保守。农村学生朴实厚道,但比较小气;城市学生聪明活泼,但缺少真情。

(3)角色固着。角色固着是指个人言行举止过分拘泥于特定角色的心理倾向。比如,有的学生从小到大当班长,到大学后又当了班长,但他仍沿用过去的方式来管理班级,以管理者的身份与同学们交往,结果出力不讨好,和同学的关系搞得很紧张。还有的学生一直是班长,而到大学后只是普通的学生,可他仍带着原有的心理定势去思考和处理问题,以致常常感到不如意,甚至带着逆反心理去对待他人和环境,无法建立和维持应有的人际关系。

(4)自我认识。自我认识的偏差主要表现为不能正确地认识和评价自我。如有的学生总是自我感觉良好,过高地看待自己,自以为是;有的则放大自己的不足和弱点,觉得自己处处不如别人。这些不正确的自我认识都会对人际关系造成消极影响。

2. 个性心理上的缺陷

(1)封闭心理。大学生正处在青年的初期和中期,其心理具有闭锁性。随着独立意识和自尊心的增强,大学生们的隐私范围逐渐扩大,他们担心自己的一些想法或做法会被人耻笑,于是小心地在心中筑起一道围墙,把内心的秘密封锁起来。不少大学生爱写日记,在日记中倾诉自己的心事。有人认为大学生的日记有两大矛盾:一是自白性与秘密性的矛盾,即一方面希望有倾诉的对象,同时却又不想让别人知道;二是真实性与虚伪性的矛盾,希望能倾吐真情,却又担心暴露自己,所以在日记中常常加上一些虚伪的装饰。还有的大学生由于从小缺乏关心或者在感情上受过挫折,形成了冷眼看世界的倾向,认为世界是灰色的、尔虞我诈的、不可信赖的,于是以高度的戒备心将人际沟通的渠道堵死。闭锁心理一方面使自己很少主动地去了解他人、关心他人,另一方面也使他人远离自己、不关心自己,于是就更加封闭,恶性循环。

(2)羞怯心理。大学生的自我意识很强,非常在意别人对自己的评价。如果过分地在意别人的负面评价,对社会评价的期望值过高,对自己的要求过于苛刻,追求十全十美,久而久之,就出现了羞怯心理。害羞者很难与生疏者交往,因为她(或他)总是"犹抱琵琶半遮面",使人看不清"庐山真面目",从而对其望而却步。在羞怯心理驱使下,一些大学生在人际交往过程中很难充分地表达自己的思想和感情,因而往往被人误解,甚至在关键时刻坐失良机,结果以失败告终。

(3)自卑心理。自卑是对自己的评价过低,过分看重自身不足,忽略了自身的长处。自卑多是来自生理上的某些不足或较低的社会地位。如有些大学生因为身材过矮、过胖,五官不够端正而压抑了活泼的天性,失去自信;有些来自农村的或家庭状况不好的学生也往往认为自己不如别人,处处小心,不敢放开思想。还有一部分学生则是以一副玩世不恭或盛气凌人的姿态出现,以此掩饰内心的自卑和脆弱。

(4)自傲心理。自傲是对自己的评价过高。有些学生由于某方面的长处,便自以为是,瞧不起别人,常指手划脚、夸夸其谈,听不进不同意见,常因趾高气扬、居高临下、出言不逊而伤害他人,并因此引发争执、纠纷。

(5)自私心理。有些学生由于从小受家庭的宠爱和娇惯,行成了以自我为中心的不良性格,一味地要求别人来关心、尊重自己,却从未想到也应该为别人着想,去帮助他人。自私自利的性格将会引起其他同学的反感,最终被疏远或遗弃。

(6)嫉妒心理。嫉妒心理是指对别人的优势心怀不满,不悦、自惭、怨恨。现实生活中每个人都不同程度地体验过嫉妒。大学校园里精英荟萃,竞争激烈,同学之间很容易出现嫉妒心理。但大学生都知道嫉妒不是好事，所以都有意无意地把嫉妒隐藏在心里，表面上称赞、祝贺，背地里却不服气，甚至诋毁对方。大学生的嫉妒对象一般都是经常在一起的、比自己强的、年龄和境遇相似的伙伴，过去和自己平起平坐，甚至是不如自己的人，现在却超过了自己，可自己又不愿意承认他比自己强。同性之间比异性之间更容易出现嫉妒心理。轻微的嫉妒使人意识到一种压力，产生向强者学习、赶超强者的动力；但严重的嫉妒不仅不会促使进步，反而会成为个人成长和人际关系中的严重障碍。

第三节　优化与调整大学生人际关系的策略

一、克服自身心理上的不足与障碍

大学生欲成功地进行人际交往，首先要正确地认识、看待自我，同时要正确地认识、看待他人。“金无足赤，人无完人。”自己和别人都有长处和短处，都有各自不同的需要、不同的生活方式，人和人之间的交往应该是取长补短、相互尊重、相互帮助的。要清楚自己的哪些心理特点不利于人际交往，并努力改正，必要时可请朋友帮忙，消除自己的封闭、羞怯、自卑、自傲、自私和嫉妒等不良心理，真诚地悦纳自己、开放自己，在人际交往中做到既不自傲，也不自卑。

二、有意识地加强人际交往训练

(一)人际交往中应遵循的原则

1. 尊重别人

维护自我尊严，使自我价值得到承认，这是许多人最强烈的心理需求。每个人都是重要的、不可替代的，我们在人际交往中应满足对方的这种“重要感”。大量的事实表明，只有尊重别人，自己才能被别人尊重。相互尊重，这是良好人际关系的最重要的基础。

2. 保持真诚

待人真诚，才能与别人建立良好的、持久的人际关系。只有真诚的友谊才能经受住时间的考验。有人为了维护和谐的人际关系，避免冲突，宁愿去模仿别人或迎合别人的口味，到后来是疲惫不堪，感叹人际关系的困难、复杂。这是因为他们一直在试着去适合一个并不适合自己的人际交往模式。真正和谐的人际关系应是去掉虚伪，找到自我，保持本色，说真话，办实事，只有这样才能赢得别人的信赖。“以心换心”，这是我们的古人在长期人际交往中总结出来的经验。

(二)培养人际交往的技能

1. 积极的自我暗示

不少大学生在与人交往时常常不由自主地产生“他们会喜欢我吗”,“我行吗”的疑问,于是产生防卫心理。由于时时注意别人是如何评价自己的,心情难以轻松下来,其言行、表情就会不自然,交往气氛也因此受到破坏。所以在日常生活中应经常给自己积极的心理暗示,如在心里默默地对自己说“我是受欢迎的人”,我能行”,在心中把自己想象成一个良好的交际者。这样的心态会使人以开放的方式走向人群,轻松坦然,挥洒自如。

2. 赞赏别人

大学生往往被称为“天子之骄”,他们大多都是人群中的佼佼者,而且往往都有自己的观点和主张,所以他们在内心很容易彼此不服,不愿意承认别人的优点和长处。我们知道,每个人都有其不足,也都有其所长。人人都有被人赏识的渴望,一句由衷的赞赏和鼓励会使一个人的生活洒满阳光,充满快乐。赞赏并不是恭维,赞赏是发自内心的、真诚的。如果多去找找别人的优点,想着别人的长处,我们就会说出诚实而真挚的赞赏,而不是虚情假意的廉价的恭维。

3. 喜欢对方

人们之间的吸引是相互的,人们喜欢那些喜欢他们的人。阿伦森和林德(Aronson&Lindy)曾做过一个实验。以 84 名女大学生为被试,要求她们分别到实验室同主试的助手讨论七个问题。每讨论一题之后,主试都请助手到隔壁说明对被试的印象,并使被试“无意”中听到对她的评价,即表示喜欢她的话;乙组开始听到的是对她否定的评价,可后来听到的是称赞的话;丙组开始听到的是赞美的话,可后来听到的却是贬斥的话;丁组自始自终听到的都是否定的评价。全部讨论完了之后,要求被试说明对助手的喜欢程度(按从讨厌－10 到最喜欢＋10 的记分法统计),结果见表 11-6。

表 11-6　　喜欢导致喜欢

不同的喜欢程度	被喜欢的程度
甲组(＋＋＋)	6.42
乙组(－ － ＋)	7.67
丙组(＋－ －)	0.87
丁组(－ － －)	2.52

(注:＋表示喜欢,－表示不喜欢)

结果表明,被试对助手的喜欢程度是相互的,当助手表示喜欢她们时,她们也喜欢助手；当助手不喜欢她们时，她们也不喜欢助手。而且人们喜欢那些对自己的喜欢程度不断增加的人，即便开始对自己无好感，但只要后来确实表现了对自己的喜欢，这种人也会受到喜欢；人们不喜欢那些对自己的喜欢程度不断降低的人，如果开始喜欢自己而后来不喜欢了，那么这种人就比一贯不喜欢自己的人更加不为自己所喜欢。

4. 记住对方的名字

记住对方的名字并叫出来，这等于是给对方一个很巧妙的赞美，表明你很在乎他；假如你忘了或叫错了对方的名字，那将是十分尴尬的，对你很不利。试着把一个人的名字同那个人的容貌、表情等特征联系在一起，就容易记住。

5. 善于表露自我

现实生活中，人们都学会了掩饰自己的真实情感，如果人们在彼此交往中能坦率表述自己的思想，表露自己的情感，那么猜疑、误解以及冲突、纠纷就会大大减少。适当地"自我表露"，不仅有助于别人了解自己，也有助于使别人对自己产生好感。人们喜欢自我表露的人，不喜欢自我封闭的人。不过，自我表露的过程应该循序渐进，表露的程度也应该因人而异。

6. 注意口头交往的技巧

要作一个好的倾听者，鼓励别人谈论他们自己。在交谈过程中注意力分散、心不在焉，或急不可待地打断对方的谈话，都是对对方的一种不礼貌；还有人话匣子一打开就再也收不住，不管别人是否感兴趣，也不允许别人插嘴，结果图得一时痛快，却给对方留下了不好的印象。倾听并不是被动地接受，而是有反馈地引导和鼓励。要表现出对对方的谈话感兴趣，用语言或表情告诉对方你能理解他的谈话内容，有时可用自己的语言来简略复述一下对方谈话的含义。如果你是谈话者，还要注意不要重复，唠唠叨叨、翻来覆去，那样只会让人感到厌烦。此外，还应当讲一些对方比较熟悉的话题。

7. 善于运用非言语手段

在非言语交往手段中，最重要的是表情，包括面部表情和身段表情。一个人的面部表情比穿着更重要，笑容能照亮所有看到它的人，像穿过乌云的太阳，带给人们温暖。所以用微笑去招呼朋友，朋友因此而快乐，你也就成为受欢迎的人。如果你一时不能微笑，可以试试如下方法：一是在思想上认为自己是快乐的；二是在行动上强迫自己微笑，表现出很快乐的样子，如嘴角往上翘，哼上一段欢快的曲子等。身段表情有时也起着比较重要的作用。如在舞会上有的女同学总爱双手抄在胸前，倚在墙上或者跷着二郎腿坐在椅子上，或者由于自卑、紧张而不自然地产生一些小动作等，这些体态语言向他人传递了一种信息，即防卫、拒绝、排斥。

8. 合理运用批评

当听到别人的批评时，我们的第一个反应常常是不悦或恼怒，进而为自己辩解，甚至进行反击，结果不仅造成对自己进一步的伤害，而且容易误会他人的好意或是让他人的恶意得逞。正确的做法是认真、冷静地面对批评，如果错了，那就迅速、真诚地承认；如果是不公正的、恶意的批评，最好的办法是置之不理，为其苦恼伤心实在是不值得，抬杠和辩解也只会使局面一团糟。

当我们必须要对别人的错误进行批评时，应讲究一定的技巧。首先，要注意场合。最好不要在大庭广众之下当面批评别人，应该让对方保住面子，否则会导致对方的恼怒和反击。其次，从称赞开始。通常，在我们听到别人对我们的某些长处的赞扬之后再去听一些不愉快的批评，感觉总是要好一些。从赞扬的方式开始，就好像牙医用麻醉剂一样，病人仍要经受钻牙之苦，但麻醉却能消除疼痛。此外，批评要就事论事，不要侮辱人格。

复习思考题

一、名词解释

1. 群体
2. 社会制约作用

二、简答题

1. 简要回答群体特征。
2. 简要回答群体有哪些类型。
3. 简要回答大学生班集体的特征。
4. 简要回答大学生人际关系的特点。
5. 简要回答大学生人际交往与人际关系的障碍。

三、论述题

试论述优化与调整大学生人际关系的策略。

第十二章

大学生的心理教育

大学阶段正值青年期的后期，是心理素质快速发展的关键时期。教育研究和实践经验都表明，要提高大学生的心理素质必须要对他们开展心理教育。一些学者认为，心理教育也就是心育。只有把德育、智育、美育、体育和心育结合起来，才能全面提高大学生的素质，培养高质量的人才。

第一节　大学生心理教育的目标和内容

一、心理教育的定义

心理教育是教育者从学生的心理实际和社会发展的需要出发，运用多种手段和途径，有目的地培养学生良好的心理素质，提高他们的心理机能，充分发挥其心理潜能，并进而促进学生整体素质提高和个性发展的过程。通常所说的兴趣教育、能力教育、情感教育、意志教育、性格教育等，均属于心理教育。目前在许多学校里开展的学校心理辅导也属于心理教育的范畴。

二、大学生心理教育的目标

正确认识大学生心理教育的目标，是有效地开展大学生心理教育的前提。大学心理教育作为大学教育的一部分，其目标应与我国高等教育的目标相一致，即培养社会主义现代化建设所需要的各种专业人才。但心理教育又不同于学校的其他工作，因为它直接指向人的心理素质，以促进大学生心理素质的全面提高为目标。概括地说，大学生心理教育的目标包括以下三个方面。

(一)开发大学生的心智潜能

大学生正处于心智潜能发展的关键时期。大学教育不仅应传授给学生科学文化知识,还应培养学生的各种能力。大学生正处于逻辑思维发展的关键时期,如何培养大学生的逻辑思维,使其具有深刻性、灵活性、逻辑性和独立性,是大学教育的重要任务。大学时期也是辩证思维和创造思维发展的关键期,要使大学生学会全面地、辩证地看问题,学会透过现象看本质,防止各种思维的片面性。要把培养大学生的创造性思维作为教育的主要任务抓紧、抓好,只有这样才能适应当代科学技术的发展对人才的需要。与此同时,还应采取各种措施,促进大学生的观察力、注意力、记忆力、想象力和自主学习能力的发展,使学生形成强烈的求知欲和创造精神。

(二)培养大学生优良的心理品质

大量的心理学研究和实践经验表明,在影响人成才的诸多因素中,智力因素是重要的,但非智力因素亦十分重要。所谓非智力因素主要指影响人学习与成才的动机、情感、意志、个性等因素,即个人的心理品质。国外的教育家、心理学家在提出"智力"(intelligence)与"智商"(intelligence quotient,简称 IQ)之后又提出"情绪智力"(emotional intelligence)与"情商"(emotional quotient,简称EQ)的概念。他们认为,在影响成功的因素中,有 20%是由智力决定的,80%是由情绪智力决定的。情绪智力或情商主宰着人的事业、学习、工作、爱情及婚姻。虽然对于情绪智力和情商的概念,国内的理论界还存在着激烈的争论,对于他们的作用的估计亦未免有夸大其词的成分,但说明人们已经开始重视人的情绪品质的作用。更进一步,国外的心理学家甚至提出了"道德商数"(moral quotient,简称 MQ)的概念。道德商数反映了人的品格,而对人的成功而言,品格胜于知识。对于大学生而言,应着力培养他们的乐学、善思、勤奋、刻苦、务实、有恒、进取、创新的心理品质,使他们不仅能够顺利地完成学业,而且能走向事业的成功。应着力培养他们的自信、乐观、积极、坚强、自制、勇敢、独立的心理品质,使他们能够克服学习上、工作上和生活上的艰难困苦,能够迎接未来社会的各种挑战,做生活中的强者。应着力培养他们的谦虚、善良、合群、热情、宽容、利他、合作、负责的心理品质,使他们个性完美,人格高尚,成为 21 世纪现代化社会的合格成员。

(三)促进学生的心理健康

促进大学生的心理健康,是大学生心理教育的又一重要任务。在人们的日常生活中,一般存在着两种最基本的心理需求:一是要解除心理上和行为上的种种冲突,保持心理平衡;二是要充实与完善自我,维护心理健康,提高生活的质量。大学生的这两个方面的需求也是大学生心理教育的使命所在。心理教育从性质上可以分为发展性心理教育和补救性心理教育。发展性心理教育主要是对大学生的心理素质不断优化；而补救性的心理教育则主要是对心理素质或心理健康方面出现问题的大学生进行专门的咨询和治疗，使问题或障碍得以解决或克服。因此，无论是发展性的心理教育还是补救性的心理教育，其目的都是促进学生的心理健康。发展性的心理教育以主动的心理预防为主，防患于未然，目的是使大学生形成健康的心理，从而能适应社会，健康地成长和正常的发展；补救性心理教育则主要面对在心理上出现问题的少数学生，是治疗性的和矫正性的。两种教育的目的结合在一起，是为了增进全体学生的心理健康，提高大学生的生活质量和学习效率，促进他们的发展与成材。

三、大学生心理教育的内容

大学生心理教育的任务确定之后，就不难制定大学生心理教育的内容。因为心理教育的内容是心理教育目标的具体化，是为实现心理教育的目标服务的。大学生心理教育的内容主要包括下述七个方面。

(一)学习心理指导

学习是大学生的主要任务，也是大学生肩负的主要社会责任。一般人觉得，学生进入大学以后，学习上肯定不会有什么问题，而实际情况恰恰相反。大学生在学习方面还存在着许许多多的问题，如有的学生学习的积极性不高，升大学的目是为了“拿一张文凭”，失去了奋斗的方向。有的学生学习的自主性较差，离开教师的指导不知道学习什么和怎样学习，甚至有的学生不知道应该如何听课，如何记笔记，如何读书，如何复习，如何考试。这种状况如不改变，不仅会影响大学生在学校学习的质量，也不可能使其形成自主学习的能力，进而影响其毕业后的学习与发展。因此，对大学生进行学习心理的教育与指导不仅非常必要，而且非常重要。大学生学习心理的教育与指导有着非常广泛的内容，如培养与激发大学生的学习动机，明确学习是大学生义不容辞的责任与义务，克服厌学情绪，增强学习的责任感和自觉性，掌握科学的学习方法，学会科学地用脑，提高大学生的学习能力等。

(二)情感教育

大学生正处于情感发展的关键时期。他们情感丰富，情绪体验深刻、细腻，各种高级的情感如道德感、理智感、美感和责任感等开始快速发展，但与此同时，他们的情绪体验还不够稳定，与成人相比，仍然易于激动，容易急躁，生活中感情用事的现象还很多；另一方面，大学生的情感还具有很大的封闭性和隐蔽性。他们常常将激烈的情绪压抑在心里，从而导致了心理的不健康和心理障碍，影响大学生的学习和正常的生活。对大学生的情感教育要注重培养与发展他们高尚的精神需要，培养他们积极健康的情感，帮助他们克服各种消极的情感，指导他们自觉调节自己的情绪，养成积极愉快的主导心境，帮助他们适当控制不适宜的情感，并对情绪进行合理宣泄。

(三)人际关系的指导

大学生不仅非常重视同性同学间的友谊，更重视异性间的友谊与爱情。但是，与中学生不同，大学生在与同学进行交往时，其心理具有闭锁性，其行为具有表面性。一方面，他们渴望他人的理解与友谊，另一方面，他们又不能像中学生那样坦诚地对朋友敞开心扉。同时，与异性的交往是大学生人际交往的重要方面。大学生在与异性同学交往时，一方面渴望交往，另一方面又经常因为担心交往的失败而显得小心谨慎、局促不安。不少大学生因为自卑、害羞、自我中心和未掌握人际交往的方式、方法等主观原因不能与同学和睦相处，从而感到孤独苦闷，或因为家长和教师所提出的要求不合理、教育方式不当，以致和家长、教师顶撞。因此，有必要对大学生进行人际关系的心理教育，注重培养学生良好的人际交往的态度。如待人真诚、正直坦率、惜时守信、谦虚宽厚、体贴他人、关心集体等。大学教师要作出榜样，教给学生人际交往和人际关系的知识，指导学生积极参加集体活动，在集体活动中形成良好的人际交往的态度，掌握人际交往的技巧和艺术，克服嫉妒、自负、自卑的心理。

(四)性心理和婚恋心理教育

大学生的性发育已基本成熟，其性欲要求已接近成人。但是，大学生的性心理、性意识的发展还远远没有达到成熟的水平。由于长期忽视性教育和受性压抑文化的影响，大学生的性知识十分缺乏，对性存在着神秘感，对于性道德亦缺乏必要的了解。他们当中有的人因性生理困扰而影响了学习，有的过早地偷食了性的禁果。因此，有必要在对大学生进行性生理和性心理教育的同时，对他们进行性道德和婚恋心理的教育，帮助他们正确认识性现象，理解什么是友谊，什么是爱情，使大学生正确处理恋爱与学习的关系，学会用理智支配自己的情感。

(五)耐受挫折能力的培养

随着年龄的增长，大学生遇到的各种刺激因素将会日渐增多。他们不仅会遇到成人所承受的由于社会急剧发展和变革所带来的各种紧张的社会刺激，而且还面临成人所未面临的各种刺激因素，如家庭生活困难、课业负担沉重、课余生活单调、教育方式不当、人际关系复杂、各种竞争加剧、就业形势严峻、恋爱中的挫折与失败等。面对这种种挑战，大多数学生都能够顺利度过，但也有少数人经受不住挫折，导致了心理疾病，有的人甚至轻生。当代的大学生肩负着建设祖国、振兴中华的历史重任，任重道远，必须具有坚强的意志，具有较强的耐受挫折的能力。因此，提高大学生的挫折耐受性理应成为大学心理教育的重要内容。

要教育学生正确认识自己，有健全的自我意识。正确对待生活中的成功与失败，做到胜不骄，败不馁，将生活中的艰难困苦视为人生和成功道路上的正常现象，做到在失败中前进，在磨难中奋起，脚踏实地，面对现实，积累经验，经受磨练，开朗乐观，求实进取，具有勇敢坚强、不屈不挠的精神。

(六)健全性格的教育

良好的性格特征对大学生品德和人格的发展至关重要，是大学生自我发展、自我完善的重要内容。大学生的性格发展已经日趋成熟和稳定，但还没有完全定型。培养良好的性格特征，包括塑造大学生对待现实的良好的态度特征，养成良好的理智特征、良好的情绪特征和良好的意志特征，养成良好的行为习惯，这对于大学生的人格发展具有重要的积极作用。

(七)人生观和价值观的教育

大学生的心理发展基本成熟，知识准备已经相当丰富，又面临着选择职业和步入社会的问题，这些都促使大学生开始思考人生和价值的问题。他们进入了人生观、价值观发展的关键时期，他们经常思考诸如“人活着到底为什么”、“人应当怎样度过自己的人生”、“人生的意义和价值是什么”等问题。他们不满足于教科书上对这些问题的论述和课堂上老师对这些问题的讲述，开始自己去阅读大量的关于人、关于人生、关于价值的哲学的和文学的书籍，开始用自己的眼睛去观察社会，用自己的头脑去思考问题，用自己的心灵去体验人生。由于他们还缺乏必要的社会经验，因此他们在探索人生、人性和价值时难免出现某种盲目性和片面性，因而容易受一些错误思潮和社会上的阴暗面的影响。因此，大学生的人生观和价值观的教育就是要以社会主流文化为基础，引导大学生树立科学的世界观、正确的人生观和价值观，增强大学生辨别是非和美丑的能力，负责地对待自己、对待他人、对待社会、对待人生。

第二节　大学生常见的心理问题及教育对策

一、大学生的一般心理问题

一般心理问题是轻微的心理异常，是正常心理活动中的局部异常状态。平日人们所说的“心理困惑”、“心理冲突”指的就是一般的心理问题。大学生的一般心理问题主要有下述六个方面。

(一)环境应激问题

环境应激问题主要表现在大学新生身上。大学生进入高校以后，环境发生了改变，离开了长期依赖的家长和教师，面对新的集体、新的生活方式、新的学习特点，一些学生出现了适应困难，感到压抑、焦虑、惶惑，甚至出现了种种神经衰弱的症状。

（二）自我认知失调

自我认知失调主要表现在一些在中学时期学习优秀的学生身上。中学时期，他们是学习尖子，家长高兴，教师满意，同学羡慕，使他们心理上有一种优越感，常常体验到成功的喜悦。进入大学后，这种自我感觉消失了，周围高手如林。再加上大学的学习方法和学习内容与中学相比发生了很大的变化，学习上的不适应，学习成绩的不尽人意，都会让大学生对自我的认知产生失调，甚至产生自卑心理。

（三）人际关系障碍

中学时的人际关系比较简单，班主任教师像父母一样关心和爱护着他们。进入大学后，由于大学生活的自主性强，大学生心理的闭锁性大，一些性格上有缺陷、缺乏社交经验与技能的学生往往会产生沟通不良，人际关系不协调等问题，甚至陷入人际冲突之中，因而产生苦闷与忧郁。

（四）情绪情感不稳定

大学生的情绪情感体验强烈，富有激情。美国著名心理学家霍尔曾指出，该时期是“疾风怒涛”的时期。青年期的情绪来得快，平息得也快。因此，大学生的情绪具有强烈性、爆发性和冲动性的特点。

（五）性适应不良

主要是由于缺乏科学的性知识，性冲动与性压抑的冲突而导致性心理失常，以及恋爱中的挫折等。

（六）紧张和压抑

学习上的竞争，消费上的相互攀比，人际关系的疏远，就业的压力等都可能使大学生处于紧张、焦虑和压抑之中。

二、大学生常见的心理障碍

心理障碍是一般心理问题累积、迁延、演变的表现和结果。

大学生的心理健康不仅受各种心理问题的困扰，而且还受多种心理障碍的侵袭。根据大学生常见的心理障碍的特征和轻重程度，可以把它们分为神经官能症、人格障碍和精神病三种。了解这些障碍的特征和病因对于大学生而言具有重要意义，它既可以使大学生防患于未然，又可使大学生及时地进行心理调整、心理咨询和治疗。

（一）神经官能症

神经官能症又称“神经症”。患者的神经系统没有器质性病变，仅仅是功能的降低或失调。致病的原因是大脑长期负担过重，过度疲劳，或因精神受刺激，情绪持续紧张。

神经官能症的种类繁多，在大学生中，常见的神经官能症主要有神经衰弱、癔病、强迫症、焦虑症、抑郁症、恐怖症等。

1. 神经衰弱

神经衰弱是一种最常见的神经官能症，主要表现为：①大脑功能衰弱，患者既容易兴奋又容易疲劳，对微弱刺激十分敏感，注意力不集中，记忆力下降，疲劳乏力；②情绪波动、紧张、烦恼、易怒；③失眠、多梦、头晕，有内脏不适感及其他的肌肉紧张性疼痛；④植物性神经系统功能失调，如多汗、心悸、尿频、便秘等。大学生中患有神经衰弱者较多，因而神经衰弱对大学生影响较大，严重者因能坚持学习而休学或退学，多数人虽能坚持正常学习，但学习效率降低。大学生神经衰弱的发生，主要是由于缺乏适应能力和面对现实的勇气所造成的。例如，学习负担过重，考试焦虑，个体自我调节能力差，对社会问题、人生问题思虑过多，在家庭问题、恋爱问题上犹豫徘徊等，神经活动过程强烈而持久，超过了神经系统所能忍受的限度，从而导致了神经衰弱。

2. 癔病

癔病是指由于精神刺激或不良暗示而引起的情感大发作。患这种病的大学生有如下特点：①情绪强度高而且易变，情绪反应强烈，常带有夸张的色彩，情绪不稳定，常感情用事；②暗示感受性高，容易受别人言行的影响，也容易受自我暗示的影响；③高度的自我显示性，喜欢炫耀自己，愿意成为人们注意的中心。发病时，躯体症状主要表现为痉挛发作，患者肢体震颤、肌肉痉挛、抽搐，运动麻痹，言语抑制，有感觉增强或抑制等植物性神经机能障碍；精神症状主要表现为程度不同的意识障碍和情感活动失调，患者意识朦胧，心理活动范围缩小，常伴有错觉或幻觉，有的可出现梦游症，而且情感不稳定，有时怒不可遏，有时又狂笑不止。

大学生癔病的发生主要是由于心理创伤导致大脑机能失调所致，如遭受惊吓、侮辱、委屈，或要求过高不能达到，或父母离异，亲属死亡等。此病与患者的性格有直接关系，多见于心胸狭窄而任性的人。

3. 强迫症

强迫症是指患者带有某些不合理的观念、意向或行为，患者明知不合理，但经常出现，无法控制和摆脱，因此感到十分苦恼。

强迫症的主要症状是出现强迫观念、强迫意向或强迫行为。强迫观念主要表现为强迫回忆，即对做过的事或无关紧要的事反复进行回忆，明知不必要，却无法控制；强迫疑虑即对自己的行为是否正确产生不必要的疑虑，如出门后怀疑门是否锁好，并反复检查；强迫性穷思竭虑，如反复思考“人为什么要长两条腿”、“为什么一天有24小时”等。强迫意向是指个体感到内心有某种强烈的冲动要做某件危险或不道德、违法的事情，虽然从不表现为行动，却使患者感到非常紧张和担心。强迫行为是指患者常有某些不合理的习惯性语言或行为，本人明知荒唐和没必要，却不能制止。如：有人不停地洗手，一天洗数十次；有人强迫数数，遇见有数量的东西就要数，本人无法抑制。

大学生强迫症的发生多与性格上的缺陷有关，如心胸狭窄，对自己的能力缺乏信心，过分认真细致，过于求全责备，拘谨死板，优柔寡断，缺乏幽默感等。其次，还与患者不良家庭环境的影响有关，如父母对子女苛求，批评多、戒律多，很少表扬与激励等，此外还与某些心理社会因素有关，如遭受重大精神刺激等。

4. 焦虑症

焦虑症是在精神因素作用下出现的以焦虑、烦躁为主要特征的神经症，同时伴有明显的躯体症状。焦虑症患者的主要表现是，常常感到无明显原因、无明确对象的紧张不安，患者常心烦意乱，易激怒，成天提心吊胆，甚至产生强烈的恐惧感，并伴有头昏、心悸、恶心、出汗、手脚发冷以及肌肉紧张、颤抖等症状。大学生患焦虑症的主要原因是性格上自卑，胆小怕事，谨小慎微以及对轻微的挫折或身体上的不适过分焦虑和紧张等。

5. 抑郁症

抑郁症是以持久性情绪低落为特征的神经症。其主要症状是情绪低落、沮丧、忧伤、苦闷，同时伴有下列症状：①对周围事物兴趣索然，对前途悲观失望、自我评价降低，不愿主动与别人交往；②自觉懒散、乏力、精神不振，脑力迟钝，思考困难或记忆力差，并常伴有身体不适感，严重时可出现自杀观念或行为；③没有自制力，缺少治疗要求。大学生抑郁症的发生除了与个人的性格特点（抑郁性格）有关外，大多数都可找到较为明显的精神因素的影响，如学习成绩落后、人际交往障碍等。

6. 恐怖症

恐怖症是对某些事物或在特殊情境产生持续的不必要的恐惧，并不得不采取回避行为的一种神经症。它主要表现为：①特殊处境恐怖。如对人群聚集处、高处、学校等均可发生恐怖反应，并伴有剧烈的焦虑情绪。②物体恐怖。即对某种物体如小动物、尖锐物体、血、不洁物等发生恐怖。③社交恐怖。如害怕见陌生人、怕他人注视自己或自己注视异性等。④疾病恐怖。如害怕患某些疾病。

一般认为恐怖症可能与以往生活中的不良经历和重大精神创伤有关，或者是通过条件反射作用而建立的一种不适应的行为。此外，患有恐怖症的大学生也常表现出一定的性格特点，如胆小、孤僻、敏感、退缩和依赖性强等。

(二)人格障碍

人格障碍是指明显偏离正常人格、与社会相悖的持久而牢固的情绪和行为方式。人格障碍一般始于童年或青少年,持续到成年或终生。一般认为它是在不良的先天素质基础上,在环境有害因素(特别是心理社会因素)的影响下而形成的。

人格障碍可以分为三大类:第一类以行为怪癖、奇异为特点,包括偏执(妄想)型、分裂型人格障碍;第二类以情感强烈、不稳定为特点,包括戏剧型、自恋型、反社会型、边缘型人格障碍;第三类以紧张、退缩为特点,包括回避型、依赖型、强迫型人格障碍。大学生中常见的人格障碍主要有五种:

1. 偏执型人格

其特点是主观、固执、敏感、多疑、嫉妒、情绪冷漠、心胸狭窄、狂妄自大,过高地要求他人,把自己的过错归咎于他人。这种人不能与他人和睦相处,别人只好对他敬而远之。

2. 反社会型人格

其特点是缺乏道德责任感,情绪活动呈爆发性,行为呈冲动性,对他人和社会冷酷无情,缺乏同情心和羞耻感,往往目无法纪,且不能从挫折和惩罚中吸取教训。

3. 自恋型人格

其特点是过多地关心自己,以自我为中心,自高自大,好出风头,总希望别人注意和称赞自己,不关心别人的感情,不能接受别人的批评。

4. 依赖型人格

这种人缺乏自信心,自立能力差,办事无主见,事事依赖他人,认为自己无能,缺乏判断力,生活中总是要别人为自己决策或指出方向。

5. 强迫型人格

其特点是强烈的自制力和自我约束,说话办事要求尽善尽美,对自己近于苛刻。由于过分注意自己的行为举止,因而显得谨小慎微、多疑、呆板,缺乏灵活性。

(三)精神病

精神病在大学生中患病率很低,但其后果和影响却最为严重。大学生中常见的精神病主要有如下三种。

1. 精神分裂症

精神分裂症是最严重而且比较常见的精神病。所谓精神分裂,是指患者的行为与现实分离,思维过程与情感分离,行为、情感、思维具有非现实性,难以理解,而且互不协调。

根据不同的临床症状，可以把大学生的精神分裂症分为以下四种类型：

(1)单纯型

主要特征是"懒"。患者多数是性格孤僻、不喜欢交往、遇事退缩的学生。早期常有失眠、头晕、头痛、注意力涣散、全身不适、精神萎靡等症状，逐渐孤僻、退缩、迟钝、懒散，不与人交往，对任何事物皆不感兴趣，对生活没有理想和要求等，随后不愿上课，学习成绩下降，对人冷漠，散漫不羁，情绪偶尔会激动突变。

(2)青春型

主要特征是"乱"。患者病前性格乖戾，情绪波动大，敏感而多疑，富于幻想，起病急骤，发展很快，几天之内便可达到高峰。发病期间的主要症状是思维紊乱，语句不连贯，很难与人交谈，情感波动很大，变化无常，意志薄弱，行动幼稚愚蠢，动作无意义。

(3)紧张型

主要特征是"僵"。患者以紧张症状群为主要症状，如刻板的违拗性兴奋、冲动，或运动性抑制、缄默、木僵等。兴奋和抑制有时单独出现，有时交替出现。

(4)妄想型

主要特征是"疑"。患者以持久存在的妄想或同一内容的经常性幻听为主要症状。妄想结构比较松散，内容荒谬，妄想主题多为被迫害或嫉妒。

精神分裂症的致病原因十分复杂，在遗传、生化、心理、社会等方面都能找到一定的影响因素，但都不能完全说明问题。一般认为，心理因素往往是诱发或加重本病的主要因素。

2. 躁狂抑郁症

躁狂抑郁症是一种以情感异常为主的精神病，又称情感性精神病。主要表现为躁狂和抑郁两种状态，有时两种状态交替出现。

躁狂状态的基本症状是：①情绪高涨，有一种莫名奇妙的强烈而持久的喜悦和兴奋，情绪影响其判断力，因而自我评价过高，有时甚至出现夸大妄想，自认为有过人的才干、学问和体力，因而态度傲慢、盛气凌人。②思想奔逸，联想加快，观念飘忽，言语明显增多，注意力不集中并随情境转移。③行为活动明显增多。

抑郁状态的基本症状是情绪低落，表现为疲乏无力、忧伤失望、遇事消极、自责自罪、思想迟钝、卧床不动等。

躁狂抑郁症的诱发往往与心理创伤、过度紧张、身体疾病等有关。在大学中，某些心理刺激，如强烈的惊吓、尖锐的批评、失恋的打击等引起的过度焦虑与紧张以及强而不均衡的高级神经活动类型、青春期情感波动大等都可能是致病的原因。

3. 反应性精神病

反应性精神病是一种急剧或持久的精神刺激引起的精神异常。临床上可分为急性和持久性两种类型。

急性反应性精神病是在急剧而强烈的精神因素作用下迅速发病的。有的表现为突然呆住不言语,无反应;有的出现情感麻木,情感反应消失,但无运动抑制或意识障碍;有的出现反应性朦胧状态、意识模糊等。

持久性反应性精神病主要表现为反应性抑郁症和心因性妄想症两种类型。反应性抑郁症与躁狂抑郁症抑郁期的表现十分相似,只是反应性抑郁症患者的思维活动并不抑制,有明显的心理因素。心因性妄想症患者是由于持续的精神因素和情感体验的积累,逐渐发生了敏感和猜疑,进而发展成妄想。这种妄想并不荒谬,而且与精神因素和情感体验密切相关。精神刺激因素是导致反应性精神病发生的直接原因。这些因素既可以是让当事人感到惊恐或感到威胁的意外条件,如自然灾害、交通事故、亲人亡故等突然打击,也可以是当事人持久而沉重的内心矛盾和情感创伤,如家庭长期不和睦等。

二、促进大学生心理健康的对策

大学生的心理健康,不仅关系到大学生个人的生活、学习和身心的健康成长,也关系到中华民族素质的提高和社会未来的发展,因此,理应引起全社会的高度重视。那么为了促进大学生的心理健康,我们应采取哪些对策呢?

(一)学校应积极开展心理健康教育

作为为社会培养身心健康、全面发展的专业人才的高等学校,采取积极措施,创造良好条件,对大学生进行心理健康方面的指导与帮助,是提高大学生心理素质、增进大学生心理健康的最有效的途径。

1. 优化校园文化环境

校园文化环境是大学生成长的外部条件,它集中体现在校风、学风和班风上。一个学校的校风、学风与这所学校的历史、传统和特色是分不开的,它是一种无形的力量,为学生的健康成长提供了重要的精神环境和心理氛围。良好的校风、学风会潜移默化地优化学生的心理品质,如团结友爱的校风是学生形成群体凝聚力、集体荣誉感的土壤,有利于人与人之间保持和谐的人际关系,促进同学之间的相互沟通、相互帮助。班风相对校风而言,对学生心理健康的影响更直接、更具体。一般来讲,处在积极向上、宽松友好的班风中,会使人感到心情舒畅、精神振奋;相反,就会使人感到寂寞孤独、紧张压抑,从而对学习和其他活动产生不良的影响。可见,保持和发扬优良的校风、学风和班风对于促进大学生心理健康是十分重要的。

优化校园的文化环境,还要开展丰富多彩的校园文化活动。校园文化活动包括各种学术活动、文艺活动、体育活动和节日庆祝活动等，它们为大学生心理的健康发展提供了机会和条件。大学生在课余时间里通过各种形式的业余活动，既提高了各种能力，又可以缓解心理紧张。丰富的精神世界和情感生活，能增强社会适应性，使生活更有乐趣。因此，学校应大力开展丰富多彩的校园文化活动，并吸引大学生积极主动地参与其中。

2. 加强心理健康教育

(1)开展宣传活动，树立心理健康的教育观念

在我国的大学教育中，德、智、体诸方面的教育观念不断得到强调和重视，但心理健康教育却长期被忽视，甚至存在着把心理健康教育等同于思想政治工作的错误观念。其实，德、智、体等教育的进行都离不开学生的心理活动，在德、智、体诸教育中渗透心理健康教育不仅必要而且可行。因此，学校上下应统一认识，把心理健康教育渗透到诸教育之中，并使不同岗位的人都在自己的工作范围内明确心理健康教育的要求，从而形成一个相互影响、相互促进的心理健康教育体系。

(2)开设心理健康教育课程，定期举办专题讲座

心理健康水平的提高离不开心理卫生知识的掌握。通过以选修课或必修课的形式，开设心理健康教育课程，是促使大学生健康发展的重要措施。这不仅可以使学生了解自身心理发展、变化的规律与特点，而且对于帮助他们缩短心理适应期、加快人格的成熟、掌握心理保健知识具有积极的作用。此外，选择适当时机举办专题讲座也是十分必要的。如新生入校时讲授“大学新生的心理适应”、考试前讲授“考试焦虑及其对策”、毕业生离校前讲授“走向社会的心理准备”等。这样的讲座既可以解决大学生中比较普遍的心理问题，又可促使有严重心理问题的学生尽快了解自己的问题所在，并促使他们尽早尽快地寻找有关的帮助。

(3)设置心理教育机构，开展心理咨询服务

学校心理咨询是防治心理疾病、优化心理素质、增强学生心理健康的重要途径。在西方发达国家的大学中，心理咨询机构在帮助或指导学生减轻内心矛盾和冲突、排解心理忧难、开发身心潜能、有效地适应环境方面取得了成功的经验。我国的大学生心理咨询工作始于 20 世纪 80 年代中期，目前全国许多高等学校都相继成立了心理咨询机构。心理咨询机构在维护和促进大学生心理健康方面发挥了重要的作用。心理咨询的服务内容主要包括：①建立心理咨询室，积极开展日常咨询，及时有效地处理一些心理问题。②建立大学生心理档案，积累学生的个性资料，跟踪把握学生心理的变化轨迹，把心理健康教育置于科学、扎实的基础之上。③对特殊群体和心理问题严重的个体给予更多的“心理关照”。例如，针对不同年级和专业开展相应的工作(如新生的人格测试、毕业生的择业咨

询)，对优等生和具有特殊问题的学生进行跟踪研究及培训等。

(4)利用各种传播媒介，普及心理健康知识

校内的各种传播媒介，如校刊、学生组织的交流刊物、广播、板报、橱窗等，在促进大学生心理健康方面起着潜移默化的作用。因此，各高校应充分利用这些校内传播手段，大力宣传心理健康的意义，广泛介绍心理调节的方法，通过普及心理健康知识，唤起大学生维护自身心理健康的自觉性。

(5)对教职工进行心理健康教育，增强人们的心理健康意识

学校教职员工的心理健康水平不仅影响其本人的工作、生活与健康，而且直接影响学生的心理健康。如果一个教师人格不健全、情绪不稳定、喜怒无常，必然会对人格尚未定型的学生产生不良的影响。同时，心理健康教育是一个系统工程，只靠个别部门、少数专业教师的努力是难以奏效的。因此，必须在广大教职员工中进行心理健康知识教育，使他们了解学生的心理特点，自觉地将心理学原理和方法运用到教学与管理之中，并对学生出现的心理问题采取有效的措施加以引导。只有这样，才能逐渐形成重视心理健康教育的风气。

(二)大学生自觉维护自身的心理健康

"解铃还需系铃人。"心理健康不仅关系到大学生当前的生活与学习，还关系到大学生未来的发展。各种心理现象，无论是积极的还是消极的，无论是正常的还是异常的，都发生在大学生自己身上。因此，自我教育、自我调整、自我修养、自我拯救都是最为重要的方法。大学生要搞好自己的心理健康，主要应做到如下几点。

1. 树立正确的人生观和世界观

人之所以为万物之灵，是因为只有人才具有极其复杂、丰富的主观内心世界，而它的核心部分就是一个人的人生观和世界观。如果有了正确的人生观和世界观，就能正确地体察和分析客观事物，做到冷静而稳妥地处理事情；同时也能胸怀开阔，保持乐观主义精神，决不会为细微得失、个人恩怨乃至鸡毛蒜皮的小事所困扰，从而可有效地防止心理问题的发生，有利于保持心理健康。

2. 建立合理的生活秩序

许多大学生都是第一次离家独立自主地生活，他们就像从笼中放飞的小鸟，似乎得到了许多"自由"。但是，如果不顾自己的身体状况和生理节律而滥用这种"自由"，或随心所欲，或负担过重，就会给自身的生理特别是心理健康带来不良的影响。因此，建立合理的生活秩序是大学新生的当务之急。

(1)学习负担要适量

新生入学后，在学习上容易出现两种倾向：一是觉得进入大学就像进了保险箱，可以放松一下了，于是不思进取，虚度光阴；二是不适应大学生活，学习压力

大，时时处于高焦虑状态，从而导致学习上疲于应付。研究表明，大学生的学习应有一定的压力，但负担不能过重。在学习上，大学生应根据实际情况量力而行，不能混文凭，也不可过于疲劳。

(2)生活节奏要合理

大学的校园生活丰富多彩，这为合理地安排生活节奏提供了便利条件。大学生通过参加各种形式的文体活动，既可以放松身心，缓解学习紧张，又可广交朋友，体验到愉悦。这种稳定的积极状态，能使大学生充分发挥其潜在的能量，增强自信，使自己的生活有节奏感，劳逸结合，提高学习效率，达到最佳的适应。

(3)用脑要科学

大脑是心理活动的最重要的物质基础。要促进心理健康，就要学会科学用脑。

首先，要勤于用脑，合理用脑。俗话说，脑子越用越灵。脑电的研究也表明，平常用脑较多的人，其脑电衰老波的出现比平常不大用脑的人要晚些。可见，勤于用脑不但不会用坏脑子，反而会越用越聪明。但是用脑也要合理。所谓合理，一是连续用脑时间不宜过长，对于大学生来说，一般以一个半小时为宜；二是学习内容要作合理安排，如从事计算、分析等智力活动后听听音乐、学学绘画，就可以减轻大脑左半球负担。

其次，要适度用脑，即讲究最佳用脑时间。由于大脑细胞的活动有一定的时间节律，只有在最佳时间用脑，学习效率才会提高。对于大学生来说，在一天中，他们的大脑皮层机能会出现几次高潮：第一次是早上 6～7 时左右；第二次是上午 8～11 时左右；第三次是在下午 2～4 时左右；第四次是晚上 7～10 时左右。

最后，还要有节律地用脑。一方面，大学生要自觉遵守作息制度，养成良好的生活习惯；另一方面，要做到劳逸结合。只有这样，才能使大脑得到适当的休息。如果大脑过度疲劳、紧张，不仅会降低学习效率，而且极易引起各种身心疾病。

3. 保持乐观向上的情绪

情绪对于心理健康至关重要。几乎每一种心理障碍或心理疾病都有其情绪上的表现。稳定而良好的情绪状态使人心情开朗，轻松安定，精力充沛，对生活充满乐趣与信心；相反，如果一个人长期处于不良的情绪状态之中，久而久之就会导致心理失衡，甚至诱发心理疾病。因此，对于情感丰富而冲动的大学生来说，更应学会保持乐观向上的健康情绪。要保持乐观向上的情绪，应该做到以下两点。

(1)培养个人的幽默感

幽默感是一种特殊的情绪表现，也是人们适应环境的一种工具。幽默感表现了人的自信和镇定。一些学者的研究表明，在引起愤怒的实验中，幽默对减少愤怒和不安情绪具有非常明显的作用。因此，大学生应注意培养自己的幽默感，以便使自己不论面临什么情境，都能以幽默的态度来应对，保持乐观向上的情绪。

一个人如果能注意培养和发展自己的业余爱好，进行多方面的自我娱乐活动，就可以在寂寞孤独、烦闷抑郁时，通过自我娱乐来振奋精神，解除烦恼，防止心境的压抑，使身心获得有益的休整和放松。因此，在大学阶段，有必要依据自己的性格特点和条件，注意培养和发展一些兴趣和业余爱好，学会自我娱乐，从而达到保持乐观情绪、维护自身心理健康的目的。

(2)增强生活适应能力

人的情绪总是在某种客观刺激的作用下产生的。在同样的客观条件下，有的人不管生活怎样起伏变化，都能保持愉快、乐观的情绪；而有的人在生活变动面前则情绪急剧动荡。这里除了人们在生活态度、需要、理想、信念上的差别外，还有一个生活适应能力高低的问题。面对生活中的酸甜苦辣，适应能力高的人能从容应对，适应能力低的人则无力应付，以致长期陷于情绪波动状态之中，甚至还会导致身心疾病。因此，大学生应增强生活适应能力，以保持稳定、健康、乐观的情绪。

第三节　心理咨询及其常用的方法

在日常的心理干预过程中，心理咨询与心理治疗常常结合在一起。因此，在本节中，对这两个概念我们不作严格的区分。因为，心理咨询与心理治疗有许多相同点或相似点。如，采用的理论方法一致，工作的对象和目标相同或相似，咨询师与来访者的互动关系相同或相似等。因而我们关注的是这两个概念含义相同或相似的部分。

一、心理咨询的概述

(一)心理咨询

心理咨询是指咨询者就来访者发展方面的问题或适应方面的困难，为其提供能够正常进行心理交流的气氛，并运用专门的心理学方法，通过疑义解惑、忠告建议等帮助、指导、启发来访者，发现并利用其潜在的各种因素，处理和解决来访者的问题或困难，使其心理机能得以调整和提高的活动过程。心理咨询具有帮助性、主动性、心理性、渐进性的特点。

(二)心理咨询的类型

根据心理咨询的范围和内容，我们把心理咨询划分为发展性心理咨询和调适性心理咨询两大类。

1. 发展性心理咨询

发展性心理咨询的目的在于帮助来访者了解心理发展的规律，重视自己在心理发展过程中可能会出现或已经出现的各种发展性心理问题，并提供建设性的意见，使其更好地认识自我，同时警惕自己在成长的过程中可能会出现的心理异常，防患于未然；鼓励来访者最大限度地发挥自己已经具有的各种能力，充分挖掘潜在的能力，更好地适应环境，更健全地发展自我。

发展性心理咨询的范围和内容主要有：不同年龄、不同性别、不同群体心理发展的特点与规律；早期智力开发的价值与手段；学习困难及其影响因素；性心理困惑；人际冲突的控制与社交能力的培养；个人与群体关系及其矛盾处理；重大转折时期的环境适应与自我心理调节；升学时专业选择与择业的心理支持；失恋心理的调节；成就动机的激发；个性结构与健全人格的培养，等等。

2. 调适性心理咨询

调适性心理咨询的目的在于宣泄消极情绪，以缓解心理压力；改变来访者在认知上的错误观念，使其确立正确的思考方向和合理的思考方法；提供自我调控的方法，指导来访者进行有效的自我调整；激发来访者的自愈机制与潜能，鼓励其解决自己的问题；帮助来访者重新建立良好的社会适应行为。

调适性心理咨询的范围和内容主要有：自卑、空虚、单相思、误解焦虑、怯场等心理问题；失眠、口吃、抑郁、恐惧、意志减退、性功能障碍等可以自行调控和矫正的心理障碍；强迫症、恐怖症、神经衰弱等神经症的治疗。

(三)心理咨询的形式

根据不同的标准可以把心理咨询划分为不同的形式，常见的有以下三种。

1. 直接心理咨询和间接心理咨询

直接心理咨询是指通过来访者与咨询师面对面的交流和相互作用，以帮助来访者解决心理疑难和排解心理困扰。

间接心理咨询是咨询师通过来访者为其亲人、朋友或学生、孩子等其他人的心理疑难或心理困扰进行中转咨询。由于真正的来访者和咨询者之间增加了一个人，即中间人，因此，咨询者只能通过中间人才能获得有关信息，且处理意见又需要中间人转述，因而从来访者中获取详细的正确的信息并使来访者理解和接受咨询意见，就成了咨询成功与否的一个至关重要的问题，稍有疏忽，就可能漏掉了主要的信息。

2. 个别心理咨询和团体咨询

个别心理咨询是来访者与咨询师一对一地就来访者的心理疑难或心理困扰进行心理咨询。其优点是安全保密、沟通深入、因人制宜，因而效果比较理想。

团体心理咨询是把具有同类心理疑难或心理困扰问题的来访者集中在一起

或分成若干小组进行集体心理咨询。由于具有感染气氛和支持效应，因而有利于问题的解决，同时也能节约时间和精力，这些都是团体心理咨询的优势。但是，这种咨询方式难以涉及深层次的心理问题，更难以顾及团体成员中的特殊心理问题，因而也有一定的局限性。

3. 通信心理咨询、电话咨询、现场心理咨询

通信心理咨询是通过相互通信的形式就求询者的心理疑难或心理困扰等问题进行心理咨询。其优点是能打破空间距离的束缚，不受居住地域的限制，也能避免因不善于言语表达或过于拘谨造成的信息不全或尴尬的局面，从而做到畅所欲言。缺点是难以全面了解情况，特别是当求询者字迹难辨、叙述含糊或概括时，就更不容易获得必要的信息。同时书信往来周期也过长，难以及时反馈。

电话心理咨询是利用电话与求询者进行交流，对其存在的心理问题进行解答、解释、劝慰、鼓励、忠告、支持并提供解决问题的建议，或对求询者的急性心理危机进行紧急干预，以防止其轻生或采取其他的过激行为。其优点是方便迅速，能及时解决问题，且不必抛头露面，甚至不必说出姓名，因而心理压力较轻，更重要的是能够防止急性心理危机可能导致的自杀等恶性事件。因为当急性心理危机的求询者拿起电话时，本身就起了一种缓冲作用，是其迈出了脱离危机的第一步。待稳住求询者的情绪后，咨询者既可以指导教师、家长等知情人及时做好求询者的监护和处理工作，也可以直赴现场直接解决求询者的心理危机。因而专线咨询电话常被人称作“温暖线”、“希望线”和“生命线”。

二、常用的心理治疗方法

(一)行为治疗

行为治疗是针对特殊的问题行为(不良行为或变态行为)，运用提高目标行为(良好行为或正常行为)发生率或降低问题行为发生率的种种行为技术，以最终矫正问题行为的治疗方式。其理论基础是俄国生理学家巴甫洛夫研究的经典条件反射理论、美国心理学家斯金纳提示的操作性条件反射理论和美国心理学家班杜拉提出的学习理论。主要适应症为神经症、人格障碍、酒精与药物依赖、精神发育迟缓、心身疾病以及口吃、挤眼、咬指甲等不良习惯。

行为治疗的特点在于：强调外在的看得见的不良行为或变态行为，忽略引起这些问题行为的原因及其演变过程；强调最近而不是过去的不良行为或变态行为，即重视现有症状；强调根据行为改变的程度来评价疗效。行为治疗的常用技术主要有以下四种。

1. 系统脱敏疗法

系统脱敏疗法是一种减轻恐怖、焦虑、敏感的治疗方法。因为治疗过程是有

序而连续的，故称系统脱敏疗法。系统脱敏疗法的实施有两个条件：

一是要学会肌肉放松，以达到随时随意进入到“全身松弛”的状态。在训练时，首先要求学会体验肌肉紧张与肌肉松弛之间的感觉上的差别，以便在获得松弛体验感觉后能主动掌握肌肉松弛的方法和过程。例如紧握拳头，然后放松，就能体会什么是紧张感觉，什么是放松感觉。然后进行全身各部分肌肉先紧张后松弛的训练，顺序为手—上肢—肩—头部—颈—胸—腹—臀—下肢—脚，直至能主动自如地放松全身肌肉。这种训练要反复进行才能奏效。

二是将引起恐怖、焦虑反应的刺激情境按恐怖、焦虑强度由弱到强（由低到高）顺序排列。如对社交恐怖症患者，可将引起社交恐怖的具体情境由弱到强作如下表的排列（表 12-1）。

表 12-1　社交恐怖症恐怖情境由弱到强逐级排列表

等　级	恐怖情景	程　度
1	进商店购物	I
2	坐公交车与陌生人面对面就坐	II
3	同陌生人说话	III
4	同异性交际	IV
5	当众讲话	V
6	被人注意	VI
7	参加宴请	VII
8	主持会议	VIII

由心理医生陪伴来访者直接在现场中逐级接触这些情境，并同时放松肌肉。一般地讲，如果在模拟情境或默想情境中能够做到肌肉放松和不再恐惧，则绝大多数当事人在现实情境中也能成功地做到。达到这种要求，治疗即告完成。

2. 满灌疗法

满灌疗法不需要进行任何放松训练，而一下子呈现最强烈的恐怖、焦虑刺激（冲击）或一下子呈现大量的恐怖、焦虑刺激（满灌、泛滥），以迅速纠正当事人对恐怖、焦虑刺激的错误认知，并消除由这种刺激引发的习惯性恐惧、焦虑反应，故也称冲击疗法或泛滥疗法。

满灌疗法一般采用想象或模拟的方式，即鼓励当事人想象最使其恐惧、焦虑的情境，或者由医生在身旁反复地讲述令当事人感觉最恐怖、焦虑的情境中的细节，当然还可以用录像、幻灯放映最使当事人感到恐惧、焦虑的情境，以加深当事人的恐惧、焦虑程度，同时不允许当事人采取堵耳朵、闭眼睛、哭喊等逃避措施。当然，事先也应告诉当事人，有医生在旁边，其安全是绝对有保障的。

除了用想象或模拟方式外，也可以让当事人直接进入到令其最感恐惧、焦虑的现实情境，即直接令其与最感恐惧、焦虑的对象接触，并尽力设法使当事人坚持。一般地讲，只要坚持一段时间，恐惧、焦虑反应就会逐渐消退。

满灌疗法虽然所用时间短，解决问题比较干脆，但对当事人的身心冲击较大，故需谨慎施用。一般要考虑到当事人的稳定性和坚持性，同时事先也应向当事人说明，使其理解和接受，并有心理准备。

3. 自信训练疗法

自信训练疗法是通过让人学会表现自己以增强自信心，从而消除恐惧、焦虑等消极情绪。一个人之所以对自己缺乏信心，主要是因为没有或不善于表达自己，只要有了善于表现自己的行为，就不会害怕表现自己，也就有了信心。

自信训练疗法主要采用角色扮演方法，一般用集体或小组的方式进行。如矫治社交困难，可先让当事人扮演超市里的营业员，行为极其小心谨慎，既不敢得罪顾客，又慑于经理（或店长）的威严。在此过程中，心理医生可让其他治疗合作者配合，有的扮演怒气冲天的顾客，有的扮演飞扬跋扈的经理（或店长），当然，怒气冲天和飞扬跋扈一定要有道理。在指出当事人社交方面的缺陷后，再角色互换，让治疗中的合作者当营业员，而让当事人扮演顾客或扮演经理，让当事人用刚刚学来的行为方式表达自己的意愿，以塑造自信的社交反应模式。这样不断周而复始，直到当事人能将这种新获得的行为迁移到现实生活中为止。

4. 行为塑造疗法

行为塑造疗法是采用逐步升级的行为作业，并在作业完成后给予奖励等积极强化，以使当事人出现期望中的行为的疗法。

行为塑造疗法的具体做法是将当事人出现的良好的期望行为分成若干部分，由简单到复杂逐级排序，但它们之间必须要有连续性。开始时先诱发其简单行为，行为出现后即予以奖励强化，然后再循序渐进地诱发比较复杂的行为，直至完成完整的期望行为。例如，矫治神经性厌食症，可将每天饮食量在目前不正常的饮食量的基础上逐日适当增加，每增加一点饮食量，就根据当事人的需要给以适当的有诱惑力的奖励，如可以同意买当事人最喜欢的东西，直至饮食量达到正常为止。饮食量恢复正常后，神经厌食症也就会随着体重的增加而得到控制。行为塑造疗法对诱导当事人产生目前尚未具备或业已消失的正常行为是一种很有用的方法。

（二）认知治疗

认知治疗是通过改变不合理的认知方向和方式以及由此过程产生的正确的观念来纠正适应不良的情绪和行为的治疗方式。其理论基础较为广泛，既有弗洛伊德和贝克的认知阶段结构理论，也有罗杰斯的人本主义理论和班杜拉的社会学习理论，同时也受到古希腊斯多亚学派“认识决定行为”理论的影响。主要适应症为焦虑症、恐怖症、强迫症、抑郁性神经症等多种神经症以及部分人格障碍、性心理障碍与身心疾病。

认知治疗的具体操作步骤为：

(1)向当事人说明对适应不良的认知会导致不良的情绪与行为，提高其认识。认知是人对己、对人、对事的认识与看法。适应不良的情绪和行为常因适应不良的认知而产生，而适应不良的认知主要是指影响当事人保持内心平衡与适应环境的思维方式、观念与信念。如果改善适应不良的认知，则可减轻和消除情绪和行为问题。

(2)发现与分析当事人与主诉问题有密切关系的不良认知，并指出其不合理性。适应不良的认知主要有非逻辑性思考、非合适性思考和非合理性思考。非逻辑性思考是缺乏必然逻辑联系的错误思考，表达极为武断，如“假如我找不到合适的工作，那我的前途就完了”。非合适性思考是自贬性思考，表面上看起来似乎符合逻辑，但明显带有自我否定倾向，如“我从来没有发过言，我不行”。非合理性思考是违背客观实际的思考，有的似乎顺理成章，但却隐含着谬误，如夏天从空调房出来后中了暑，就从此不敢再进空调房等。只要发现这些不良的认知，就要敏锐地予以指出，并分析其与现实的差距，指出其错误性。

(3)督促当事人改变不良的认知并建立正确的观念，以产生良好的情绪与适应性行为。欲改变不良的认知就要找出其根源，然后再在现实中加以检验、修正，只有这样，才能建立正确的观念。在改变不良认知和建立正确观念的过程中，可采用一些针对性强的技巧。如对于失去信心的当事人，可采用“积极工作计划”技巧。要求当事人自己制定日常生活工作表，如打扫房间、体育锻炼 10 分钟等，以使其对自己的生活感到兴趣，增强做事并取得成功的信心。也可采用“逐步指定工作”技巧，让当事人由易到难做一些必需的工作，做成后就表扬强化，并鼓励其进一步做更难的工作，以使其建立自己有能力做事的信心。这两种技巧的目的都在于打破当事人由于什么都做不成而毫无信心的态度，从而改变其错误的认知和消极的态度。

(三)精神分析治疗

精神分析治疗是使当事人在无拘束的会谈中领悟到心理异常的症结所在，并逐渐改变其行为模式，从而达到治疗目的的治疗方式。其理论基础是弗洛伊德创立的精神分析理论。主要适应症为各类神经症，如癔症、强迫症以及各种严重的心理挫折，如人际交往困难、各种性变异等。

精神分析治疗的基本手段是会谈。让当事人在安静、温暖的治疗室中斜躺在舒适的沙发椅上，面朝天花板，以便于集中注意力，心理医生坐在当事人身后。在会谈时，经典的精神分析治疗技术主要有三种。

1. 自由联想

由当事人选择自己想谈的题目和内容，如生活经历、家庭关系、与人交往、工作情况、兴趣爱好或发病经过等，总之想到什么就谈什么，即使毫无逻辑关系，甚至非常幼稚可笑，也没有关系。

2. 移情

在当事人陷入往事回忆时，往往会视心理医生为他早年生活环境里与自己有重要关系的人，从而把早年的感情移植到心理医生身上，或者把心理医生当作热爱的对象（正移情），或者当作憎恨的对象（负移情）。这时就要及时向当事人解释这些表现的本质，说明这是早年生活感情的重演，并由此进行联想，以便使当事人在感情上有所变化。

3. 梦的分析

分析梦是进入潜意识的捷径。要发掘潜意识中的心理活动，就应该要求当事人谈自己做过的梦，以便使心理医生理解梦的表面情节（显梦），并分析梦的象征意义（隐梦）。只有把显梦的潜在内容在意识中恢复其本来面目，才能暴露当事人潜意识中的心理活动的真意，以提示其当前生活中的矛盾和倾向。

(四)人本主义治疗

人本主义治疗是使当事人改善“自知”或自我意识，使其认识到自我的潜在能力和价值，并创造良好的环境，在与别人的正常交流中，充分发挥积极向上的、自我肯定的、无限的成长和自我实现的潜力，以改变自己的适应不良行为，矫正自身心理问题的治疗方式。其理论基础是美国心理学家马斯洛、罗杰斯等创立的人皆有发展自身潜能的内在倾向的人本主义理论。其主要适应症为各种神经症。

在临床中，人本主义治疗最有代表性的疗法是“当事人中心疗法”。心理医生始终以朋友的身份（不以权威专家自居）鼓励当事人充分发泄内心的情感，对当事人表述的事件不作任何评价和引导，而只对其所表达的情感作出反应。例如当事人因受到不符合自己要求的待遇而表现出愤愤不平时，心理医生可说：“你是否很恼火？”以此种反应来激发当事人的情感。这似乎有些火上浇油，但由于一再重复当事人在言谈中所表现出来的基本情感，就能使当事人逐渐认识到自己在这一事件或问题中所克制（或未觉察到）的消极情感正是产生目前心理异常的根源。

在治疗过程中，不管他暴露出什么样的情感，心理医生总是给予充分的理解和信任，让他感到心理医生是真诚的、可信赖的、能给人温暖的，对他的诉说是感兴趣的。在这样的氛围下他就能毫无顾虑地畅所欲言，就会逐渐感到自己是完全独立和自主的，而不像在日常生活中总是受到他人评价、拒绝或劝说的影响。这样就可以帮助当事人从消极防御的情感中解脱出来，不再依靠别人的评价来判断自己的价值,从而产生健康的自我实现的态度,最终解决自己的问题。

(五)支持治疗

支持治疗是以言语手段实施心理支持为主,以加强当事人精神活动的防御能力,恢复其适应环境的能力的治疗方式。支持治疗没有独特的理论基础,其重要的理论依据是"应激适应"观念。该方法既适用于由各种刺激引起的急性心理危机,也适用于长期存在的慢性心理创伤。各种心理疾病和躯体疾病也常以支持治疗作为治疗的基础。

支持治疗的支持,主要有五种形式,它们是解释、鼓励、保证、指导与改善环境。这五种支持形式,既是支持的成分,也是支持的技巧。

(1)解释——运用通俗的言语把当事人的心理异常的性质讲清楚,借以改善当事人的认识和观念,消除紧张、焦虑等不良情绪。

(2)鼓励——以言语表情、脸部表情和动作表情来表达对当事人治愈心理异常的信心。

(3)保证——为当事人承担起责任,客观明确地表示治愈其心理异常的可能性,以唤起当事人的希望。保证之所以是一种有力的支持,在于能消除当事人的种种疑虑,使其放弃固执的错误判断,从焦虑紧张、束手无策、自暴自弃的徘徊中走出来。咨询师的保证既不能信口开河,也不能轻言许诺,否则当事人会对心理医生失去信任。

(4)指导——直接指点和示意当事人做什么和怎么做,以减轻心理异常引起的内心矛盾和心理压力。指导一定要明确、肯定,具有可行性。

(5)改善环境——改变当事人产生心理异常的生活环境,以加强其人际沟通能力。

(六)森田治疗

森田治疗是日本精神病学家森田正马于20世纪20年代组合了当时治疗神经症的一些主要方法,如隔离疗法、说理疗法、作业疗法、生活疗法等而创立的,以后又在理论和操作上不断改良、完善和发展,遂成为现在的森田疗法。这种治疗的基本要求是"顺应自然,有所作为",即放弃个人的主观认知,顺从其客观的自然状态,承认症状,但不追溯病因,一切从现在开始,通过行动,让现实生活充满活力,以促进精神能量指向外界,在成功的体验中重新适应环境,适应社会,从而恢复社会功能。其理论基础是森田提出的独特的神经质学说,即具有神经质的人因容易注意某种感觉而使这种感觉过敏,感觉过敏又使注意更集中于此感觉,从而造成所谓"精神交互作用"的恶性循环,最后导致了各种神经症。森田治疗的主要适应为神经症,尤其是焦虑、强迫症、恐怖症、疑病症、抑郁性神经症和神经衰弱。森田治疗可分为门诊治疗和住院治疗两种。

1. 门诊治疗

门诊治疗主要是通过森田的格言，如“顺其自然”、“从现在开始”、“重在行动”等，帮助当事人认识和纠正自己不适应的认知和行为，然后鼓励当事人去做在现实生活中一切应做的事情，并通过日记写下行动的体会。心理医生可据此进一步作治疗指导，最后让当事人对行动结果作出自我评价，以提高其自信心，从而认识到只要像正常人一样地生活和行动，就能恢复他的正常的心理功能。

2. 住院治疗

住院治疗一般适应于较严重的神经症患者。其整个的治疗过程分为四个阶段：第一阶段为绝对卧床期，大约一周；第二阶段为轻活动期，大约 1～2 周；第三阶段为重活动期，大约 1～2 周；第四阶段为生活训练期，此阶段的长短因人而异。

（七）家庭治疗

家庭治疗是针对当事人的心理异常，找出致病的家庭因素，引导当事人的家庭成员共同克服和消除不良因素，而使当事人症状得以减轻和改善的治疗方式。这种治疗方式也适用于出现家庭关系障碍的家庭，首先要找出家庭成员的关系发生负性变化的原因及其表现，通过感情弥合、诱导治本等手段以恢复家庭的自然秩序，维护良好的家庭功能。家庭治疗的理论基础是人际交往理论。主要适应症为家庭成员的情绪障碍、品行障碍、学业障碍与心理障碍、心理疾病以及各种类型的家庭关系障碍。

运用家庭治疗首先应明确家庭关系障碍的类型。一般地讲，家庭关系障碍有三种类型：第一种是发展性障碍。如夫妻有了孩子后感情分配发生变化，孩子长大后在交友、恋爱、择业上与父母发生矛盾。第二种是交往性障碍。如父亲、母亲、子女在交往时，因其中两者发生矛盾或冲突而第三者袒护一方；在几代同堂的交往中，产生纠葛而各自袒护自己喜爱的对象。第三种是自我中心性障碍。如父亲专断、母亲横蛮、子女成为家中小霸王而父母难以管教等引起的家庭关系障碍。在这三种类型中，以子女与父亲或母亲的关系发生问题最为常见。如果家庭关系障碍仅仅涉及夫妻关系问题，则一般采用婚姻治疗，如果夫妻关系问题已经牵涉到与子女的相互关系时，则不仅要进行婚姻治疗，而且还要进行家庭治疗。

针对家庭关系障碍进行家庭治疗时，通常以家庭讨论的形式进行。在讨论前，不仅要使家庭每个成员都接纳参与讨论的心理医生，将其视作自己人，而不是仲裁者、调解者；而且心理医生事先最好分别与家庭的每个成员都交谈一次，让每个家庭成员在讨论时尽量从对方的角度考虑问题，心平气和地、客观地看待问题。

在对家庭关系障碍进行具体治疗时，要特别注意四点：一是注重感情弥合，不要追究责任；二是注重“现在”，不要纠缠“过去”；第三是强调“优点”，淡化“缺点”;第四是注重“诱导”,不要“代作决定”。

(八)艺术治疗

艺术治疗是通过音乐、歌咏、舞蹈、书法、绘画等艺术活动以陶冶性情、调节心境来控制和矫正心理异常的治疗方式。主要适应症为各种神经病以及偏头痛、失眠等某些心身障碍和心理疾病。艺术治疗的具体方法主要有五种。

1. 音乐疗法

音乐疗法是通过对各种乐曲的节奏、旋律、速度、响度、音调、音色的不同感受,以产生不同的情感效应和机体效应来矫治异常心理的治疗方式。音乐疗法的施治环境应清雅静谧,舒适美观,光线柔和,空气新鲜,必要时可置花卉盆景,以便使人情绪安定,渐入“乐”境。

治疗所选乐曲,要因人因问题而异。因人而异就是乐曲要根据当事人的年龄、性格、音乐修养和兴趣爱好而定,只有这样才能随曲进入意境。例如喜欢听某些乐曲,只要这些乐曲有利于调整其不良心态,就应该尽量予以满足。因问题而异就是要注意整体调节。例如抑郁症患者,宜听旋律流畅优美、节奏缓慢、恬静悠然一类的乐曲;激惹症患者,宜听旋律优美、恬静悦耳、节奏婉转一类的乐曲;失眠患者,宜听节奏少变、旋律缓慢、轻悠典雅一类的乐曲。

音乐疗法除了采用人工谱写的乐曲以外,也可以利用自然界中有益于身心健康、具有康复治疗作用的音响。例如雨声可以催眠,蛙声可以遣怀,雷声可以振奋,鸟鸣可以解愁等。将这些自然音响录下经剪辑整理后就能成为自然乐曲。

2. 歌咏疗法

歌咏疗法是通过歌唱以畅情舒怀、调节情绪。歌咏疗法就矫治心理异常而言,主要是通过引吭高歌或低吟小曲以宣泄种种消极情绪,从而调节心境。所选歌曲可是节奏铿锵、音调昂扬高亢的;也可以是古朴淳厚、秀丽隽永的;还可以是悠然流畅、潇洒俊秀、优雅抒情的;甚至是缠绵悱恻、愁绪哀怨,悲怆苍劲的。具体要因情趣、情绪、情怀而定。

3. 舞蹈疗法

舞蹈疗法是通过率真、自然的舞蹈动作,以舒筋活血,释放消极情绪,从而改善身心功能,矫正异常心理的治疗方式。

最先将舞蹈疗法用于临床实践的是“美国舞蹈治疗联合会”主席茜斯(Cance,M.),其治疗对象是精神病患者。之后,匈牙利的拉班(Laban,R.)等人也对舞蹈疗法的开展做出了重要的贡献。

用于舞蹈疗法的舞蹈,主要为各种民间舞蹈和社会舞蹈。民间舞蹈大多载歌载舞,歌舞结合,因而有很强的心理感染力和身心康复功能。例如扬手舞袖、踏地为节的藏族舞蹈,热情奔放、移颈动肩的新疆舞蹈,动如柳丝、静如鹤立的朝鲜族舞蹈等。将民间舞蹈作为治疗手段,不必拘泥于舞姿技艺和艺术水平。社交舞蹈多为男女对舞的舞会舞蹈,具有明显的促进兴奋、消除紧张和疲劳的功能。例如节奏舒缓,动作活泼、潇洒、柔和,能给人以轻松舒适感受的伦巴舞;动作稳健、有力、敏捷、多变,能使人愉悦欢快的探戈舞;节奏强烈,动作热烈、快速、粗犷,能使人热情焕发、意气昂扬的迪斯科舞等。

4. 书法疗法

书法疗法是借助笔墨纸砚,绝虑以调神、运腕以调身、行气以调息、娱心以调情,从而矫正心理异常的治疗方式。

书法疗法的不同疗效在于书体的变化。隶书结构扁平、工整精巧,看上去厚重拙朴,飘逸秀丽,奇纵恣肆,因而书写隶书能使人清幽恬静、气血平和、神气充实、悦情益智;楷书形体方正,笔划平直,看上去雄壮、挺拔、劲险、秀媚,书写楷书能养心助气、消弭烦闷;草书笔势牵连相通,偏旁相互假借,看上去连绵回绕、飞腾奔宕、浪漫放纵、豪放潇洒,书写草书能抒气散郁、昂扬情绪。

5. 绘画疗法

绘画疗法是用绘画寄托情怀,排泄郁气,提高智力,从而矫正异常心理的治疗方式。因治疗的目的不同,绘画疗法主要有五种方法:(1)宣泄性绘画,通过自由作画,使画的意境投射出内心的冲突,以排遣消极情绪,使心灵得到净化;(2)消遣性绘画,通过临摹静物等转移注意,消除紧张情绪;(3)娱情性绘画,通过野外写生等获取轻松自在的享受,以激发积极情绪;(4)自我实现性绘画,通过组画或变体画以反映作画者的追求和理想,使心理失衡得以控制,自我价值得以显现;(5)益智性绘画,通过简练的线条扼要地画出对象的形态和神态,以开发智力等。

复习思考题

一、名词解释

1. 心理健康
2. 心理咨询

二、简答题

1. 大学生心理健康的标准有哪些?
2. 大学生的一般心理问题有哪些?
3. 心理咨询有哪些形式?

三、论述题

结合学习生活实际,谈一谈促进大学生心理健康的对策。

参考文献

1.[美]班杜拉:《思想和行动的社会基础》,华东师范大学出版社 2001 年版。

2.岑国桢主编:《教育心理学》,中国人民大学出版社 2006 年版。

3.陈琦,刘儒德主编:《当代教育心理学》,北京师范大学出版社 2005 年版。

4.陈琦、刘儒德主编:《教育心理学》,高等教育出版社 2005 年版。

5.丁家永:《现代教育心理学》,广东高等教育出版社 2004 年版。

6.傅安球:《实用心理异常诊断矫治手册》,上海教育出版社 2001 年版。

7.胡近:《大学生心理学》,上海交通大学出版社 1987 年版。

8.湖南省教育厅组编:《高等教育心理学》,湖南大学出版社 2005 年版。

9.胡谊:《专长心理学》,华东师范大学出版社 2006 年版。

10.黄希庭、徐凤姝主编:《大学生心理学》,上海人民出版社 1988 年版。

11.黄希庭、郑涌:《当代中国大学生心理特点与教育》,上海教育出版社 19991 年版。

12. 霍涌泉、李越主编:《教育心理学》,西北大学出版社 2007 年版。

13.教育部人事司组编:《高等教育心理学》,高等教育出版社 2006 年版。

14.李小融:《教育心理学新编》,四川教育出版社 2005 年版。

15.李孜,龙秀主编:《发展与教育心理学》,煤炭工业出版社 2002 年版。

16.莫雷主编:《教育心理学》,广东高等教育出版社 2002 年版。

17.莫雷主编:《教育心理学》,教育科学出版社 2007 年版。

18.莫雷、张卫等:《学习心理研究》,广东人民出版社 2005 年版。

19.皮连生主编:《教育心理学》,上海教育出版社 2004 年版。

20.邵瑞珍等:《教育心理学——学与教的原理》,上海教育出版社 1983

年版。

21. 时蓉华主编:《社会心理学》,华东师范大学出版社 1989 年版。

22. 谭顶良:《学习风格论》,江苏教育出版社 1995 年版。

23. 徐长松、黄成惠主编:《大学生心理概论》,上海科学技术出版社 1988 年版。

24. 杨琴珠等主编:《大学生心理调节》,安徽教育出版社 1993 年版。

25. 叶弈乾主编:《心理学》,中央广播电视大学出版社 1997 年版。

26. 张承芬主编:《教育心理学》,山东教育出版社 2002 年版。

27. 张承芬主编:《教育心理学》,山东教育出版社 2006 年版。

28. 张大均主编:《教育心理学》,人民教育出版社 2005 年版。

29. 张大均、郭成主编:《教学心理学纲要》,人民教育出版社 2006 年版。

30. 张积家、王惠萍主编:《大学心理教育导论》,高等教育出版社 1999 年版。

31. 张庆林、杨东主编:《高效率教学》,人民教育出版社 2002 年版。

32. 张文新主编:《高等教育心理学》, 山东人民出版社 2004 年版。

33. 周谦主编:《学习心理学》,科学出版社 1992 年版。

34. 汪凤炎、燕良轼主编:《教育心理学新编》,暨南大学出版社 2006 年版。

35. 吴庆麟:《认知教学心理学》,上海科学技术出版社 2000 年版。

36. 吴庆麟主编:《教育心理学》,华东师范大学出版社 2003 年版。

37. 伍新春主编:《高等教育心理学》,高等教育出版社 1999 年版。

38. 伍新春主编:《儿童发展与教育心理学》,高等教育出版社 2004 年版。

39. [美]J. E. Ormrod 著,彭运石、彭舜等译:《教育心理学》(上册),陕西师范大学出版社 2006 年版。

40. [美]戴尔·卡耐基著,肖云闲、冯明译:《美好的人生快乐的人生》,北京中国文联出版社 1992 年版。

41. [美]戴尔·卡耐基著,谢彦、郑荣译:《人性的优点和弱点》,中国文联出版社 1992 年版。

42. J. Ducette. *The Teacher Educator's Handbook*, Macmillan Publishing,2002:324.

43. 董彦旭:《运用头脑风暴法激发学生的创造力》,载《天津教育》2005 年第 9 期。

44. 郭晖:《大学生创造性学习初探》,载《太原师范专科学校学报》2002 年第 2 期。

45. 乐国林、田建芬:《影响问题解决的因素探析》,载《赣南师范学院学报》2001 年第 2 期。

46. 李超、邓四清:《让问题解决教学进入大学数学课堂》,载《湘南学院学报》2006 年第 2 期。

47. 林崇德:《教师心理研究的回顾与前瞻》,载《心理发展与教育》1996 年第 4 期。

48. 骆宏、许百华:《大学生问题解决能力增强机制的探讨》,载《中国学校卫生》2006 年第 2 期。

49. 桑青松:《构建策略型学习者问题解决能力培养模式》,载《教育理论与实践》2002 年第 9 期。

50. S. Rhine. "The Role of Research and Teachers' Knowledge Base in Professional Development." *Educational Researcher* , 1998, 5.

51. F. Pajare. "Teacher' Beliefs and Educational Research." *Review of Educational Research* ,1992,3.